应用计量经济学

APPLIED ECONOMETRICS 2E

经济学精选教材译丛

〔希〕迪米特里奥斯·阿斯特里奥(Dimitrios Asteriou)
〔英〕史蒂芬·霍尔(Stephen G. Hall) 著

陈诗一 译

第2版

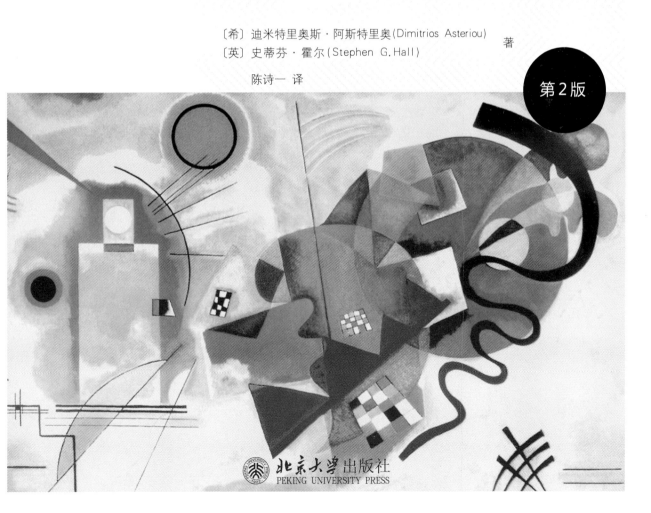

北京大学出版社
PEKING UNIVERSITY PRESS

著作权合同登记号 图字：01-2010-6008

图书在版编目(CIP)数据

应用计量经济学：第2版 /（希）阿斯特里奥（Asteriou,D.),(英) 霍尔（Hall,S. G.）著；陈诗一译. —北京：北京大学出版社，2016.1
（经济学精选教材译丛）
ISBN 978-7-301-26685-4

Ⅰ.①应… Ⅱ.①阿… ②霍… ③陈… Ⅲ.①计量经济学—教材 Ⅳ.①F224.0

中国版本图书馆CIP数据核字(2015)第315061号

Dimitrios Asteriou & Stephen G. Hall
Applied Econometrics. second edition
ISBN 978-0-230-27182-1
Copyright © 2011 by PALGRAVE MACMILLAN

First published in English by Palgrave Macmillan, a division of Macmillan Publishers Limited under the title Applied Econometrics, Second Edition by Dimitrios Asteriou and Stephen G. Hall. This edition has been translated and published under licence from Palgrave Macmillan. The authors have asserted their right to be identified as the authors of this Work.

书　　　名	应用计量经济学(第2版) YINGYONG JILIANG JINGJIXUE
著作责任者	〔希〕迪米特里奥斯·阿斯特里奥，〔英〕史蒂芬·霍尔　著 陈诗一　译
策划编辑	徐　冰
责任编辑	黄炜婷
标准书号	ISBN 978-7-301-26685-4
出版发行	北京大学出版社
地　　　址	北京市海淀区成府路205号　100871
网　　　址	http://www.pup.cn
电子信箱	em@pup.cn　　QQ：552063295
新浪微博	@北京大学出版社　　@北京大学出版社经管图书
电　　　话	邮购部 62752015　发行部 62750672　编辑部 62752926
印　刷　者	北京大学印刷厂
经　销　者	新华书店 787毫米×1092毫米　16开本　27.25印张　580千字 2016年1月第1版　2016年1月第1次印刷
印　　　数	0001—3000册
定　　　价	66.00元

未经许可，不得以任何方式复制或抄袭本书之部分或全部内容。
版权所有，侵权必究
举报电话：010-62752024　电子信箱：fd@pup.pku.edu.cn
图书如有印装质量问题，请与出版部联系，电话：010-62756370

出版者序

作为一家致力于出版和传承经典、与国际接轨的大学出版社,北京大学出版社历来重视国际经典教材,尤其是经管类经典教材的引进和出版。自2003年起,我们与圣智、培生、麦格劳希尔、约翰威利等国际著名教育出版机构合作,精选并引进了一大批经济管理类的国际优秀教材。其中,很多图书已经改版多次,得到了广大读者的认可和好评,成为国内市面上的经典。例如,我们引进的世界上最流行的经济学教科书——曼昆的《经济学原理》,已经成为国内最受欢迎、使用面最广的经济学经典教材。

呈现在您面前的这套"引进版精选教材",是主要面向国内经济管理类各专业本科生、研究生的教材系列。经过多年的沉淀和累积、吐故和纳新,本丛书在各方面正逐步趋于完善:在学科范围上,扩展为"经济学精选教材""金融学精选教材""国际商务精选教材""管理学精选教材""会计学精选教材""营销学精选教材""人力资源管理精选教材"七个子系列;在课程类型上,基本涵盖了经管类各专业的主修课程,并延伸到不少国内缺乏教材的前沿和分支领域;即便针对同一门课程,也有多本教材入选,或难易程度不同,或理论和实践各有侧重,从而为师生提供了更多的选择。同时,我们在出版形式上也进行了一些探索和创新。例如,为了满足国内双语教学的需要,我们改变了影印版图书之前的单纯影印形式,而是在此基础上,由资深授课教师根据该课程的重点,添加重要术语和重要结论的中文注释,使之成为双语注释版。此次,我们更新了丛书的封面和开本,将其以全新的面貌呈现给广大读者。希望这些内容和形式上的改进,能够为教师授课和学生学习提供便利。

在本丛书的出版过程中,我们得到了国际教育出版机构同行们在版权方面的协助和教辅材料方面的支持。国内诸多著名高校的专家学者、一线教师,更是在繁重的教学和科研任务之余,为我们承担了图书的推荐、评审和翻译工作;正是每一位推荐者、评审者的国际化视野和专业眼光,帮助我们书海拾慧,汇集了各学科的前沿和经典;正是每一位译者的全心投入和细致校译,保证了经典内容的准确传达和最佳呈现。此外,来自广大读者的反馈既是对我们莫大的肯定和鼓舞,也总能让我们找到提升的空间。本丛书凝聚了上述各方的心血和智慧,在此,谨对他们的热忱帮助和卓越贡献深表谢意!

"千淘万漉虽辛苦,吹尽狂沙始到金。"在图书市场竞争日趋激烈的今天,北京大学出版社始终秉承"教材优先,学术为本"的宗旨,把精品教材的建设作为一项长期的事业。尽管其中会有探索,有坚持,有舍弃,但我们深信,经典必将长远传承,并历久弥新。我们的事业也需要您的热情参与! 在此,诚邀各位专家学者和一线教师为我们推荐优秀的经济管理图书(em@ pup. cn),并期待来自广大读者的批评和建议。您的需要始终是我们为之努力的目标方向,您的支持是激励我们不断前行的动力源泉!让我们共同引进经典,传播智慧,为提升中国经济管理教育的国际化水平作出贡献!

北京大学出版社

经济与管理图书事业部

译者序

在现代经济金融学研究中,计量经济实证研究扮演着十分重要的角色。一本好的应用计量经济学教材,对于帮助读者了解计量经济理论、开展实证研究意义重大。传统计量经济学教材偏重理论推导,而对于实际研究中常会遇到的数据处理和软件操作环节的方法与技巧介绍不多。市面上介绍软件操作的书籍,又缺乏系统的计量经济理论介绍。在应用计量经济学教材领域,计量经济理论与实际操作相脱节的状况,之前一直是经济学专业同学在应用计量领域的一大入门障碍。

这本应用计量经济学教材对计量理论的介绍条理清晰,理论引入由浅入深,每一步都进行详细阐述,方便读者自学。同时,配套几种常用计量软件的操作步骤或指令代码,读者上机操作后能马上重现结果,简易直观。在"干中学"的过程中,加深读者对相关计量理论要义的理解程度并提高其学习兴趣,实现理论学习与实践操作的更好融合,达到"学以致用"的最终目标。

本教材涉及的人名援引的著作和期刊文献,都保留英文原文,方便读者查询及参考;文中的模型、公式、变量等也保留原文的表述形式,方便读者进行相关的软件操作。

相比第一版,本教材在很多方面有较大改进。在内容上,加入了受限因变量等模型,更为详尽地介绍时间序列模型及面板数据模型。在形式上,延续了理论与实战结合较好的风格,在介绍 EViews 与 Microfit 软件操作的同时,增加介绍现在较为流行且应用广泛的 Stata 软件操作,紧跟学术研究前沿。

本教材适用于经济学、金融学本科生及研究生在应用计量经济学领域的入门课程;对经济学研究者而言,本教材也具有重要的参考价值。

陈诗一
2015 年 12 月于复旦大学

致谢

我想感谢我的朋友和同事 Keith Pilbeam(City University)及 Costas Siriopoulos(University of Patras)的不断鼓励与支持。我还想感谢 Sofia Dimakou 的帮助,我们一起讨论了 Stata 软件的改版。来自 Quantitative Micro Software 的 Melody Nishino 赠送了 EViews 7.0 的补充版本,并在 EViews 改编的过程中给予我大量的帮助,我深深地感激她的帮助。最后,我在与有关人员关于早期版本的讨论中获益,我想再次感谢如下人员:Dionysios Glycopantis, John Thomson, Alistair McGuire, George Agiomirgianakis, Kerry Patterson 和 Vassilis Monastiriotis。

迪米特里奥斯·阿斯特里奥

当然,任何的错误和遗漏都是我们的责任。

迪米特里奥斯·阿斯特里奥
史蒂芬·霍尔

前言

什么是计量经济学

计量经济学研究已经成为每位经济学本科生的必修课程,毫不夸张地说,它也是每位经济学家训练中的必备内容。这是因为应用经济学的重要性一直在上升,量化与评估经济理论和假设的能力相比过去,更成为必备的品质。理论经济学可能假设在两个或多个变量之间存在某种关系,但应用经济学要求这一关系是真实存在的,并且是可以在日常生活中观察到的证据,同时还要求量化变量间的关系。计量经济学是指采用真实的数据量化经济关系的方法的研究。

从字面上说,计量经济学是"经济学的度量(measurement,希腊单词"metrics"的含义)";然而,计量经济学包含用于经济数据分析的所有统计和数学技术。用这些工具的主要目的是证明或证伪特定的经济命题和模型。

应用计量经济学研究的步骤

应用计量经济学通常以经济理论开始。从这个理论出发,应用计量经济学家的第一步工作就是用公式表达一个经济学模型,使它能被经验验证;第二步工作是收集能被检验的数据;第三步工作是估计模型。

估计模型后,应用计量经济学家进行模型设定检验,确保这个模型是合适的,并检验估计程序的表现和准确性。如果这些检验表明模型是合适的,那么就进行假设检验来验证理论预测的有效性,之后,这个模型就可以用来做预测和提出政策建议了。如果模型设定检验和诊断表明模型是不合适的,那么计量经济学家就必须返回模型设定阶段,修正计量经济学模型,重复整个检验过程。

本书的目的

本书为学生提供了开展应用计量经济学工作的基本数学和分析工具。

对于最开始的任务——形成一个计量经济理论,本书采用了一个非常简化的分析方法;对于接下来的任务,本书基本解释了采用计量经济学软件得出的结果。

数学工具的使用程度

在计量经济学中使用数学是不可避免的,但本书尽量同时满足那些没有扎实数学基础的读者,以及那些想利用数学达到更深层次理解的读者。要达到这个目标,一方面,本书在必要时会对相关的主题同时提供大概的介绍和数学分析。这样,不想关注数学论证的读者就可以集中学习概要介绍部分,跳过数学分析部分,而保持整体学习内容上的连续性。另一方面,那些想学习数学的读者,可以研究每章中的数学部分。为满足这部分要求,本书使用了矩阵代数来证明一些重要的概念,但分析主体还是采用一种简单的分析方法,以便没有学习过矩阵代数的读者理解概念。

本书的另一个重要的特点是,它提供了所有从一个等式到另一个等式的推导,也提供了推导这些等式的数学技术的解释。数学知识有限的读者也能发现这些数学证明很容易理解,不会在学习过程中感到沮丧。

计量软件应用及实际数据使用的例子

从实践或应用计量经济学的角度来看,本书在两个方面具有创新性:(1)展示了所有的统计量检验的分析(一步一步地说明);(2)解释了如何运用如 EViews、Stata 和 Microfit 等计量经济软件进行检验。我们认为这种方法是本书的一大特色,并希望有助于读者们把这些技巧应用到实际数据中。我们采用计算机实例讲解。我们在教学中发现,学生觉得计量经济学难学仅仅是因为他们看不到计量的"美感",而这种美感只有在他们从实际数据中得到结果,并且知道如何从这些结果中得出结论后才能得到。应用计量分析是计量经济学的核心,我们希望通过使用 EViews、Stata 和 Microfit,能使计量经济学的学习及其应用变得有趣。希望对 EViews、Stata 和 Microfit 有基本了解的读者先阅读最后一章(第 23 章),该章讨论了使用这三种计量软件的实例。

迪米特里奥斯·阿斯特里奥
史蒂芬·霍尔

本书配套教学课件,任课老师如有需要,可通过以下方式向我们索取:

(1)发送邮件到 em@pup.cn,邮件内容需包括"申请《应用计量经济学》(26685)课件",以及所在院校系所、姓名、电话和邮箱信息。

(2)搜索并关注微信公众号"北大经管书苑"(pupembook),直接回复"申请《应用计量经济学》(26685)课件",以及所在院校系所、姓名、电话和邮箱信息。

如有疑问,请致电 01062767312 咨询。

目录

第一部分　统计背景和基础数据处理

第1章　基本概念　3
　　引言　3
　　一个简单的例子　3
　　统计框架　5
　　抽样分布均值的性质　6
　　假设检验和中心极限定理　7
　　结论　11

第2章　经济数据的结构和数据处理的基本方法　12
　　经济数据的结构　12
　　数据处理的基本方法　14

第二部分　经典线性回归模型

第3章　简单回归　25
　　回归入门:经典线性回归模型　26
　　普通最小二乘估计　27
　　经典线性回归模型的假定　30
　　OLS估计量的性质　32
　　整体拟合优度　36
　　假设检验和置信区间　38
　　如何用Microfit、EViews和Stata估计简单回归方程　40

回归结果的表示　42
应用　43
计算机实例：凯恩斯消费函数　45
问题与练习　51

第 4 章　多元回归　55

引言　56
多元回归系数的推导　56
多元回归模型 OLS 估计量的性质　60
R^2 和调整 R^2　62
模型选择的一般准则　63
运用 Microfit、EViews 和 Stata 进行多元回归估计　63
假设检验　65
F 形式的似然比检验　67
检验 X 的联合显著性　67
增加或删除解释变量　68
t 检验（Wald 检验的特殊情况）　70
LM 检验　70
计算机实例：Wald、遗漏与冗余变量的检验　71
问题与练习　76

第三部分　违背经典线性回归模型假定的情况

第 5 章　多重共线性　81

引言　81
完全多重共线性　82
完全多重共线性的后果　82
不完全多重共线性　84
不完全多重共线性的后果　84
检测多重共线性　86
计算机实例　86
问题与练习　91

第 6 章　异方差　93

引言：什么是异方差　93
异方差对 OLS 估计量的影响后果　96
检测异方差　98

对 LM 检验的批判　105
　　　计算机实例:异方差检验　109
　　　处理异方差　119
　　　计算机实例:处理异方差　121
　　　问题与练习　123

第 7 章　自相关　126
　　　引言:什么是自相关　127
　　　什么导致了自相关　127
　　　一阶和高阶自相关　128
　　　OLS 估计量自相关的后果　129
　　　检测自相关　131
　　　处理自相关　140
　　　问题与练习　145
　　　附录　146

第 8 章　模型误设:错误的回归变量、测量误差以及错误的方程形式　147
　　　引言　148
　　　遗漏相关变量或包含无关变量　148
　　　不同的函数形式　151
　　　测量误差　155
　　　错误设定的检验　157
　　　实例:EViews 中的 Box-Cox 转换　163
　　　选择合适模型的方法　165
　　　问题与练习　167

第四部分　计量经济学的主题

第 9 章　虚拟变量　171
　　　引言:定性信息的本质　171
　　　虚拟变量的应用　172
　　　虚拟变量应用的计算机实例　176
　　　虚拟变量应用的特殊情形　179
　　　多类别虚拟变量的计算机实例　182
　　　应用:新兴股票市场的一月效应　184
　　　结构稳定性检验　186
　　　问题　188

第 10 章 动态计量经济模型 189
引言 189
分布滞后模型 190
自回归模型 192
练习 196

第 11 章 联立方程模型 198
引言:基本定义 198
忽略联立性的后果 199
识别问题 200
联立方程模型的估计 202
实例:IS-LM 模型 203

第 12 章 受限因变量回归模型 208
引言 208
线性概率模型 209
线性概率模型的问题 210
logit 模型 211
probit 模型 215
Tobit 模型 218
计算机实例:用 EViews、Stata 和 Microfit 运行 probit 模型和 logit 模型 219

第五部分 时间序列计量经济学

第 13 章 ARIMA 模型及 Box-Jenkins 方法 225
引言:时间序列计量经济学 225
ARIMA 模型 226
平稳性 226
自回归时间序列模型 227
移动平均模型 230
ARMA 模型 232
单整过程与 ARIMA 模型 233
Box-Jenkins 模型选择 234
实例:Box-Jenkins 方法 236
问题与练习 242

第 14 章 方差模型:ARCH-GARCH 模型 243
引言 243
ARCH 模型 245

GARCH 模型　253
　　其他可选模型　257
　　ARCH/GARCH 模型的实证举例　265
　　问题与练习　269

第 15 章　向量自回归模型与因果检验　271
　　向量自回归模型　271
　　因果检验　273
　　计算机实例:金融发展与经济增长的因果关系　275
　　EViews、Stata 和 Microfit 中的 VAR 模型估计和因果检验　277

第 16 章　非平稳性与单位根检验　284
　　引言　284
　　单位根与伪回归　285
　　单位根检验　290
　　EViews、Microfit 和 Stata 中的单位根检验　293
　　计算机实例:不同宏观经济变量的单位根检验　297
　　计算机实例:金融发展与经济增长的单位根检验　298
　　问题与练习　300

第 17 章　协整与误差修正模型　301
　　引言:什么是协整　301
　　协整与误差修正机制(ECM):一般方法　303
　　协整与误差修正机制:更数学的方法　304
　　协整检验　307
　　协整的计算机实例　321
　　问题与练习　329

第 18 章　标准和协整情形下的模型识别　331
　　引言　331
　　标准情形下的模型识别　332
　　阶条件　333
　　秩条件　334
　　结论　339

第 19 章　求解模型　340
　　引言　340
　　求解步骤　341
　　模型增加因子　342

模拟和脉冲响应　343
　　随机模型分析　344
　　在 EViews 中构建模型　345
　　结论　348

第六部分　面板数据计量经济学

第 20 章　传统面板数据模型　351
　　引言：面板数据的优势　351
　　线性面板数据模型　352
　　不同的估计方法　353
　　面板数据的计算机实例　356
　　把面板数据导入 Stata　364

第 21 章　动态异质性面板　366
　　引言　366
　　动态面板中的偏误　367
　　有偏性问题的解决（由面板的动态性导致）　368
　　异质性斜率参数的偏误　368
　　解决异质性偏误的方法：另一种估计方法　369
　　应用：经济增长和投资中的不确定效应　371

第 22 章　非平稳面板　374
　　引言　374
　　面板单位根检验　375
　　面板协整检验　379
　　面板协整检验的计算机实例　383

第七部分　计量软件的使用

第 23 章　Microfit、EViews 和 Stata 应用实例　389
　　关于 Microfit　389
　　关于 EViews　393
　　关于 Stata　398
　　Stata 中的截面数据和时间序列数据　400
　　保存数据　403

附录　统计表　407
参考文献　417

第一部分 统计背景和基础数据处理

第1章　基本概念
第2章　经济数据的结构和数据处理的基本方法

第 1 章 基本概念

本章内容
引言
一个简单的例子
统计框架
抽样分布均值的性质
假设检验和中心极限定理
结论

引言

本章介绍书中涉及的部分计量基本概念，包括总体分布和抽样分布的含义、随机抽样的重要性、大数定律和中心极限定理，并介绍传统方法如何以此为基础进行假设检验和构造置信区间。

计量经济学在预测和分析实际数据和问题中有多重作用，其中最核心的是确定效果的大小并检验其显著性。经济理论通常会指出任意一对关系变化的方向（例如，当收入上升时，预期消费也会上升），但却几乎不能给出精确的变化量。然而，在政策或商业背景中，明确一个影响的精确值是非常重要的，这正是计量经济学要做的事情。

本章的目的在于通过对定义和理念的说明，让学生对基本概念有直观的理解。因此，这一部分的叙述特意采取了更通俗易懂的方式来说明。

一个简单的例子

为了说明概念，考虑一个简单的例子。表 1.1 给出了欧盟扩大前的 15 个成员国中男性和女性的平均死亡年龄。

表 1.1 2002 年欧盟 15 国的平均死亡年龄

国家	女性	男性
奥地利	81.2	75.4
比利时	81.4	75.1
丹麦	79.2	74.5
芬兰	81.5	74.6
法国	83.0	75.5
德国	80.8	74.8
希腊	80.7	75.4
爱尔兰	78.5	73.0
意大利	82.9	76.7
卢森堡	81.3	74.9
荷兰	80.6	75.5
葡萄牙	79.4	72.4
西班牙	82.9	75.6
瑞典	82.1	77.5
英国	79.7	75.0
均值	81.0	75.1
标准差	1.3886616	1.2391241

简单地看一下这些数据,很显然,在每个国家中,女性的预期寿命都比男性更长;如果我们对所有国家的数据取平均值,也会得到相同的结论,即在整个欧洲范围内,女性的预期寿命都比男性长。然而,数据在国家之间存在相当可观的变异,我们会很合理地提出疑问,在整个世界的人口中,女性的预期寿命是否都比男性长?

解决这个问题的一个很自然的方法,就是比较欧洲国家之间的男性和女性平均预期寿命,并看这个差异是否显著不等于零。这个过程涉及许多基本步骤:首先要估计平均预期寿命的差异,其次要测量差异的不确定性,最后要检测关于差异等于零的假设。

表 1.1 给出了欧盟整体的男性和女性平均预期寿命,简单地将其定义为:

$$\bar{Y}_w = \frac{1}{15}\sum_{i=1}^{15} Y_{wi} \qquad \bar{Y}_m = \frac{1}{15}\sum_{i=1}^{15} Y_{mi} \tag{1.1}$$

其中,$\bar{Y}_w$ 是欧盟国家中女性平均预期寿命,$\bar{Y}_m$ 是欧盟国家中男性平均预期寿命。对两者之间差异的一个天然估计是 $\bar{Y}_w - \bar{Y}_m$。表 1.1 还给出了每个均值的平均离差,定义为标准差,由下式给出:

$$S.D._j = \sqrt{\sum_{i=1}^{15}(Y_{ji} - \bar{Y}_j)^2} \qquad j = w, m \tag{1.2}$$

我们已经有了对差异的估计,以及对估计结果的不确定性的度量,现在可以来构造正式的假设检验。两个均值间的差异的检验为:

$$t = \frac{\bar{Y}_w - \bar{Y}_m}{\sqrt{\frac{s_w^2}{15} + \frac{s_m^2}{15}}} = \frac{81 - 75.1}{\sqrt{\frac{1.389^2}{15} + \frac{1.24^2}{15}}} = 12.27 \tag{1.3}$$

t 统计量为 12.27,大于 1.96,意味着若真实差异等于零,偶然得到一个 12.27 的 t 统计量的概率小于 5%。因此我们能得出结论,男性和女性的平均寿命之间存在显著差异。

尽管这看起来非常直观和简单,但其背后的含义却非常精妙,这正是本章的主题。我们需要探究的问题如下:什么理论框架能解释这一切?为什么均值上的差异是对女性拥有更长寿命的一个好的估计?对整个世界的人口来说,这是一个好的估计吗?标准差反映了怎样的测量中的不确定性?它的实质是什么?从本质上说,什么样的基本理论框架能解释发生了什么?

统计框架

构成前述方法的基础是统计框架,它建立在许多关键概念上,首先便是总体的概念。假定我们对一个由事件或实体组成的总体感兴趣,并假定这个总体无限大且包含了我们关心的所有结果。表 1.1 是欧洲 15 国在 2002 年的数据,如果我们关心的仅仅是这个年份、该集合中的国家,那么将不会存在统计上的问题。由数据可知,2002 年,欧盟 15 国的女性寿命比男性更长,这就是一个简单的事实。但是,总体是一个更大的概念,它包含了所有时间段上的所有男性和女性,为了推断总体,我们需要运用统计框架。例如,有可能在那一年中女性寿命比男性长仅仅是一个偶然,那么我们该如何做出判断?

第二个重要概念是随机变量和总体分布。简单来说,一个随机变量就是在不确定条件下对任何可能出现的事件的量度。例如,由于一个人的死亡年龄是不确定的,因此个体的死亡年龄是个随机变量。一旦个体死亡,死亡年龄便不再是随机变量,而只是一个观察值或者数字。总体分布明确了某一特定事件发生的概率,例如,总体分布明确了男性在 60 岁之前死亡的概率($\Pr(Y_m < 60)$)。总体分布的形状由许多矩来决定。前两个矩是均值(有时会被称为期望值,$E(Y_m) = \mu_{Y_m}$,或是平均数)和方差($E(Y_m - \mu_{Y_m})^2$,标准差的平方,通常被定义为 $\sigma^2_{Y_m}$)。

以上讨论的矩有时被称为无条件矩;也就是说,它们适用于总体分布。我们也可以根据特定信息为分布和矩附上限定条件。为了说明这一点,考虑一个英国男性的预期寿命,根据表 1.1 应该是 75 岁。那么对于一个已经年满 80 岁的男性而言,他的预期寿命是多少?显然不是 75 岁。无条件矩是完全分布下的矩;条件矩是总体中符合特定条件的那部分的矩,在此例中的条件是满 80 岁。我们可以考虑条件期望 $E(Y_m \mid Y_{im}) = 80$,在此例中是 80 岁男性的期望,或者考虑条件高阶矩(如条件方差),这将在之后的章节讨论。另一个考察总体中的子群的方法:我们可以认为总体由全部的人组成,也可以将男性和女性的总体分布分开来看。我们感兴趣的总体分布,也就是所有男性和所有女性的平均预期寿命。如果我们能测量这两者,当然也不会存在统计上的问题;就平均而言,我们能简单地知道,女性比男性更长寿。遗憾的是,通常我们只能直接测量总体中的一个样本,然后运用这个样本对总体进行推断。

如果样本符合某些基本属性,我们就能对总体进行推断。第一个关键属性是随机抽样：组成样本的个体是从总体中随机地抽取出来的。男性预期寿命是一个随机变量，也就是说，任何男性的死亡年龄都是不确定的。一旦我们观测到死亡年龄并且将观察值纳入样本，死亡年龄就不再是随机变量。数据集包含了一套个体观察值，每个个体都是被随机地从总体中抽取出来的。因此，关于男性死亡年龄的样本就是 $Y_m = (Y_{1m}, Y_{2m}, \cdots, Y_{nm})$。随机抽样的概念有很深的含义：由于任意两个个体都是从总体中随机抽取的，它们之间是相互独立的；也就是说，知道了其中一个男性的死亡年龄是无法推断另一个男性的死亡年龄的。并且，由于任意两个个体都是从同一个总体中抽取的，它们具有相同的分布。因此，在随机抽样的假定基础上，我们能断言样本中的每一个观测都是独立而且同分布；这通常被表示为 IID。

现在我们可以构造统计框架了。我们想从观测到的样本中对总体分布做一些推断。我们分析样本的方法是不是一个好的方法呢？关于这个问题的答案落在另一个概念上，那就是抽样分布。假定我们可以采取一定的方法对从总体中抽取的一个样本进行分析，该方法是任意的。例如，把偶数位的观察值加总后除以20，我们能得到一个估计量；对另一个样本采取同样的方法也能得到一个估计量。如果我们持续抽取样本并做同样的分析，就会得到基于此分析方法的全部估计量序列。这些估计量的分布，也就是基于此分析方法得到的抽样分布。假设通过这样的估计步骤能得到关于总体均值的估计，我们将其称为 $\tilde{Y}_m$，则抽样分布的均值和方差分别表示为 $E(\tilde{Y}_m)$ 和 $E(\tilde{Y}_m - E(\tilde{Y}_m))^2$。基于某特定分析方法的抽样分布，实质上反映了这个分析方法本身，而这正是我们所关注的。一个好的估计量总的来说是无偏的，这意味着估计的均值等于总体均值，也就是 $E(\tilde{Y}_m) = \eta$，其中的 η 是我们希望测量的总体均值。在无偏估计下，即使样本容量很小，通常我们也预计能得到正确的估计量。一个稍弱的要求是一致性，在一致估计下，样本量无穷大时我们预计能得到正确的估计量，也就是 $\lim_{n \to \infty} E\tilde{Y}_m = \eta$。一个好的估计量既是无偏的又是一致的，但产生无偏且一致估计量的估计方法并不唯一，此时我们会基于有效性来选取估计方法，有效性可以简单地由抽样分布的方差给出。假设我们有另一种估计方法，得到一个更大的 $\overset{\leftrightarrow}{Y}$，此估计同样是无偏的；但若 $Var(\tilde{Y}) < Var(\overset{\leftrightarrow}{Y})$，我们将会选择 $\tilde{Y}$ 作为估计量。这个例子简单地说明了，就平均而言，两种估计方法都能得到正确结果，但第一种估计方法产生的错误更小。

抽样分布均值的性质

在上述例子中，基于表1.1，我们计算了男性和女性的平均预期寿命。为什么要这样计算呢？原因就在于抽样分布的均值是对总体均值的估计。抽样分布的均值由下式给出：

$$E\left(\frac{1}{n}\sum_{i=1}^{n} Y_i\right) = \frac{1}{n}\sum_{i=1}^{n} E(Y_i) = \frac{1}{n}\sum_{i=1}^{n} \mu_Y = \mu_Y \qquad (1.4)$$

因此预期的样本均值等于总体均值,进而样本均值是对总体均值的无偏估计,符合成为一个好的估计量的第一个标准。那么样本均值的方差如何呢?

$$Var(\bar{Y}) = E(\bar{Y} - \mu_Y)^2 = E\left(\frac{1}{n^2} \sum_{i=1}^{n} \sum_{j=1}^{n} (Y_i - \mu_Y)(Y_j - \mu_Y)\right)$$

$$= \frac{1}{n^2} \left(\sum_{i=1}^{n} Var(Y_i) + \sum_{i=1}^{n} \sum_{j=1, j \neq i}^{n} Cov(Y_i, Y_j)\right) = \frac{\sigma_Y^2}{n} \quad (1.5)$$

可以看出,样本均值偏离总体均值的方差大小与样本容量有关。随着样本量增加,总体方差减小。直观地说,一个大样本能对总体均值有更好的估计。如果真实的总体分布均值较小,那么抽样分布的均值也较小。同样直观的表现为,如果每个人拥有相同的死亡年龄,总体方差将等于零,从中抽取的任何样本都拥有和总体均值相同的样本均值。

假设检验和中心极限定理

抽样均值成为总体均值的好的估计量的前两个标准是:无偏的,且估计的效率随着样本量的增加而提高。然而,在对均值进行假设检验之前,我们需要知道全体抽样分布的形状。遗憾的是,尽管我们可以得到抽样的均值和方差,通常情况下却无法知道完整的抽样分布的形状。假设检验对事实做出假定,这个假定被称为原假设,通常用 H_0 表示。然后构建一个备择假设,称为 H_1。假设检验就是在假定原假设成立的情形下,计算出观察值的统计量偶然出现的概率。假定我们的原假设是,总体中男性死亡年龄的均值是 70 岁,即 $H_0: E(\bar{Y}_m) = 70$,而观测到的均值是 75.1 岁,则备择假设是均值大于 70 岁。我们要计算出在总体均值等于 70 岁的假设成立下,75.1 岁的观察值完全是偶然的概率。由于在连续分布下任意一点上的概率都等于零,因此严格来说我们要计算的是任何大于 75.1 岁的均值的概率,然后将这个概率与预设值作对比,这个预设值被称为检验的显著性水平。如果计算得到的概率小于显著性水平,则拒绝原假设,接受备择假设。在传统的统计中,一般将显著性水平定为 1%、5% 或 10%。如果将显著性水平定为 5%,且得到一个大于 75.1 岁的均值的概率等于 0.01,由于 0.01 < 0.05,我们将拒绝总体均值为 70 岁的原假设,接受总体均值大于 70 岁的备择假设。

备择假设具体有两种典型的类型,分别对应着单侧检验和双侧检验。上述例子是单侧检验,因为备择假设是平均死亡年龄大于 70 岁;但我们同样可以检验真实的样本均值大于 70 岁或小于 70 岁的可能性,这可以通过构造双侧检验实现。在双侧检验中,需要计算一个大于 75.1 岁或者小于 64.9 岁(70 - (75.1 - 70))的值完全偶然出现的概率,显然这个概率要大于单侧检验。

图 1.1 描绘了假设检验的基本思想。它刻画了在总体均值为 70 岁的原假设下,可能的男性平均寿命的抽样分布。图中把分布形状画成三角形,事实上是不成立的(我们之后会讨论到,现在先假定其成立)。由定义同知,三角形内的全部区域加起来等于 1,也就是均值将以 70 岁为中心,全部落在 62 岁到 78 岁的区间内。我们观测到的

均值是75.1岁,如果要检验真实均值等于70岁的原假设和均值大于70岁的备择假设(单侧检验),则需要计算观测到大于或等于75.1岁的概率,在图中表示为区域C。如果要进行双侧检验,其中备择假设为均值大于75.1岁或者小于64.9岁,则需要计算区域A和C的总和,这显然要大于C。如果我们选取了5%的显著性水平且C<0.05,我们会在单侧检验下拒绝原假设;如果A+C<0.05,我们会在在双侧检验中5%的显著性水平上拒绝原假设。

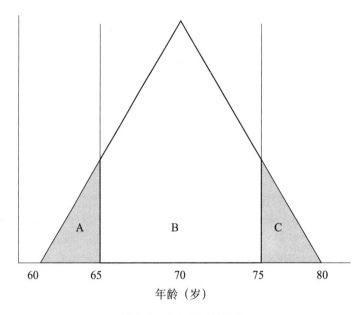

图1.1　寿命的可能分布

如前所述,尽管我们能计算出抽样分布的均值和方差,但是通常无法计算完整的分布形状。然而,通过一个有用的定理能让我们在样本容量足够大时做到这一点,这就是中心极限定理。

中心极限定理

对于一个独立同分布的IID数据集合,有n个观察值$(Y_1, Y_2, \cdots, Y_n)$,具有有限方差,随着n趋近于无穷大,$\bar{Y}$的分布趋近于正态分布。因此,只要n足够合理地大,就能把均值的分布近似地看作正态分布。

这个结论非常有意义,该定理意味着,不论总体分布的形状如何,只要样本量足够大,抽样分布就是正态分布。举一个极端的例子,假设有一种彩票,每100张中有1张中奖,奖金是100美元,每张彩票售价1美元,那么平均而言,每张彩票的期望回报就是1美元。但是,这个总体分布的形状是非常异样的,因为每100张彩票中有99张的回报都是0,只有1张的回报是100美元。画出该回报的分布,会发现在0处存在很大的峰值,在1处有一个小峰值,除此之外便没有观察值。但是,只要抽取的样本量足够大,就可以计算出样本中回报的均值,会发现这是一个以1为中心的正态分布。

中心极限定理的重要性在于,能据此得到大样本下抽样分布的形状。因此,我们可以将图1.1中主观臆断的三角形分布替换为更合理的正态分布。

统计框架中的最后一部分是关于大数定律。大数定律可以简单表述为:如果一个样本$(Y_1, Y_2, \cdots, Y_n)$是IID的,具有有限方差,那么$\bar{Y}$就是总体均值μ的一致估计。其正式表述为:当$n \to \infty$,$\Pr(|\bar{Y} - \mu| < \varepsilon) \to 1$,也就是随着样本量趋近于无穷大,估计均值和真实总体均值之差的绝对值小于一个很小的正数的概率趋近于1。该定律可以直接被证明如下:由于抽样分布均值的方差与n成反比,随着n趋近于无穷大,方差趋近于0,抽样均值逼近于真实总体均值。

总结一下:$\bar{Y}$是真实总体均值μ的无偏且一致估计,其方差与n成反比,其分布可以近似地看成正态分布,表示为$N(\mu, \sigma^2/n)$。因此,如果我们将$\bar{Y}$减去总体均值,再除以标准差,就能得到一个均值为0、方差为1的新变量,这个过程叫做变量标准化。

$$\frac{\bar{Y} - \mu}{\sqrt{\sigma^2/n}} \sim N(0,1) \tag{1.6}$$

这个公式中包含了σ^2,也就是总体方差,而这是未知的,我们需要对其进行如下估计:

$$S^2 = \frac{1}{n-1} \sum_{i=1}^{n} (Y_i - \bar{Y})^2 \tag{1.7}$$

在这里,被除数是$n-1$,因为事实上我们在估计均值时失去了一个观察值。考虑样本容量为1的情形,均值的估计值就等同于观察值,若我们将其除以$n(=1)$,将会得到方差为0的估计。为何S^2是总体方差的好的估计呢? 这是因为S^2本质上是另一个平均数,同样适用于大数定律,所以S^2是真实总体方差的一致估计。

现在我们可以正式构造假设检验了。最基本的检验是学生氏t检验,由下式给出:

$$t = \frac{\bar{Y} - \mu}{\sqrt{S^2/n}} \tag{1.8}$$

当样本量较小时,式(1.8)服从学生氏t分布,后者可以在任何一张标准统计量表中查找到。然而在实践中,一旦样本量大于30或40,学生氏t分布几乎无异于正态分布,在计量中通常会简化为直接使用正态分布。在正态分布中,对应于分布中每一侧尾部0.025的值是1.96,这就是双侧检验中5%显著性水平上的临界值。因此,如果我们要检验这样一个假设:男性平均寿命为75.1岁只是在总体均值为70岁的条件下由于抽样所造成的一个偶然事件,需要构造如下检验:

$$t = \frac{75.1 - 70}{\sqrt{S^2/3.87}} = \frac{5.1}{0.355} = 14.2$$

结果大于5%显著性水平下的临界值1.96,据此我们拒绝总体均值为70岁的原假设。等价地,我们可以求出t值大于4.1所对应的分布的面积,也就是对应的概率。这个概率(或者p值),由下式给出:

$$p \text{ 值} = \Pr_{H_0}(|Y - \mu| > |\bar{Y}^{act} - \mu|) = \Pr_{H_0}(|t| > |t^{act}|)$$

如果t值正好是1.96,p值将是0.05;如果t值大于1.96,p值将小于0.05;两者内含的信息是一样的,只是表达方式不同。但在某些情形下,p值会更加有用,因为它适用于一系列不同的分布,而且不需要查询统计量表,p值本身就是一个直观的概率值。

图1.2展示了这个过程。图中描绘了围绕原假设的近似正态分布,分布的双侧尾部被定义为69.3岁和70.71岁,整个图形95%的面积落在两者之间的区间。因为75.1岁的估计值落在此区间之外,所以我们拒绝原假设:真实值为70岁,观测到75.1岁的值完全出于偶然。p值等于曲线在大于75.1岁的部分的面积的2倍,可以看出p值确实很小。

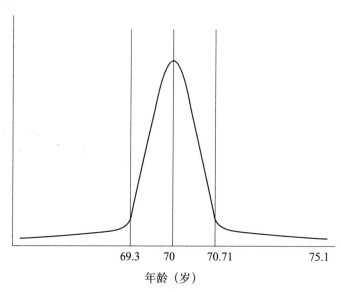

图1.2 围绕原假设的预期寿命的正态分布

最后一个考察估计值的可信度的方法是围绕估计参数构造置信区间。我们得到了75.1岁的估计均值,至于真实值是多少却存在不确定性。大数定律告诉我们这是真实值的一个一致估计,因此在仅有这一个观察值时,我们的最佳假设就是真实值等于75.1岁。中心极限定理告诉我们估计值的分布是近似正态的,并且知道了该分布的方差,因此我们可以围绕75.1岁构建一个区间,该区间包含了所需的任何数量的分布。再一次地,我们构造95%水平上的置信区间,构造方法如下:

$$CI_{95\%} = \left\{ \bar{Y} + 1.96 \frac{S}{\sqrt{n}}, \bar{Y} - 1.96 \frac{S}{\sqrt{n}} \right\} = \bar{Y} + 0.71, \bar{Y} - 0.71$$

因此,在95%的可信度上,真实值位于75.81岁和74.39岁之间,如图1.3所示。图1.3中,曲线的位置发生了移动,它以估计值75.1岁为中心,并且95%的面积落在置信区间内。显然,原假设70岁的值远不在这个区间内,我们再一次得出结论,均值的真实值为70岁的可能性非常小。

通过计算标准t检验、p值和置信区间,我们都能得到相同的结论,原因在于三者是对同一个潜在分布的不同表述。

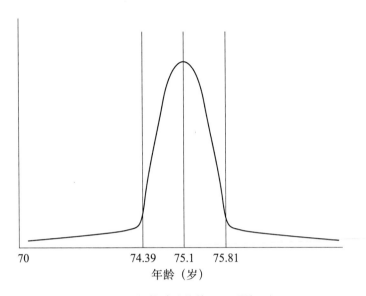

图 1.3　围绕估计均值的 95% 置信区间

结论

本章概述了构造估计量和假设检验的基本步骤。从最简单的随机抽样入手，我们提出了抽样元素独立同分布的命题。据此我们得以对总体分布下定义，并通过构造总体均值和定义抽样均值来推断总体分布。利用大数定律和中心极限定理，我们能定义抽样分布的形状；以此为基础，我们简述了经典计量中的假设检验的基本步骤。

尽管初看来以上结论是特定地在简单的估计程序中产生的，但我们能在稍后的章节中看到，关于估计均值和估计步骤的讨论同样适用于几乎任何估计程序。当我们在一个模型中从一个数据集合里估计参数时，本质上都遵循相同的步骤。任何一个估计步骤，实质上都是获得抽样数据并采取一些方式对其取平均数。获得了参数的抽样分布，就可以研究估计步骤的无偏性和一致性。下一步，应用中心极限定理，确保随着样本量增大，抽样分布趋于正态分布。最后，基于得到的结果，构造估计参数的假设检验，并计算 p 值和置信区间。

第 2 章 经济数据的结构和数据处理的基本方法

本章内容

经济数据的结构
数据处理的基本方法

学习目标

1. 理解经济数据的各种形式
2. 区分截面数据、时间序列数据和面板数据
3. 处理现实数据并应用计量经济学软件绘制图表
4. 应用计量经济学软件得到数据的摘要统计量
5. 应用计量经济学软件转换数据类型

经济数据的结构

经济数据的集合有多种形式。一些计量经济学方法可以被直接运用于多种数据的集合,检验一些集合的特殊性质。接下来,我们将描述应用计量经济学中最重要的一些数据结构。

截面数据

截面数据是指由个体、家庭、公司、国家、地区、城市或其他单元在一个特定时间点上的样本集合。在一些情形下,所有单元的数据并不一定都处在同一个时间点上。比如,我们想从一份针对不同家庭的问卷调查中搜集数据,但这个调查却是在一个月中的不同几天进行的。在这种情形下,我们可以忽略这些数据对应的不同时间点,并且认为这些数据可以视作截面数据。

在计量经济学中,截面数据变量经常被标记下标 i,i 取 $1,2,3,\cdots,N$,表示有 N 个截面。例如,Y 表示我们从 N 个个体中搜集的表示收入的数据,在截面数据中这个变量可以被定义为:

$$Y_i \quad i = 1,2,3,\cdots,N \tag{2.1}$$

截面数据在经济学和其他学科中被广泛应用。经济学中的截面数据经常出现在微观经济的研究中,常见的有劳动经济学、国家与地方财政、公司治理、人口统计与医疗卫生等。个体、家庭、城市、地区在一个时间点上的数据经常被运用于这些方面的研究中,以检验微观经济学的假说并提出政策建议。

时间序列数据

时间序列数据是由一个或者多个变量在一段时间上的观察值所组成。时间序列数据是按照时间顺序排列的,并且可以有不同的时间频率,如每半年、一年、一季、一月、一周、一天与一小时。时间序列数据可以被运用于包括股价、国内生产总值(GDP)、货币供给、冰淇淋销售额等多个方面。

时间序列数据被标记下标 t,如 Y 是一个国家 1990—2002 年的 GDP,可以被定义为:

$$Y_t \quad t = 1,2,3,\cdots,T \tag{2.2}$$

其中,$t = 1$ 表示 1990 年,$t = T = 13$ 表示 2002 年。

由于过去的事件可以影响未来的事件,并且在社会科学中这种行为上的滞后是十分普遍的,因此时间是时间序列数据集合中的一个非常重要的维度。一个滞后 1 期的变量可以被定义为 Y_{t-1},滞后 S 期的变量可以被定义为 Y_{t-s};类似地,超前 k 期的变量可以被定义为 Y_{t+k}。

相较于截面数据,时间序列数据更难以分析的一个重要特征是,经济观察值是普遍依赖于时间的。也就是说,大多数的时间序列数据是与最近的过去有关的。因此,尽管大多数的计量经济学方法可以同时运用于截面数据与时间序列数据,我们仍需要一些特殊的工具来鉴别时间序列数据适用的模型。时间序列数据明显的时间特征,促进经济学发展了许多相应的计量工具。

另外,时间序列数据遵循一定的频率时会呈现特定的季节效应。这个特征主要反映在周、月与季度数据中。最后,时间序列数据经常被用于宏观经济问题的研究中。

面板数据

面板数据是由截面样本的时间序列数据组成的集合,如我们考虑 50 家公司的职员 5 年内的销售额。面板数据同样可以按地区划分,如 20 个国家 20 年内的 GDP 和货币供给数据。

面板数据的定义经常用下标 i 和 t 表示,之前我们分别用它们表示截面数据和时间序列数据,这是因为面板数据同时拥有这两种维度。因此,我们定义一个国家在一个时点上的 GDP 为:

$$Y_{it} \quad t=1,2,3,\cdots,T; \quad i=1,2,3,\cdots,N \tag{2.3}$$

为了更好地理解面板数据的结构，我们考虑一个 $N\times1$ 的截面数据矩阵和一个 $T\times1$ 的时间序列变量矩阵：

$$Y_t^{ARGENTINA} = \begin{pmatrix} Y_{1990} \\ Y_{1991} \\ Y_{1992} \\ \vdots \\ Y_{2012} \end{pmatrix}; \quad Y_i^{1990} = \begin{pmatrix} Y_{ARGENTINA} \\ Y_{BRAZIL} \\ Y_{URUGUAY} \\ \vdots \\ Y_{VENEZUELA} \end{pmatrix} \tag{2.4}$$

这里的 $Y_t^{ARGENTINA}$ 代表阿根廷 1990—2002 年的 GDP，Y_i^{1990} 代表 1990 年 20 个拉丁美洲国家的 GDP。

面板数据 Y_{it} 可以写成如下 $T\times N$ 的矩阵形式：

$$Y_{it} = \begin{pmatrix} Y_{ARG,1990} & Y_{BRA,1990} & \cdots & Y_{VEN,1990} \\ Y_{ARG,1991} & Y_{BRA,1991} & \cdots & Y_{VEN,1991} \\ \vdots & \vdots & & \vdots \\ Y_{ARG,2012} & Y_{BRA,2012} & \cdots & Y_{VEN,2012} \end{pmatrix} \tag{2.5}$$

其中，t 描述的是纵向维度，i 描述的是横向维度。

大多数的本科计量经济学教材都不包含面板数据的内容。然而面板数据的优势在于，许多经济学研究除却面板数据都无法取得令人满意的结果。因此，在本书的最后一部分，我们将着重讨论面板数据及其估计方法。

数据处理的基本方法

在使用统计和计量工具之前，一些初步的分析可以帮助我们从数据中获得一些灵感。本节简要地介绍了几种通过不同图表与统计数据观察和分析数据的方法。这一步骤为之后的回归分析和解释提供了必要的前提。另外，我们将介绍几种转换原始数据的方法，帮助去除一种或多种时间序列包含的因素，或是获得一种更加符合最终回归分析的数据形式。尽管我们的重点是放在时间序列数据上，但是这其中的一些方法也适用于截面数据。

原始数据

起先的工作是简单地观察电子表格里的数据个数，记录下序列的个数、起始与终止的日期、数值的跨度等。如果进一步地观察，我们可能会发现极端值或结构上的不连续、突变（如数值在一个时间点上的大幅跳动）。这种突变可能对回归结果有很大的潜在影响，因此在构造模型与解释结果的时候非常值得我们警惕。

图像分析

虽然观察原始数据(即具体的数字)确实可以提供一些信息,但是不同的图像能使这个检测过程变得更加容易。图像是"纵览全局"的基本工具,并且可以提供许多关于序列的信息。从图像中我们也可以比电子表格更清楚地找出极端值与结构突变。主要的图像工具如下:

(1)柱状图:给出变量的分布;
(2)散点图:给出两个变量的组合,如果两个变量间存在一定关系,则容易被观察到;
(3)折线图:给出简明的序列间比较;
(4)条形图;
(5)饼图。

MFit 中的图像

构造图像 为了构造变量随时间变化的折线图,我们在 Microfit 的命令窗口中输入:

```
plot x
```

这段命令绘制了整个样本中变量 x 随时间变化的图像。如果我们只要绘制某一段特定时间内的 x,则应该输入:

```
sample t0 t1; plot x
```

这里的 $t0$ 和 $t1$ 分别表示子样本的时间起点和终点。例如,

```
sample 1990q1 1994q4; plot x
```

此外,我们可以画出至多 50 个变量随另一个变量改变的图像。使用 xplot 这个命令的时候,我们必须申明这两个变量的名称。例如,

```
xplot x y
```

或者

```
sample 1990q1 1994q4; xplot x y z
```

上述命令可以绘出在子样本 1990 年第一季度至 1994 年第四季度时段内,变量 x 和 z 随变量 y 改变的图像(注意所有绘制的图像都被保存在 process menu 里)。系统默认的图像可以在 graph control 中修改,点击 **graph** 按钮进入。graph control 中包含了许多可以调节图像特征的选项,每一个选项都有它们各自的属性页面。点击适当的页面按钮可以逐一查看。在没有关掉 graph control 但要实现图像的某些改动时,点击 **apply now** 按钮。退出 graph control 并且不做改动时,点击 **cancel**。最常用的页面按钮是 **2D Gallery**、**Titles**、**Trends** 和 **Background**。

保存图像 在我们绘制图像的时候,图像编辑窗口处于活动的状态。绘好的图像可以保存为位图格式(BMP)(点击第二个按钮)或者 Windows 的图元文件(WMF)(点

击第三个按钮)。如果正在使用 MS Word,我们可以先点击第四个按钮复制图片,然后打开 MS Word 粘贴图片。第一个按钮将会把图片发送到最近的打印机。

EViews 中的图像

在 EViews 软件中,我们有很多种的绘图选择。一种方法是双击想要操作的变量,接着会跳出一个包含这个变量的类似电子表格的窗口。在 **View/Line Graph** 菜单中可以得到一个变量随时间(时间序列数据)或者其他变量(截面数据)而变化的图像。另一种方法是点击 **View/Bar Graph** 菜单,得到与 line 选项相同的图像,但每个观察值呈现的是柱状图而非折线图。显然,折线图更适合于描述时间序列数据,而柱状图适合于截面数据。

在有些情况下,我们需要在一张图中画出多组数据,可以先在 EViews 中打开或创建一组序列。我们可以一边按住 control 键,一边用鼠标逐一点击想要加入组中的序列;或者在 EViews 的命令栏中输入:

```
group
```

然后键入回车。这样可以打开一个新的包含所有指定序列的 EViews 窗口。在这个窗口中,我们需要输入每一个想要绘图的序列名称,并点击 **OK** 键。这时,再次跳出一个包含所有所选变量具体数值的表格。点击 **View** 键会有两个图像选项:**Graph** 将把组中所有序列画在一张图上,而 **Multiple Graphs** 则将画出每一个序列的图像。在 Graph 和 Multiple Graphs 的选项中,有许多种不同的图像可供选择。其中经济学研究中比较常用的一种是散点图。为了在 EViews 中获得两组序列的散点图,可以打开一个只包含两组序列的组列(根据上述的步骤),然后在 **View/Graph/Scatter** 中进行操作。绘制散点图共有 4 个选项:(1)基本散点图;(2)辅以拟合回归曲线的散点图;(3)辅以贴近原始数据直线的散点图;(4)辅以核密度函数的散点图。

一种在 EViews 中直接获得散点图的命令为:

```
scat x y
```

这里的 x 和 y 应该用画在 X 轴和 Y 轴上的变量名称代替。同样,绘制时间序列的时间曲线可以用如下命令:

```
plot x
```

这里的 x 是时间序列的名称。plot 命令可以通过在指令后添加多个以空格隔开的变量,画出多个序列的时间曲线,如:

```
plot x y z
```

最后一种在 EViews 中作图的方法是点击 **Quick/Graph**,然后定义想要作图的变量名称(一个或者多个)。此时系统会弹出多个图表及其尺寸的选项窗口,选择好了之后点击 **OK** 键就能获得我们想要的图表。

我们可以把在 EViews 中得到的图像复制和粘贴,便于在文字处理器中进行操作。为了进行以上操作,首先要保证当前的活动窗口包含我们想要的图像(窗口的标题栏应该处于高亮状态;如果不是,可以点击图像上的任一处予以激活)。然后按下 CTRL + C,或者点击 **Edit/Copy**,弹出的 **Copy Graph as Metafile** 窗口中有如下一些选项:复制文件到其他的程序(如文字编辑器),或者将其保存到磁盘文件中。同样,我们能够选择该图像是否为彩色的或者字体是否为粗体,等等。如果我们复制了这张图并想将其粘贴在其他的程序中,只需要按下 CTRL + V 或者点击 **Edit/Paste** 按钮。传统的 Windows 程序都可以编辑图像,或者改变它的大小和位置。

Stata 中的图像

在 Stata 中生成各类图像非常简单。所有的图像都可以在 Graphics 菜单中找到。菜单对于时间序列图像,除了简单的折线图(时间序列图像菜单的第一个选项)之外,Graphics 还提供了各种其他类型的图像。Graphics 菜单同样包含了条形图、饼图、柱状图,以及能生成散点图的双向图。对于每一种图像,Stata 都要求用户定义需要作图的变量和设置需要的参数(如柱状图中柱子的个数和宽度)。Stata 图像菜单的运行就像其他任何一个基于 Windows 系统的程序一样,都是用户友好型界面。本书后文中我们会看到利用 Stata 生成各类图像的例子。

摘要统计量

利用一些简单的方法,我们可以更加精确地得到变量 x_t 的分布情况。例如,平均值通常定义为 $\bar{x}$,方差为 σ_x^2,方差的平方根(标准差)为 σ_x。因此:

$$\bar{x} = \frac{1}{T}\sum_{i=1}^{T}\bar{x}_i \tag{2.6}$$

$$\sigma_x^2 = \frac{1}{T-1}\sum_{i=1}^{T}(x_i - \bar{x})^2 \tag{2.7}$$

$$\sigma_x = \sqrt{\sigma_x^2} \tag{2.8}$$

在考察两个变量的时候,我们通常会考虑协方差及相关性。然而本书想强调的是,这些摘要统计量远不如一张图表所提供的信息丰富,任何一个好的经验分析都应该从全部数据的图像分析开始。

MFit 中的摘要统计量

为了在 Microfit 中获得摘要统计量,输入命令:

```
cor X
```

这里的 X 是我们想要获得统计量的变量名。除了摘要统计量(最小值、最大值、均值、标准差、偏度、峰度及变异系数)外,Microfit 还给出这个变量的自相关系数。为了得到变量的直方图,可以输入:

```
hist X
```

与其他的图片一样,可以打印、复制及保存这张直方图。

EViews 中的摘要统计量

为了在 EViews 中得到摘要性的描述性统计量,我们可以双击打开序列窗口,或者建立一个上面提到过的包含多个序列的组。接着在要操作的变量窗口中点击 **View/Descriptive Statistics/Histogram and Stats**,EViews 便会给出摘要统计量,如均值、中位数、最小值、最大值、标准差、偏度、峰度、Jarque-Berra 统计量,以其各自的概率界限来度量序列的正态性。如果已经打开了一个组数据,点击 **View/Descriptive Statistics**,其提供了两种选择:一种是面向所有序列的样本,另一种是忽略了变量样本长度差异以最大限度地使用观察值。

Stata 中的摘要统计量

为了得到一系列变量的摘要统计量,我们需要进入 Statistics 菜单,选择路径 **Statistics/Summaries, Tables and Tests/Summary and Descriptive Statistics/Summary Statistics**。在新窗口中,我们要么具体确定希望得到摘要统计量的变量,要么留空,让 Stata 自动对所有文件中的变量计算摘要统计量。又或者,一种更为快捷简便的方法是在命令窗口中输入:

```
summarize
```

随后输入需要计算摘要统计量的变量名称(同样,如果此处留白,将会计算所有变量的摘要统计量),接着按回车键。

该命令会输出观察值的数量,数据的均值、标准差、最大值和最小值。要获得其他特定的统计量(如中位数、偏度系数等),可以依次点击 **Statistics/Summaries, Tables and Tests/Tables/Table of Summary Statistics**,然后定义需要对于哪一个变量得到哪一种统计量,或者输入命令:

```
tabstat variable_name,statistics (median skewness)
columns(variables)
```

在 variable_name 的地方,准确地输入变量名称(也就是出现在 Stata "Variable" 列表中的名称),并在 Statistics 后的括号中,列出需要计算的统计量。

时间序列的组成部分

一个经济学或者金融学的时间序列是由以下四个特征组成的:

(1) 趋势性(平稳的、长期的或者一致的上下波动);
(2) 周期性(在大于 1 年的时间段里上下浮动,如经济周期);
(3) 季节性(小于 1 年的星期、月度、季度数据的周期特征);
(4) 不规则性(随机的组成部分;可以被细分为片段(不可预测但可辨别的部分)和残值项(不可预测并且不可辨别的部分))。

尽管不规则性在每一个序列中都会出现,但是所有的时间序列都包含上面四个特征。我们将会在后面介绍分别去除时间序列上述特征的方法。

指数与基准日期

指数是表示一个值从一个阶段到另一个阶段的变化量(如价格或者数量)。这个变化量建立在一个基准日期（这个基准有可能一直在修正）的基础之上。比较熟悉的两个指数分别是消费者价格指数（CPI）与 FTSE-100 指数。在很多情形下（如前述的两个指数），指数可以简洁明了地反映序列中的所有价格（指数包含了许多家企业的股票价格）。应该注意的是，两个不同的指数只有在基准日期相同的情形下才可以进行直接比较，否则就需要改变指数的基准日期。

拼接两个指数以及改变指数的基准日期 假设现在有如下数据：

年份	价格指数 （1985 基准年）	价格指数 （1990 基准年）	标准化价格指数 （1990 基准年）
1985	100		45.9
1986	132		60.6
1987	196		89.9
1988	213		97.7
1989	258		118.3
1990	218	100	100.0
1991		85	85.0
1992		62	62.0

在这个假设的例子中，1985—1990 年的价格指数（第二列）是以 1985 年为它的基准年（1985 年的指数取为 100）；而从 1991 年起的价格指数（第三列）的基准年为 1990 年。为了使这两个数列可比，我们将只改变一列数据，另一列数据仍然可用。我们将这个过程称为拼接两个指数。

（1）如果以 1990 年作为基准年，我们需要将 1990 年以前的数据（第二列）除以 2.18（这样第一个序列在 1990 年的数值便为 100）。标准化后的序列列在表格的最后一列。

（2）同样，如果以 1985 年作为基准年，我们只需要将所有 1991—1993 年的数据乘以 2.18。

即使我们已经有了一组单一基准日期的序列，也有可能出于某种原因需要替换基准日期。操作的步骤同上：做乘或做除——取决于新的基准日期是在原来的基准日期之前或者之后——只要新的序列在乘以或者除以适当的因子之后在基准年取值 100 即可。

数据转换

改变时间序列数据的频度 通过 EViews，我们可以改变时间序列的频度（比如把数据的频度从月度降低到季度）。降低数据频度的方法取决于要处理的是存量数据还是流量数据。对于存量数据（如 CPI 等），我们可以选择某一个特定的数据（如一个阶段的起点、中点、结点）或者平均值；对于流量数据，我们可以将所有的数据加总（如 1998 年 GDP 的值应该等于同年四个季度的 GDP 加总）。若要增加时间序列的频度（比如从季度增加到月度），处理的时候需要用到外推的方法并且要非常谨慎。处理好的序列将呈现出一种比较平稳的特征,并且可以用来与其他具有相同频度的序列进行比较。

名义数据与实际数据　计量经济学中一个非常棘手的问题是,如何在名义数据与实际数据之间作选择。名义数据包含了价格因素,这个最基本的特征是大家共同关心的问题。然而当我们要比较两个名义变量的时候,由于每组变量中都包含价格的因素,因此会导致虚假的高度相关性。为了避免这个问题,我们可以通过适当的价格指数(如消费支出指数 CPI 与生产价格指数 PPI)将名义数据转换成实际数据。可惜并不是所有时候我们都能找到适当的价格指数,有些时候的转换变得过于随意。

数据转化的底线在于:考虑所使用的数据与要研究的变量之间的关系,在保持数据一致性的前提下,选择恰当的方法处理数据。

对数　对数转换是计量经济学中一种普遍的做法,原因如下:

第一,很多时间序列都呈现很强的趋势特征(比如在数值上始终上升或下降)。当这些趋势是由潜在的增长过程引起的时候,序列在图像上将呈现指数方程曲线的特点。在这种情况下,指数/增长因素决定了序列的其他性质(如时间序列的周期性或者不规则性因素),从而在变量与另一增长变量之间产生某种关系。对这样的序列取自然对数可以线性化其指数趋势(因为对数方程是指数方程的反函数)。例如,我们可能更希望处理取过对数后在图像上呈线性关系的 GDP,而不是呈指数关系的原始 GDP。

第二,对数方程可以用来线性化一个原本参数是非线性化的模型。例如,柯布-道格拉斯(Cobb-Douglas)生产函数:

$$Y = AL^\alpha K^\beta e^u \tag{2.9}$$

其中,u 是干扰项,e 是自然对数的底数。

对方程两边同时取对数,我们可以得到下式:

$$\ln(Y) = \ln(A) + \alpha \ln(L) + \beta \ln(K) + u \tag{2.10}$$

式(2.10)中的每一个变量(包括常数项)可以被重新定义为:$y = \ln(Y)$,$k = \ln(K)$,$l = \ln(L)$,$a = \ln(A)$;转换之后的模型如下:

$$y = a + \alpha l + \beta k + u \tag{2.11}$$

这个方程中的参数都是线性的形式,从而可以使用最小二乘法(OLS)方便地估计。

第三,使用对数转换可以将转换后的回归系数解释为弹性,因为对于任何变量 x 的微小变化都有:$\ln x$ 的变化 $\approx x$ 自身的相对变化(根据最基本的微分:$d(\ln x)/dx = 1/x$,因而有 $d(\ln x) = dx/x$)。

在上面的对数生产方程中,β 反映了每单位 $\ln(K)$ 变化对 $\ln(Y)$ 的影响,即产出的资本弹性。

差分　前面介绍了对数转换可以去除数据的指数趋势。如果想要完全去除一个(时间)序列的趋势(比如让它变得更加平稳),我们可以使用差分,即计算从一个阶段到下一个阶段的绝对变化量。以符号表示:

$$\Delta Y_t = Y_t - Y_{t-1} \tag{2.12}$$

上式可以称为一阶差分。如果得到的序列仍然存在趋势,可以进一步地差分(一次或者多次),使它变得平稳。也就是说,我们还可以进行如下二阶差分:

$$\Delta^2 y_t = \Delta(Y_t - Y_{t-1}) = \Delta Y_t - \Delta Y_{t-1}$$
$$= (Y_t - Y_{t-1}) - (Y_{t-1} - Y_{t-2}) = Y_t - 2Y_{t-1} + Y_{t-2} \quad (2.13)$$

增长率 在很多情况下,分析数据、模型与增长率的关系是十分具有经济学意义的工作。比如 GDP,通常会讨论 GDP 增长率而不是 GDP 绝对水平。运用增长率,我们可以比较一段时间内的某个变量相对于另一段时间内的另一个变量的变化。由于增长率的计算中存在着差分,序列之中的趋势成分也就被去除了。

增长率有两种形式:离散型和连续型。离散型的增长率可以这样计算:

$$Y_t \text{的增长率} = (Y_t - Y_{t-1})/Y_{t-1}$$

其中,t 表示时间。

在计量经济学中较为常用的是连续型的增长率,结合了对数与差分两种转换方式。这种处理年度数据的方法十分简单:连续型的增长率是指一个时间段的水平值与前一个阶段的水平值的比值的自然对数(等价于某一年水平值的对数与上一年水平值的对数之差)。

$$Y_t \text{的增长率} = \ln(Y_t/Y_{t-1}) = \ln(Y_t) - \ln(Y_{t-1})$$

针对月度数据,可以选择计算基于本月和上月的增长率,或者基于本年与上年的增长率。前者的优势在于其提供了最新的增长率,从而减少年度数据产生的偏差。月度数据也经常被年度化,比如假设月度增长率在整一年都适用,将其乘以 12 便可作为这个序列在整个年度增长率的依据。相关的计算如下:

年化的月度增长率 $= 12 * \ln(Y_t/Y_{t-1})$(连续型) 或者 $[(Y_t/Y_{t-1})^{12} - 1]$(离散型)
年化的季度增长率 $= 4 * \ln(Y_t/Y_{t-1})$(连续型) 或者 $[(Y_t/Y_{t-1})^4 - 1]$(离散型)

将这些增长率乘以 100 可以得到增长百分比。

然而,月度增长率(无论是否被年度化)是经常变化的,很大程度上是由于时间序列受制于季节性因素(比如众所周知的圣诞节旺季)。为了避免这种季节性因素的影响,我们比较增长率的时候,通常用本年某一阶段的数据与前一年的对应数据进行比较(如 2000 年 1 月与 1999 年 1 月)。这就是平日里新闻头条中的通货膨胀数据的计算依据。同样,这种比较方法也适用于季度或者其他数据。在回归分析中使用比率数据的另一个优势在于,可以反映某一年度的某个变量对另一个变量的影响。包含季节效应的差分方程为:

$$\Delta^s Y_t = Y_t - Y_{t-s}$$

利用月度数据计算年度增长率的公式为:

$$Y_t \text{的增长率} = \ln(Y_t/Y_{t-12}) = \ln(Y_t) - \ln(Y_{t-12})$$

综上所述,差分在计算年度增长率的同时去除了时间序列的趋势效应和季节因素,因此可以进一步考察(相关性或回归分析)数据的其他特性(比如循环或其他不规律的因素)。

第二部分 经典线性回归模型

第3章 简单回归
第4章 多元回归

第 3 章 简单回归

本章内容

回归入门:经典线性回归模型
普通最小二乘估计
经典线性回归模型的假定
OLS 估计量的性质
整体拟合优度
假设检验和置信区间
如何用 Microfit、EViews 和 Stata 估计简单回归方程
回归结果的表示
应用
计算机实例:凯恩斯消费函数
问题与练习

学习目标

1. 了解相关性及回归的概念
2. 用数学方法推导简单线性回归模型的系数
3. 利用最小二乘法估计简单回归模型
4. 了解在简单回归中以 R^2 来度量的整体拟合优度的概念
5. 对估计的简单回归模型的系数进行假设检验,并建立置信区间
6. 用计量经济学软件做简单回归估计
7. 解释并且讨论这些简单回归估计的输出结果

回归入门:经典线性回归模型

为什么要做回归

类似于回归的计量经济学方法能帮助我们克服整体不确定性的问题,并且在我们做出计划和决策时提供指导。当然,建立一个模型并不是一项简单的任务。模型应该满足一些使模型有效的标准(例如,一个模型不应该产生序列相关);在构建一个好的模型前,通常有许多的工作要做。另外,许多决策须根据模型中是否包含一些变量而做出。过多的变量可能产生一些问题(引入不必要变量而导致的错误设定),然而过少的变量也可能产生一些其他的问题(忽略变量的错误设定或是不正确的函数形式)。

经典线性回归模型

经典线性回归模型(CLRM)可以用来检验两个或多个变量间关系的性质。在本章中,我们只考虑两个变量的情形。在回归分析中一个重要的问题是,两个变量间的因果关系。换句话说,我们想知道是哪个变量影响另一个变量,或者是哪个变量依靠另一个变量的变动而变动。因此,我们分别定义两个变量为因变量(通常记作 Y)和自变量或解释变量(通常记作 X)。我们想解释/预测对于不同的解释变量 X 对应的 Y 的值。假设 X 和 Y 之间存在如下的简单线性关系:

$$E(Y_t) = a + \beta X_t \tag{3.1}$$

其中,$E(Y_t)$ 表示对于给定的 X_t 和未知的总体参数 a、β,Y_t(下标 t 表示采用的是时间序列数据)的均值。式(3.1)称为总体回归方程。Y_t 的实际值并不一定总是等于它的期望值 $E(Y_t)$。由于存在各种对于实际行为的扰动因素,我们可以将实际的 Y_t 写为:

$$Y_t = E(Y_t) + u_t$$

或者

$$Y_t = a + \beta X_t + u_t \tag{3.2}$$

其中,u_t 是一个扰动项。加入扰动项通常有以下一些原因:

(1)遗漏解释变量。可能存在一些其他的因素(除了 X_t)能影响 Y_t,但我们却在方程(3.2)中遗漏了这些变量。这可能是因为我们并不知道这些因素,或者即使知道也无法在一个回归分析中准确地度量。

(2)变量的归并。在一些情形下,我们希望能避免出现更多的变量,因此需要将多种关系归并在同一个变量中。那样的话,我们最终仅仅得到 Y_t 的一个好的估计,但同时误差项就被包含在扰动项中了。

(3)模型的错误设定。我们可能错误地设定了一个模型的结构。例如,Y_t 可能并不受 X_t 的影响,而受 X_t 的滞后项(如 X_{t-1})的影响。在这种情形下,如果 X_t 和 X_{t-1} 是高度相关的,那么方程(3.2)的估计将产生误差项,并且这个误差项也将被包含在扰动项中。

(4)函数错误设定。X和Y的关系有可能不是线性的。我们将在其他章节中处理非线性问题。

(5)度量误差。如果一个或多个变量的度量是不正确的,那么变量间的关系也将出现误差,同样也会产生扰动项。

现在的问题是,我们能否根据样本信息估计总体回归方程。答案是,由于抽样的差异,我们可能无法"精确地"估计总体回归方程,但是从样本数据来估计它却是可能的,尽管总体回归方程对于任何研究者而言永远都是未知的。估计总体回归方程的第一步就是绘出样本数据的散点图,并尝试在这些点中画出一条直线,如图3.1所示。

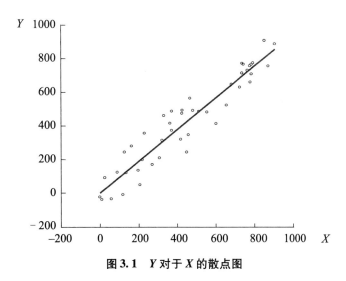

图3.1 Y对于X的散点图

有许多方法来确定这条线,包括:
(1)凭肉眼观察。
(2)连接第一个观察值和最后一个观察值。
(3)做出前两个观察值的均值和最后两个观察值的均值,然后连接这两个均值点。
(4)运用最小二乘法(OLS)。

前三种方法都有点依靠直觉,最后一种方法是对于这种情形最合适的方法。OLS方法是下一节的主题。

普通最小二乘估计

再次考虑总体回归方程:
$$Y_t = \alpha + \beta X_t + u_t \tag{3.3}$$
这个方程并不能直接观察到,但是我们能收集数据,并从这个总体中的一个样本

获得 a 和 β 的估计值。这就给出了如下的关系式，其中 $\hat{a}$ 和 $\hat{\beta}$ 分别是拟合直线的截距和斜率：

$$\hat{Y}_t = \hat{a} + \hat{\beta} X_t \tag{3.4}$$

方程(3.4)称为样本回归方程。这里的 $\hat{a}$ 和 $\hat{\beta}$ 分别是总体参数 a 和 β 的样本估计量，$\hat{Y}_t$ 定义为 Y 的预测值。一旦我们估计出样本回归方程，便可以轻易地针对任何 X 预测出 Y 的值。

当我们用一条样本回归直线来拟合散点图时，显然这条直线离实际的 Y 越近越好，或者说这条直线的残差最小。我们采用以下标准画出这条直线：选择一个样本回归方程，其残差平方和尽可能地小（即最小的）。这种估计方法具有一些良好的性质，使得它成为回归分析的简单运用中非常常用的方法，这些性质主要有：

(1) 通过运用残差平方和，排除了残差符号的影响，这样正负的残差就无法互相抵消。例如，我们通过设定 Y 的预测值 $\hat{Y}$ 等于 Y 的均值 $\bar{Y}$ 来最小化残差的和，但这可能根本不是一条好的拟合直线。因此，我们希望把所有残差的符号变成一样，之后再使它们尽可能地小。

(2) 通过把残差平方，我们赋予大的残差更大的权重，这样一来，将尽量减小这些较大残差项的影响。

(3) 普通最小二乘(OLS)方法得到的估计量 $\hat{a}$ 和 $\hat{\beta}$ 满足一些数值特性与统计学特性（如无偏性、有效性），我们将在后面讨论这些问题。

现在可以试着理解如何推导出 OLS 估计量。用 RSS 表示残差平方和，则有：

$$RSS = \hat{u}_1^2 + \hat{u}_2^2 + \cdots + \hat{u}_n^2 = \sum_{t=1}^{n} \hat{u}_t^2 \tag{3.5}$$

我们知道：

$$\hat{u}_t = (Y_t - \hat{Y}_t) = (Y_t - \hat{a} - \hat{\beta} X_t) \tag{3.6}$$

因此，

$$RSS = \sum_{t=1}^{n} \hat{u}_t^2 = \sum_{t=1}^{n} (Y_t - \hat{Y}_t)^2 = \sum_{t=1}^{n} (Y_t - \hat{a} - \hat{\beta} X_t)^2 \tag{3.7}$$

为了最小化方程(3.7)，一阶条件是，取 RSS 对 $\hat{a}$ 和 $\hat{\beta}$ 的偏导数，并使得它们为 0。这样，我们得到：

$$\frac{\partial RSS}{\partial \hat{a}} = -2 \sum_{t=1}^{n} (Y_t - \hat{a} - \hat{\beta} X_t) = 0 \tag{3.8}$$

以及

$$\frac{\partial RSS}{\partial \hat{\beta}} = -2 \sum_{t=1}^{n} X_t (Y_t - \hat{a} - \hat{\beta} X_t) = 0 \tag{3.9}$$

二阶偏导：

$$\frac{\partial^2 RSS}{\partial \hat{a}^2} = 2n \tag{3.10}$$

$$\frac{\partial^2 RSS}{\partial \hat{\beta}^2} = 2 \sum_{t=1}^{n} X_t^2 \tag{3.11}$$

$$\frac{\partial^2 RSS}{\partial \hat{a} \partial \hat{\beta}} = 2 \sum_{t=1}^{n} X_t \qquad (3.12)$$

因此,很容易验证最小化的二阶条件是成立的。

由于 $\sum \hat{a} = n\hat{a}$(为了方便起见,我们省略了加总符号的上限和下限),我们重写(运用加总符号并整理)方程(3.8)和方程(3.9)如下:

$$\sum Y_t = n\hat{a} - \hat{\beta} \sum X_t \qquad (3.13)$$

以及

$$\sum X_t Y_t = \hat{a} \sum X_t + \hat{\beta} \sum X_t^2 \qquad (3.14)$$

这两个方程中,只有两个未知数 $\hat{a}$ 和 $\hat{\beta}$。因此,我们能解出这个二元一次方程组,得到 $\hat{a}$ 和 $\hat{\beta}$。首先,我们把方程(3.13)两边同除以 n,得到:

$$\frac{\sum Y_t}{n} = \frac{n\hat{a}}{n} - \frac{\hat{\beta} \sum X_t}{n} \qquad (3.15)$$

定义 $\bar{Y} = \sum Y_t/n$ 和 $\bar{X} = \sum X_t/n$,整理得:

$$\hat{a} = \bar{Y} - \hat{\beta}\bar{X} \qquad (3.16)$$

把式(3.16)代入式(3.14),我们得到

$$\sum X_t Y_t = \bar{Y} \sum X_t - \hat{\beta}\bar{X} \sum X_t + \hat{\beta} \sum X_t^2 \qquad (3.17)$$

或者

$$\sum X_t Y_t = \frac{1}{n} \sum Y_t \sum X_t - \hat{\beta} \frac{1}{n} \sum X_t \sum X_t + \hat{\beta} \sum X_t^2 \qquad (3.18)$$

最后,提取 $\hat{\beta}$ 项,我们有:

$$\sum X_t Y_t = \frac{\sum Y_t \sum X_t}{n} + \hat{\beta} \left[\sum X_t^2 - \frac{(\sum X_t)^2}{n} \right] \qquad (3.19)$$

因此,我们得到 $\hat{\beta}$:

$$\hat{\beta} = \frac{\sum X_t Y_t - 1/n \sum Y_t \sum X_t}{\sum X_t^2 - 1/n (\sum X_t)^2} \qquad (3.20)$$

同样,我们可以用方程(3.16)得到 $\hat{a}$。

$\hat{\beta}$ 的其他表示方法

我们把式(3.20)中的分子、分母写成如下形式:

$$\sum (X_t - \bar{X})(Y_t - \bar{Y}) = \sum X_t Y_t - \frac{1}{n} \sum Y_t \sum X_t \qquad (3.21)$$

$$\sum (X_t - \bar{X})^2 = \sum X_t^2 - \frac{1}{n} (\sum X_t)^2 \qquad (3.22)$$

从而得到:

$$\hat{\beta} = \frac{\sum (X_t - \bar{X})(Y_t - \bar{Y})}{\sum (X_t - \bar{X})^2} \qquad (3.23)$$

或者

$$\hat{\beta} = \frac{\sum x_t y_t}{\sum x_t^2} \tag{3.24}$$

显然,此处 $x_t = (X_t - \bar{X})$ 以及 $y_t = (Y_t - \bar{Y})$,表示它们对均值的偏离。

我们能利用 $Cov(X, Y)$ 和 $Var(X)$ 得到 $\hat{\beta}$ 的另一种表达形式:

$$\hat{\beta} = \frac{\sum X_t Y_t - 1/n \sum Y_t \sum X_t}{\sum X_t^2 - 1/n (\sum X_t)^2} = \frac{\sum X_t Y_t - \bar{Y}\bar{X}}{\sum X_t^2 - (\bar{X})^2} \tag{3.25}$$

或者

$$\hat{\beta} = \frac{\sum (X_t - \bar{X})(Y_t - \bar{Y})}{\sum (X_t - \bar{X})^2} \tag{3.26}$$

如果进一步把分子分母同时除以 n,则有:

$$\hat{\beta} = \frac{1/n \sum (X_t - \bar{X})(Y_t - \bar{Y})}{1/n \sum (X_t - \bar{X})^2} \tag{3.27}$$

最后,我们能把 $\hat{\beta}$ 表示为:

$$\hat{\beta} = \frac{Cov(X_t, Y_t)}{Var(X_t)} \tag{3.28}$$

这里,$Cov(X_t, Y_t)$ 和 $Var(X_t)$ 分别表示样本的协方差与方差。

经典线性回归模型的假定

概述

在上一节中,我们描述了估计量的良好性质。但是需要知道,并不能保证所有的 OLS 估计量都拥有这些性质,除非满足了本节介绍的一些假定。

通常来说,当我们从样本数据中计算总体回归参数的估计量时,必须对总体分布做出一些初始假定。通常,这些假定等价于将要研究的变量的分布的叙述,如果没有这些假定,我们的模型和估计就是不正确的。因此,我们不仅要提出这些假定,还至少要知道如果违背了这些假定将产生的后果,并且对这些假定不被满足时的状况进行检验。这将在本书的第三部分进行讨论。

假定

经典线性回归模型满足数据生成过程的八大假定:

线性 第一个假定是被解释变量能通过一系列解释变量的线性函数,加上扰动项而计算出来。采用数学语言表示成以下形式:回归方程对于未知参数 α 和 β 是线性的,

即 $Y_t = \alpha + \beta X_t + u_t$,$t = 1,2,3,\cdots,n$。

X_t 有些变化 这个假定意味着不是所有的 X_t 都是相同的,至少存在一个观察值与其他观察值不同,使得样本方差 $Var(X)$ 不为 0。我们有必要区别样本方差与 X 的随机性,前者表示 X 在特定样本范围内的变化。在本书的许多地方,我们都要求 X 是非随机的。也就是说,在任何一个时点上,X 的方差都为 0,即 $Var(X_t) = 0$;如果我们能重复事件的发生过程,X 将取同一个值。当然,X 在样本中还是必须有一些变化的。

X_t 是非随机的,并且在重复抽样得出的样本中保持不变 这个假定表明:第一,X_t 这个变量并不是被一些随机的机制决定,而是被实验者或调查者选定;第二,我们可以在重复这个样本时,保持自变量的值不变。这意味着对于所有的 s,有 $Cov(X_s, u_t) = 0$,即 X_t 与 u_t 是不相关的。

误差的期望值为 0 这意味着误差项是一个真正的扰动,那样的话,如果我们选择一个极大的样本量,误差项的均值就为 0,可以表示成 $E(u_t) = 0$。我们需要这个假定来解释回归模型的确定性部分,即 $\alpha + \beta X_t$,是"统计上平均"的关系。

同方差 这个假定要求所有的误差项真有相同的方差,即对于所有的 t,$Var(u_t) = \sigma^2$ = 常数。

序列独立 这个假定表示所有误差项是独立分布的,或者说得更明白点,一个误差项和其他的任何一个误差项是不相关的,即对于所有的 $s \neq t$,$Cov(u_t, u_s) = E(u_t - Eu_t)(u_s - Eu_s) = E(u_t u_s) = 0$。这个假定有一些特别的经济学含义,要明白它在实际运用中意味着什么,回想一下我们几乎总是从时间序列中获得数据,t 表示一年、一季度,或是更短。这个条件要求这个阶段的扰动项与下个阶段的扰动项必须不相关。很多情形下,序列独立的假定都不能被满足,因为如果现阶段受某个扰动项的影响,那么这种效应很有可能持续影响到下个阶段。后面我们将具体讨论违背这个假定的情形。

残差正态分布 误差项 $u_1, u_2, \cdots, u_n$ 要求满足独立及同一正态分布的假定,均值为 0,方差为 σ^2。

$n > 2$ 与多重共线性 这个假定说明观察值应该至少大于两个,一般而言,观察值的个数应该大于解释变量的个数,保证变量之间不会存在严格的线性关系。

违背假定的情况

前三个假定基本上是说 X_t 是一个"表现良好"的变量,这个变量不是被随机选取的,我们能通过重复选择同一个值来达到"某种意义上"地控制这个变量。我们需要这些条件,因为 X_t(解释变量)是解释正在发生的事情。

违背假定 1 将产生设定错误,如错误的解释变量,非线性或是变化的参数。我们将在第 8 章系统地讨论这些问题。违背假定 2 和假定 3 将导致变量的误差,这个问题我们也将在第 8 章讨论。违背假定 4 将导致有偏的截距项,违背假定 5 和假定 6 将各自导致异方差和序列相关,这些问题将分别在第 6 章和第 7 章讨论。最后,假定 7 在假定检验中有着很重要的含义,而违背假定 8 则有可能导致第 5 章中对所有讨论的多重共线性问题(见表 3.1)。

表 3.1　CLRM 假定

假定	数学表达	违背假定可能导致	章
(1) 模型的线性	$Y_t = \alpha + \beta X_t + u_t$	错误的解释变量,非线性或是变化的参数	8
(2) X 是变化的	$Var(X)$ 不为 0	变量的误差	8
(3) X 是非随机的,并且在重复抽样得出的样本中保持不变	$Cov(X_s, u_t) = 0$ 对所有 $s, t = 1, 2, \cdots, n$	自回归	10
(4) 误差的期望值为 0	$E(u_t) = 0$	有偏的截距项	—
(5) 同方差	$Var(u_t) = \sigma^2 =$ 常数	异方差	6
(6) 序列独立	$Cov(u_t, u_s) = 0$,对所有 $t \neq s$	自相关	7
(7) 残差正态分布	$u_t \sim N(\mu, \sigma^2)$	极端值	8
(8) $n > 2$ 与多重共线性	$\sum_{t=1}^{T}(\delta_i X_{it} + \delta_j X_{jt}) \neq 0 \quad i \neq j$	多重共线性	5

OLS 估计量的性质

现在回到估计量的性质上来。根据我们对经典线性回归模型的基本假定,我们能证明 OLS 估计量是最优线性无偏估计量(BLUE)。要证明这一点,首先要把 OLS 下估计出的回归系数分解成随机部分和非随机部分。

首先,Y_t 由非随机部分($a + \beta X_t$)与残差项表示的随机部分 u_t 组成。因此,由 Y_t 决定的 $Cov(X,Y)$ 也是由随机部分与非随机部分构成:

$$Cov(X,Y) = Cov(X_t, (a + \beta X + u))$$
$$= Cov(X,a) + Cov(X,\beta X) + Cov(X,u) \quad (3.29)$$

因为 a 和 β 都是常数项,所以我们有 $Cov(X,a) = 0$ 以及 $Cov(X,\beta X) = \beta Cov(X,X) = \beta Var(X)$。因此:

$$Cov(X,Y) = \beta Var(X) + Cov(X,u) \quad (3.30)$$

把式(3.30)代入式(3.28)得到:

$$\hat{\beta} = \frac{Cov(X,Y)}{Var(X)} = \beta + \frac{Cov(X,u)}{Var(X)} \quad (3.31)$$

式(3.31)表明 OLS 估计的系数 $\hat{\beta}$ 是由非随机因素与随机因素 $Cov(X_t, u_t)$ 共同决定的。

线性

根据假定 3,我们假设 X 是非随机的,并且在重复抽样得出的样本中保持不变。因此,X 就能被看做常数,我们仅仅考虑 Y 的值就可以了。如果 OLS 估计量是 Y 的线性函数,那么就证明了 OLS 是线性估计量。从式(3.24)中可以知道:

$$\hat{\beta} = \frac{\sum x_t y_t}{\sum x_t^2} \tag{3.32}$$

由于 X_t 被看做常数，那么 x_t 也当然被看做常数。我们有：

$$\hat{\beta} = \frac{\sum x_t y_t}{\sum x_t^2} = \frac{\sum x_t (Y_t - \bar{Y})}{\sum x_t^2} = \frac{\sum x_t Y_t - \bar{Y} \sum x_t}{\sum x_t^2} \tag{3.33}$$

但是因为 $\bar{Y} \sum x_t = 0$，我们有：

$$\hat{\beta} = \frac{\sum x_t Y_t}{\sum x_t^2} = \sum z_t Y_t \tag{3.34}$$

这里 $z_t = x_t / \sum x_t^2$ 也可以被看做常数，因此 $\hat{\beta}$ 确实是 Y_t 的线性估计量。

无偏性

$\hat{\beta}$ 的无偏性

为了证明 $\hat{\beta}$ 是 β 的无偏估计量，需要证明 $E(\hat{\beta}) = \beta$。我们有：

$$E(\hat{\beta}) = E\left[\beta + \frac{Cov(X,u)}{Var(X)}\right] \tag{3.35}$$

由于 β 是常数，由假定 3 可以知道 X_t 是非随机的，我们可以把 $Var(X)$ 看做确定值，把它提出期望算子之外，得到：

$$E(\hat{\beta}) = E(\beta) + \frac{1}{Var(X)} E[Cov(X,u)] \tag{3.36}$$

因此，只要证明 $E[Cov(X,u)] = 0$ 就足够了。我们知道：

$$E[Cov(X,u)] = E\left[\frac{1}{n} \sum_{t=1}^{n} (X_t - \bar{X})(u_t - \bar{u})\right] \tag{3.37}$$

这里，$1/n$ 是常数，也可以把它提出期望算子之外，并且把求和符号展开变成期望之和：

$$E[Cov(X_t, u_t)] = \frac{1}{n}[E(X_1 - \bar{X})(u_1 - \bar{u}) + \cdots + E(X_n - \bar{X})(u_n - \bar{u})]$$

$$= \frac{1}{n} \sum_{t=1}^{n} E[(X_t - \bar{X})(u_t - \bar{u})] \tag{3.38}$$

另外，因为 X_t 是非随机的（假定 3），我们把它提出期望算子：

$$E[Cov(X,u)] = \frac{1}{n} \sum_{t=1}^{n} (X_t - \bar{X}) E(u_t - \bar{u}) \tag{3.39}$$

最后，通过假定 4，我们得到 $E(u_t) = 0$，从而 $E(\bar{u}) = 0$。所以 $E[Cov(X,u)] = 0$，这就证明了：

$$E(\hat{\beta}) = \beta$$

把它用文字表示出来，即 $\hat{\beta}$ 是真实总体参数 β 的无偏估计量。

$\hat{\alpha}$ 的无偏性

我们知道 $\hat{\alpha} = \bar{Y} - \hat{\beta}\bar{X}$，由此：

$$E(\hat{a}) = E(\bar{Y}) - E(\hat{\beta})\bar{X} \qquad (3.40)$$

又因为

$$E(Y_t) = a + \beta X_t + E(u_t) = a + \beta X_t \qquad (3.41)$$

根据假定 4 有 $E(u_t) = 0$,所以

$$E(\bar{Y}) = a + \beta \bar{X} \qquad (3.42)$$

将式(4.42)代入式(4.40)可得:

$$E(\hat{a}) = a + \beta \bar{X} - E(\hat{\beta})\bar{X} \qquad (3.43)$$

上面已经证明了 $E(\hat{\beta}) = \beta$,所以有:

$$E(\hat{a}) = a + \beta \bar{X} - \beta \bar{X} = a \qquad (3.44)$$

也就证明了 $\hat{a}$ 是 a 的无偏估计量。

有效性和最优线性无偏

在假定 5 和假定 6 下,能证明 OLS 估计量是在所有的无偏线性估计量中最有效的。因此,我们可以下结论:OLS 方法能得出最优线性无偏估计量。

关于 OLS 估计量是最优线性无偏估计量的证明过程相对复杂,这是一个与我们到现在为止所依据的思路相反的过程。我们从做出估计开始,根据线性、无偏性和最小方差的要求,得到一个最优线性无偏估计量;然后检验这个估计量与我们采用 OLS 方法得出的估计量是否一样。

因此,我们要得出 β 的最优线性无偏估计量(用 $\check{\beta}$ 表示),首先考虑线性性质。如果 $\check{\beta}$ 是线性的,我们需要有:

$$\check{\beta} = \delta_1 Y_1 + \delta_2 Y_2 + \cdots + \delta_n Y_n = \sum \delta_t Y_t \qquad (3.45)$$

其中,δ_t 是常数项,而它的值就是我们需要确定的。

继续把无偏性加上去,要求 $\check{\beta}$ 是无偏的,必须有 $E(\check{\beta}) = \beta$,我们知道:

$$E(\check{\beta}) = E(\sum \delta_t Y_t) = \sum \delta_t E(Y_t) \qquad (3.46)$$

将 $E(Y_t) = a + \beta X_t$ 代入(由基本的假定得 $Y_t = a + \beta X_t + u_t$,$X_t$ 是非随机的且 $E(u_t) = 0$),我们得到:

$$E(\check{\beta}) = \sum \delta_t (a + \beta X_t) = a \sum \delta_t + \beta \sum \delta_t X_t \qquad (3.47)$$

因此,为了得到 $\check{\beta}$,我们需要:

$$\sum \delta_t = 0 \quad \text{和} \quad \sum \delta_t X_t = 1 \qquad (3.48)$$

接下来,写出 $\check{\beta}$ 的方差(目的是最小化):

$$\begin{aligned} Var(\check{\beta}) &= E[\check{\beta} - E(\check{\beta})]^2 \\ &= E[\sum \delta_t Y_t - E(\sum \delta_t Y_t)]^2 \\ &= E[\sum \delta_t Y_t - \sum \delta_t E(Y_t)]^2 \\ &= E[\sum \delta_t (Y_t - E(Y_t))]^2 \end{aligned} \qquad (3.49)$$

在这个表达式中,我们可以利用 $Y_t = a + \beta X_t + u_t$ 和 $E(Y_t) = a + \beta X_t$,得到:

$$Var(\check{\beta}) = E[\sum \delta_t(a + \beta X_t + u_t - (a + \beta X_t))]^2 = E(\sum \delta_t u_t)^2$$
$$= E(\delta_1^2 u_1^2 + \delta_2^2 u_2^2 + \delta_3^2 u_3^2 + \cdots + \delta_n^2 u_n^2 + 2\delta_1\delta_2 u_1 u_2 + 2\delta_1\delta_3 u_1 u_3 + \cdots)$$
$$= \delta_1^2 E(u_1^2) + \delta_2^2 E(u_2^2) + \delta_3^2 E(u_3^2) + \cdots + \delta_n^2 E(u_n^2) + 2\delta_1\delta_2 E(u_1 u_2) + 2\delta_1\delta_3 E(u_1 u_3) + \cdots$$
(3.50)

利用假定 5（$Var(u_t) = \sigma^2$）和假定 6（对所有 $t \neq s$，有 $Cov(u_t, u_s) = E(u_t u_s) = 0$），我们得到：

$$Var(\check{\beta}) = \sum \delta_t^2 \sigma^2 \tag{3.51}$$

接下来要选择线性估计量中的 δ_t（式(3.46)），使式(3.51)在式(3.48)的约束下取得最小值，从而保证无偏性（由此我们获得了一个线性的、无偏的、最小方差估计量）。构造如下的拉格朗日方程：

$$L = \sigma^2 \sum \delta_t^2 - \lambda_1 (\sum \delta_t) - \lambda_2 (\sum \delta_t X_t - 1) \tag{3.52}$$

其中，λ_1 和 λ_2 是拉格朗日乘子。

按照一般的步骤，要求一阶导数（L 对于 δ_t、λ_1 和 λ_2 求偏导数）并且令其等于 0；在整理及数学代换之后（这里略去具体的数学求导，因为过程十分冗长枯燥，也没有涉及任何模型的假定），我们得到最优的 δ_t：

$$\delta_t = \frac{x_t}{\sum x_t^2} \tag{3.53}$$

由式(4.34)给出的 OLS 表达式有 $\delta_t = z_t$，代入线性估计量 $\check{\beta}$ 中得到：

$$\check{\beta} = \sum \delta_t Y_t = \sum z_t Y_t$$
$$= \sum z_t (Y_t - \bar{Y} + \bar{Y})①$$
$$= \sum z_t (Y_t - \bar{Y}) + \bar{Y} \sum z_t$$
$$= \sum z_t y_t = \frac{\sum x_t y_t}{\sum x_t^2}$$
$$= \hat{\beta} \tag{3.54}$$

由此证明 $\hat{\beta}$ 是最优线性无偏的。

满足最优线性无偏性质后，可以将式(3.53)中最优的 δ_t 代入式(3.51)，得到方差表达式：

$$Var(\check{\beta}) = Var(\hat{\beta}) = \sum \left(\frac{x_t}{\sum x_t^2}\right)^2 \sigma^2$$
$$= \frac{\sum x_t^2 \sigma^2}{(\sum x_t^2)^2} = \sigma^2 \frac{1}{\sum x_t^2} \tag{3.55}$$

---

① 加上又减去了 $\bar{Y}$。

一致性

一致性是指,当样本容量趋于无穷大时,用某种方法(如 OLS)估计出来的参数趋近于总体真实参数值。当估计量是无偏的时候,这一点显然是成立的,一致性就是无偏性的一种更弱的形式。然而,前面的证明用到了假定3,即把 X 看做非随机的。如果放松这个假定,我们就无法证明 OLS 估计量的无偏性,但是依旧可以证明它的一致性。

式(3.31)中表明 $\hat{\beta} = \beta + Cov(X,u)/Var(X)$,把后一项的分子分母同时除以 n:

$$\hat{\beta} = \beta + \frac{Cov(X,u)/n}{Var(X)/n} \tag{3.56}$$

根据大数定理,$Cov(X,u)/n$ 收敛于期望值 $Cov(X_t,u_t)$;同样,$Var(X)/n$ 收敛于 $Var(X_t)$。因此,当 $n \to \infty$,$\hat{\beta} \to \beta + Cov(X_t,u_t)/Var(X_t)$;即如果 $Cov(X_t,u_t) = 0$(也就是 X_t 和 u_t 是不相关的),$\hat{\beta}$ 趋近于真实值 β。因此,$\hat{\beta}$ 是真实值 β 的一致估计量。

整体拟合优度

前面我们看到,由 OLS 方法得到的回归方程可以与散点图拟合得很好。然而,我们需要知道回归直线和散点图的拟合优度,使得我们可以判断一条直线是否比另一条直线更好地描述出 Y_t 和 X_t 之间的关系。换句话说,我们需要知道拟合优度的一个度量,这个度量能告诉我们估计出的方程能多大程度地解释因变量的表现。

为了得到这个拟合优度,我们先将 Y_t 写成回归方程的估计量 $\hat{Y}_t$ 加上残差的形式:

$$Y_t = \hat{Y}_t + \hat{u}_t \tag{3.57}$$

式(3.57)两边同时减去 $\bar{Y}$:

$$Y_t - \bar{Y} = \hat{Y}_t - \bar{Y} + \hat{u}_t \tag{3.58}$$

我们要度量 Y_t 偏离其均值 $\bar{Y}$ 的程度,因此把式(3.58)求和:

$$\sum (Y_t - \bar{Y}) = \sum (\hat{Y}_t - \bar{Y} + \hat{u}_t) \tag{3.59}$$

将所有的项平方后得到:

$$\sum (Y_t - \bar{Y})^2 = \sum (\hat{Y}_t - \bar{Y} + \hat{u}_t)^2 \tag{3.60}$$

应该注意,如果将式(3.60)左边除以 n 便可以得到 Y_t 的样本方差。因此,$\sum (Y_t - \bar{Y})^2$ 是 Y_t 的总体方差的大致度量,称为总平方和(TSS)。接下来:

$$\sum (Y_t - \bar{Y})^2 = \sum (\hat{Y}_t - \bar{Y})^2 + \sum \hat{u}_t^2 + 2\sum (\hat{Y}_t - \bar{Y})\hat{u}_t \tag{3.61}$$

其中,$\sum (\hat{Y}_t - \bar{Y})^2$ 是 OLS 回归解释的平方和,称为 ESS;$\sum \hat{u}_t^2$ 是 Y_t 变动中未被解释的部分,即剩余或残差平方和(RSS)。根据 OLS 残差的性质,我们可以将交互项从方程中剔除(一阶条件有 $-2\sum (Y_t - \hat{a} - \hat{\beta}X_t) = 0$ 和 $-2\sum X_t(Y_t - \hat{a} - \hat{\beta}X_t) = 0$,从而有

$-2\sum \hat{u}_t = 0$ 以及 $-2\sum X_t\hat{u}_t = 0$):

$$\sum(Y_t - \bar{Y})\hat{u}_t = \sum(\hat{a} + \hat{\beta}X_t - \bar{Y})\hat{u}_t$$
$$= \hat{a}\sum \hat{u}_t + \hat{\beta}\sum X_t\hat{u}_t - \bar{Y}\sum \hat{u}_t = 0 \qquad (3.62)$$

式(3.61)可以简化成：

$$TSS = ESS + RSS \qquad (3.63)$$

其中，TSS 和 ESS 都是以 Y 平方的形式表示。为了将 ESS 与 TSS 联系起来，我们定义一个称为决定系数的常数(记作 R^2):

$$R^2 = \frac{ESS}{TSS} \qquad (3.64)$$

这个指标度量了 Y_t 的总平方和(TSS)中有多大的比例是可以由样本回归方程(ESS)解释的。对式(3.63)两边同除以 TSS，我们可以得到关于 R^2 范围的一个等式：

$$1 = R^2 + \frac{RSS}{TSS} \qquad (3.65)$$

当样本回归方程无法解释 Y_t 的变动时有 $ESS=0$，并且 $RSS=TSS$，此时 $R^2=0$ 是决定系数的下限。相反，另一个极端情况是加入样本回归恰好能够解释所有 Y_t 的变动，不存在任何的误差，从而 $RSS=0$，并且 $ESS=TSS$，从而有 $R^2=1$ 是决定系数的上限。

综上所述，R^2 的取值介于 0 与 1 之间，并能很好地展示回归方程与数据的拟合优度。0.4 的 R^2 要优于 0.2，但并不能说明前一个方程的拟合度是后一个方程的 2 倍。0.4 的决定系数说明，Y_t 的变动有 40% 是可以由样本回归方程或者回归系数决定的。

有关 R^2 的一些问题

我们在使用 R^2 判断单个方程的解释度或者在多个回归方程中进行比较时，要特别注意以下几个问题：

虚假回归问题 有些情况下，两个或多个变量其实不相关，但却显示出极高的趋势性，此时 R^2 可能很高(有时甚至高达 0.9 以上)。这可能误导研究者认为变量之间存在极强的关联。

X_t 与另一个变量 Z_t 间的高关联度 也就是说，可能存在变量 Z_t，它决定了 Y_t 的变动且同时与 X_t 密切相关。很高的 R^2 使得 X_t 看上去是决定 Y_t 的一个重要变量，但实际上是由被忽略的 Z_t 造成的。

相关性并不必然表示因果关系 不论 R^2 的值如何地高，都不能表示 Y_t 和 X_t 之间有因果关系，因为 R^2 是对观察值 Y_t 与预测值 $\hat{Y}_t$ 之间相关程度的度量。无论二者的拟合优度有多高，都应该依赖于经济学理论、前人的实证研究与样本回归方程中包含的机制来解释因果关系。

时间序列方程和截面方程 时间序列方程经常产生比截面方程更高的 R^2。一方面，这是由于截面数据包含更大的随机变化(通常称为"噪声")，这使得 ESS 相对于 TSS 较小。另一方面,即使为估计很差的时间序列方程,决定系数 R^2 也可能因为虚假回归问题而达到 0.999。因此,利用 R^2 进行时间序列数据与截面方程的比较是不可行的。

较小的 R^2 并不意味着选择了错误的 X_t　R^2 值较小并不能说明我们选择了错误的解释变量,有可能是因为选择了不适当的方程形式(比如用线性方程估计平方关系),或者是在时间序列问题中对时间段的选择不恰当,抑或是应该将滞后项包含进来。

不同形式的 Y_t 得到的 R^2 是不可比的　假设我们估计下列两个总体回归方程:

$$Y_t = a_0 + b_0 X_t + e_t \tag{3.66}$$

$$\ln Y_t = a_1 + b_1 \ln X_t + u_t \tag{3.67}$$

将这两者的 R^2 作比较是不可行的,理解这一点可以从 R^2 的定义出发。第一个方程中的 R^2 是指 Y_t 的变化可由变量 X_t 解释的比例,而第二个方程中的 R^2 则是指 Y_t 的自然对数可由 X_t 的自然对数解释的比例。总体来说,无论因变量如何变化,不同方程的 R^2 都不能拿来比较。

假设检验和置信区间

在经典线性回归模型的假设下,我们知道 OLS 的估计量 $\hat{a}$ 和 $\hat{\beta}$ 是服从均值为 a 与 β、方差为 $\sigma_{\hat{a}}^2$ 和 $\sigma_{\hat{\beta}}^2$ 的正态分布,即

$$\frac{\hat{a} - a}{\sigma_{\hat{a}}} \quad \text{和} \quad \frac{\hat{\beta} - \beta}{\sigma_{\hat{\beta}}} \tag{3.68}$$

服从标准正态分布(均值为 0,方差为 1)。如果我们用 $\sigma_{\hat{a}}$ 与 $\sigma_{\hat{\beta}}$ 的估计量 $s_{\hat{a}}$ 和 $s_{\hat{\beta}}$ 来代替它们,上面的结论就不能成立了。但是我们很容易证明下面的随机变量(替代之后)

$$\frac{\hat{a} - a}{s_{\hat{a}}} \quad \text{和} \quad \frac{\hat{\beta} - \beta}{s_{\hat{\beta}}} \tag{3.69}$$

服从自由度为 $n-2$ 的 t 分布。t 分布与正态分布相似,特别是当自由度较小的时候,除了它有厚尾的特征。

检验 OLS 系数的显著性水平

知道了估计系数的分布后,我们就能够对它们进行检验,评估它们的显著性水平。一般来说,我们需要以下的步骤:

步骤 1　设定原假设与对立假设。可以是 $H_0: \beta = 0, H_a: \beta \neq 0$(双尾检验);也可以是假定事先知道估计系数的符号(不妨设为正),$H_0: \beta = 0, H_a: \beta > 0$(单尾检验)。

步骤 2　计算 t 统计量,$t = (\hat{\beta} - \beta)/s_{\hat{\beta}}$,其中,在原假设下 β 等于 0,t 统计量变为 $t = \hat{\beta}/s_{\hat{\beta}}$(在 EViews 和 Microfit 的标准回归结果中,t 统计量是自动给出的)。

步骤 3　从 t 分布表中找到自由度为 $n-2$ 的 t 值的临界值。

步骤 4　如果 $|t_{stat}| > |t_{crit}|$,拒绝原假设。

如果想要检验其他假设(如 $\beta = 1$),那么我们需要改变步骤 1 中的原假设并且根据 $t = (\hat{\beta} - \beta)/s_{\hat{\beta}}$ 手动地计算出 t 统计量。这种情况下运用 EViews 和 Microfit 中给出的 t 统计量并不合适。

显著性检验的经验法则

以上所说的假设检验的过程需要研究人员先选定一个显著性水平,然后比较 t 统计量的值和这个显著性水平。一些关于 t 值的经验法则可以帮助我们迅速地判断,而不必依赖于大样本的 t 分布表(自由度大于 30)。

大样本($n \to \infty$)的情况下,在 5% 的显著性水平上的临界值为 ± 1.96。相同的显著性水平上,当自由度为 30 时,临界值为 ± 2.045;当自由度为 60 时,临界值为 ± 2.00。因此对于大样本数据,我们可以安全地运用经验法则,认为 t 值应该满足 $|t| > 2$,单尾检验则应该满足 $|t| > 1.65$。上面给出的是一种简单的估计,对于小样本的数据仍然应该借助于 t 分布表。

p 值方法

EViews 和 Microfit 除了报告估计系数的 t 统计量之外,还报告同样可以说明回归系数显著性的 p 值。p 值说明我们可以接受原假设的最低水平。这很有用,因为我们对于显著性水平的选择总是很主观的。例如,为什么选择 5% 的显著性水平,而不是 1% 或 10%?p 值方法相对于"选择显著性水平并计算临界值",带给我们更多的信息,因为我们能获得估计系数精确的显著性水平。例如,一个 0.339 的 p 值表示,如果真实的 $\beta = 0$,就存在 0.339 的可能性观察到大于或等于 OLS 估计的 $\hat{\beta}$。因此,即使在真实值为 0 的情形下,估计值增大也有很高的概率。类似地,当 p 为 0.01 时,在真实 $\beta = 0$ 的情形下,只有很小的概率会产生大于或等于 OLS 估计的 $\hat{\beta}$。更进一步地,如果事先已经确定了一个显著性水平(5% 或 0.05),那么我们可以认为当 p 值小于等于 0.05 时,在 5% 的水平上系数与 0 在统计上是无显著差异的。如果 p 值大于 0.05,那么我们将不能拒绝在 5% 水平上系数等于 0 的原假设。

置信区间

对于原假设 $H_0: \beta = \beta_1$,在 $r\%$ 的显著性水平上,我们能够接受原假设的 t 检验应该满足:

$$-t_{r,n-2} \leq \frac{\hat{\beta} - \beta_1}{s_{\hat{\beta}}} \leq t_{r,n-2} \tag{3.70}$$

其中,$t_{r,n-2}$ 是从自由度为 $n-2$、显著性水平为 $r\%$ 的 t 分布表中查得的(假设只有 2 个被估计的参数)。因此,我们可以构造出接受原假设时 β_1 的置信区间:

$$\hat{\beta} - t_{r,n-2} s_{\hat{\beta}} \leq \beta_1 \leq \hat{\beta} + t_{r,n-2} s_{\hat{\beta}} \tag{3.71}$$

或者

$$\hat{\beta} \pm t_{r,n-2} s_{\hat{\beta}} \tag{3.72}$$

同理,对 a 也有 $\hat{a} \pm t_{r,n-2} s_{\hat{a}}$ 的置信区间。

如何用 Microfit、EViews 和 Stata 估计简单回归方程

Microfit 中的简单回归

步骤 1 打开 Microfit。

步骤 2 单击 **File/New** 创建新文件。

步骤 3 选择时间序列的频度,或者对截面数据选择 undated 选项,选定变量的个数以及时间序列的起止时间或者截面数据的观察值个数。

步骤 4 当系统要求给出变量的名称和描述时,可以命名为 Y 和 X,描述可以帮助我们记住变量定义的短句(尽管描述是任意选择的,但关键时刻帮助很大)。然后点击 **GO**。

步骤 5 在 Microfit 中手动输入数据或从 Excel 数据表中复制/粘贴。粘贴数据的时候应该格外仔细,以便我们提供了 Microfit 所需要的合适的信息。然后点击 **GO**。

步骤 6 在 Microfit 中输入数据后,我们需要创建一个常数。可以通过 **process** 编辑器(点击 process 按钮),输入 C = 1(然后点击 **GO**);或者可以点击 **Edit/Constant(intercept)term**,在相应的窗口中为截距命名(假定为 C)。

步骤 7 打开 single 编辑器(点击 **single** 按钮)并输入:

    Y C X

然后点击 **START**。回归结果将呈现在一个新的窗口中,估计量 a(常数项的系数)、β(X 的系数)及其他的一些统计量都会在新窗口中报告。

EViews 中的简单回归

步骤 1 打开 EViews。

步骤 2 点击 **File/New/Workfile** 创建新文件。

步骤 3 选择时间序列数据的频度,或者给截面数据选择 **Undated** 或 **Irregular**,定义数据的起止时间。接着会跳出新的对话框,自动包含了常数项(**c**)和残差项(**resid**)。

步骤 4 在命令框中输入:

    genr x = 0 (点击 **enter**)
    genr y = 0 (点击 **enter**)

如此我们创建了两组序列 x 和 y,每组序列中都不包含观察值。双击 x 和 y 可以打开各组序列。

步骤 5 在 EViews 中手动输入数据或从 Excel 数据表中复制/粘贴。为了编辑我们粘贴到 EViews 中的数据,点击 **edit +/−**;编辑结束后再点击 **edit +/−**,锁定并保存数据。

步骤 6 在 EViews 中输入数据后,为了获得 a 和 β,在命令框中输入下列回归语句:

    ls y c x (点击 **enter**)

或者点击 **Quick/Estimate equation**,然后在新窗口中写下方程(y c x)。注意 EViews 会自动选择 OLS(LS-Least Squares,NLS 与 ARMA),并且样本会尽可能地大。

无论使用何种方式,回归结果将呈现在一个新的窗口中,估计量 a(常数项的系数)、β(X 的系数)以及其他的一些统计量都会在新窗口中报告。

Stata 中的简单回归

步骤 1 打开 Stata。

步骤 2 点击 **Data Editor**,打开 Data Editor 窗口,这个窗口就像一个大的表格。手动输入数据或从 Excel 数据表中复制/粘贴。完成数据输入过程之后,双击 variable 标签(默认名称是 var1、var2,等等)。一个新的窗口打开了,在这里你能设置变量的名称,或者(可选的)描述变量。假设我们只为两个变量(变量 Y 和变量 X)输入数据。

步骤 3 在命令窗口中输入命令:

regress y x (点击 **enter**)

然后你就能得到回归结果。注意在命令中没必要加入常数项,因为 Stata 已经自动把常数项加在结果中了(在输出结果中的标签是 _cons)。

解读 Microfit 中的简单回归结果

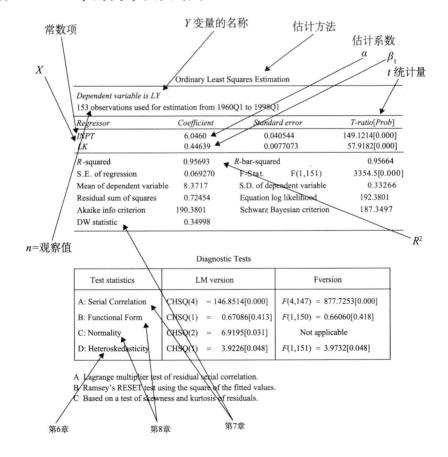

解读 EViews 中的简单回归结果

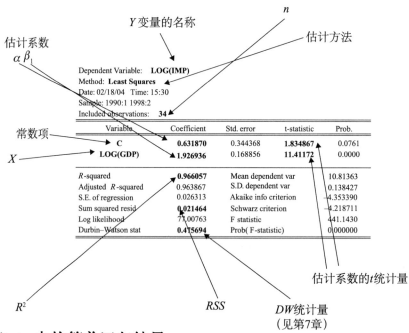

解读 Stata 中的简单回归结果

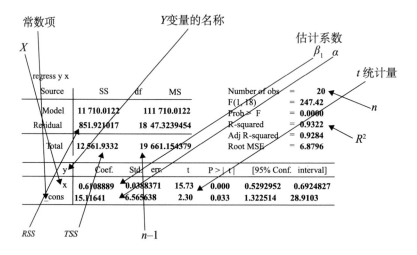

回归结果的表示

回归的结果能采用一系列不同的方式表示出来。其中，最普遍的方式就是写出估计的回归方程，把估计系数的标准误用括号写在相应系数的下方，并且把一些统计量写在方程之后。例如，计算机实例2中的消费方程，结果能写成以下的形式：

$$\hat{C}_t = 15.116 + 0.160 Y_t^d$$
$$(6.565) \quad (0.038) \tag{3.73}$$
$$R^2 = 0.932 \quad n = 20 \quad \hat{\sigma} = 6.879 \tag{3.74}$$

从这个式子中我们能看出：(1)解释变量对于被解释变量变化的估计影响；(2)对于特定的解释变量，被解释变量的预测值；(3)对估计参数进行假设检验；(4)建立估计参数的置信区间。

应用

应用1　需求函数

从经济学理论中我们知道，对一种商品的需求基本上取决于其价格（需求定律）。其他的可能决定因素包括竞争商品（非常相似的替代品）、互补品，以及消费者的收入水平。要把这些决定因素都包含在估计方程中，我们需要进行多元回归分析。然而，为了阐述上的方便，我们这里只考虑一个解释变量的情形。因此，我们假定一个部分需求决定函数，这里需求量只受商品价格的影响。[①] 总体回归函数将有以下形式：

$$q_t = a_0 + a_1 p_t + u_t \tag{3.75}$$

这里，我们习惯用 q_t 表示需求量，p_t 表示产品的价格。根据需求定律（价格越高，需求量越少），可以得出 a_1 是负的。我们可以收集产品销售量和产品价格的时间序列数据，并且估计上面的假定是否正确。估计结果可以解释如下：对于 a_1，a_1 表示如果产品的价格提高1单位（用英镑表示，提高1单位表示提高1英镑），产品的消费量会下降 $\hat{a}_1$ 单位（因为 a_1 是负的）；对于 a_0，如果产品价格是0，消费者还是会购买 $\hat{a}_0$ 单位的产品。预计 R^2 的水平较低（如0.6），因为我们知道其他的变量也会影响商品的需求，但没有包含在方程中。我们也可以从方程中得到指定年份（比如1999年）该产品的需求价格弹性：

$$\frac{p_{99}}{\hat{q}_{99}} \frac{\Delta q}{\Delta p} = \frac{p_{99}}{\hat{q}_{99}} \hat{a}_1 \tag{3.76}$$

应用2　生产函数

经济学理论中，生产函数也是最基本的关系之一，它通常表示产出（用 Y 表示）和一些可能的影响生产的因素，比如劳动（L）和资本（K）的关系。这种关系可以表示成：

$$Y_t = f(K_t, L_t) \tag{3.77}$$

这个方程的一个被经常运用的形式是著名的 Cobb-Douglas 生产函数：

$$Y_t = A K_t^\alpha L_t^\beta \tag{3.78}$$

---

① 另一种方式是我们建立一个"其他条件都不变"的需求函数，其他变量对需求函数的影响是恒定的，不会改变需求量。

其中,常数项 α 和 β 分别表示产出对资本与劳动力投入的反应,A 可以被看成一个外生的效率/技术参数。显然,A 越大,保持劳动和资本不变时,能达到的最大产出就越大。短期(这里的短期是说,一旦生产商决定了资本的投入,在这段时间中就不能改变资本投入量了)内,我们假设资本是固定的。那么,最大产出仅仅依赖于劳动投入,这个生产方程就能写成:

$$Y_t = g(L_t) \tag{3.79}$$

根据 Cobb-Douglas 生产函数(K_t 不变并等于 K_0),我们有:

$$Y_t = (AK_0^\alpha)L_t^\beta = A^* L_t^\beta \tag{3.80}$$

其中,$A^* = (AK_0^\alpha)$。短期生产函数变成了一个双变量模型,对其进行对数转换,我们就能用 OLS 方法估计它的系数。对式(3.80)两边取对数,并加上误差项,得到:

$$\begin{aligned} \ln Y_t &= \ln(A^*) + \beta \ln(L_t) + u_t \\ &= c + \beta \ln(L_t) + u_t \end{aligned} \tag{3.81}$$

其中,$c = \ln(A^*)$,β 是劳动力的产出弹性(Cobb-Douglas 生产函数的一个性质)。这个弹性表示,劳动力投入每改变 1%,产出变动的百分比。

我们能用一个国家生产部门的产出和劳动力的时间序列数据(或是总体 GDP 和劳动力数据)得到上述模型的 c 和 β 的估计值。

应用 3 奥肯定律

奥肯(Okun,1962)采用 1947 年第二季度到 1960 年第四季度的季度数据,得出了一个国家经济状况变化(由国民生产总值——GNP 的变化表示)和这个国家失业率变化之间的关系。这个关系后来被称为"奥肯定律"。该定律展现了失业率对经济增长的敏感程度。两者间的基本关系将失业增长率($UNEMP$,因变量)与 GNP 增长率(自变量)以及一个常数联系起来:

$$\Delta UNEMP_t = a + b\Delta GNP_t + u_t \tag{3.82}$$

运用 OLS 方法,奥肯得到的样本回归方程是:

$$\widehat{\Delta UNEMP}_t = 0.3 - 0.3\Delta GNP_t$$
$$R^2 = 0.63 \tag{3.83}$$

方程中的常数表示经济增长率为零时的失业率的平均变化率。从这个结果可以看出,当经济停止增长时,失业率提升 0.3%。b 的符号为负,表明经济增长时,失业率下降;然而这个关系并不是一一对应的。GNP 增长 1%,失业率仅仅下降 0.3%。我们很容易通过收集各个国家 GNP 和失业率的数据,检验奥肯定律是否对不同时期的各个国家都适用。

应用 4 凯恩斯消费函数

另一个经济学理论中的基本关系就是凯恩斯消费函数,它表示消费(C_t)与可支配收入(Y_t^d,税后)呈线性正相关的关系。可以表示成:

$$C_t = a + \delta Y_t^d \tag{3.84}$$

其中,a是自主消费(即使可支配收入为零时依然存在的消费),δ表示消费的边际倾向。在这个函数中,我们预计$a>0$且$0<\delta<1$。$\hat{\delta}=0.7$表明边际消费倾向为0.7。下面我们用一个计算机实例来检验凯恩斯消费函数。

计算机实例:凯恩斯消费函数

表3.2提供了20个随机选择的个体的消费和可支配收入数据。

(a)在Excel中输入数据,假设X和Y呈线性关系,通过式(3.20)和式(3.28)中给出的β的表达式计算出α和β。

(b)利用Excel中的"Data Analysis"菜单计算出α和β,并且检验与(a)中得到的结果是否一致。

表3.2 简单回归案例的数据

消费 Y	可支配收入 X
72.30	100
91.65	120
135.20	200
94.60	130
163.50	240
100.00	114
86.50	126
142.36	213
120.00	156
112.56	167
132.30	189
149.80	214
115.30	188
132.20	197
149.50	206
100.25	142
79.60	112
90.20	134
116.50	169
126.00	170

(c)绘制X和Y的散点图。

(d)利用Microfit计算α和β并绘制散点图。

(e)利用EViews计算α和β并绘制散点图。

(f)利用Stata计算α和β并绘制散点图。

解答

(a) 首先,我们必须得到 $X*Y$ 的积、X^2,以及 X、Y、$X*Y$ 与 X^2 的和,这由表 3.3 给出。

表 3.3 Excel 计算结果

序号	A	B	C	D
1	Y	X	$X*Y$	X-squared
2	72.30	100.00	7 230.00	10 000.00
3	91.65	120.00	10 998.00	14 400.00
4	135.20	200.00	27 040.00	40 000.00
5	94.60	130.00	12 298.00	16 900.00
6	163.50	240.00	39 240.00	57 600.00
7	100.00	114.00	11 400.00	12 996.00
8	86.50	126.00	10 899.00	15 876.00
9	142.36	213.00	30 322.68	45 369.00
10	120.00	156.00	18 720.00	24 336.00
11	112.56	167.00	18 797.52	27 889.00
12	132.30	189.00	25 004.70	35 721.00
13	149.80	214.00	32 057.20	45 796.00
14	115.30	188.00	21 676.40	35 344.00
15	132.20	197.00	26 043.40	38 809.00
16	149.50	206.00	30 797.00	42 436.00
17	100.25	142.00	14 235.50	20 164.00
18	79.60	112.00	8 915.20	12 544.00
19	90.20	134.00	12 086.80	17 956.00
20	116.50	169.00	19 688.50	28 561.00
21	126.00	170.00	21 420.00	28 900.00
22	2 310.32	3 287.00	398 869.90	571 597.00

单元格 C2 的命令为" = B2 * A2";C3 的命令为" = B3 * A3"并以此类推;D2 为 " = B2 * B2"或者" = B2^2"。A22 中求和的命令为" = SUM(A2:A21)";类似地,B22 为 " = SUM(B2:B21)"并以此类推。

接着我们用式(3.20)来计算 β:要计算 β,需要在单元格(比如在 G2)中输入公式 " = (C22 - (A22 * B22)/20)/(D22 - (B22^2)/20)"。为了得出 α 的值,我们在不同的单 元格(比如 G3)中输入公式" = AVERAGE(A2:A21) - G2 * AVERAGE(B2:B21)"。

如果我们输入正确,就会得到 β = 0.610888903 和 α = 15.11640873。

或者应用式(3.28),点击菜单 **Tools/Data Analysis**,并从数据分析的菜单中选择 命令 **Covariance**。接着我们被要求定义 Input Range,即包含 Y 和 X 数据的列(输入 "$A$1:$B$21"或者用鼠标选择该区域)。应该注意,如果在选择区域中包括了标签

(Y,X),我们须勾选 **Labels in the First Row** 这一栏。我们也被要求定义 Output Range,这可以是另一张工作表(但这并不推荐),也可以是当前工作表的空单元格(例如我们选择 F5)。单击 **OK**,得到表 3.4 的结果。

表 3.4　Excel 计算结果(续)

序号	A	…	F	G	H
1	Y	…			
2	72.30	…	beta	0.610888903	
3	91.65	…	alpha	15.116408730	
4	135.20	…			
5	94.60	…		Y	X
6	163.50	…	Y	628.096654	
7	100.00	…	X	958.440400	1568.9275

为了计算 β,在 G2 单元格中输入" = G7/H7", α 的命令同前。

(b) 打开 **Tools/Data Analysis**,从数据分析菜单中选择 **Regression** 命令。我们会被要求定义 Y 的输入区间,也就是包含因变量 Y 的数据的那一列(输入"$A$1:$A$21");同时定义 X 的 Input Range,也就是包含自变量 X 的数据的那一列(输入"$B$1:$B$21")。我们也可以用鼠标选择这两列。如果在选择区域中包括了标签(Y,X),我们须勾选 **Labels in the First Row** 这一栏。如前一样,我们也会被要求选择 Output Range。单击 **OK**,得到表 3.5 的结果。

表 3.5　Excel 的回归结果

Regression statistics					
Multiple R	0.96549590				
R-squared	0.93218233				
Adjusted R-squared	0.92841469				
Standard error	6.87960343				
Observations	20				
ANOVA					
	df	SS	MS	F	Significance F
Regression	1	11 710.0121	11 710.0121	247.41757	5.80822E − 12
Residual	18	851.9209813	47.3289434		
Total	19	12 561.93308			
	Coefficients	Standard error	t stat	p-value	Lower 95%
Intercept	15.1164087	6.565638115	2.302351799	0.0334684	1.322504225
X	0.6108889	0.038837116	15.729512660	5.808E − 12	0.529295088

除了估计 α(截距项的系数)与 β(X 的系数),表 3.5 还给出了另一些统计量,我

们将在本书的后面部分讨论。

（c）要得到 Y 和 X 的散点图，点击 **chart wizard**，选择 **XY scatter**；点击 **next**，在 **series** 中用鼠标选定 X 和 Y 的值；点击 **next**，输入 X 和 Y 图像的标题，最后点击 **finish** 得到结果。点击散点图上的散点右键选择 **Add Trendline**，得到图3.2。

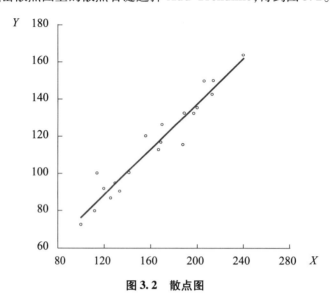

图3.2　散点图

（d）在 Microfit 中的操作步骤如下：

（1）打开 Microfit。

（2）选择 **File/New** 创建新文档。

（3）选择 **Undated**，输入变量的数量（这个例子中为2）以及观察值的数量（这个例子中为20）。

（4）被要求提供变量名称与描述时，命名为 Y 与 X，分别描述为"Consumption"和"Disposable Income"（是否描述不是强制的，但我们认为这样做有利于后面的操作）。点击 **GO**。

（5）在 Microfit 中输入数据或者从 Excel 中复制/粘贴。点击 **GO**。

（6）输入数据后，我们要创建一个常数。在 **process** 编辑窗口中（点击 **process** 按钮）输入：

C = 1（然后点击 **GO**）

或者在 **Edit/Constant(intercept) term** 相应的窗口中输入截距项的名称（假设为 C）。

（7）在 **single** 编辑窗口中（点击 **single**）输入：

Y C X

点击 **START**。结果如表3.6所示，其中包含了 α 的估计量（常数项的系数），β 的估计量（X 的系数），以及其他一些将在以后章节中讨论的统计量。

（e）在 EViews 中得到回归结果的操作步骤如下：

(1) 打开 EViews。
(2) 选择 **File/New/Workfile** 创建新文档。
(3) 选择 **Undated** 或者 **Irregular**,输入观察值的数量(这里是 20)。跳出新的窗口,其中已经默认包含了常数项(**c**)与残差(**resid**)序列。

表 3.6 Microfit 的回归结果

Ordinary Least Squares Estimation			
Dependent variable is Y			
20 observations used for estimation from 1 to 20			
Regressor	Coefficient	Standard error	*t*-ratio [Prob].
INPT	15.11640	6.565600	2.3024 [0.033]
X	0.61089	0.038837	15.7295 [0.000]
R-squared	0.93218	*R*-bar-squared	0.92841
S.E. of regression	6.87960	*F*-stat. *F*(1,18)	247.41760 [0.000]
Mean of dependent variable	115.5160	S.D. of dependent variable	25.7129
Residual sum of squares	851.9210	Equation log likelihood	−65.8964
Akaike info criterion	−67.8964	Schwarz Bayesian criterion	−68.8921
DW statistic	2.2838		
Diagnostic Tests			
Test statistics	LM version	*F* version	
A: Serial correlation	CHSQ(1) = 0.72444 [0.395]	*F*(1,17) = 0.63891 [0.435]	
B: Functional form	CHSQ(1) = 0.19091 [0.662]	*F*(1,17) = 0.16384 [0.691]	
C: Normality	CHSQ(2) = 0.35743 [0.836]	Not applicable	
D: Heteroscedasticity	CHSQ(1) = 0.40046 [0.527]	*F*(1,18) = 0.36778 [0.552]	

注:A. 残差序列相关的拉格朗日乘子检验;B. 用拟合值的平方进行 Ramsey RESET 检验;C. 根据对残差的峰度与偏度的检验。

(4) 在命令栏中输入:

```
genr x = 0 (点击 enter)
genr y = 0 (点击 enter)
```

生成了两个新的序列 x 和 y,双击 x 和 y 可以打开它们。

(5) 在 EViews 中输入数据或者从 Excel 中复制/粘贴。编辑数据点击 **edit +/−** 按钮,编辑完再次点击 **edit +/−** 按钮锁定或保存数据。

(6) 在 EViews 中输入数据后,输入下列命令得到回归直线(为了得到 α 和 β):

```
ls y c x (点击 enter)
```

或者选择 **Quick/Estimate equation**,并在新窗口中输入方程(y c x)。EViews 自动选择了 OLS 方法(LS-Least Squares,NLS 与 ARMA),样本也自动选择 1 至 20。

两种方法都将得到表 3.7 的结果,包含了 α (常数项的系数)与 β (X 的系数)的估计量。

表 3.7 EViews 的回归结果

Dependent variable:Y
Method:least squares
Date:01/09/04 Time:16:13
Sample:1 – 20
Included observations:20

Variable	Coefficient	Std. error	t-statistic	Prob.
C	15.116410	6.565638	2.302352	0.0335
X	0.610889	0.038837	15.729510	0.0000

R-squared	0.932182	Mean dependent var	115.516000
Adjusted R-squared	0.928415	S. D. dependent var	25.712920
S. E. of regression	6.879603	Akaike info criterion	6.789639
Sum squared resid	851.921000	Schwarz criterion	6.889212
Log likelihood	−65.896390	F-statistic	247.417600
Durbin-Watson stat	2.283770	Prob(F-statistic)	0.000000

(f)在 Stata 中得到回归结果,需要如下步骤:

(1)打开 Stata。

(2)单击 **Data Editor**,手动输入数据或从 Excel 中复制/粘贴。将变量各自命名为 Y 和 X。

(3)散点图命令:

scatter y x (点击 **enter**)

就得到图 3.3 中的散点图。

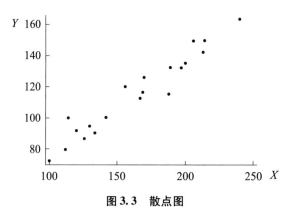

图 3.3 散点图

(4)要得到 α 和 β 的回归结果的命令:

regress y x (点击 **enter**)

输出结果如表 3.8 所示。

表 3.8　Stata 的简单回归结果

Regress y x					Number of obs =	20
Source	SS	df	MS		$F(1,18) = 247.42$	
Model	11 710.0122	1	11 710.0122		$Prob > F = 0.0000$	
Residual	851.921017	18	47.3289754		$R\text{-squared} = 0.9322$	
					$Adj\ R\text{-squared} = 0.9284$	
Total	12 561.9332	19	661.154379		Root MSE = 6.8796	
y	Coef.	Std. Err.	t	$P>|t|$	[95% Conf. Interval]	
x	0.6108889	0.0388371	15.73	0.000	0.5292952	0.6924827
_cons	15.1164100	6.5656380	2.30	0.033	1.322514	28.9103

问题与练习

问题

1. 观察值的极端值是指远离样本回归函数的点。假设先用所有的观察值估计了方程,再剔除极端值后重新进行了估计。估计得到的斜率将如何变化？R^2 呢？请解释。

2. 回归方程有时以变量与某一特定值的偏离作为解释变量。例如,能力利用率-失业率方程：

$$u_t = a_0 + a_1(CAP_t - CAP_t^f) + e_t$$

其中,CAP_t^f 表示完全就业时对应的能力利用率(有时会取 87.5%)。

(a) 这个方程的截距项与只含有 CAP_t 作为解释变量的回归方程得到的结果是否一样？请解释。

(b) 这个方程的斜率与只含有 CAP_t 作为解释变量的回归方程得到的结果是否一样？请解释。

3. 证明简单线性回归模型中的 OLS 斜率系数是无偏的。

4. 证明简单线性回归模型中的 OLS 斜率系数是最优线性无偏的(BLU)。

5. 写出简单线性回归模型的假定,并解释它们的必要性。

练习 3.1

下面给出的数据是 10 个市场 Y 商品的销售数量(以 kg 计),以及 X 商品的价格(以 pence/kg 计)：

Y：198　181　170　179　163　145　167　203　251　147

X：23　24.5　24　27.2　27　24.4　24.7　22.1　21　25

(a) 假设两变量间存在线性关系,求 α 与 β 的 OSL 估计量。

(b) 在数据的散点图中画出 OLS 的样本回归线。

(c) 在样本均值处估计商品的需求弹性(即 $Y = \bar{Y}$ 与 $X = \bar{X}$)。

练习 3.2

下表给出 25 个 OECD 国家 1988—1997 年的平均 GDP 增长率与就业率。

国家	就业率(%)	GDP 增长率(%)	国家	就业率(%)	GDP 增长率(%)
澳大利亚	1.68	3.04	韩国	2.57	7.73
奥地利	0.65	2.55	卢森堡	3.02	5.64
比利时	0.34	2.16	荷兰	1.88	2.86
加拿大	1.17	2.03	新西兰	0.91	2.01
丹麦	0.02	2.02	挪威	0.36	2.98
芬兰	-1.06	1.78	葡萄牙	0.33	2.79
法国	0.28	2.08	西班牙	0.89	2.60
德国	0.08	2.71	瑞典	-0.94	1.17
希腊	0.87	2.08	瑞士	0.79	1.15
冰岛	-0.13	1.54	土耳其	2.02	4.18
爱尔兰	2.16	6.40	英国	0.66	1.97
意大利	-0.30	1.68	美国	1.53	2.46
日本	1.06	2.81			

(a) 假设存在线性关系,计算 OLS 估计量。

(b) 对得到的结果进行解释。

练习 3.3

在凯恩斯的消费函数中:

$$C_t = a + \delta Y_t^d$$

估计得到的边际消费倾向为 $\hat{\delta}$,平均消费倾向为 $C/Y^d = \hat{a}/Y^d + \hat{\delta}$。利用 200 个英国家庭的年度收入与消费数据(两者都以英镑为单位),我们得到回归方程:

$$C_t = 138.52 + 0.725 Y_t^d \quad R^2 = 0.862$$

(a) 对方程中的常数项及其符号、大小给出解释。

(b) 计算年收入 40 000 英镑的家庭理论上的消费额。

(c) 以 Y_t^d 为 x 轴,绘制估计的边际消费倾向(MPC)与自发消费路径(ACP)的图像。

练习 3.4

查找一国年度通胀率与失业率的数据。

(a) 估计下面的菲利普斯曲线:

$$\pi_t = a_0 + a_1 UNEMP_t + u_t$$

其中，π_t 为通胀率，$UNEMP_t$ 为失业率。用通常的方式列出结果。

(b) 估计另一个模型：

$$\pi_t - \pi_{t-1} = a_0 + a_1 UNEMP_{t-1} + u_t$$

计算非加速通胀时（即 $\pi_t - \pi_{t-1} = 0$ 时）的失业率。

(c) 将样本拆分成跨度为 10 年的观测组后重新估计上面的模型。是什么导致了结果的差异？哪一阶段"最好拟合"了方程？阐述你判断的依据。

练习 3.5

下面的方程由 OLS 估计得到：

$$\hat{R}_t = 0.567 + 1.045 R_{mt} \quad n = 250$$
$$\quad\quad (0.33) \quad (0.066)$$

其中，R_t 与 R_{mt} 分别表示证券的超额回报与伦敦证券交易所市场指数的超额回报。

(a) 计算每个系数 95% 的置信区间。
(b) 这些系数是否在统计上显著？用 CAPM 理论解释你得到的结果。
(c) 在 1% 的显著性水平上检验假设 $H_0: \beta = 1$，$H_a: \beta < 1$。若你拒绝了 H_0，说明证券存在什么情况？

练习 3.6

查找真实企业固定投资（I）与利率（r）的时间序列数据。考虑下面的总体回归函数：

$$I_t = \alpha_0 + \alpha_1 r_t + e_t$$

(a) 方程中系数的符号是什么？
(b) 解释每个符号。
(c) 如何利用这个方程估计投资的利率弹性？
(d) 估计总体回归方程。
(e) 哪个系数统计上显著？预计的符号是什么？
(f) 给出 r_t 的系数的 99% 置信区间。
(g) 估计总体回归的对数-线性形式：

$$\ln I_t = a_0 + a_1 \ln r_t + u_t$$

(h) 估计所得投资的利率弹性是否显著？
(i) 你预期这个弹性是有弹性的还是无弹性的。为什么？
(j) 针对投资是否对利率有弹性进行假设检验。

练习 3.7

文件 salaries_01.wf1 包含了大量 UK 公司高级员工的数据。变量 *salary* 表示他们每人获得的工资,单位为千英镑;变量 *years_senior* 度量了他们成为高级员工的年限长度;变量 *years_comp* 则反映了调查时他们在公司的工作年限。

(a) 给出上述三个变量的一些统计量,并加以说明。

(b) 讨论成为高级员工的年限是否影响了工资,并作简单的回归。估计工资是否受员工在同一公司工作年限长度的影响,并做出回归。对你得到的结果进行讨论:哪一种关系更为稳健?为什么?

第 4 章 多元回归

本章内容
引言
多元回归系数的推导
多元回归模型 OLS 估计量的性质
R^2 和调整 R^2
模型选择的一般准则
运用 Microfit、EViews 和 Stata 进行多元回归估计
假设检验
F 形式的似然比检验
检验 X 的联合显著性
增加或删除解释变量
t 检验(Wald 检验的特殊情况)
LM 检验
计算机实例:Wald、遗漏与冗余变量的检验
问题与练习

学习目标
1. 从数学上推导出多元回归模型的回归系数
2. 清楚多元回归模型 R^2 和调整 R^2 的区别
3. 了解选择最佳回归模型的不同标准的重要性
4. 做出假设检验,检验线性约束、遗漏与冗余变量,以及解释变量的整体显著性检验
5. 用计量经济学软件估计多元回归模型,获得回归结果
6. 解释并讨论得到的多元回归模型结果

引言

到目前为止,我们只讨论了回归方程中两个变量间的关系;然而,经济学中很少存在这样的关系。通常因变量 Y 取决于一系列的解释变量,所以我们必须把分析扩展到多个回归元的情况。一般来说,多元回归模型具有以下的形式:

$$Y_t = \beta_1 X_{1t} + \beta_2 X_{2t} + \beta_3 X_{3t} + \cdots + \beta_k X_{kt} + u_t \tag{4.1}$$

其中,X_{1t} 是单位向量(允许存在常数项),可以从式(4.1)中省略;$X_{jk}(j=2,3,\cdots,k)$ 是一系列解释变量(或者说回归元)。因此,式(4.1)中有 k 个需要估计的参数,同时 k 也是这个方程的自由度。

多元回归系数的推导

三个变量的模型

三变量模型 Y 依赖于一个常数项以及两个解释变量 X_2 和 X_3,因此有:

$$Y_t = \beta_1 + \beta_2 X_{2t} + \beta_3 X_{3t} + u_t \tag{4.2}$$

如前所述,我们须最小化残差平方和(RSS):

$$RSS = \sum_{t=1}^{n} \hat{u}_t^2 \tag{4.3}$$

其中,$\hat{u}_t$ 表示真实 Y_t 与根据回归方程得到的拟合值 $\hat{Y}_t$ 之间的差,因此有:

$$\hat{u}_t = Y_t - \hat{Y}_t = Y_t - \hat{\beta}_1 - \hat{\beta}_2 X_{2t} - \hat{\beta}_3 X_{3t} \tag{4.4}$$

把式(4.4)代入式(4.3),得到:

$$RSS = \sum_{t=1}^{n} \hat{u}_t^2 = \sum_{t=1}^{n} (Y_t - \hat{\beta}_1 - \hat{\beta}_2 X_{2t} - \hat{\beta}_3 X_{3t})^2 \tag{4.5}$$

然后求最小值的一阶条件:

$$\frac{\partial RSS}{\partial \hat{\beta}_1} = -2 \sum_{t=1}^{n} (Y_t - \hat{\beta}_1 - \hat{\beta}_2 X_{2t} - \hat{\beta}_3 X_{3t}) = 0 \tag{4.6}$$

$$\frac{\partial RSS}{\partial \hat{\beta}_2} = -2 \sum_{t=1}^{n} X_{2t}(Y_t - \hat{\beta}_1 - \hat{\beta}_2 X_{2t} - \hat{\beta}_3 X_{3t}) = 0 \tag{4.7}$$

$$\frac{\partial RSS}{\partial \hat{\beta}_3} = -2 \sum_{t=1}^{n} X_{3t}(Y_t - \hat{\beta}_1 - \hat{\beta}_2 X_{2t} - \hat{\beta}_3 X_{3t}) = 0 \tag{4.8}$$

我们又一次得到一个带有三个未知数($\hat{\beta}_1$、$\hat{\beta}_2$ 和 $\hat{\beta}_3$)的三个方程。对式(4.6)进行变形,得到:

$$\sum_{t=1}^{n} Y_t = \sum_{t=1}^{n} \hat{\beta}_1 + \sum_{t=1}^{n} \hat{\beta}_2 X_{2t} + \sum_{t=1}^{n} \hat{\beta}_3 X_{3t} \tag{4.9}$$

$$\sum_{t=1}^{n} Y_t = n\hat{\beta}_1 + \hat{\beta}_2 \sum_{t=1}^{n} X_{2t} + \hat{\beta}_3 \sum_{t=1}^{n} X_{3t} \tag{4.10}$$

两边同时除以 n，令 $\bar{X}_i = \sum_{t=1}^{n} X_{it}n$：

$$\bar{Y} = \hat{\beta}_1 + \hat{\beta}_2 \bar{X}_2 + \hat{\beta}_3 \bar{X}_3 \tag{4.11}$$

得到 $\hat{\beta}_1$ 的解：

$$\hat{\beta}_1 = \bar{Y} - \hat{\beta}_2 \bar{X} - \hat{\beta}_3 \bar{X} \tag{4.12}$$

用式(4.12)以及式(4.5)的第二与第三个一阶条件，整理后得到 $\hat{\beta}_2$ 的解：

$$\hat{\beta}_2 = \frac{Cov(X_2, Y) Var(X_3) - Cov(X_3, Y) Cov(X_2, X_3)}{Var(X_2) Var(X_3) - [Cov(X_2, X_3)]^2} \tag{4.13}$$

与式(4.13)类似，重新排列 X_{2t} 与 X_{3t} 得到 $\hat{\beta}_3$：

$$\hat{\beta}_3 = \frac{Cov(X_3, Y) Var(X_2) - Cov(X_2, Y) Cov(X_3, X_2)}{Var(X_3) Var(X_2) - [Cov(X_3, X_2)]^2} \tag{4.14}$$

K 个变量的情形

K 个变量，回归模型起始如式(4.1)展示的那样，我们有：

$$Y_t = \beta_1 X_{1t} + \beta_2 X_{2t} + \beta_3 X_{3t} + \cdots + \beta_k X_{kt} + u_t \tag{4.15}$$

同样，我们得到拟合值：

$$\hat{Y}_t = \hat{\beta}_1 X_{1t} + \hat{\beta}_2 X_{2t} + \hat{\beta}_3 X_{3t} + \cdots + \hat{\beta}_k X_{kt} \tag{4.16}$$

以及

$$\hat{u}_t = Y_t - \hat{Y}_t = Y_t - \hat{\beta}_1 X_{1t} - \hat{\beta}_2 X_{2t} - \hat{\beta}_3 X_{3t} - \cdots - \hat{\beta}_k X_{kt} \tag{4.17}$$

同样极小化 RSS：

$$RSS = \sum_{t=1}^{n} \hat{u}_t^2 = \sum_{t=1}^{n} (Y_t - \hat{\beta}_1 X_{1t} - \hat{\beta}_2 X_{2t} - \hat{\beta}_3 X_{3t} - \cdots - \hat{\beta}_k X_{kt})^2 \tag{4.18}$$

为了得到极小值，取一阶条件，这一次我们得到 k 个方程，其中有 k 个未知回归系数：

$$\sum_{t=1}^{n} Y_t = n\hat{\beta}_1 + \hat{\beta}_2 \sum_{t=1}^{n} X_{2t} + \cdots + \hat{\beta}_k \sum_{t=1}^{n} X_{kt} \tag{4.19}$$

$$\sum_{t=1}^{n} Y_t X_{2t} = \hat{\beta}_1 \sum_{t=1}^{n} X_{2t} + \hat{\beta}_2 \sum_{t=1}^{n} X_{2t}^2 + \cdots + \hat{\beta}_k \sum_{t=1}^{n} X_{kt} X_{2t} \tag{4.20}$$

$$\vdots \tag{4.21}$$

$$\sum_{t=1}^{n} Y_t X_{k-1,t} = \hat{\beta}_1 \sum_{t=1}^{n} X_{k-1t} + \hat{\beta}_2 \sum_{t=1}^{n} X_{2t} X_{k-1t} + \cdots + \hat{\beta}_k \sum_{t=1}^{n} X_{kt} X_{k-1,t} \tag{4.22}$$

$$\sum_{t=1}^{n} Y_t X_{k,t} = \hat{\beta}_1 \sum_{t=1}^{n} X_{kt} + \hat{\beta}_2 \sum_{t=1}^{n} X_{2t} X_{k,t} + \cdots + \hat{\beta}_k \sum_{t=1}^{n} X_{kt}^2 \tag{4.23}$$

以上 k 个方程能解出每个 $\hat{\beta}$，很容易得出：

$$\hat{\beta}_1 = \bar{Y} - \hat{\beta}_2 \bar{X}_2 - \cdots - \hat{\beta}_k \bar{X}_k \tag{4.24}$$

然而，$\hat{\beta}_2, \hat{\beta}_3, \cdots, \hat{\beta}_k$ 本身的表示非常复杂，在此不写出其数学表达式。在下一节中，我们将使用矩阵代数的方法进行分析。标准的计算机程序可以立即计算并给出结果。

用矩阵代数推导回归系数

式(4.1)能很容易地写成矩阵形式：
$$\mathbf{Y} = \mathbf{X}\boldsymbol{\beta} + \mathbf{u} \tag{4.25}$$

其中，

$$\mathbf{Y} = \begin{pmatrix} Y_1 \\ Y_2 \\ \vdots \\ Y_T \end{pmatrix}, \quad \mathbf{X} = \begin{pmatrix} 1 & X_{21} & X_{31} & \cdots & X_{k1} \\ 1 & X_{22} & X_{32} & \cdots & X_{k3} \\ \vdots & \vdots & \vdots & & \vdots \\ 1 & X_{2T} & X_{3T} & \cdots & X_{kT} \end{pmatrix}$$

$$\boldsymbol{\beta} = \begin{pmatrix} \beta_1 \\ \beta_2 \\ \vdots \\ \beta_k \end{pmatrix}, \quad \mathbf{u} = \begin{pmatrix} u_1 \\ u_2 \\ \vdots \\ u_n \end{pmatrix}$$

因此，$\mathbf{Y}$ 是 $T \times 1$ 的向量，$\mathbf{X}$ 是 $T \times k$ 的矩阵，$\boldsymbol{\beta}$ 是 $k \times 1$ 的向量，$\mathbf{u}$ 是 $T \times 1$ 的向量。我们的目的是最小化 RSS，注意到 RSS 的矩阵表示 $\mathbf{RSS} = \hat{\mathbf{u}}'\hat{\mathbf{u}}$，我们有：

$$\hat{\mathbf{u}}'\hat{\mathbf{u}} = (\mathbf{Y} - \mathbf{X}\hat{\boldsymbol{\beta}})(\mathbf{Y} - \mathbf{X}\hat{\boldsymbol{\beta}}) \tag{4.26}$$
$$= (\mathbf{Y}' - \hat{\boldsymbol{\beta}}'\mathbf{X}')(\mathbf{Y} - \mathbf{X}\hat{\boldsymbol{\beta}}) \tag{4.27}$$
$$= \mathbf{Y}'\mathbf{Y} - \mathbf{Y}'\mathbf{X}\hat{\boldsymbol{\beta}} - \hat{\boldsymbol{\beta}}'\mathbf{X}'\mathbf{Y} + \hat{\boldsymbol{\beta}}'\mathbf{X}'\mathbf{X}\hat{\boldsymbol{\beta}} \tag{4.28}$$
$$= \mathbf{Y}'\mathbf{Y} - 2\mathbf{Y}\mathbf{X}'\hat{\boldsymbol{\beta}}' + \hat{\boldsymbol{\beta}}'\mathbf{X}'\mathbf{X}\hat{\boldsymbol{\beta}} \tag{4.29}$$

现在需要对以上表达式中的 $\hat{\boldsymbol{\beta}}$ 求微分并令其等于零：

$$\frac{\partial \mathbf{RSS}}{\partial \hat{\boldsymbol{\beta}}} = -2\mathbf{X}'\mathbf{Y} + 2\mathbf{X}'\mathbf{X}\hat{\boldsymbol{\beta}} = 0 \tag{4.30}$$

式(4.30)包含了 k 个方程和 k 个未知数，整理得：

$$\mathbf{X}'\mathbf{X}\hat{\boldsymbol{\beta}} = \mathbf{X}'\mathbf{Y} \tag{4.31}$$

两边乘以逆矩阵 $(\mathbf{X}'\mathbf{X})^{-1}$ 得到：

$$\hat{\boldsymbol{\beta}} = (\mathbf{X}'\mathbf{X})^{-1}\mathbf{X}'\mathbf{Y} \tag{4.32}$$

这就是多元回归模型 OLS 估计的解。

$\mathbf{X}'\mathbf{X}$ 和 $\mathbf{X}'\mathbf{Y}$ 的矩阵结构

为了更好地理解上面的解，我们可以试着分析解得 $\hat{\boldsymbol{\beta}}$ 的矩阵 $(\mathbf{X}'\mathbf{X})$ 和 $(\mathbf{X}'\mathbf{Y})$ 的结构。我们曾定义过 $\tilde{x}_t = (X_t - \bar{X})$，表示偏离均值的程度，所以有：

$$(\tilde{\mathbf{x}}'\tilde{\mathbf{x}}) = \begin{pmatrix} \sum \tilde{x}_{2t}^2 & \sum \tilde{x}_{2t}\tilde{x}_{3t} & \sum \tilde{x}_{2t}\tilde{x}_{4t} & \cdots & \sum \tilde{x}_{2t}\tilde{x}_{kt} \\ \sum \tilde{x}_{3t}\tilde{x}_{2t} & \sum \tilde{x}_{3t}^2 & \sum \tilde{x}_{3t}\tilde{x}_{4t} & \cdots & \sum \tilde{x}_{3t}\tilde{x}_{kt} \\ \sum \tilde{x}_{4t}\tilde{x}_{2t} & \sum \tilde{x}_{4t}\tilde{x}_{3t} & \sum \tilde{x}_{4t}^2 & \cdots & \sum \tilde{x}_{4t}\tilde{x}_{kt} \\ \vdots & \vdots & \vdots & & \vdots \\ \sum \tilde{x}_{kt}\tilde{x}_{2t} & \sum \tilde{x}_{kt}\tilde{x}_{3t} & \sum \tilde{x}_{kt}\tilde{x}_{4t} & \cdots & \sum \tilde{x}_{kt}^2 \end{pmatrix} \tag{4.33}$$

以及：

$$(\tilde{\mathbf{x}}'\mathbf{y}) = \begin{pmatrix} \sum \tilde{x}_{2t}\tilde{y}_t \\ \sum \tilde{x}_{3t}\tilde{y}_t \\ \sum \tilde{x}_{4t}\tilde{y}_t \\ \vdots \\ \sum \tilde{x}_{kt}\tilde{y}_t \end{pmatrix} \quad (4.34)$$

显然矩阵$(\mathbf{x}'\mathbf{x})$在我们拥有四个解释变量$(k=4)$的回归模型中降到3×3阶；对于$k=3$的情况则降到2×2阶；以此类推。当我们讨论只有两个变量的简单线性回归方程时$(k=2$，分别是常数项与斜率$)$，可以得到$(\mathbf{x}'\mathbf{x}) = \sum \tilde{x}_{2t}^2$并且$(\mathbf{x}'\mathbf{y}) = \sum \tilde{x}_{2t}\tilde{y}_t$。因此，OLS 的表达式将变成：

$$\hat{\beta}_2 = (\tilde{\mathbf{x}}'\tilde{\mathbf{x}})^{-1}(\tilde{\mathbf{x}}'\tilde{\mathbf{y}})$$
$$= \left(\sum \tilde{x}_2^2\right)^{-1}\left(\sum \tilde{x}_2 \tilde{y}\right) \quad (4.35)$$
$$= \frac{\sum \tilde{x}_2 \tilde{y}}{\sum \tilde{x}_2^2} = \hat{\beta}^* \quad (4.36)$$

这与不采用矩阵代数得到的结果一样，见式(3.24)。

多元回归模型的假设

我们可以简要地重新阐述模型的假设，这与两变量的情形没有什么不同。

(1)被解释变量是解释变量的线性函数。
(2)所有解释变量都是非随机的。
(3)所有解释变量的值在重复抽样的过程中可以保持不变，并且随着$n\to\infty$，样本的方差为$1/n \sum (X_{jt} - \bar{X}_j)^2 \to Q_j (j = 2,3,\cdots,k)$，其中$Q_j$是固定的常数。
(4)对所有t有$E(u_t) = 0$。
(5)对所有t有$Var(u_t) = E(u_t^2) = \sigma^2 = $ 常数。
(6)对于$j \neq t$，有$Cov(u_t,u_j) = E(u_t,u_j) = 0$。
(7)每个u_t都服从正态分布。
(8)在任意两个或多个解释变量间不存在严格的线性关系。

误差项的方差 – 协方差矩阵

回想一下模型的矩阵表达式，我们有误差项$\mathbf{u}$的$n\times1$向量。如果构造一个$n\times n$矩阵$\mathbf{u}'\mathbf{u}$并对其取期望，得到：

$$E(\mathbf{uu'}) = \begin{pmatrix} E(u_1^2) & E(u_1u_2) & E(u_1u_3) & \cdots & E(u_1u_n) \\ E(u_2u_1) & E(u_2^2) & E(u_2u_3) & \cdots & E(u_2u_n) \\ E(u_3u_1) & E(u_3u_2) & E(u_3^2) & \cdots & E(u_3u_n) \\ \vdots & \vdots & \vdots & & \vdots \\ E(u_nu_1) & E(u_nu_2) & E(u_nu_3) & \cdots & E(u_n^2) \end{pmatrix} \quad (4.37)$$

因为每个误差项 u_t 都是零均值,所以矩阵对角线元素都代表误差的方差,非对角线元素表示不同误差项间的协方差。这个矩阵叫做误差项的方差 - 协方差矩阵,利用假定 5($Var(u_t) = E(u_t^2) = \sigma^2$)以及假定 6($Cov(u_t, u_j) = E(u_t, u_j) = 0$),该矩阵可以简化为:

$$E(\mathbf{uu'}) = \begin{pmatrix} \sigma^2 & 0 & 0 & \cdots & 0 \\ 0 & \sigma^2 & 0 & \cdots & 0 \\ 0 & 0 & \sigma^2 & \cdots & 0 \\ \vdots & \vdots & \vdots & & \vdots \\ 0 & 0 & 0 & \cdots & \sigma^2 \end{pmatrix} = \sigma^2 \mathbf{I_n} \quad (4.38)$$

其中,$\mathbf{I_n}$ 是一个 $n \times n$ 的单位矩阵。

多元回归模型 OLS 估计量的性质

就像在简单的两变量模型中一样,依据经典线性回归模型的假定,我们能证明 OLS 估计量是最优线性无偏的估计量(BLUE)。我们主要考虑斜率系数($\beta_2, \beta_3, \beta_4, \cdots, \beta_k$)而不是常数项($\beta_1$),因为斜率系数具有更大的意义。

线性

要证明 OLS 估计量是线性的,就要用到假定 2 和假定 3。因为解释变量的值是固定的常数,所以很容易证明 OLS 估计量是 Y 的线性函数。回想一下 $\hat{\beta}$ 的解:

$$\hat{\beta} = (\mathbf{X'X})^{-1}\mathbf{X'Y} \quad (4.39)$$

其中,因为 $\mathbf{X}$ 是固定常数的矩阵,$\mathbf{W} = (\mathbf{X'X})^{-1}\mathbf{X'}$ 也是 $n \times k$ 阶的常数矩阵,所以 $\hat{\beta}$ 是 Y 的线性函数。我们从定义式上证明了它是线性估计量。

无偏性

我们知道:

$$\hat{\beta} = (\mathbf{X'X})^{-1}\mathbf{X'Y} \quad (4.40)$$

我们还有:

$$\mathbf{Y} = \mathbf{X}\beta + \mathbf{u} \quad (4.41)$$

把式(4.41)代入式(4.40),得到:

$$\hat{\beta} = (\mathbf{X'X})^{-1}\mathbf{X'}(\mathbf{X}\beta + \mathbf{u})$$
$$= (\mathbf{X'X})^{-1}\mathbf{X'X}\beta + (\mathbf{X'X})^{-1}\mathbf{X'u}$$
$$= \beta + (\mathbf{X'X})^{-1}\mathbf{X'u} \quad (因为(\mathbf{X'X})^{-1}\mathbf{X'X} = \mathbf{I}) \tag{4.42}$$

对式(4.42)取期望:
$$E(\hat{\beta}) = E(\beta) + (\mathbf{X'X})^{-1}\mathbf{X'}E(\mathbf{u}) \tag{4.43}$$
$$= \beta \quad (因为 E(\beta) = \beta 和 E(\mathbf{u}) = 0) \tag{4.44}$$

由此,$\hat{\beta}$ 就是 β 的无偏估计量。

一致性

无偏性意味着,无论样本容量如何,我们期望就平均上来讲,估计的 $\hat{\beta}$ 将等于真实的 β,然而以上的证明建立在 X 是固定的假定上,这是一个非常强的并且通常是不切实际的假定。如果放松这个假定,我们依然能证明 $\hat{\beta}$ 是一致的;这意味着当估计样本容量无穷大时,$\hat{\beta}$ 将以概率趋近于真实值,即 $plim(\hat{\beta}) = \beta$。一致性的证明不在此处阐述,因为证明过程很乏味并且超出本书的范围。但是这里最关键的假定是,X 即使不是固定的,也必须与误差项不相关。

最优线性无偏

在继续进行多元回归模型的 OLS 估计量是最优线性无偏估计量的证明之前,我们有必要知道 OLS 估计量的方差和协方差矩阵。

考虑以下形式的 $k \times k$ 对称矩阵:

$$E(\hat{\beta}-\beta)(\hat{\beta}-\beta)' = \begin{pmatrix} E(\hat{\beta}_1-\beta_1)^2 & E(\hat{\beta}_1-\beta_1)(\hat{\beta}_2-\beta_2) & \cdots & E(\hat{\beta}_1-\beta_1)(\hat{\beta}_k-\beta_k) \\ E(\hat{\beta}_2-\beta_2)(\hat{\beta}_1-\beta_1) & E(\hat{\beta}_2-\beta_2)^2 & \cdots & E(\hat{\beta}_2-\beta_2)(\hat{\beta}_k-\beta_k) \\ \vdots & \vdots & & \vdots \\ E(\hat{\beta}_k-\beta_k)(\hat{\beta}_1-\beta_1) & E(\hat{\beta}_k-\beta_k)(\hat{\beta}_2-\beta_2) & \cdots & E(\hat{\beta}_k-\beta_k)^2 \end{pmatrix}$$
$$\tag{4.45}$$

由 $\hat{\beta}$ 的无偏性得到 $E(\hat{\beta}) = \beta$,所以有:

$$E(\hat{\beta}-\beta)(\hat{\beta}-\beta) = \begin{pmatrix} Var(\hat{\beta}_1)^2 & Cov(\hat{\beta}_1,\hat{\beta}_2) & \cdots & Cov(\hat{\beta}_1,\hat{\beta}_k) \\ Cov(\hat{\beta}_2,\hat{\beta}_1) & Var(\hat{\beta}_2) & \cdots & Cov(\hat{\beta}_2,\hat{\beta}_k) \\ \vdots & \vdots & & \vdots \\ Cov(\hat{\beta}_k,\hat{\beta}_1) & Cov(\hat{\beta}_k,\hat{\beta}_2) & \cdots & Var(\hat{\beta}_k) \end{pmatrix} \tag{4.46}$$

矩阵式(4.46)称为 $\hat{\beta}$ 的方差-协方差矩阵。为了得到表达式,先由矩阵(4.32)得到:

$$\hat{\beta} = (\mathbf{X'X})^{-1}\mathbf{X'Y} \tag{4.47}$$

将 $\mathbf{Y} = \mathbf{X}\beta + \mathbf{u}$ 代入,得到:

$$\hat{\beta} = (\mathbf{X'X})^{-1}\mathbf{X'}(\mathbf{X}\beta + \mathbf{u})$$
$$= (\mathbf{X'X})^{-1}\mathbf{X'X}\beta + (\mathbf{X'X})^{-1}\mathbf{X'u}$$
$$= \beta + (\mathbf{X'X})^{-1}\mathbf{X'u} \tag{4.48}$$

或者
$$\hat{\beta} - \beta = (\mathbf{X}'\mathbf{X})^{-1}\mathbf{X}'\mathbf{u} \tag{4.49}$$

根据方差-协方差的定义,我们知道:
$$\begin{aligned}
Var(\hat{\beta}) &= E[(\hat{\beta} - \beta)(\hat{\beta} - \beta)'] \\
&= E\{[(\mathbf{X}'\mathbf{X})^{-1}\mathbf{X}'\mathbf{u}][(\mathbf{X}'\mathbf{X})^{-1}\mathbf{X}'\mathbf{u}]'\} \\
&= E\{(\mathbf{X}'\mathbf{X})^{-1}\mathbf{X}'\mathbf{u}\mathbf{u}'\mathbf{X}(\mathbf{X}'\mathbf{X})^{-1}\} \text{①} \\
&= (\mathbf{X}'\mathbf{X})^{-1}\mathbf{X}'E(\mathbf{u}\mathbf{u}')\mathbf{X}(\mathbf{X}'\mathbf{X})^{-1} \text{②} \\
&= (\mathbf{X}'\mathbf{X})^{-1}\mathbf{X}'\sigma^2\mathbf{I}\mathbf{X}(\mathbf{X}'\mathbf{X})^{-1} \\
&= \sigma^2(\mathbf{X}'\mathbf{X})^{-1}
\end{aligned} \tag{4.50}$$

为了证明 $\hat{\beta}$ 的最优线性无偏性,我们假设存在另一个 β 的线性估计量 $\hat{\beta}^*$,可以表示成:
$$\hat{\beta}^* = [(\mathbf{X}'\mathbf{X})^{-1}\mathbf{X}' + \mathbf{Z}](\mathbf{Y}) \tag{4.51}$$

其中,$\mathbf{Z}$ 是常数矩阵。将 $\mathbf{Y} = \mathbf{X}\beta + \mathbf{u}$ 代入得:
$$\begin{aligned}
\hat{\beta}^* &= [(\mathbf{X}'\mathbf{X})^{-1}\mathbf{X}' + \mathbf{Z}](\mathbf{X}\beta + \mathbf{u}) \\
&= \beta + \mathbf{Z}\mathbf{X}\beta + (\mathbf{X}'\mathbf{X})^{-1}\mathbf{X}'\mathbf{u} + \mathbf{Z}\mathbf{u}
\end{aligned} \tag{4.52}$$

对于无偏的 $\hat{\beta}^*$,我们要求:
$$\mathbf{Z}\mathbf{X} = \mathbf{0} \tag{4.53}$$

利用矩阵(4.53),可以将矩阵(4.52)写成:
$$\hat{\beta}^* - \beta = (\mathbf{X}'\mathbf{X})^{-1}\mathbf{X}'\mathbf{u} + \mathbf{Z}\mathbf{u} \tag{4.54}$$

回到方差-协方差的定义中有:
$$\begin{aligned}
E[(\hat{\beta} - \beta)(\hat{\beta} - \beta)] &= \{(\mathbf{X}'\mathbf{X})^{-1}\mathbf{X}'\mathbf{u} + \mathbf{Z}\mathbf{u}\}\{(\mathbf{X}'\mathbf{X})^{-1}\mathbf{X}'\mathbf{u} + \mathbf{Z}\mathbf{u}\}' \tag{4.55} \\
&= \sigma^2(\mathbf{X}'\mathbf{X})^{-1} + \sigma^2\mathbf{Z}\mathbf{Z}'
\end{aligned} \tag{4.56}$$

这说明另一个估计量 $\hat{\beta}^*$ 的方差-协方差矩阵等于 OLS 估计量 $\hat{\beta}$ 的方差-协方差矩阵加上 σ^2 乘以 $\mathbf{Z}\mathbf{Z}'$,从而大于 $\hat{\beta}$ 的方差-协方差矩阵。故 $\hat{\beta}$ 是最优线性无偏的。

R^2 和调整 R^2

通常的决定系数 R^2 就像在双变量模型中一样,也同样可以度量多元回归模型的拟合优度;然而,R^2 并不能作为两个有不同个数解释变量的回归方程拟合优度的比较。因为,当有更多的解释变量加入方程后,被 X 解释的 Y 的变异部分将会增加。无论加进来的变量是否重要,我们都会得到一个更高的 R^2。所以,我们需要另一个度量拟合优度的指标,把解释变量的个数这个因素考虑在内。这个指标称为调整 R^2(通常记为 $\bar{R}^2$),因为它根据解释变量的个数做出了调整(或根据自由度做出了调整)。

由于 $R^2 = ESS/TSS = 1 - RSS/TSS$,因此调整 R^2 为:
$$\bar{R}^2 = 1 - \frac{RSS/(n-k)}{TSS/(n-1)} = 1 - \frac{RSS(n-1)}{TSS(n-k)} \tag{4.57}$$

---

① 这是因为 $(\mathbf{B}\mathbf{A})' = \mathbf{A}'\mathbf{B}'$。
② 根据假定2,这里的 $\mathbf{X}$ 是非随机的。

由于回归方程中 X 数量增加，k 随之增加，这将会降低 RSS（如果不做调整，则会增加 R^2）。把 RSS 除以 $n-k$，k 的增加就会部分抵消 RSS 的下降，这就是为什么 $\bar{R}^2$ 在比较不同回归方程的拟合优度时是一个更加"公平"的指标。注意，因为 $(n-1)/(n-k)$ 绝对不会小于 1，所以 $\bar{R}^2$ 绝对不会大于 R^2。然而，虽然 R^2 的值在 0—1，且绝对不会是负数，但 $\bar{R}^2$ 的值在某些情况下可能是负的。负的 $\bar{R}^2$ 表明，模型可能没有充分地说明数据生成的过程。

模型选择的一般准则

我们注意到，多元回归模型中增加解释变量的个数会降低 RSS，提高 R^2；但这样做的代价是会损失自由度。另一种方法（除了 $\bar{R}^2$ 之外）在评价拟合优度时考虑了 X 的个数，也就是在进行模型比较时运用不同的标准，例如 Akaike(1974) 开发的 Akaike 信息标准 (AIC)：

$$AIC = \left(\frac{RSS}{n}\right) e^{2k/n} \tag{4.58}$$

Finite 预测误差 (FPE)，也是 Akaike(1970) 开发的：

$$FPE = \left(\frac{RSS}{n}\right) \frac{n+k}{n-k} \tag{4.59}$$

Schwarz 贝叶斯标准 (SBC)，由 Schwarz(1978) 开发：

$$SBC = \left(\frac{RSS}{n}\right) e^{k/n} \tag{4.60}$$

或者 Hannan 和 Quin(1979) 标准 (HQC)：

$$HQC = \left(\frac{RSS}{n}\right) (\ln n)^{2k/n} \tag{4.61}$$

以及一些其他的标准（包括由 Shibata(1981)，Rice(1984)，以及 Craven 和 Wahba(1979) 开发的 Generalized Gross Validation(GGV) 等方法）。一些程序（包括 EViews）报告了 AIC 方程 (4.58) 和 HQC 方程 (4.61) 的对数形式。

最理想的情况是，我们选择一个能最小化所有这些统计量的模型；但通常，很容易在不同的标准下产生矛盾的结果。例如，SBC 相比其他标准对于更复杂的模型有更严厉的惩罚程度，可能会给出一个不同的结论。一个在大多数标准中都比另一个模型表现更好的模型，通常更倾向于被选择。通常，AIC 是在时间序列分析中最常用的检验标准之一。EViews 在标准回归结果中提供 AIC 和 SBC，而 Microfit 只提供 SBC。

运用 Microfit、EViews 和 Stata 进行多元回归估计

运用 Microfit 进行多元回归估计

步骤 1 打开 Microfit。

步骤 2 点击 **File/New** 创建新文件,或者点击 **File/Open** 打开现有文件。
步骤 3 若是创建新文件,依照简单回归例子中的步骤 3—6。
步骤 4 选择 single editor(点击 **single** 按钮)并输入:

   Y C X2 X3 X4 ... XK

其中,$X2, \cdots, XK$ 是需要加入解释变量列表中的变量名。Y 是因变量,C 是 Microfit 创建的常数项。确定方程后点击 **START**。在新窗口中会显示回归结果,包括 β_1(常数项 C 的系数)的估计量,$\beta_2, \cdots, \beta_k$(X 的系数)的估计量,以及其他将在后面章节中讨论的统计量。

运用 EViews 进行多元回归估计

步骤 1 打开 EViews。
步骤 2 点击 **File/New/Workfile** 创建新文件,或者点击 **File/Open** 打开现有文件。
步骤 3 若是创建新文件,依照简单回归例子中的步骤 3—5。
步骤 4 在 EViews 中输入数据后,有两种方法可以估计回归方程,得到 β_1(常数项 C 的系数)的估计量,以及 $\beta_2, \cdots, \beta_k$(X 的系数)。

第一种方法是在 EViews 的命令栏中输入:

   ls y c x2 x3 ... xk (点击 **enter**)

其中,y 表示 EViews 文件中因变量的名称,$x2, \cdots, xk$ 则表示解释变量的名称。

第二种方法是点击 **Quick/Esitmate equation**,在新窗口中键入方程(如 y c x2 ... xk)。EViews 自动选择了 OLS(LS-Least Squares, NLS 与 ARMA),并且样本会尽可能地选择最大的容量。

下面我们给出一个 EViews 的回归结果作为例子(Microfit 同理)。

运用 Stata 进行多元回归估计

步骤 1 打开 Stata。
步骤 2 点击 **Data Editor**,打开数据编辑窗口,这看起来就像一张表格。手动输入数据或从 Excel(或其他工作表)中复制/粘贴。输入数据后,双击变量标签(默认名称是 var1、var2,等等),打开一个新的窗口,这里你能定义变量名称和在标签栏中输入(可选的)对变量的描述。假设我们输入下面步骤 3 中的变量数据(变量 y 是因变量,$x2$、$x3$、$x4$、$x5$ 是 4 个解释变量)。
步骤 3 在命令窗口输入命令:

   regress y x2 x3 x4 x5 (点击 **enter**)

你会得到回归结果。注意,Stata 中没有要求输入常数项,因为 Stata 会自动把常数项加入结果中(标签为 s_cons)。在 Stata 回归结果中,系数 $\beta1$ 紧挨着 _cons,$\beta2$、$\beta3$、$\beta4$ 和 $\beta5$ 紧挨着变量 $x2$、$x3$、$x4$ 和 $x5$。对于 Stata 输出结果的详细解释,请参考第 3 章。

解读 EViews 中的多元回归结果

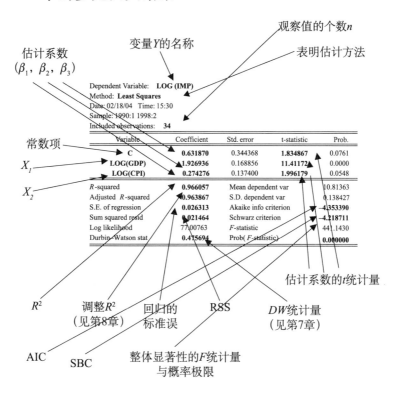

假设检验

检验单个系数

就像在简单回归中一样,多元回归中单个系数的检验也是标准的 t 检验。我们能够进行单尾检验(如果有一些先验的理论可以帮助我们判断系数的符号)或者双尾检验(对 $(\hat{\beta} - \beta)/s_{\hat{\beta}}$ 服从 t_{n-k} 的分布),可以根据 EViews 或 Microfit 给出的 t 统计量,利用 $|t\text{-}stat| > |t\text{-}crit|$ 立即判断 $\hat{\beta}$ 是否显著(注意,当样本量很大的时候,可以运用简单判断法则 $|t\text{-}stat| > 2$)。

检验线性约束

有时在经济学理论中,我们需要检验在系数之间是否存在一些特定的关系。例如,在标准的 Cobb-Douglas 形式的生产函数下:

$$Q = AL^{\alpha}K^{\beta} \tag{4.62}$$

其中,Q 是产出,L 是劳动单位,K 是资本,A 是外生技术参数。如果对其取对数并加上

误差项,得到:
$$\ln Q = c + a \ln L + \beta \ln K + u \tag{4.63}$$
其中,$c = \ln A$ 是个常数,a 和 β 分别代表劳动力和资本的投入产出弹性。本例中,我们希望检验 $a + \beta = 1$ 是否成立,这表示规模报酬不变(意思是如果投入量翻倍,产出也跟着翻倍)。

因此我们不但估计 $\hat{a}$ 与 $\hat{\beta}$,还希望它们能够满足一个线性约束条件。假设在 Cobb-Douglas 生产函数中加入线性约束,会得到:
$$\begin{aligned}\ln Q &= c + (1-\beta)\ln L + \beta \ln K + u \\ \ln Q - \ln L &= c + \beta(\ln K - \ln L) + u \\ Q^* &= c + \beta K^* + u\end{aligned} \tag{4.64}$$

其中,$Q^* = \ln Q - \ln L$ 且 $K^* = \ln K - \ln L$。这样,我们能估计方程(4.64)得到 $\hat{\beta}$,并算出 $\hat{a} = 1 - \hat{\beta}$。估计得到的回归模型就是具有约束条件的最小二乘估计,式(4.64)就是约束方程,式(4.63)就是非约束方程。

有时一次甚至可以施加不止一个约束。例如,假设有非约束方程:
$$Y_t = \beta_1 + \beta_2 X_{2t} + \beta_3 X_{3t} + \beta_4 X_{4t} + \beta_5 X_{5t} + e_t \tag{4.65}$$
施加如下约束:
$$\beta_3 + \beta_4 = 1 \quad \text{和} \quad \beta_2 = \beta_5$$
把约束条件代入非约束方程,得到:
$$\begin{aligned}Y_t &= \beta_1 + \beta_5 X_{2t} + (1-\beta_4)X_{3t} + \beta_4 X_{4t} + \beta_5 X_{5t} + e_t \\ Y_t &= \beta_1 + \beta_5 X_{2t} + X_{3t} - \beta_4 X_{3t} + \beta_4 X_{4t} + \beta_5 X_{5t} + e_t \\ Y_t - X_{3t} &= \beta_1 + \beta_5(X_{2t} + X_{5t}) + \beta_4(X_{4t} - X_{3t}) + e_t \\ Y_t^* &= \beta_1 + \beta_5(X_{1t}^*) + \beta_4(X_{2t}^*) + e_t\end{aligned} \tag{4.66}$$
其中,$Y_t^* = Y_t - X_{3t}$,$X_{1t}^* = X_{2t} + X_{5t}$ 以及 $X_{2t}^* = X_{4t} - X_{3t}$。

在这种情形下,我们能估计出约束方程(4.66)得到 $\hat{\beta}_1$、$\hat{\beta}_5$ 和 $\hat{\beta}_4$,然后利用约束条件得到 $\hat{\beta}_2$ 与 $\hat{\beta}_3$。

到目前为止,事情还是很简单的。然而问题在于,我们不能仅仅接受给定的限制条件而不检验它们的有效性。对限制条件做出检验有三种方法:似然比检验;Wald 检验;拉格朗日乘子(LM)检验。对这些检验方法的严格推导已经超出了本书的范围,但是我们可以给出这三种方法直观上的解释。大多数检验的目的是评估同一个模型的非约束模型和约束模型的区别。如果约束并不对模型的拟合度造成太大影响,我们就接受约束条件;否则,如果约束使模型拟合得非常糟糕,我们就拒绝这个约束。

当然,这意味着我们必须有一些方法去度量拟合到底有多糟糕。通常,这来自一个模型到底有多好的一个度量,称为似然方程。直觉上,这个方程给我们展示了模型有多大可能是正确的。我们用这个方程进行检验是依据以下事实:如果我们将非约束模型和约束模型的似然方程的差乘以 2,得到的这个值会服从 χ^2 分布,自由度等于施加的约束的个数。这就产生了基本的似然比检验,即在约束条件下和非约束条件下分别估计模型,并依据这两个估计的似然方程做出检验。χ^2 分布是非对称的,这意味着它是一种大样本检验。然而,在某些情况下,我们能计算在小样本时也成立的似然比检验,此时它可能服从 F 分布。任何包括估计约束模型和非约束模型的检验都是似然比检验的一种形式。有两种似然比检验的近似形式,它只要求我们估计一种模型。如果我们只估计非约束模型,并用公式去逼近似然比检验,这叫做 Wald 检验。OLS 系数的 t 检验就是 Wald 检验的一种特殊形式。我们估计非约束模型,并检验真实系数为 0 的假设,但我们并不估计在这个约束下的全部模型。最后一种方法(LM 方法)仅仅估计约束模型,然后运用公式检验放松约束的情况,但并不重新估计模型。LM 方法在最近几年被证明很有用,因为它允许我们检验一种模型的各种可能的错误设定形式而不需要估计出完整的模型。所有的模型都可能服从非对称的 χ^2 分布,或是小样本情况下服从 F 分布或 t 分布。

F 形式的似然比检验

最常用的方法是估计非约束模型和约束模型,分别求出它们的 RSS 并记为 RSS_U 和 RSS_R(下标 U 代表非约束,R 代表约束)。

很明显,$RSS_R > RSS_U$;然而,如果约束是有效的,它们的差别应该不大。下面给出这个统计量(严格证明已经超出本书范围):

$$\frac{(RSS_R - RSS_U)/(k_U - k_R)}{SSR_U/(n - k_U)} \tag{4.67}$$

它服从 F 分布,自由度是 $(k_U - k_R, n - k_U)$。这就是帮助我们判断约束是否有效的统计量。总的来说,线性约束的 F 检验(似然比检验的一种特殊形式)有以下步骤:

步骤 1 原假设是约束条件有效。
步骤 2 同时估计约束模型和非约束模型,并求出 RSS_R 和 RSS_U。
步骤 3 通过式(4.67)计算 F 统计量,其中 k_U 和 k_R 是各自模型中的回归元个数。
步骤 4 查阅自由度为 $(k_U - k_R, n - k_U)$ 的 F 分布表,得到 F 的临界值。
步骤 5 如果 F 统计量 > F 临界值,则拒绝原假设。

检验 X 的联合显著性

这是整体拟合优度的 F 检验,但把它作为 LR 检验的特殊情形可能有助于理解。考虑以下两个模型(无约束模型和超约束模型):

$$Y_t = \beta_1 + \beta_2 X_{2t} + \beta_3 X_{3t} + \beta_4 X_{4t} + \beta_5 X_{5t} + e_t \tag{4.68}$$
$$Y_t = \beta_1 + \epsilon_t \tag{4.69}$$

第二个模型被称为超约束模型,因为我们施加的约束个数等于除常数项外的所有解释变量的个数(即 $k-1$ 个约束)。

这种情形中,原假设为 $\beta_2 = \beta_3 = \beta_4 = \beta_5 = 0$;或者用文字表述,"除了截距项,模

型中所有的系数都是不显著的"。如果不能拒绝原假设,就意味着我们建立了一个非常差的模型,以至于必须重新构建。

在这个特殊的情形中,我们没必要估计每个模型来计算 F 统计量。首先,我们通过估计非约束模型来算出 RSS_U。然后,通过对 β_1 极小化 $\sum \epsilon_t^2 = \sum (Y_t - \beta_1)^2$ 来得到 RSS_{SR}。由于我们知道 $\beta_1 = \bar{Y}_t$,因此 $RSS_{SR} = \sum (Y_t - \bar{Y}_t)^2$,这与 TSS_U 的值是一样的。F 统计量为:

$$\frac{(TSS_U - RSS_U)/(k-1)}{RSS_U/(n-k)} = \frac{ESS_U/(k-1)}{RSS_U/(n-k)} = \frac{R^2/(k-1)}{(1-R^2)/(n-k)} \quad (4.70)$$

通过无约束方程的 R^2 就能轻易算出该统计量。

用 Microfit 和 EViews 进行整体显著性的 F 检验

Microfit 和 EViews 都提供了 X 整体显著性的 F 检验,作为回归模型整体统计量的一部分。我们只需要确保 F 统计量 $> F$ 临界值$(k-1, n-k)$,由此拒绝原假设。如果无法拒绝原假设,我们就不得不重新估计模型了。

增加或删除解释变量

我们会经常面对是否需要在一个估计模型中加入或者删除一个或多个解释变量的问题。当加入或被拒绝的变量只有一个时,最安全的做法就是检验它的 t 统计量;但是,如果需要考虑一系列变量时,我们就要评估它们对模型的联合影响。考虑下面的模型:

$$Y_t = \beta_1 + \beta_2 X_{2t} + \cdots + \beta_k X_{kt} + e_t \quad (4.71)$$

$$Y_t = \beta_1 + \beta_2 X_{2t} + \cdots + \beta_k X_{kt} + \beta_{k+1} X_{k+1t} + \cdots + \beta_m X_{mt} + \epsilon_t \quad (4.72)$$

这是一个约束模型和一个增加了 $m-k$ 个变量的非约束模型,我们感兴趣的是这 $m-k$ 个变量的联合效应。这里原假设是 $\beta_{k+1} = \beta_{k+2} = \cdots = \beta_m = 0$,意思是这些遗漏变量的联合显著性为零。或者,我们可以把式(4.72)作为原始模型,检验 $X_{k+1} = X_{k+2} = \cdots = X_{mt}$ 是否为冗余变量。这能通过通常的 F 检验或者似然比检验得出结果。如前所述,F 检验是依据约束模型和非约束模型的 RSS 的不同进行检验的。

LR 统计量为:

$$LR = -2(l_R - l_U)$$

其中,l_R 与 l_U 分别是约束方程与非约束方程的对数似然函数最大值。似然比统计量服从自由度等于约束条件个数(即遗漏或者添加变量的个数)的 χ^2 分布。

EViews 中遗漏与冗余变量的检验

假设我们要估计非约束模型:

```
ls Y C X1 X2 X3
```

想检验 $X4$ 和 $X5$ 是否为模型中被遗漏的变量。从回归窗口中选择 **View/Coefficient Diagnostucs/Omitted Variables-Likelihood Ratio**,跳出一个新的对话窗口,我们需要输入想要检验的变量名称(即 $X4$、$X5$),点击 **OK**。EViews 将报告假设检验的两类统计量(即 F 与 LR 统计量及其概率极限)。假如 F 统计量 $>F$ 临界值或者 LR 统计量 $>\chi^2$ 临界值,则我们应拒绝这两个序列不属于方程的原假设。删除变量的检验步骤类似,选择 **View/Coefficient Diagnostics/Redundant Variables-Likelihood Ratio**,并且输入想要检验的变量名称。

Microfit 中遗漏与冗余变量的检验

类似地,在 Microfit 中,估计回归方程并关闭结果窗口后,一个新的窗口会跳出来,并附带编号 0—9 的连续 10 个不同的选项。选项 2 是关于假设检验,选项 2:**Move to hypothesis testing menu**,点击 **OK**,又会跳出一个有 10 个选项的窗口。其中,选项 5 用来检验变量的删减,选项 6 则是检验变量的添加。在这两种情况下,我们都要输入准备删减或者添加的变量名称。Microfit 会报告 LR、F 与拉格朗日乘子(LM)的检验统计量。在每种情况下,若统计量大于临界值,我们应拒绝约束条件有效的原假设。

如何在 EViews 与 Microfit 中进行 Wald 检验

上面我们提到了三种检验约束方程的方法,其中似然比检验需要对模型做两次 F 检验,这显然会增加处理的复杂性。Wald 检验允许我们只需要对约束条件进行一次检验,因此在估计模型时使用 Wald 检验非常简易。

EViews 中的 Wald 检验

我们能在 EViews 和 Microfit 中应用 Wald 检验来检验各种各样的线性约束。在 EViews 中,首先估计非约束模型,接着在回归输出窗口中选择 **View/Coefficient Diagnostics/Wald-Coefficient Restrictions**;然后在新的对话框中输入约束条件(多个约束条件用逗号隔开)。约束方程应该同时包含估计系数与常数项;系数的表达可以用 **C(1)** 表示常数项,**C(2)** 表示第一个解释变量,以此类推。输入约束条件后点击 **OK**。EViews 将报告 Wald 检验的 F 统计量与 χ^2 统计量。如果统计量大于临界值,则拒绝原假设。

Microfit 中的 Wald 检验

类似地,在 Microfit 中,在估计回归方程并关闭结果窗口后,会跳出编号 0—9 的 10 个选项。选项 2:**Move to hypothesis testing menu**,点击 **OK**,又会跳出 10 个选项。选项 7 是对线性约束条件做 Wald 检验。我们要输入约束方程,用 **A1** 代表常数项,**A2** 代表第一个解释变量,以此类推。Microfit 在 Wald 检验时会给出 χ^2 统计量。如果统计量大于临界值,则拒绝原假设。

t 检验(Wald 检验的特殊情况)

另一种方法是检验约束条件而不是真正估计约束方程,仅仅对约束方程进行 t 检验。考虑 Cobb-Douglas 生产函数:

$$\ln Q = c + a \ln L + \beta \ln K + u \tag{4.73}$$

限制条件为 $a + \beta = 1$,用 OLS 方法估计出 $\hat{a}$ 与 $\hat{\beta}$,并验证是否 $\hat{a} + \hat{\beta} = 1$。我们知道,$\hat{a}$ 与 $\hat{\beta}$ 服从正态分布:

$$\hat{a} \sim N(a, \sigma_{\hat{a}}^2) \quad \text{和} \quad \hat{\beta} \sim N(\beta, \sigma_{\hat{\beta}}^2)$$

其中,σ^2 表示其各自的方差。因为任何两个服从正态分布变量的线性组合也服从正态分布,那么有:

$$\hat{a} + \hat{\beta} \sim N(a + \beta, Var(\hat{a} + \hat{\beta}))$$

其中,

$$Var(\hat{a} + \hat{\beta}) = Var(\hat{a}) + Var(\hat{\beta}) + 2Cov(\hat{a}, \hat{\beta})$$

把上式变形使其服从标准正态分布:

$$\frac{\hat{a} + \hat{\beta} - (a + \beta)}{Var(\hat{a}) + Var(\hat{\beta}) + 2Cov(\hat{a}, \hat{\beta})} \sim N(0,1)$$

或者

$$\frac{\hat{a} + \hat{\beta} - 1}{Var(\hat{a}) + Var(\hat{\beta}) + 2Cov(\hat{a}, \hat{\beta})} \sim N(0,1)$$

原假设为 $a + \beta = 1$。我们不知道确切的方差、协方差,但这些能被估计出来。假设以某个估计值代入(不妨设为 u)上述方程的分母中,该估计值可以从残差项的方差 - 协方差矩阵得到,那么分布变为自由度为 $n - k$ 的学生氏 t 分布。因此,我们可以做如下 t 检验:

$$t_{stat} = \frac{\hat{a} + \hat{\beta} - 1}{Var(\hat{a}) + Var(\hat{\beta}) + 2Cov(\hat{a}, \hat{\beta})} \tag{4.74}$$

如果 $|t_{stat}| > |t\text{-}crit|$,则拒绝原假设。由于这个检验用到了一些辅助的计算,因此较为推荐先前介绍的方法的应用。

LM 检验

最后一种方法仅仅通过估计约束模型来检验一系列的约束条件,即拉格朗日乘子(LM)检验。这很有用,正如稍后会看到的那样,它允许我们检验一些通常来讲可能很难估计的模型。假设有非约束模型:

$$Y_t = \beta_1 + \beta_2 X_{2t} + \beta_3 X_{3t} + \beta_4 X_{4t} + \beta_5 X_{5t} + u_t \tag{4.75}$$

施加约束：
$$\beta_3 + \beta_4 = 1 \quad \text{和} \quad \beta_2 = \beta_5$$

我们有：
$$Y_t^* = \beta_1 + \beta_5(X_{1t}^*) + \beta_4(X_{2t}^*) + u_t \tag{4.76}$$

LM 检验通常包括以下步骤：

步骤 1 原假设是约束条件有效。

步骤 2 估计约束模型式(4.76)，把残差保存为 $\hat{u}_R$。

步骤 3 令 $\hat{u}_R$ 对非约束模型式(4.75)中的 4 个解释变量做回归：
$$\hat{u}_R = \hat{\delta}_1 + \hat{\delta}_2 X_{2t} + \hat{\delta}_3 X_{3t} + \hat{\delta}_4 X_{4t} + \hat{\delta}_5 X_{5t} + \varepsilon_t$$

步骤 4 计算 χ^2 统计量 $= nR^2$，自由度为 h。h 是约束条件的个数(在这个例子中为 2)。

步骤 5 找到自由度为 h 的 χ^2 临界值。

步骤 6 如果 χ^2 统计量 $> \chi^2$ 临界值，则拒绝原假设。

Microfit 与 EViews 中的 LM 检验

与 Microfit 和 EViews 能方便地进行 Wald 检验和似然比检验不同，软件中并没有设定固定的程序进行 LM 检验，因此计算 LM 检验时需要人为地遵循上面的步骤。然而，我们对模型的设定做一些更复杂的检验(如序列相关或 ARCH 效应)时，LM 方法更为实用并有固定的操作方法，我们将在后面介绍。

计算机实例：Wald、遗漏与冗余变量的检验

文件 wage.xls 包括英国 900 个金融分析师的工资率(*wage*)、教育年限(*educ*)、工作经历(*exper*)，以及在同一家公司的任职年限(*tenure*)。我们想要估计的方程包括工资率对数的决定因素，如变量 *educ*、*exper* 和 *tenure*。

首先，需要建立因变量。在 EViews 的命令栏中输入：

```
genr lnwage = log(wage)
```

然后，为了进行多重回归，选择 EViews 工具栏中的 **Quick/Estimate Equation**，并在 **Equation Specification** 对话框中输入：

```
lnwage c educ exper tenure
```

上面方程的回归结果如表 4.1 所示。

表 4.1 工资方程的结果

Dependent Variable: LNWAGE
Method: Least Squares
Date: 02/02/04 Time: 11:10
Sample: 1 900
Included observations: 900

Variable	Coefficient	Std. error	t-statistic	Prob.
C	5.528329	0.112795	49.012370	0.0000
EDUC	0.073117	0.006636	11.018710	0.0000
EXPER	0.015358	0.003425	4.483631	0.0000
TENURE	0.012964	0.002631	4.927939	0.0000
R-squared	0.148647	Mean dependent var		6.786164
Adjusted R-squared	0.145797	S. D. dependent var		0.420312
S. E. of regression	0.388465	Akaike info criterion		0.951208
Sum squared resid	135.211000	Schwarz criterion		0.972552
Log likelihood	−424.043400	F-statistic		52.147580
Durbin-Watson stat	1.750376	Prob(F-statistic)		0.000000

我们可以将方程(命名为 **unrestrict01**)与回归结果(点击 **freeze** 按钮)保存在表格中(命名为 **Table01**)。从方程中可以看出,因为 3 个系数的符号都为正,并且都符合 t 值大于 2 的经验判断法则,所以这些系数都是显著的。因而我们可以说,工资随着教育年限、工作经历与任职年限而上升。尽管 3 个系数是显著的,但调整 R^2 非常低 (0.145),说明可能存在其他影响工资的因素。

约束系数的 Wald 检验

假设我们现在想要检验,是否在同一家公司的任职年限(*tenure*)与工作经历(*exper*)拥有相同的影响。在回归方程中,*exper* 的系数为 $C(3)$,*tenure* 的系数为 $C(4)$。

为了检验两者的影响是否相同,我们需要用到 EViews 中的 Wald 检验。点击 **View/Coefficient Diagnostics/Wald-Coefficient Restrictions**,并在回归结果中输入约束条件:

$$C(3) = C(4) \tag{4.77}$$

进入 **Wald Test** 窗口并点击 **OK**。EViews 会生成 F 统计量(将结果保存为 **Table02WALD**)。Wald 检验的结果如表 4.2 所示。

表 4.2 Wald 检验的结果

Equation: Untitled
Null Hypothesis: $C(3) = C(4)$

F-statistic	0.248656	Probability	0.618145
Chi-square	0.248656	Probability	0.618023

F 统计量等于 0.248,低于 F 的临界值 3.84。因为 F 统计量小于 F 临界值,所以不能拒绝原假设。原假设为两系数相等,因此我们接受这个结论。

冗余变量的检验

假设我们想检验解释变量 *tenure*（在当前公司的任职年限）是否为冗余变量，即考察它在决定工资率对数时的影响程度。点击 **View/Coefficient Diagnostics/Redundant variables-likelihood ratio**，输入变量名称（*tenure*）。结果如表 4.3 所示。

表 4.3 冗余变量检验的结果

Redundant variable：TENURE			
F-statistic	24.28459	Probability	0.000001
Log likelihood ratio	24.06829	Probability	0.000001

Test Equation：
Dependent variable：LNWAGE
Method：Least Squares
Date：01/30/04 Time：16：47
Sample：1 900
Included observations：900

Variable	Coefficient	Std. error	*t*-statistic	Prob.
C	5.537798	0.114233	48.478270	0.0000
EDUC	0.075865	0.006697	11.327410	0.0000
EXPER	0.019470	0.003365	5.786278	0.0000
R-squared	0.125573	Mean dependent var		6.786164
Adjusted *R*-squared	0.123623	S. D. dependent var		0.420312
S. E. of regression	0.393475	Akaike info criterion		0.975728
Sum squared resid	138.875700	Schwarz criterion		0.991736
Log likelihood	−436.077600	*F*-statistic		64.407180
Durbin-Watson stat	1.770020	Prob(*F*-statistic)		0.000000

将其保存为 **Table03REDUNDANT**。结果显示，*F* 统计量为 24.285，而 *F* 统计量临界值为 3.84。*F* 统计量大于临界值，拒绝原假设。我们得出了系数不为零的结论，所以 tenure 并非冗余变量，它在决定工资率时的影响是显著的。

遗漏变量的检验

接下来做一个关于解释变量 *educ* 的遗漏变量检验。首先检验不包括 *educ* 的模型，然后再判断删除变量是否对模型产生了影响。在 EViews 的命令框中输入下列方程：

```
ls lnwage c exper tenure
```

结果如表 4.4 所示。

表 4.4 工资方程检验的结果

Dependent variable:LNWAGE
Method:Least Squares
Date:02/02/04 Time:11:57
Sample:1 900
Included observations:900

Variable	Coefficient	Std. error	t-statistic	Prob.
C	6.697589	0.040722	164.469900	0.0000
EXPER	−0.002011	0.003239	−0.621069	0.5347
TENURE	0.015400	0.002792	5.516228	0.0000
R-squared	0.033285	Mean dependent var		6.786164
Adjusted R-squared	0.031130	S. D. dependent var		0.420312
S. E. of regression	0.413718	Akaike info criterion		1.076062
Sum squared resid	153.532700	Schwarz criterion		1.092070
Log likelihood	−481.228000	F-statistic		15.442410
Durbin-Watson stat	1.662338	Prob(F-statistic)		0.000000

点击 **View/coefficient Diagnosties/Omitted variables-likelihood ratio**,输入想要检验的变量名称(*educ*)。结果如表 4.5 所示。

表 4.5 遗漏变量检验的结果

Omitted variable:EDUC			
F-statistic	121.4120	Probability	0.000000
Log likelihood ratio	114.3693	Probability	0.000000

Test equation:
Dependent variable:LNWAGE
Method:Least Squares
Date:02/02/04 Time:12:02
Sample:1 900
Included observations:900

Variable	Coefficient	Std. error	t-statistic	Prob.
C	5.528329	0.112795	49.01237	0.0000
EXPER	0.015358	0.003425	4.483631	0.0000
TENURE	0.012964	0.002631	4.927939	0.0000
EDUC	0.073117	0.006636	11.01871	0.0000
R-squared	0.148647	Mean dependent var		6.786164
Adjusted R-squared	0.145797	S. D. dependent var		0.420312
S. E. of regression	0.388465	Akaike info criterion		0.951208
Sum squared resid	135.2110	Schwarz criterion		0.972552
Log likelihood	−424.0434	F-statistic		52.14758
Durbin-Watson stat	1.750376	Prob(F-statistic)		0.000000

可以看到,F 统计量等于 121.41,远大于临界值(概率极限的值同样很小),表明 *educ* 不是遗漏变量,而是在决定工资率对数时的重要因素。

计算机实例:Stata 中的命令

在 Stata 中,要对系数约束进行 Wald 检验,输入命令:

```
test [restriction]
```

在[restriction]中输入我们想检验的约束,运行后立刻得到回归结果。前面在 EViews 中的实例,可以按以下方式在 Stata 中进行(本例的数据文件为 wage. dta)。

首先,输入命令:

```
g lwage = log(wage)
```

计算工资的对数。注意,在 Stata 中一个新的变量产生了,叫做 *lwage*。

然后,输入命令获得回归结果:

```
regress lwage educ exper tenure
```

回归结果报告如下,与运用 EViews 获得的结果一样:

regress $y\ x$ Source	SS	df	MS			Number of obs =	900
						$F(3,896)$ =	52.15
Model	23.3080086	3	7.869336190			Prob > F =	0.0000
Residual	135.2109800	892	0.150905112			R-squared =	0.1486
						Adj R-squared =	0.1458
Total	158.8189890	899	0.176661834			Root MSE =	0.38847
lwage	Coef.	Std. err.	t	$P>\|t\|$	[95% Conf. interval]		
educ	0.0731166	0.0066357	11.02	0.000	0.0600933	0.086140	
exper	0.0153578	0.0034253	4.48	0.033	0.0086353	0.022080	
tenure	0.1296410	0.0026307	4.93	0.000	0.007807	0.018127	
_*cons*	5.5283290	0.1127946	49.01	0.000	5.306957	5.749702	

要在 Stata 中检验系数约束 $c(3)=c(4)$,可以用相关变量的名称输入约束。我们想检验 *exper* 的系数是否和 *tenure* 的一样,输入命令:

```
test exper = tenure
```

结果显示为:

```
. test exper = tenure (1) exper - tenure = 0
    f(1,896) = 0.25
     Prob > F = 0.6181
```

我们看到,这和先前用 EViews 得到的结果一样。类似地,对于冗余变量的检验,如果我们想检验 *educ* 是否为冗余变量,则约束为:

```
test educ = 0
```

我们得到以下结果:

```
.test educ = 0
(1) educ − 0
      F(1,896) = 121.41
          Prob > F = 0.0000
```

遗漏变量检验在 Stata 中不能进行。

问题与练习

问题

1. 用矩阵代数推导出 $\hat{\beta}$ 和 k 个解释变量的 OLS 表达式。
2. 证明 k 个解释变量的 OLS 估计量是最优线性无偏的。
3. 如何检验下面的 Cobb-Douglas 生产函数是规模报酬不变的，
$$Q = AL^{\alpha}K^{\beta}$$
其中，Q 是产出，L 是劳动单位，K 是资本，A 是外生技术参数。
4. 描述用 Wald 检验线性约束的步骤。
5. 写出一个回归方程，并检验其中一个变量是冗余变量。

练习 4.1

文件 health.xls 包括以下变量的数据：$birth\_weight$ = 新生婴儿的重量，当这个值很低时，表示婴儿的健康状况存在问题；cig = 怀孕时母亲吸烟的数量；fam_inc = 家庭的收入，家庭收入越高，通常这个家庭能得到的产前护理越好。我们估计后两个变量对 $birth\text{-}weight$ 有影响。

(a) 对三个变量做回归，解释各个系数的符号。
(b) 估计一个只包括 fam_inc 作为解释变量的回归，评价你的结果。
(c) 估计一个只包括 cig 作为解释变量的回归，评价你的结果。
(d) 在一个表格中展示以上三个回归的结果并做出评价，特别是要比较估计效果的变化和三个模型中的 R^2。在这个多元回归的例子中，F 统计量关于解释变量的联合显著性表明了什么？
(e) 用 Wald 检验验证假设：cig 的影响是 fam_inc 的影响的两倍。

练习 4.2

用文件 wage.wf1 的数据估计变量 $educ$、$exper$、$tenure$ 对工资率的对数的影响。

（a）评价你的结果。

（b）检验增加 1 年的工作经历与增加 1 年的教育对工资率对数的影响是否一样。明确原假设和备择假设，以及约束模型和非约束模型，用 Wald 检验验证你的假设。

（c）对解释变量 *exper* 是否为冗余变量做出检验，并评价你的结果。

（d）只用 *exper* 和 *educ* 估计模型，并对模型中的 *tenure* 进行遗漏变量检验。评价你的结果。

练习 4.3

用文件 money_uk.wf1 的数据估计下列方程中的系数 α、β 和 γ：
$$\ln(M/P)_t = \alpha + \beta \ln Y_t + \gamma \ln R_t + u_t$$

（a）简要介绍总体货币需求理论。把你的讨论和上面的公式结合起来，先解释因变量的意义，再解释 β 和 γ 的意义。

（b）对估计系数做出合适的显著性检验来验证以下命题：(i) 真实收入增加，货币需求增加；(ii) 货币需求是具有收入弹性的；(iii) 货币需求和利率水平负相关。

练习 4.4

文件 Cobb_Douglas_us.wf1 包括美国产出（Y）、劳动（L）、资本存量（K）的数据。估计一个类似 Cobb-Douglas 的回归方程，用 Wald 检验来验证它是否是规模报酬不变的。

第三部分 违背经典线性回归模型假定的情况

第5章　多重共线性
第6章　异方差
第7章　自相关
第8章　模型误设：错误的回归变量、测量误差以及错误的方程形式

第 5 章 多重共线性

本章内容
引言
完全多重共线性
完全多重共线性的后果
不完全多重共线性
不完全多重共线性的后果
检测多重共线性
计算机实例
问题与练习

学习目标
1. 识别 CLRM 中的多重共线性
2. 区分完全和不完全多重共线性
3. 理解 OLS 估计中完全和不完全多重共线性的后果
4. 利用计量经济学软件检验多重共线性
5. 找到解决多重共线性的方法

引言

经典线性回归模型(CLRM)的假定 8 要求解释变量的样本值之间不存在精确的线性关系,这个要求也可以表述为不存在完全多重共线性。本章说明了为何完全共线性将导致 OLS 方法无法对总体参数做出估计,同时还将检验不完全多重共线性对 OLS 估计量的影响,这也是在现实中更为常见的情形。最后,我们还将尝试找出检测和解决多重共线性的方法。

完全多重共线性

为理解多重共线性，考虑以下模型：
$$Y = \beta_1 + \beta_2 X_2 + \beta_3 X_3 + u \tag{5.1}$$
这里，假设 X_2 和 X_3 的样本值如下：

X_2'： 1　2　3　4　5　6

X_3'： 2　4　6　8　10　12

很显然，$X_3 = 2X_2$。因此，虽然式 (5.1) 看上去包含两个不同的解释变量（X_2 和 X_3），但是实际上，X_3 提供的信息和 X_2 的并无本质不同。正如我们看到的，这是因为 X_3 是 X_2 的线性函数。当这种情况发生时，X_2 和 X_3 是线性相关的，这也意味着 X_2 和 X_3 是完全共线的。更正式地，两个变量（X_2 和 X_3），如果其中一个变量可以表示成另一个变量的线性函数，那么这两个变量就是线性相关的。发生这种情况时，下列等式：
$$\delta_1 X_2 + \delta_2 X_3 = 0 \tag{5.2}$$
可以由两个非 0 值 δ_1 和 δ_2 满足。在我们的例子中有 $X_3 = 2X_2$，即 $(-2)X_2 + (1)X_3 = 0$，所以 $\delta_1 = -2, \delta_2 = 1$。很明显，如果 $\delta_1 = \delta_2 = 0$（通常称为平凡解）是式 (5.2) 的唯一解，则 X_2 和 X_3 是线性无关的。不存在完全多重共线性和式 (5.2) 不成立是等价的。

正如式 (5.2)，在多于两个解释变量的情况下（比如说五个），线性相关是指其中一个变量可以被精确地表述成其他一个或多个甚至其他所有变量的线性函数。此时，表达式为：
$$\delta_1 X_1 + \delta_2 X_2 + \delta_3 X_3 + \delta_4 X_4 + \delta_5 X_5 = 0 \tag{5.3}$$
可以由至少两个非零参数满足。

用虚拟变量陷阱可以更好地理解完全多重共线性。假设 X_1 为截距（$X_1 = 1$），X_2、X_3、X_4、X_5 为季节性虚拟变量（第一季度 $X_2 = 1$，其他季度为 0；第二季度 $X_3 = 1$，其他季度为 0；以此类推）。因此，在这个例子中，$X_2 + X_3 + X_4 + X_5 = 1$，同时 $X_1 = 1$，那么 $X_1 = X_2 + X_3 + X_4 + X_5$；解为 $\delta_1 = 1, \delta_2 = -1, \delta_3 = -1, \delta_4 = -1, \delta_5 = -1$。这组变量是线性相关的。

完全多重共线性的后果

很容易发现，在完全多重共线性的情形下，OLS 估计量不是唯一的。为了说明这个问题，考虑以下模型：
$$Y = \beta_1 + \beta_2 X_2 + \beta_3 X_3 + u_t \tag{5.4}$$
这里，假设 $X_3 = \delta_1 + \delta_2 X_2$；$\delta_1$ 和 δ_2 是已知常数，代入式 (5.4) 得：
$$\begin{aligned} Y &= \beta_1 + \beta_2 X_2 + \beta_3(\delta_1 + \delta_2 X_2) + u \\ &= (\beta_1 + \beta_3 \delta_1) + (\beta_2 + \beta_3 \delta_2) X_2 + u \\ &= \vartheta_1 + \vartheta_2 X_2 + \varepsilon \end{aligned} \tag{5.5}$$
其中，$\vartheta_1 = \beta_1 + \beta_3 \delta_1$，$\vartheta_2 = \beta_2 + \beta_3 \delta_2$。

因此，我们可以从样本数据中估计的参数是 ϑ_1 和 ϑ_2；然而，无论 ϑ_1 和 ϑ_2 的估计结果多么完美，我们永远无法得出 β_1、β_2 和 β_3 唯一的估计值。为了得到这些估计值，必须求解下述方程组：

$$\hat{\vartheta}_1 = \hat{\beta}_1 + \hat{\beta}_3 \delta_1$$

$$\hat{\vartheta}_2 = \hat{\beta}_2 + \hat{\beta}_3 \delta_2$$

这个方程组中包含两个方程和三个未知数 $\hat{\beta}_1$、$\hat{\beta}_2$ 和 $\hat{\beta}_3$。遗憾的是，在这个系统中，未知数的数量多于方程的数量，有无穷多个解。举例来说，给 $\hat{\beta}_3$ 随意设置一个值（比如 k），那么对于 $\hat{\beta}_3 = k$，我们可以解得 $\hat{\beta}_1$ 和 $\hat{\beta}_2$ 如下：

$$\hat{\beta}_1 = \hat{\vartheta}_1 - \delta_1 k$$

$$\hat{\beta}_2 = \hat{\vartheta}_2 - \delta_2 k$$

因为 k 可以取无穷多个值，所以 $\hat{\beta}_1$、$\hat{\beta}_2$ 和 $\hat{\beta}_3$ 也就有无穷多个解。在完全多重共线性的情形下，没有一种估计方法可以帮助我们得到所有参数唯一的估计值。当用矩阵表达时，如果矩阵 $\mathbf{X}$ 的其中一列是另一列或其他几列的线性函数，那么矩阵 $\mathbf{X}'\mathbf{X}$ 将是奇异的，这意味着它的行列式的值为 0（$|\mathbf{X}'\mathbf{X}| = 0$）。OLS 估计量的表达式为：

$$\hat{\boldsymbol{\beta}} = (\mathbf{X}'\mathbf{X})^{-1}\mathbf{X}'\mathbf{Y}$$

我们需要知道 $\mathbf{X}'\mathbf{X}$ 的逆矩阵，逆矩阵的计算式如下：

$$(\mathbf{X}'\mathbf{X})^{-1} = \frac{1}{|\mathbf{X}'\mathbf{X}|}[\mathbf{adj}(\mathbf{X}'\mathbf{X})]$$

因为 $|\mathbf{X}'\mathbf{X}| = 0$，所以它是不可逆的。

另一个证明不存在唯一的参数估计值的方法可以从最小二乘参数的表达式得出，根据式（4.13）：

$$\hat{\beta}_2 = \frac{Cov(X_2,Y)Var(X_3) - Cov(X_3,Y)Cov(X_2,X_3)}{Var(X_2)Var(X_3) - [Cov(X_2,X_3)]^2}$$

代入 $X_3 = \delta_1 + \delta_2 X_2$，得到：

$$\hat{\beta}_2 = \frac{Cov(X_2,Y)Var(\delta_1 + \delta_2 X_2) - Cov(\delta_1 + \delta_2 X_2,Y)Cov(X_2,\delta_1 + \delta_2 X_2)}{Var(X_2)Var(\delta_1 + \delta_2 X_2) - [Cov(X_2,\delta_1 + \delta_2 X_2)]^2}$$

去掉多余的 δ_1：

$$\hat{\beta}_2 = \frac{Cov(X_2,Y)Var(\delta_2 X_2) - Cov(\delta_2 X_2,Y)Cov(X_2,\delta_2 X_2)}{Var(X_2)Var(\delta_2 X_2) - [Cov(X_2,\delta_2 X_2)]^2}$$

在 Var 和 Cov 中提出 δ_2：

$$\hat{\beta}_2 = \frac{Cov(X_2,Y)\delta_2^2 Var(X_2) - \delta_2 Cov(X_2,Y)\delta_2 Cov(X_2,X_2)}{Var(X_2)\delta_2^2 Var(X_2) - [\delta_2 Cov(X_2,X_2)]^2}$$

同时，利用 $Cov(X_2,X_2) = Var(X_2)$，得到：

$$\hat{\beta}_2 = \frac{\delta_2^2 Cov(X_2,Y)Var(X_2) - \delta_2^2 Cov(X_2,Y)Var(X_2)}{\delta_2^2 Var(X_2)^2 - \delta_2^2 Var(X_2)^2} = \frac{0}{0}$$

这意味着回归的系数是无法决定的。因此，我们可以发现完全多重共线性的后果是非常严重的；然而，在现实的数据中，完全多重共线性很少发生。完全多重共线性发生的原因通常是一些可以纠正的错误,比如先前提到的虚拟变量陷阱,或者在一个方程中同时包括了 $\ln X$ 和 $\ln X^2$。因此,更为重要也更为常见的问题是,如何处理不完全多重共线性?

不完全多重共线性

不完全多重共线性是指在一个方程中,解释变量之间是相关的,但又不是完全相关。对不完全多重共线性可以作如下表述:当式(5.4)中的两个解释变量有关系 $X_3 = X_2 + v$,其中 v 是一个随机变量,可以看做两个变量之间的精确线性关系的误差;如果 v 有非零值,那么我们可以得到 OLS 估计量。实际上,现实中每一个多元回归方程都会包含几个相关的解释变量。比如,时间序列数据通常包含一个向上的时间趋势,导致这类数据通常是高度相关的。问题的关键在于,判断观察到的多重共线性的程度是否已经高到会制造难题了。在说明这一问题前,我们首先要检验不完全多重共线性对 OLS 估计量的影响。

不完全多重共线性的后果

通常,当不完全多重共线性存在于两个或更多个解释变量之间时,我们不仅能得到 OLS 估计量,而且这些估计量都是最优线性无偏的;然而,对这些最优线性无偏估计量应当进行更细致的检验。最优线性无偏意指 OLS 估计量的有效性。正如我们将要看到的,尽管 OLS 估计量是线性无偏最小方差估计量,但是不完全多重共线性会影响这些变量的方差,进而影响估计精度。我们将再次通过矩阵求解。不完全多重共线性意味着矩阵 $\mathbf{X}$ 的一列近似为另一列或几列的线性函数。因此,$|\mathbf{X'X}|$ 近似于奇异矩阵,它的行列式接近于 0。正如我们之前已经提到的,要得到逆矩阵 $(\mathbf{X'X})^{-1}$,必须除以 $|\mathbf{X'X}|$,这意味着 $(\mathbf{X'X})^{-1}$ 的元素(尤其是对角线上的元素)会很大。$\hat{\beta}$ 的方差为:

$$Var(\hat{\beta}) = \sigma^2 (\mathbf{X'X})^{-1} \tag{5.6}$$

当存在不完全多重共线性时,OLS 估计量的方差和标准误将变得很大。也就是说,虽然 OLS 估计量具有线性无偏最小方差的特点,但它们的方差会显著高于不存在完全多重共线性时的情况。

为了更详细地说明这个问题,考虑 X_j 的斜率(只考虑两个解释变量):

$$Var(\hat{\beta}_2) = \frac{\sigma^2}{\sum (X_2 - \bar{X}_2)^2 (1 - r^2)} \tag{5.7}$$

$$Var(\hat{\beta}_3) = \frac{\sigma^2}{\sum (X_3 - \bar{X}_3)^2 (1 - r^2)} \tag{5.8}$$

其中,r^2 是 X_2 和 X_3 样本数据的相关系数。在其他条件保持不变的情况下,r 的增大将导致方差的增大,进而 OLS 估计量的标准误也会变大。

扩展到多于两个解释变量的情形,β_j 的方差为:

$$Var(\hat{\beta}_j) = \frac{\sigma^2}{\sum(X_j - \bar{X}_j)^2(1 - R_j^2)} \tag{5.9}$$

其中,R_j^2 是 X_j 对原来回归方程中所有其他解释变量进行辅助回归的决定系数,这个表达式可以写成:

$$Var(\hat{\beta}_j) = \frac{\sigma^2}{\sum(X_j - \bar{X}_j)^2} \frac{1}{(1 - R_j^2)} \tag{5.10}$$

式(5.10)中的第二项称为 X_j 的方差膨胀因子(VIF):

$$VIF_j = \frac{1}{(1 - R_j^2)}$$

VIF 之所以被称为方差膨胀因子,是因为解释变量 X 之间的高相关性将导致很高的 R_j^2 值,进而导致 $\hat{\beta}_j$ 的方差扩大。如果 $R_j^2 = 0$,那么 $VIF_j = 1$(最小值)。R_j^2 增加,VIF_j 以递增的速度增加;在 $R_j^2 = 1$ 时,VIF_j 趋于无穷大。下表列出了不同的 R_j^2 对应的 VIF_j。

R_j^2	VIF_j
0	1
0.500	2
0.800	5
0.900	10
0.950	20
0.975	40
0.990	100
0.995	200
0.999	1 000

通常认为,VIF 超过 10 就是有问题的多重共线性,从上表可以看出,这发生在 $R^2 > 0.9$ 的情况下。总的来说,不完全多重共线性会显著降低 OLS 估计量的精度,显然,这对估计系数有不利影响。其中一个后果是 $\hat{\beta}_j$ 的置信区间,计算公式如下:

$$\hat{\beta}_j \pm t_{a, n-k} \, s_{\hat{\beta}_j}$$

$\hat{\beta}_j$ 将会变得很大,从而增加参数真实值的不确定性。

另一个后果和 OLS 估计量的统计推断有关。已知 t 值为 $t = \hat{\beta}_j / s_{\hat{\beta}_j}$,由于多重共线性导致的方差的扩大,将使这个统计量的分母增大,进而使它的值下降。因此,我们可能会通过 t 检验判断系数是不显著的,但其实这仅是由多重共线性造成的。这里需要注意的是,多重共线性的存在并不一定意味着 t 值会变得很小,这是因为这个方差同时也受到 X_j 方差($\sum(X_j - \bar{X}_j)^2$)和残差的方差(σ^2)的影响。多重共线性不仅影响 OLS 估计量的方差,也影响它们的协方差。因此,变号的可能是存在的。存在多重共线性的情况下,增加或剔除一些样本观察值将改变估计系数,导致 OLS 估计量的"不稳定

性"。综上所述,不完全多重共线性的后果可以总结如下:

(1) OLS 估计系数可能变得不精确,因为更大的标准误将导致更宽的置信区间。

(2) 受多重共线性影响的系数可能会因为低 t 值而无法达到显著性水平,这可能导致我们错误地从回归模型中剔除一个有效变量。

(3) 估计系数的符号可能会与预期的相反。

(4) 增加或剔除一些观察值可能导致估计系数发生显著改变。

检测多重共线性

简单相关系数

多重共线性是由解释变量间的相关性造成的。因此,最符合逻辑的方法应该是通过两个变量之间的相关系数来检测多重共线性。当一个方程中仅包含两个解释变量时,简单相关系数已经足以检测多重共线性。如果相关系数的值很大,就可能发生了多重共线性的问题。这里的问题在于,多大的相关系数值可以被认为很大,大多数学者似乎把 0.9 看做一个门槛,超过 0.9 就会有问题出现。这与 VIF 也是在 $r=0.9$ 的情况下出现有问题的多重共线性一致。

辅助回归的 R^2

在多于两个解释变量的情况下,用简单相关系数来检测两个变量之间的相关性以及有问题的多重共线性是不可靠的。这是因为精确的线性相关可能同时发生于三个甚至更多的变量之间。所以,在这种情况下,我们使用辅助回归。辅助回归中备选的因变量是那些在前面的讨论中呈现有问题的多重共线性特征的变量。辅助回归将呈现很小的方差标准误、很大的 R^2 以及所有回归系数均显著的 t 值。

计算机实例

实例 1 引致的多重共线性

文件 multicol. wf1 中包含三个变量(Y、$X2$、$X3$)的数据。其中,$X2$ 和 $X3$ 被构造成高度共线。这三个变量的相关系数矩阵可以在 EViews 中得到,具体做法是同时打开这三个变量作为一个组,点击 **Quick/Group Statistics/Correlations**。EViews 要求定义想要包括在组中的序列,我们输入:

```
Y X2 X3
```

然后点击 **OK**。结果如表 5.1 所示。

表 5.1 相关系数矩阵

	Y	X2	X3
Y	1.0000000	0.8573686	0.857437
X2	0.8573686	1.0000000	0.999995
X3	0.8574376	0.9999950	1.000000

理所应当,结果是对称的。对角线元素等于 1,因为这是变量和自身的相关系数。可以看到,Y 和 $X2$、$X3$ 高度正相关,$X2$ 和 $X3$ 几乎是同一个变量(它们的相关系数高达 0.999995,非常接近于 1)。鉴于此,我们可以怀疑,有很大可能多重共线性会带来负面影响。

在 EViews 中估计一个包含两个解释变量的回归方程,输入:

```
ls y c x2 x3
```

结果如表 5.2 所示。可以看出,$X2$ 对 Y 的作用是负的,$X3$ 对 Y 的作用是正的;然而,两个变量似乎都是不显著的。如果考虑到这两个变量都和 Y 高度相关的事实,这是很奇怪的。考虑只包括 $X2$ 的估计方程,在 EViews 中输入:

```
ls y c x2
```

或者在 **Equation Result** 窗口点击 **Estimate** 按钮,重新指定方程(剔除 $X3$),我们得到的结果如表 5.3 所示。这次我们看到,$X2$ 是正的而且在统计上是显著的($t=7.98$)。

表 5.2 回归结果(整个模型)

Dependent variable:*Y*
Method:*least squares*
Date:*02/17/04 Time*:*01*:*53*
Sample:*1 25*
Included observations:*25*

Variable	Coefficient	Std. error	t-statistic	Prob.
C	35.867660	19.387170	1.850073	0.0778
X2	−6.326498	33.750960	−0.187446	0.8530
X3	1.789761	8.438325	0.212099	0.8340
R-squared	0.735622	Mean dependent var		169.36800
Adjusted R-squared	0.711587	S. D. dependent var		79.05857
S. E. of regression	42.457680	Akaike info criterion		10.44706
Sum squared resid	39 658.400000	Schwarz criterion		10.59332
Log likelihood	−127.588200	F-statistic		30.60702
Durbin-Watson stat	2.875574	Prob(F-statistic)		0.00000

表 5.3　回归结果(剔除 X3)

Dependent variable:Y
Method:least squares
Date:02/17/04 Time:01:56
Sample:1 25
Included observations:25

Variable	Coefficient	Std. error	t-statistic	Prob.
C	36.718610	18.569530	1.977358	0.0601
X2	0.832012	0.104149	7.988678	0.0000
R-squared	0.735081	Mean dependent var		169.36800
Adjusted R-squared	0.723563	S. D. dependent var		79.05857
S. E. of regression	41.566860	Akaike info criterion		10.36910
Sum squared resid	39739.490000	Schwarz criterion		10.46661
Log likelihood	-127.613800	F-statistic		63.81897
Durbin-Watson stat	2.921548	Prob(F-statistic)		0.00000

重新估计模型,这次仅包括 X3,我们得到的结果如表 5.4 所示。这次我们发现,X3 是高度显著的而且是正的。

表 5.4　回归结果(剔除 X2)

Dependent variable:Y
Method:least squares
Date:02/17/04 Time:01:58
Sample:1 25
Included observations:25

Variable	Coefficient	Std. error	t-statistic	Prob.
C	36.609680	18.576370	1.970766	0.0609
X3	0.208034	0.026033	7.991106	0.0000
R-squared	0.735199	Mean dependent var		169.36800
Adjusted R-squared	0.723686	S. D. dependent var		79.05857
S. E. of regression	41.557580	Akaike info criterion		10.36866
Sum squared resid	39 721.740000	Schwarz criterion		10.46617
Log likelihood	-127.608200	F-statistic		63.85778
Durbin-Watson stat	2.916396	Prob(F-statistic)		0.00000

最后,对 X2 做一个包含常数和 X3 的辅助回归,结果如表 5.5 所示。这里需要注意的是,t 值异常的高($t=1521.542$),R^2 接近于 1。

由上述分析得到的结论如下:

(1)解释变量之间的相关性非常高,这意味着可能存在多重共线性问题并且很严重。但我们也提到,理论上仅看解释变量之间的相关系数来检测多重共线性是不够的。

(2)被估计参数 t 值的标准误在进行不同估计时不相同,这意味着这个例子中存在很严重的多重共线性。

表 5.5 辅助回归结果（$X2$ 对 $X3$ 回归）

Dependent variable: $X2$
Method: least squares
Date: 02/17/04 Time: 02:03
Sample: 1 25
Included observations: 25

Variable	Coefficient	Std. error	t-statistic	Prob.
C	−0.117288	0.117251	−1.000310	0.3276
X3	0.250016	0.000164	**1521.542**	0.0000
R-squared	**0.999990**	Mean dependent var		159.4320
Adjusted R-squared	0.999990	S. D. dependent var		81.46795
S. E. of regression	0.262305	Akaike info criterion		0.237999
Sum squared resid	1.582488	Schwarz criterion		0.335509
Log likelihood	−0.974992	F-statistic		2 315 090
Durbin-Watson stat	2.082420	Prob(F-statistic)		0.00000

（3）估计参数的稳定性同样很有问题，对于相同的因变量，解释变量在两个不同的回归中一个为正另一个为负。

（4）辅助回归的 R^2 非常高，意味着多重共线性确实存在，并且不可避免地影响了我们的估计。

实例 2　使用真实的经济数据

本例使用真实的经济数据再次检验多重共线性问题。文件 imports_uk.wf1 包含英国经济四个变量的季度数据，即进口（IMP）、国内生产总值（GDP）、消费者价格指数（CPI）以及生产者价格指数（PPI）。

三个变量的相关系数矩阵可以在 EViews 中得到。具体做法是把这些变量打开并放在一个组中，点击 **Quick/Group Statistics/Correlations**。EViews 要求定义想放在一组里的变量，我们输入：

```
imp gdp cpi ppi
```

然后点击 **OK**，结果如表 5.6 所示。从相关系数矩阵可以看出，变量之间的相关性通常都很高，CPI 和 PPI 的相关系数最高达到 0.98。

表 5.6 相关系数矩阵

	IMP	GDP	CPI	PPI
IMP	1.000000	0.979713	0.916331	0.883530
GDP	0.979713	1.000000	0.910961	0.899851
CPI	0.916331	0.910961	1.000000	**0.981983**
PPI	0.883530	0.899851	0.981983	1.000000

接着，估计一个回归方程，以进口的对数作为因变量，以 GDP 和 CPI 的对数作为解释变量，在 *EViews* 中输入：

```
ls log(imp) c log(gdp) log(cpi)
```

我们得到的结果如表 5.7 所示。这个回归的 R^2 非常高，两个解释变量都是正的，$\log(GDP)$ 非常显著，$\log(CPI)$ 也显著但并不明显。

表 5.7　第一个模型回归结果（仅包含 CPI）

Dependent variable: *LOG(IMP)*
Method: *least squares*
Date: *02/17/04 Time*: *02:16*
Sample: *1990:1 1998:2*
Included observations: *34*

Variable	Coefficient	Std. error	t-statistic	Prob.
C	0.631870	0.344368	1.834867	0.0761
LOG(GDP)	1.926936	0.168856	11.411720	0.0000
LOG(CPI)	0.274276	0.137400	1.996179	0.0548
R-squared	0.966057	Mean dependent var		10.813630
Adjusted R-squared	0.963867	S. D. dependent var		0.138427
S. E. of regression	0.026313	Akaike info criterion		-4.353390
Sum squared resid	0.021464	Schwarz criterion		-4.218711
Log likelihood	77.007630	F-statistic		441.143000
Durbin-Watson stat	0.475694	Prob(F-statistic)		0.000000

接下来，模型将同时包括 PPI 的对数，在 EViews 中输入命令：

```
ls log(imp) c log(gdp) log(cpi) log(ppi)
```

或者按 **Equation Results** 的 **Estimate** 按钮，修正回归方程，在变量名单中加入 $\log(PPI)$，我们得到的结果如表 5.8 所示。现在，$\log(CPI)$ 是高度显著的，而 $\log(PPI)$（其和 $\log(CPI)$ 高度相关，因此或多或少对 $\log(IMP)$ 有相同的作用）是负的且高度显著，这当然是因为在方程中同时加入了两个价格指数，导致了多重共线性问题。

表 5.8　第二个模型回归结果（同时包括 CPI 和 PPI）

Dependent variable: *LOG(IMP)*
Method: *least squares*
Date: *02/17/04 Time*: *02:19*
Sample: *1990:1 1998:2*
Included observations: *34*

Variable	Coefficient	Std. error	t-statistic	Prob.
C	0.213906	0.358425	0.596795	0.5551
LOG(GDP)	1.969713	0.156800	12.561980	0.0000
LOG(CPI)	1.025473	0.323427	3.170645	0.0035
LOG(PPI)	-0.770644	0.305218	-2.524894	0.0171
R-squared	0.972006	Mean dependent var		10.813630
Adjusted R-squared	0.969206	S. D. dependent var		0.138427
S. E. of regression	0.024291	Akaike info criterion		-4.487253
Sum squared resid	0.017702	Schwarz criterion		-4.307682
Log likelihood	80.283310	F-statistic		347.213500
Durbin-Watson stat	0.608648	Prob(F-statistic)		0.000000

这次我们估计只包括 log(PPI) 而不包括 log(CPI) 的回归方程,得到的结果如表 5.9 所示。结果显示,log(PPI) 是正的但不显著。所以,很明显,在前一种情况下,log(PPI) 的显著性是由两个价格变量之间的线性关系造成的。

表 5.9 第三个模型回归结果(只包括 PPI)

Dependent variable:LOG(IMP)
Method:least squares
Date:02/17/04 Time:02:22
Sample:1990:1 1998:2
Included observations:34

Variable	Coefficient	Std. error	t-statistic	Prob.
C	0.685704	0.370644	1.850031	0.0739
LOG(GDP)	2.093849	0.172585	12.132280	0.0000
LOG(PPI)	0.119566	0.136062	0.878764	0.3863
R-squared	0.962625	Mean dependent var		10.813630
Adjusted R-squared	0.960213	S. D. dependent var		0.138427
S. E. of regression	0.027612	Akaike info criterion		-4.257071
Sum squared resid	0.023634	Schwarz criterion		-4.122392
Log likelihood	75.370210	F-statistic		399.211300
Durbin-Watson stat	0.448237	Prob(F-statistic)		0.000000

从这个分析中得出的结论和实例 1 中的共线性数据案例相似,总结如下:

(1)解释变量之间的相关性非常高。
(2) t 值的标准误在不同的估计之间发生变化。
(3)被估计参数的稳定性很成问题,同一个解释变量可能在一个回归方程中为正,但在另一个回归方程中为负。

问题与练习

问题

1. 定义多重共线性并解释它在简单 OLS 估计下的后果。
2. 下述模型:
$$Y = \beta_1 + \beta_2 X_2 + \beta_3 X_3 + \beta_4 X_4 + u_t$$
假设 X_4 是 X_2 的完美线性组合。试证明在这种情况下不可能得到 OLS 估计量。

3. 从第 4 章我们知道 $\hat{\beta} = (X'X)^{-1}(X'Y)$。当 X 之间存在完全共线性时,$\hat{\beta}$ 会发生怎样的变化?你如何判断是否存在完全共线性?

4. 解释 VIF 是什么并说明它的用途。
5. 说明在一个回归模型中检测多重共线性问题的步骤。

练习 5.1

文件 imports_uk.wf1 中包含美国的进口(imp),国内生产总值(gdp)和消费者价格指数(cpi)的季度数据。用这些数据估计下列模型:

$$\ln imp_t = \beta_1 + \beta_2 \ln gdp_t + \beta_3 \ln cpi_t + u_t$$

检验数据中是否存在多重共线性,计算变量之间的相关系数矩阵并说明存在多重共线性的可能性;同时,做以下几个回归:

$$\ln imp_t = \beta_1 + \beta_2 \ln gdp_t + u_t$$
$$\ln imp_t = \beta_1 + \beta_2 \ln cpi_t + u_t$$
$$\ln gdp_t = \beta_1 + \beta_2 \ln cpi_t + u_t$$

从这些结果中总结多重共线性的特点。

练习 5.2

文件 imports_uk_y.wf1 包含练习 5.1 中提到的变量的年度观察值。用年度数据重复练习 5.1 的步骤,你的结果发生改变了吗?

练习 5.3

使用文件 money_uk02.wf1 的数据来估计下列方程中的系数 α、β 和 γ:

$$\ln(M/P)_t = \alpha + \beta \ln Y_t + \gamma \ln R_{1t} + u_t$$

其中,R_{1t} 是 3 个月的国债利率,其他变量按照使用惯例。

(a) 在上述方程中增加一个变量美元利率 R_{2t}。
(b) 你预期会发现多重共线性吗?为什么?
(c) 计算所有变量的相关系数矩阵。哪两个变量的相关系数最高?
(d) 计算辅助回归,并总结(a)中的多重共线性程度是否严重。

第6章 异方差

本章内容

引言:什么是异方差
异方差对OLS估计量的影响后果
检测异方差
对LM检验的批判
计算机实例:异方差检验
处理异方差
计算机实例:处理异方差
问题与练习

学习目标

1. 通过示例理解何为异方差和同方差
2. 理解OLS估计中异方差的后果
3. 从图表中观测异方差
4. 运用正式计量经济学检验检测异方差
5. 区分检测异方差的各类方法
6. 利用计量经济学软件检测异方差
7. 利用计量经济学软件处理异方差

引言:什么是异方差

在开始本章的内容之前,最好先定义同方差(homoskedasticity)和异方差(heteroskedasticity)这两个术语。一些作者把前者拼写成"homoscedasticity",但 MuCulloch(1985)认为,应当使用"homoskedasticity",因为它源自希腊文。

这两个术语都可以分成两个部分,第一个部分是希腊语,homo 意思是一样或相等,

hetero 意思是不一样或不相等;第二个部分也是希腊语,skedastic 意思是散开或分散。所以,同方差的意思是同等分散,异方差的意思是不同等分散。在计量经济学中,我们度量分散的方法是方差。这样,异方差处理的是不相等的方差。

回想一下,在第 4 章和第 5 章中呈现的经典线性回归模型的假定,假定 5 说的是干扰项应当有恒定的独立于 i 的方差,数学表达式为①:

$$Var(u_i) = \sigma^2 \tag{6.1}$$

因此,拥有相等的方差意味着干扰项是同方差的。

然而,在回归分析中,背离这个假定是很常见的。通常,异方差更可能发生在截面分析的框架下,尽管这并不意味着时间序列模型不可能出现异方差。在这种情况下,我们称之为违背了同方差假定。此时,残差项的方差取决于正在讨论的观察值,例如:

$$Var(u_i) = \sigma_i^2 \tag{6.2}$$

注意,式(6.1)和式(6.2)唯一的不同就是 σ^2 的下标 i,这意味着方差可以随着样本中不同的观察值而变化,$i = 1, 2, 3, \cdots, n$。

为了更清楚地说明这个问题,让我们回到简单两变量回归模型:

$$Y_i = a + \beta X_i + u_i \tag{6.3}$$

首先,比较图 6.1 和图 6.2 总体回归线的散点图。不同的 X 值($X_1 < X_2 < X_3$)在图 6.1 中都聚集在回归线的附近,均匀地散落在回归线的上方或下方(同等分散 = 同方差)。

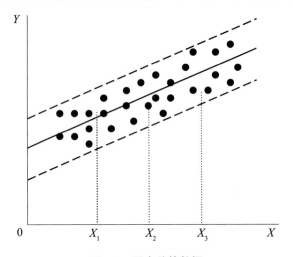

图 6.1 同方差的数据

其次,图 6.2 中的 X_1、X_2 和 X_3 同样代表了不同的 X 值,但可以明显看出,X 的值越大,围绕回归线的"速度越大"。在这种情况下,X_i 的分散程度是不同的(给定回归线上下的两条虚线),因此就有异方差性。很明显,图 6.3 的情况恰好相反,X_i 值越小,方差越大。

收入和消费可以是第一种情况下的异方差(见图 6.2)的一个例子。一方面,低收入的人对于花费自己的钱没有足够的弹性,他们收入中的一大部分都被用来购买食物、

---

① 因为异方差的分析一般在纯截面数据的情况下,所以本章将用下标 i 而不是 t。

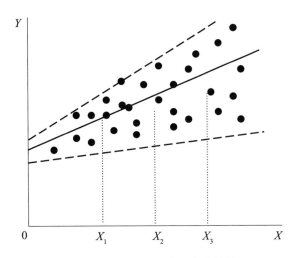

图 6.2 具有递增特征的异方差的例子

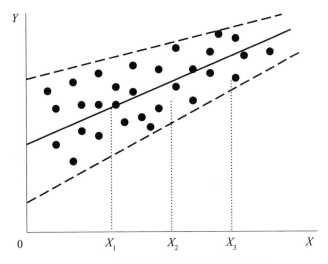

图 6.3 具有递减特征的异方差的例子

衣服或支付交通运费。所以在低收入的情况下,消费模式不会发生很大变化,分散程度也就比较低。另一方面,富有的人在消费上会有更多的选择和更大的灵活性。有些人可能会消费很多,有些人的储蓄可能会很高,还有些人可能会成为股票市场的投资者,这意味着平均消费(给定的回归线)可能会与实际消费相差很多。所以,高收入者的分散程度肯定会比低收入者高。

相反情况的例子(如图 6.3 所示)可以是数据收集技术的改进(这里我们考虑有成熟数据处理设备的大银行,客户估计它会比小银行出现更少的计算错误),或者是试误学习模型,经验可以降低犯大错误的概率。假设 Y 变量是一次考试的分数,X 变量是过去考试的次数,或者准备考试所花的小时数。X 越大,Y 的变化程度越小。

本章的目的在于,在检验了异方差对于 OLS 估计量的影响后果之后,提供在计量经济学模型中检测异方差的方法,同时说明解决异方差的方法。

异方差对 OLS 估计量的影响后果

常用方法

考虑一个线性回归模型：

$$Y_i = \beta_1 + \beta_2 X_{2i} + \beta_3 X_{3i} + \cdots + \beta_k X_{ki} + u_i \tag{6.4}$$

如果已知方程中的残差项 u_i 是异方差的，那么它对 OLS 估计量 $\hat{\beta}$ 的影响可以总结如下：

(1) OLS 估计量 $\hat{\beta}$ 仍然是无偏和一致的。因为没有一个解释变量和残差项是相关的，所以一个正确设定的方程在出现异方差的情况时，依然可以给出性质良好的 $\hat{\beta}$。

(2) 异方差影响 $\hat{\beta}$ 的分布，增加分布的方差进而导致 OLS 估计量不再有效（因为它违背了最小方差性质）。为了理解这一点，我们考虑图 6.4，图 6.4 描述了估计量 $\hat{\beta}$ 在存在和不存在异方差的情况下的分布。很明显，异方差并没有导致有偏性，因为 $\hat{\beta}$ 就在 β 附近（所以 $E(\hat{\beta}) = \beta$），但是分布变宽了使它不再有效。

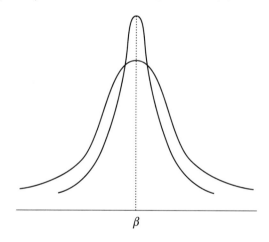

图 6.4　异方差对估计系数的影响

(3) 异方差还影响估计量 $\hat{\beta}$ 的方差，进而影响它的标准误。实际上，异方差的出现会导致 OLS 估计方法低估方差（标准误），进而导致 t 统计量和 F 统计量的期望值变大。因此，异方差会对假设检验产生重要影响：t 统计量和 F 统计量不再可靠，因为它们会导致我们频繁地拒绝原假设。

数学方法

我们想要知道异方差的出现如何影响 OLS 估计量。首先，我们看看在简单回归模型中会发生什么；其次，我们将在多元回归模型中以残差项的方差 – 协方差矩阵的形式描述异方差；最后，我们就能在多元回归的框架下使用矩阵代数来说明异方差的影响。

在简单回归模型中对 OLS 估计量的影响

对于简单线性回归模型 Y 对一个解释变量和一个常数进行回归，正如我们在第 3 章所分析的——很容易得知斜率估计量的方差将受到异方差的影响。根据式 (3.56) 对于 OLS 估计量 $\hat{\beta}$ 的方差的定义，我们有：

$$Var(\hat{\beta}) = \sum \left(\frac{x_i}{\sum x_i^2} \right)^2 \sigma^2$$

$$= \frac{\sum x_i^2 \sigma^2}{(\sum x_i^2)^2} = \sigma^2 \frac{1}{\sum x_i^2} \tag{6.5}$$

只有在残差项是同方差的情况下，残差的方差才是常数 σ^2。式 (6.5) 与式 (3.56) 唯一的区别就是使用的下标是 i 而不是 t，因为在这一章主要使用的是截面数据。在异方差的情况下，方差会随着每一个单独的观察值 i 变化。因此，$\hat{\beta}$ 现在的方差为：

$$Var(\hat{\beta}) = \sum \left(\frac{x_i}{\sum x_i^2} \right)^2 \sigma_i^2 = \frac{\sum x_i^2 \sigma_i^2}{(\sum x_i^2)^2} \tag{6.6}$$

式 (6.6) 和式 (6.5) 明显不同，现在能够解释出现异方差情况下发生的偏差。如果存在异方差，用标准 OLS 计算公式 (6.5) 计算 $\hat{\beta}$ 的方差而不是正确的公式 (6.6)，那么一定会低估 $\hat{\beta}$ 真实的方差和标准误。因此，得到的 t 值将被错误地高估，导致我们错误地认为一个实际上对 Y 的影响为零的解释变量 X 在统计上是显著的。同样，置信区间会比真实情况下更窄，意味着估计量的精确程度比统计上合理的真实情况更高。

对误差项方差－协方差矩阵的影响

看看异方差将如何在经典多元线性回归模型下影响误差项的方差－协方差矩阵，这对于我们的理解很有帮助。

第 4 章提到的误差项的方差－协方差矩阵，由于假定 5 和假定 6，得到：

$$E(\mathbf{uu'}) = \begin{pmatrix} \sigma^2 & 0 & 0 & \cdots & 0 \\ 0 & \sigma^2 & 0 & 0 & 0 \\ 0 & 0 & \sigma^2 & \cdots & 0 \\ \vdots & \vdots & \vdots & & \vdots \\ 0 & 0 & 0 & \cdots & \sigma^2 \end{pmatrix} = \sigma^2 \mathbf{I_n} \tag{6.7}$$

其中，$\mathbf{I_n}$ 是一个 $n \times n$ 的单位矩阵。

异方差的出现使得假定 5 不再成立，因此残差项的方差－协方差矩阵不再像经典情况下的那样，而是：

$$E(\mathbf{uu}') = \begin{pmatrix} \sigma_1^2 & 0 & 0 & \cdots & 0 \\ 0 & \sigma_2^2 & 0 & 0 & 0 \\ 0 & 0 & \sigma_3^2 & \cdots & 0 \\ \vdots & \vdots & \vdots & & \vdots \\ 0 & 0 & 0 & \cdots & \sigma_n^2 \end{pmatrix} = \Omega \tag{6.8}$$

在多元回归模型中对 OLS 估计量的影响

回忆 OLS 估计系数 $\hat{\boldsymbol{\beta}}$ 的方差协方差矩阵为：

$$\begin{aligned} Cov(\hat{\boldsymbol{\beta}}) &= E[(\hat{\boldsymbol{\beta}} - \boldsymbol{\beta})(\hat{\boldsymbol{\beta}} - \boldsymbol{\beta}')] \\ &= E\{[(\mathbf{X'X})^{-1}\mathbf{X'u}][(\mathbf{X'X})^{-1}\mathbf{X'u}]'\} \\ &= E\{(\mathbf{X'X})^{-1}\mathbf{X'uu'X}(\mathbf{X'X})^{-1}\} \text{①} \\ &= (\mathbf{X'X})^{-1}\mathbf{X'}E(\mathbf{uu'})\mathbf{X}(\mathbf{X'X})^{-1} \text{②} \\ &= (\mathbf{X'X})^{-1}\mathbf{X'\Omega X}(\mathbf{X'X})^{-1} \end{aligned} \tag{6.9}$$

这和经典表达式 $\sigma^2(\mathbf{X'X})^{-1}$ 完全不同，这是因为假定 5 不再成立，Ω 代表上述新方差-协方差矩阵，它的组成当然可能改变。所以，用经典表达式计算 $\hat{\boldsymbol{\beta}}$ 的方差，标准误和 t 统计量会导致错误的结论。式(6.9)形成了所谓的"稳健"推断，比如说，即使在一些 OLS 假定背离的情况下，标准误和 t 统计量依然是准确的。基本的做法是，我们假设 Ω 符合特定的形式，然后用式(6.9)计算正确的协方差矩阵。

检测异方差

通常有两种检测异方差的方法。第一种方法是观察不同的图形，这是非正式的方法；第二种方法是通过合适的检验来检测异方差，包括各种异方差检验，具体将在后面的章节展开。

非正式方法

在前面叙述过的两变量的例子中，我们知道，可以仅仅通过观察散点图很容易地检测异方差，这是一种非正式的方法；然而，这在多元回归模型中无法实现。在这种情况下，关于异方差的有用信息可以通过绘制残差的平方对因变量或解释变量的图来得到。

Gujarti(1978)列举了从图式得到关于异方差的有用信息的情形。可能的样式分别显示在图 6.5 至图 6.9。在图 6.5 中，我们看到这两个变量间没有系统性的关系，意味着这是一个"健康"的模型，至少没有异方差问题；图 6.6 清楚地显示了异方差性；图 6.7 中，Y_i(或 X_i)和 u_i^2 有清晰的线性关系；而图 6.8 和图 6.9 显示了一种二次关系。知道两个变量之间的关系是非常有用的，因为我们可以通过这种关系来转换数据以消除异方差性。

---

① 这是因为 $(\mathbf{AB'}) = \mathbf{B'A'}$。
② 由假定 2，$\mathbf{X}$ 不是随机的。

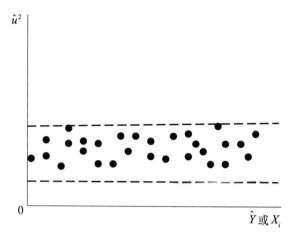

图 6.5 残差平方的"健康分布"

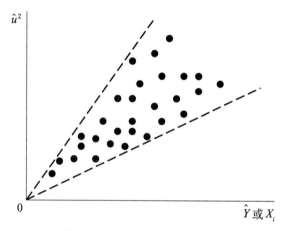

图 6.6 出现异方差的一种预示

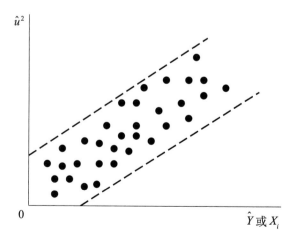

图 6.7 出现异方差的另一种预示

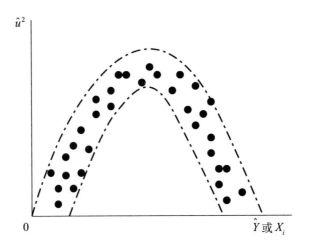

图 6.8 非线性异方差的一种形式

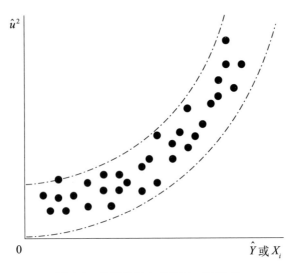

图 6.9 非线性异方差的另一种形式

Breusch-Pagan LM 检验

Breusch 和 Pagan(1979)提出了异方差的拉格朗日乘子(LM)检验。假设我们有以下模型:

$$Y_i = \beta_1 + \beta_2 X_{2i} + \beta_3 X_{3i} + \cdots + \beta_k X_{ki} + u_i \quad (6.10)$$

$Var(u_i) = \sigma_i^2$。Breusch-Pagan 检验包括以下步骤:

步骤 1 对模型(6.10)进行回归,得到这个方程的残差 $\hat{u}_i$。

步骤 2 做一个辅助回归:

$$\hat{u}_i^2 = a_1 + a_2 Z_{2i} + a_3 Z_{3i} + \cdots + a_p Z_{pi} + v_i \quad (6.11)$$

其中,Z_{ki} 是一系列我们认为会决定误差项方差的变量。通常我们用原回归方程中的解释变量作为 Z_{ki},如 X。

步骤 3 构造原假设和备择假设。同方差的原假设为：

$$H_0: a_1 = a_2 = \cdots = a_p = 0 \qquad (6.12)$$

而备择假设是，a 中至少有一个异于 0，这意味着至少有一个 Z 影响了残差的方差，不同的 i 对应了不同的方差。

步骤 4 计算统计量 $LM = nR^2$。n 是步骤 2 中用于估计辅助回归的观察值的数量，R^2 是这个回归的决定系数，LM 统计量服从自由度为 $p-1$ 的 χ^2 分布。

步骤 5 当有明显证据证明 LM 统计量大于临界值（LM 统计量 $> \chi^2_{p-1,\alpha}$）时，拒绝原假设；或者计算 p 值，当 p 值小于显著性水平 α（通常 $\alpha = 0.05$）时，拒绝原假设。

在这里，同样包括后面将要验证的 LM 检验，辅助方程都隐含了我们预期从数据中获得的异方差的形式。另外三种 LM 检验介绍了不同的辅助回归的形式，意味着残差平方（$\hat{u}_i^2$，它是 σ^2 的代理变量，因为 σ^2 未知）和解释变量之间有不同的函数形式。

EViews 中的 Breusch-Pagan 检验

EViews 中进行 Breusch-Pagan 检验的步骤如下：首先，用 OLS 方法估计回归方程，使用命令：

```
ls y c x1 x2 x3 … xk
```

其中，y 是被解释变量，$x1$ 到 xk 是解释变量。为了得到残差，我们使用命令 generate（genr）：

```
genr ut = resid
```

需要注意的是，这个命令要在得到方程回归结果以后立刻执行，这样得到的残差向量才是先前估计的方程的。这里的 ut 只是这个模型中残差项的名称。

其次，计算残差的平方：

```
genr utsq = ut^2
```

使用如下命令得到辅助回归的估计结果：

```
ls utsq c z1 z2 z3 … zp
```

为了得到 LM 统计量，计算 $LM = nR^2$。其中，n 是观察值的数量，R^2 是这个辅助回归的决定系数。

最后，通过比较 LM 统计量和 LM 临界值得出结论。

Stata 中的 Breusch-Pagan 检验

在 Stata 中进行 Breusch-Pagan 检验，首先运用 OLS 获得第一个回归方程模型，使用命令：

```
regress y x1 x2 x3 x4 … xk
```

其中，y 是因变量，$x1$ 到 xk 是解释变量。残差通过 predict 命令得到：

```
predict ut,residual
```

其中，ut 代表残差。残差的平方通过以下命令计算：

```
g utsq = ut^2
```

之后，辅助方程的估计由以下命令给出：

```
regress utsq z1 z2 z3 … zp
```

为了得到 LM 统计量，计算 $LM = nR^2$。其中，n 是观察值的数量，R^2 是这个辅助回归的决定系数。

最后，通过比较 LM 统计量和 LM 临界值得出结论。

Glesjer LM 检验

Glesjer（1969）检验包括以下步骤（注意这些步骤中，除了步骤 2 涉及不同的辅助回归方程外，其他和之前的 Breusch-Pagan 检验是一样的）。

步骤 1 对模型（6.10）进行回归，得到这个方程的残差 $\hat{u}_i$。

步骤 2 做辅助回归：

$$|\hat{u}_i| = a_1 + a_2 Z_{2i} + a_3 Z_{3i} + \cdots + a_p Z_{pi} + v_i \tag{6.13}$$

步骤 3 构造原假设和备择假设。同方差的原假设为：

$$H_0 : a_1 = a_2 = \cdots = a_p = 0 \tag{6.14}$$

而备择假设是，a 中至少有一个异于 0。

步骤 4 计算统计量 $LM = nR^2$。其中，n 是步骤 2 中用于估计辅助回归的观察值的数量，R^2 是这个回归的决定系数，LM 统计量服从自由度为 p−1 的 χ^2 分布。

步骤 5 当有明显证据证明 LM 统计量大于临界值（LM 统计量 $> \chi^2_{p-1,\alpha}$）时，拒绝原假设；或者计算 p 值，当 p 值小于显著性水平 α（通常 $\alpha = 0.05$）时，拒绝原假设。

EViews 中的 Glesjer 检验

在 EViews 中进行 Glesjer 检验的步骤如下。首先，运用 OLS 方法估计回归方程，使用命令：

```
ls y c x1 x2 x3 … xk
```

其中，y 是自变量，$x1$ 到 xk 是解释变量。为了得到残差，使用命令 generate（genr）：

```
genr ut = resid
```

需要注意的是，这个命令要在得到方程回归结果以后立刻执行，这样得到的残差向量才是先前估计的方程的。这里的 ut 只是这个模型中残差项的名称。

其次，计算残差的绝对值：

```
genr absut = abs(ut)
```

使用如下命令得到辅助回归的估计结果：

```
ls absut c z1 z2 z3 … zp
```

为得到 LM 统计量,计算 $LM = nR^2$。其中,n 是观察值的数量,R^2 是这个辅助回归的决定系数。

最后,通过比较 LM 统计量和 LM 临界值,得出结论。

Stata 中的 Glesjer LM 检验

在 Stata 中进行 Glesjer 检验的步骤如下。首先,运用 OLS 获得回归方程模型,使用命令:

```
regress y x1 x2 x3 x4 … xk
```

其中,y 是因变量,$x1$ 到 xk 是解释变量。残差通过 predict 命令得到:

```
predict ut,residual
```

其中,ut 代表残差。残差的绝对值通过以下命令计算:

```
g absut = abs(ut)
```

其次,辅助方程的估计由以下命令给出:

```
regress absut z1 z2 z3 … zp
```

为了得到 LM 统计量,计算 $LM = nR^2$。其中,n 是观察值的数量,R^2 是这个辅助回归的决定系数。

最后,通过比较 LM 统计量和 LM 临界值得出结论。

Harvey-Godfrey LM 检验

Harvey(1976)和 Godfrey(1978)提出以下检验:

步骤 1 对模型(6.10)进行回归,得到该方程的残差 $\hat{u}_i$。

步骤 2 做一个辅助回归:
$$\ln(\hat{u}_i^2) = a_1 + a_2 Z_{2i} + a_3 Z_{3i} + \cdots + a_p Z_{pi} + v_i \tag{6.15}$$

步骤 3 构造原假设和备择假设。同方差的原假设为:
$$H_0: a_1 = a_2 = \cdots = a_p = 0 \tag{6.16}$$

而备择假设是,a 中至少有一个异于 0。

步骤 4 计算统计量 $LM = nR^2$。其中,n 是步骤 2 中用于估计辅助回归的观察值的数量,R^2 是这个回归的决定系数,LM 统计量服从自由度为 $p-1$ 的 χ^2 分布。

步骤 5 当有明显证据证明 LM 统计量大于临界值(LM 统计量 $> \chi^2_{p-1,\alpha}$)时,拒绝原假设;或者计算 p 值,当 p 值小于显著性水平 α(通常 $\alpha = 0.05$)时,拒绝原假设。

EViews 中的 Harvey-Godfrey 检验

在 EViews 中进行 Harvey-Godfrey 检验的步骤如下。首先,用 OLS 方法估计回归方差,使用命令:

```
ls y c x1 x2 x3 … xk
```

其中，y 是自变量，$x1$ 到 xk 是解释变量。为了得到残差，使用命令 generate（genr）：

```
genr ut = resid
```

需要注意的是，这个命令要在得到方程回归结果以后立刻执行，这样得到的残差向量才是先前估计的方程的。这里的 ut 只是这个模型中残差项的名称。

其次，计算残差的平方：

```
genr utsq = ut^2
```

使用如下命令得到辅助回归的估计结果：

```
ls log(utsq) c z1 z2 z3 … zp
```

为了得到 LM 统计量，计算 $LM=nR^2$。其中，n 是观察值的数量，R^2 是这个辅助回归的决定系数。

最后，通过比较 LM 统计量和 LM 临界值得出结论。

Stata 中的 Harvey-Godfrey 检验

利用先前的检验中的方法，我们可以得到残差平方和，接下来要获得残差平方和的对数。在 Stata 中的命令如下：

```
g lutsq = log(utsq)
```

其中，lutsq 是残差平方和的对数。Harvey-Godfrey 检验的辅助方程由下式得到：

```
regress lutsq z1 z2 z3 … zp
```

为了得到 LM 统计量，计算 $LM=nR^2$。其中，n 是观察值的数量，R^2 是这个辅助回归的决定系数。

最后，通过比较 LM 统计量和 LM 临界值得出结论。

Park LM 检验

Park（1966）提出另一个 LM 检验，包括以下步骤：

步骤 1 对模型（6.10）进行回归，得到这个方程的残差 $\hat{u}_i$。

步骤 2 做一个辅助回归：

$$\ln(\hat{u}_i^2) = a_1 + a_2 \ln Z_{2i} + a_3 \ln Z_{3i} + \cdots + a_p \ln Z_{pi} + v_i \quad (6.17)$$

其中，Z_{ki} 是一系列我们认为会决定误差项方差的变量，通常用原回归方程中的解释变量作为 Z_{ki}，如 X。

步骤 3 构造原假设和备择假设。同方差的原假设为：

$$H_0: a_1 = a_2 = \cdots = a_p = 0 \quad (6.18)$$

而备择假设是，a 中至少有一个异于 0，这意味着至少有一个 Z 影响了残差的方差，不同的 i 对应了不同的方差。

步骤 4 计算统计量 $LM = nR^2$。其中,n 是步骤 2 中用于估计辅助回归的观察值的数量,R^2 是这个回归的决定系数,LM 统计量服从自由度为 $p-1$ 的 χ^2 分布。

步骤 5 当有明显证据证明 LM 统计量大于临界值(LM 统计量 $> \chi^2_{p-1,\alpha}$)时,拒绝原假设;或者计算 p 值,当 p 值小于显著性水平 α(通常 $\alpha = 0.05$)时,拒绝原假设。

EViews 中的 Park 检验

在 EViews 中进行 Park 检验的步骤如下。首先,用 OLS 方法估计回归方差,使用命令:

```
ls y c x1 x2 x3 … xk
```

其中,y 是自变量,$x1$ 到 xk 是解释变量。为了得到残差,使用命令 generate(genr):

```
genr ut = resid
```

需要注意的是,这个命令要在得到方程回归结果以后立刻执行,这样得到的残差向量才是先前估计的方程的。这里的 ut 只是这个模型中残差项的名称。

其次,计算残差的平方:

```
genr utsq = ut^2
```

使用如下命令得到辅助回归的估计结果:

```
ls log(utsq) c log(z1) log(z2) log(z3) … log(zp)
```

为了得到 LM 统计量,计算 $LM = nR^2$。其中,n 是观察值的数量,R^2 是这个辅助回归的决定系数。

最后,通过比较 LM 统计量和 LM 临界值得出结论。

Stata 中的 Park 检验

Stata 中进行 Park 检验的步骤和前述其他检验的步骤类似,获得辅助方程的命令如下:

```
regress lutsq lz1 lz2 lz3 … lzp
```

在此之前,仅需要通过命令 generate(g)得到 $z1, \cdots, zp$ 变量的对数形式。

对 LM 检验的批判

上述所有 LM 检验有一个很明显的缺点,那就是需要先验地知道是什么导致了异方差,并体现在辅助方程中。基于此,部分学者提出了替代的方法,如下所述。

Goldfeld-Quandt 检验

Goldfeld 和 Quandt(1965)提出了另一种检验,他们的理论基础是,如果所有观察值残差的方差是一样的(同方差),样本一部分的方差应该和样本另一部分的方差是相同的。这个检验需要找到与残差的方差相关程度最高的变量(这可以通过作图画出残差和各变量的关系做到)。Goldfeld-Quandt 检验步骤如下:

步骤 1　找出与干扰项的方差密切相关的变量,对这个变量的观察值按降序排序(从最大值开始到最小值)。

步骤 2　略去中间的 c 个值,将样本等分为两个子样本。这样,两个子样本各有 $\frac{1}{2}(n-c)$ 个数据,第一个子样本包含最大的值,第二个子样本包含最小的值。

步骤 3　对这两个子样本分别进行 OLS 回归,得到每个方程的残差平方和 RSS。

步骤 4　计算如下 F 统计量:

$$F = \frac{RSS_1}{RSS_2} \tag{6.19}$$

其中,RSS 的最大值作为分子。F 统计量服从分布 $F_{(1/2(n-c)-k,\,1/2(n-c)-k)}$。

步骤 5　如果 F 统计量 $>F$ 临界值,则拒绝同方差的原假设。

如果误差项是同方差的,那么每一个样本的残差的方差都应该相同,因此比率也是一致的。如果比率足够大,那么拒绝同方差的原假设。c 的值是主观确定的,通常在观察值数目的 1/6—1/3。

Goldfeld-Quandt 检验的问题在于,没有考虑多个变量引起的异方差,并且不适用于时间序列数据;然而,它在简单回归(只有一个解释变量)中非常流行。

EViews 中的 Goldfeld-Quandt 检验

在 EViews 中进行 Goldfeld-Quandt 检验,首先要对我们认为导致了异方差的变量 X 进行降序排列。单击 **Procs/Sort Series** 按钮,在对话框中输入变量的名称(在这个例子中是 X),进行降序排列。接下来把样本分成两个不同的子样本,在两个子样本中,将 Y 对 X 做 OLS 回归,得到残差平方和 RSS。对第一个样本使用以下命令:

```
Smpl start end
Ls y c x
Scalar rss1 = @ ssr
```

以及

```
Smpl start end
Ls y c x
Scalar rss2 = @ ssr
```

在这两种情况下,我们应该根据数据集的频度和应该排除的中间观察值个数来合理定义初始点和终结点。

接下来,计算 F 统计量,公式为 $RSS1/RSS2$,通过以下命令:

```
genr F_GQ = RSS1/RSS2
```

把它与按以下命令计算出的 F 临界值作比较:

```
scalar f_crit = @ qfdist(.95,n1 - k,n2 - k)
```

或者计算 p 值:

```
scalar p_value = 1 - @ fdist(.05,n1 - k,n2 - k)
```

Stata 中的 Goldfeld-Quandt 检验

在 Stata 中进行 Goldfeld-Quandt 检验,首先要对我们认为导致了异方差的变量 X 进行降序排列,使用命令:

```
sort x
```

接下来把样本分成两个不同的子样本,在两个子样本中,将 Y 对 X 做 OLS 回归,得到残差平方和 RSS。对第一个子样本使用下面的命令(假设样本量为 100,子样本取前 40 个 (1—40) 和后 40 个 (61—100) 观察值,中间 20 个观察值不计入估计):

```
regress y x in 1/40
scalar rss1 = e(rmse)^2
scalar df_rss1 = e(df_r)
```

对第二个子样本使用下面的命令:

```
regress y x in 61/100
scalar rss2 = e(rmse)^2
scalar df_rss2 = e(df_r)
```

Goldfeld-Quandt 的 F 统计量由以下命令给出:

```
scalar FGQ = rss2/rss1
```

把它与按下列命令计算出的 F 临界值作比较:

```
scalar Fcrit = invFtail(df_rss2,df_rss1,.05)
```

或者计算 p 值:

```
scalar pvalue = Ftail(df_rss2,df_rss1,FGQ)
```

计算结果通过以下命令查看:

```
scalar list FGQ pvalue Fcrit
```

White 检验

White(1980)发明了一种更一般的异方差检验方法,消除了前述检验出现的问题。White 检验同样是 LM 检验,但它的优势在于:(a)它不需要假设任何关于异方差的先验知识;(b)它不需要像 Breusch-Pagan 检验那样依赖于正态分布假定;(c)它为辅助回归中的变量提供了一种特殊的选择。

假设一个有两个解释变量的模型：
$$Y_i = \beta_1 + \beta_2 X_{2i} + \beta_3 X_{3i} + u_i \tag{6.20}$$
White 检验的步骤如下：

步骤 1 对模型(6.20)进行回归，得到这个方程的残差 $\hat{u}_i$。

步骤 2 做一个如下的辅助回归：
$$\hat{u}_i^2 = a_1 + a_2 X_{2i} + a_3 X_{3i} + a_4 X_{2i}^2 + a_5 X_{3i}^2 + a_6 X_{2i} X_{3i} + v_i \tag{6.21}$$
例如，用残差的平方对常数、所有的解释变量、解释变量的平方，以及它们之间的交叉相乘项进行回归。

步骤 3 构造原假设和备择假设。同方差的原假设为：
$$H_0: a_1 = a_2 = \cdots = a_p = 0 \tag{6.22}$$
而备择假设是，a 中至少有一个异于 0。

步骤 4 计算统计量 $LM = nR^2$。其中，n 是步骤 2 中用于估计辅助回归的观察值的数量，R^2 是这个回归的决定系数，LM 统计量服从自由度为 $\sigma - 1$ 的 χ^2 分布。

步骤 5 当有明显证据证明 LM 统计量大于临界值（LM 统计量 $> \chi^2_{p-1,\alpha}$）时，拒绝原假设；或者计算 p 值，当 p 值小于显著性水平 α（通常 $\alpha = 0.05$）时，拒绝原假设。

EViews 中的 White 检验

EViews 中有一个程序，可以在得到 OLS 估计结果后执行异方差的 White 检验。在获得 OLS 结果后，点击 **View/Residual Diagnostics/Heteroskedasticity Tests**，新窗口中会出现各种检验，选中 **White** 检验。EViews 提供了是否包含交叉相乘项的选项，我们可以点击 **Include White cross terms** 按钮选择。在这两种情况下，EViews 都提供辅助回归的估计结果以及 LM 检验和它们各自的 p 值。

Stata 中的 White 检验

在 Stata 中进行 White 检验，首先对回归方程做 OLS 估计。为了简化，假设方程中只有 2 个解释变量（$x2$ 和 $x3$），使用以下命令：

```
regress y x2 x3
```

使用 predict 命令得到残差：

```
predict ut,residual
```

其中，ut 代表残差。通过下面的命令计算残差平方和：

```
g utsq = ut^2
```

然后估计辅助方程，命令如下：

```
regress utsq x2 x3 x2^2 x3^2 x2*x3
```

为了得到 LM 统计量，计算 $LM = nR^2$。其中，n 是观察值的数量，R^2 是这个辅助回归的决定系数。

最后，通过比较 LM 统计量和 LM 临界值得出结论。

计算机实例:异方差检验

文件 houseprice. wf1 包含伦敦 88 个房屋价格的样本数据以及关于这些房屋的一些特征,这些变量是:

  Price = 房屋的价格,以英镑计量
  Rooms = 每个房屋拥有的卧室数量
  Sqfeet = 房屋的大小,以平方英尺计量

我们想看一下卧室数量以及房屋大小是否在决定房屋的价格时起到重要的作用。

通过简单的散点图观察我们发现(见图 6.10 和图 6.11),*Rooms* 变量存在明显的异方差性,房屋大小的代理变量(*Sqfeet*)在价格变动较大的大房屋中存在同样的问题。

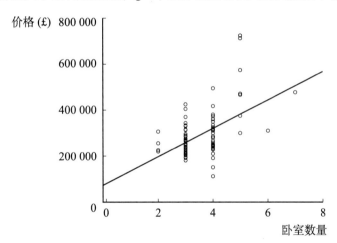

图 6.10 明显的异方差性

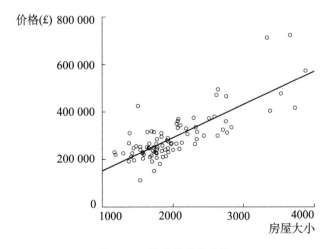

图 6.11 较弱的异方差性

Breusch-Pagan 检验

用更正式的方法检验异方差性。首先,我们可以使用 Breusch-Pagan 检验:

步骤 1 估计回归方程:

$$Price = b_1 + b_2 rooms + b_3 sqfeet + u$$

回归结果如表 6.1 所示。

表 6.1 基本回归模型结果

Dependent bariable: PRICE
Method: least squares
Date: 02/03/04 Time: 01:52
Sample: 1 88
Included observations: 88

Variable	Coefficient	Std. error	t-statistic	Prob.
C	-19 315.0000	31 046.62000	-0.622129	0.5355
Rooms	15 198.1900	9 483.51700	1.602590	0.1127
Sqfeet	128.4362	13.82446	9.290506	0.0000
R-squared		0.631 918	Mean dependent var.	293 546.0
Adjusted R-squared		0.623258	S. D. dependent var.	102 713.4
S. E. of regression		63 044.84	Akaike info criterion	24.97458
Sum squared resid.		3.38E+11	Schwarz criterion	25.05903
Log likelihood		-1 095.881	F-statistic	72.96353
Durbin-Watson stat.		1.858074	Prob(F-statistic)	0.000000

步骤 2 通过输入以下命令,我们得到回归方程的残差(命名为 ut):

```
genr ut = resid
```

以及残差的平方:

```
genr utsq = ut^sq
```

接下来,我们把原方程中的解释变量当做 Z,用来估计辅助回归:

$$utsq = a_1 + a_2 rooms + a_3 sqfeet + v$$

这个方程的结果如表 6.2 所示。

表 6.2 辅助回归的 Breusch-Pagan 检验

Dependent variable: UTSQ
Method: least squares
Date: 02/03/04 Time: 02:09
Sample: 1 88
Included observations: 88

Variable	Coefficient	Std. error	t-statistic	Prob.
C	-8.22E+09	3.91E+09	-2.103344	0.0384
Rooms	1.19E+09	1.19E+09	0.995771	0.3222
Sqfeet	3 881 720	1 739 736	2.231213	0.0283

（续表）

Variable	Coefficient	Std. error	t-statistic	Prob.
R-squared	0.120185	Mean dependent var.		3.84E+09
Adjusted R-squared	0.099484	S. D. dependent var.		8.36E+09
S. E. of regression	7.93E+09	Akaike info criterion		48.46019
Sum squared resid.	5.35E+21	Schwarz criterion		48.54464
Log likelihood	-2 129.248	F-statistic		5.805633
Durbin-Watson stat.	2.091083	Prob(F-statistic)		0.004331

LM 统计量服从自由度为辅助回归中的斜率参数个数(或 $k-1$)的 χ^2 分布,在我们的情形下是 2。χ^2 的临界值为:

```
genr chi = @ qchisq(.95,2)
```

等于 5.991 465。

步骤 3　由于 LM 统计量 $>\chi^2$ 临界值,我们得出结论,原假设可以被拒绝,因此存在异方差。

Glesjer 检验

Glesjer 检验的步骤与上述检验相似,只是辅助回归中的被解释变量现在变成了残差项的绝对值。因此,我们需要构造如下变量:

```
genr absut = abs(ut)
```

接下来估计形式如下的辅助方程:

$$absut = a_1 + a_2 rooms + a_3 sqfeet + v$$

这个模型的结果如表 6.3 所示。同样,我们还需要计算 LM 统计量:

$$LM = obs * R^2 = 88 * 0.149\,244 = 13.133\,472$$

表 6.3　Glesjer 检验的辅助回归

Dependent variable: ABSUT
Method: least squares
Date: 02/03/04　Time: 02:42
Sample: 1 88
Included observations: 88

Variable	Coefficient	Std. error	t-statistic	Prob.
C	-23 493.96	19 197.00	-1.223835	0.2244
Rooms	8 718.698	5 863.926	1.486836	0.1408
Sqfeet	19.04985	8.548052	2.228560	0.0285
R-squared	0.149244	Mean dependent var.		45 976.49
Adjusted R-squared	0.129226	S. D. dependent var.		41 774.94
S. E. of regression	38 982.40	Akaike info criterion		24.01310
Sum squared resid.	1.29E+11	Schwarz criterion		24.09756
Log likelihood	-1 053.577	F-statistic		7.455547
Durbin-Watson stat.	2.351422	Prob(F-statistic)		0.001039

同样，LM 统计量再次大于 χ^2 临界值，因此我们可以得出结论，有充分的证据表明存在异方差。

Harvey-Godfrey 检验

Harvey-Godfrey 检验的辅助回归形式如下：

$$log(utsq) = a_1 + a_2 rooms + a_3 sqfeet + v$$

辅助回归的结果如表 6.4 所示。在这种情况下，LM 统计量为：

$$LM = obs * R^2 = 88 * 0.098290 = 8.64952$$

LM 统计量再一次大于 χ^2 临界值，我们再次得出存在异方差的结论。

表 6.4　Harvey-Godfrey 检验的辅助回归

Dependent variable: LOG(UTSQ)
Method: least squares
Date: 02/03/04　Time: 02:46
Sample: 1 88
Included observations: 88

Variable	Coefficient	Std. error	t-statistic	Prob.
C	17.77296	0.980629	18.12405	0.0000
Rooms	0.453464	0.299543	1.513852	0.1338
Sqfeet	0.000625	0.000437	1.432339	0.1557
R-squared	0.098290	Mean dependent var.		20.65045
Adjusted R-squared	0.077073	S. D. dependent var.		2.072794
S. E. of regression	1.991314	Akaike info criterion		4.248963
Sum squared resid.	337.0532	Schwarz criterion		4.333418
Log likelihood	−183.9544	F-statistic		4.632651
Durbin-Watson stat.	2.375378	Prob(F-statistic)		0.012313

Park 检验

最后，对于 Park 检验的辅助回归形式如下：

$$log(utsq) = a_1 + a_2 log(rooms) + a_3 log(sqfeet) + v \tag{6.23}$$

回归结果如表 6.5 所示。在这种情况下，LM 统计量为：

$$LM = obs * R^2 = 88 * 0.084176 = 7.407488$$

LM 统计量再一次大于 χ^2 临界值，我们再次得出存在异方差的结论。

表 6.5　Park 检验的辅助回归

Dependent variable:LOG(UTSQ)
Method:least squares
Date:02/03/04　Time:02:50
Sample:1 88
Included observations:88

Variable	Coefficient	Std. error	t-statistic	Prob.
C	9.257004	6.741695	1.373097	0.1733
Log(Rooms)	1.631570	1.102917	1.479322	0.1428
Log(Sqfeet)	1.236057	0.969302	1.275204	0.2057
R-squared	0.084176	Mean dependent var.		20.65045
Adjusted R-squared	0.062627	S. D. dependent var.		2.072794
S. E. of regression	2.006838	Akaike info criterion		4.264494
Sum squared resid.	342.3290	Schwarz criterion		4.348949
Log likelihood	−184.6377	F-statistic		3.906274
Durbin-Watson stat.	2.381246	Prob(F-statistic)		0.023824

Goldfeld-Quandt 检验

Goldfeld-Quandt 检验要求首先根据可能导致异方差的变量的观察值进行排序。假设是 rooms 变量，我们按如下步骤执行该检验：

步骤 1　首先点击 **Procs/Sort Current page** 按钮，在对话框中输入变量的名称（在这个例子中是 rooms），并且点击 **descending**，确保降序排列。

步骤 2　我们需要把样本划分成两个不同的子样本，去掉 c 个中间观察值。c 的选择接近于总观察值的 1/6，因此在这个例子中有 $c=14$，每个子样本包含 37（(88−14)/2）个观察值。第一个样本包含第 1 到第 37 个观察值；第二个样本包含第 51 到第 88 个观察值。

步骤 3　现在我们需要在两个子样本中用价格对 rooms 做一个 OLS 回归来获得残差 RSS。为此，我们需要使用以下命令：

```
smpl 1 37              [确定子样本 1]
ls price c rooms       [估计回归方程]
scalar rss1 = @ ssr    [建立一个标量,其值为用前一个命令估计的回归
                        方程的残差平方和]
```

类似地，对于第二个子样本我们输入以下命令：

```
smpl 51 88
ls price c rooms
scalar rss2 = @ ssr
```

两个子样本的估计结果如表 6.6 和表 6.7 所示。因为 RSS1 大于 RSS2，F 统计量可以计算如下：

```
genr F_GQ = RSS1 /RSS2
```

表 6.6　Goldfeld-Quandt 检验（第一个子样本估计结果）

Dependent variable:PRICE
Method:least squares
Date:02/03/04 Time:03:05
Sample:1 37
Included observations:37

Variable	Coefficient	Std. error	t-statistic	Prob.
C	−150 240.0	124 584.0	−1.205933	0.2359
Rooms	110 020.7	28 480.42	3.863028	0.0005
R-squared	0.298920	Mean dependent var.		325 525.0
Adjusted R-squared	0.278889	S. D. dependent var.		134 607.0
S. E. of regression	114 305.9	Akaike info criterion		26.18368
Sum squared resid.	**4.57E +11**	Schwarz criterion		26.27076
Log likelihood	−482.398 1	F-statistic		14.92298
Durbin-Watson stat.	1.718938	Prob(F-statistic)		0.000463

表 6.7　Goldfeld-Quandt 检验（第二个子样本估计结果）

Dependent variable:PRICE
Method:least squares
Date:02/03/04 Time:03:05
Sample:51 88
Included observations:38

Variable	Coefficient	Std. error	t-statistic	Prob.
C	227 419.1	85 213.84	2.668805	0.0113
Rooms	11 915.44	29 273.46	0.407039	0.6864
R-squared	0.004581	Mean dependent var.		261 911.2
Adjusted R-squared	−0.023069	S. D. dependent var.		54751.89
S. E. of regression	55 379.83	Akaike info criterion		24.73301
Sum squared resid.	**1.10E +11**	Schwarz criterion		24.81920
Log likelihood	−467.9273	F-statistic		0.165681
Durbin-Watson stat.	1.983220	Prob(F-statistic)		0.686389

F 临界值是：

```
genr F_crit = @ qfdist(.95,37,37)
```

F 统计量(4.141 9) > F 临界值(1.729 5)，因此我们得出结论，存在明显的异方差。

White 检验

对于 White 检验,我们只需要估计方程(如这个例子中第一个表的结果),随后点击 **View/Residual Tests/White(no cross products)** 按钮,结果如表 6.8 所示。注意在这个例子中,辅助回归没有包括解释变量的交叉相乘项。*LM* 统计量(16.20386) > *LM* 临界值,EViews 提供的 LM 检验的 p 值为 0.02757,两者都证明存在异方差。

表 6.8 White 检验(不含交叉相乘项)

White heteroskedasticity test:			
F-statistic	4.683121	Probability	0.001857
Obs * R-squared	**16.203860**	**Probability**	**0.002757**

Test equation:
Dependent variable: RESID^2
Method: least squares
Date: 02/03/04 Time: 03:15
Sample: 1 88
Included observations: 88

Variable	Coefficient	Std. error	t-statistic	Prob.
C	7.16E+09	1.27E+10	0.562940	0.5750
Rooms	7.21E+09	5.67E+09	1.272138	0.2069
Rooms^2	−7.67E+08	6.96E+08	−1.102270	0.2735
Sqfeet	−20 305 674	9 675 923	−2.098577	0.0389
Sqfeet^2	5049.013	1987.370	2.540550	0.0129
R-squared	0.184135	Mean dependent var.		3.84E+09
Adjusted R-squared	0.144816	S.D. dependent var.		8.36E+09
S.E. of regression	7.73E+09	Akaike info criterion		48.43018
Sum squared resid.	4.96E+21	Schwarz criterion		48.57094
Log likelihood	−2125.928	F-statistic		4.683121
Durbin-Watson stat.	1.640895	Prob(F-statistic)		0.001857

如果我们选择有交互项的 White 检验,点击 **View/Residual Tests/White(cross products)**,结果如表 6.9 所示。在这个例子中,我们有 *LM* 统计量(17.22519) > *LM* 临界值,因此存在异方差。

表 6.9 White 检验(含交叉相乘项)

White heteroskedasticity test:			
F-statistic	3.991436	Probability	0.002728
Obs * R-squared	**17.225190**	**Probability**	**0.004092**

Test equation:
Dependent variable: RESID^2
Method: least squares
Date: 02/03/04 Time: 03:18
Sample: 1 88
Included observations: 88

（续表）

Variable	Coefficient	Std. error	t-statistic	Prob.
C	1.08E+10	1.31E+10	0.822323	0.4133
Rooms	7.00E+09	5.67E+09	1.234867	0.2204
Rooms^2	−1.28E+09	8.39E+08	−1.523220	0.1316
Rooms * Sqfeet	1 979 155	1 819 402	1.087805	0.2799
Sqfeet	−23 404 693	10 076 371	−2.322730	0.0227
Sqfeet^2	4 020.876	2 198.691	1.828759	0.0711
R-squared	0.195741	Mean dependent var.		3.84E+09
Adjusted R-squared	0.146701	S.D. dependent var.		8.36E+09
S.E. of regression	7.72E+09	Akaike info criterion		48.43858
Sum squared resid.	4.89E+21	Schwarz criterion		48.60749
Log likelihood	−2 125.297	F-statistic		3.991436
Durbin-Watson stat.	1.681398	Prob(F-statistic)		0.002728

计算机实例在 Stata 中的命令

首先在 Stata 中打开文件 houseprice.dat，然后按以下命令操作：

对于 Breusch-Pagan LM 检验：

```
regress price rooms sqfeet
predict ut,residual
g utsq = ut^2
regress utsq rooms sqfeet
```

将会得到和表 6.2 相同的结果。

对于 Glesjer LM 检验：

```
g absut = abs(ut)
regress absut rooms sqfeet
```

将会得到和表 6.3 相同的结果。

对于 Harvey-Godfrey 检验：

```
g lutsq = log(utsq)
regress lutsq rooms sqfeet
```

将会得到和表 6.4 相同的结果。

对于 Park LM 检验：

```
g lrooms = log(rooms)
g lsqfeet = log(sqfeet)
regress lutsq lrooms lsqfeet
```

将会得到和表 6.5 相同的结果。

对于 Goldfeld-Quandt 检验：

```
sort rooms
regress price rooms in 1/37
scalar rss1 = e(rmse)^2
scalar df_rss1 = e(df_r)
regress price rooms in 51/88
scalar rss2 = e(rmse)^2
scalar df_rss2 = e(df_r)
scalar FGQ = rss2/rss1
scalar Fcrit = invFtail(df_rss2,df_rss1,.05)
scalar pvalue = Ftail(df_rss2,df_rss1,FGQ)
scalar list FGQ pvalue Fcrit
```

对于 White 检验(不含交叉相乘项)：

```
regress utsq rooms room^2 sqfeet sqfeet^2
```

以及 White 检验(含交叉相乘项)：

```
regress utsq rooms room^2 sqfeet sqfeet^2 rooms*sqfeet
```

Engle 的 ARCH 检验[①]

到目前为止，我们检验了回归方程中残差项的自相关。Engle(1982)引入了一个新的概念，允许残差项的方差而不是残差项本身出现自相关。为了刻画这种自相关，Engle引入了条件异方差自回归(ARCH)模型，其背后的思想在于，u_t 的方差取决于滞后一期的残差的平方(u_{t-1}^2)。

更正式地考虑回归模型：

$$Y_t = \beta_1 + \beta_2 X_{2t} + \beta_3 X_{3t} + \cdots + \beta_k X_{kt} + u_t \tag{6.24}$$

并且假设残差的方差符合 ARCH(1)过程：

$$Var(u_t) = \sigma_t^2 = \gamma_0 + \gamma_1 u_{t-1}^2 \tag{6.25}$$

如果 $Var(u_t)$ 不存在自相关，那么 γ_1 应该等于 0，$\sigma_t^2 = \gamma_0$，所以是同方差的。

这个模型可以很容易地拓展到高阶 ARCH(p)：

$$Var(u_t) = \sigma_t^2 = \gamma_0 + \gamma_1 u_{t-1}^2 + \gamma_2 u_{t-2}^2 + \cdots + \gamma_p u_{t-p}^2 \tag{6.26}$$

这里，原假设为：

$$H_0: \gamma_1 = \gamma_2 = \cdots = \gamma_p = 0 \tag{6.27}$$

即不存在 ARCH 效应。

---

① 这个检验只适用于时间序列数据，所以这部分数据的下标为 t。

ARCH 检验的步骤为：

步骤1 用 OLS 方法估计方程(6.24)得到残差 $\hat{u}_t$。

步骤2 用 $\hat{u}_t^2$ 对常数，$\hat{u}_{t-1}^2, \hat{u}_{t-2}^2, \cdots, \hat{u}_{t-p}^2$ 回归（p 取决于你想检验的 ARCH(p) 的阶数）。

步骤3 根据步骤2的回归计算 LM 统计量 $= (n-p)R^2$。如果 $LM > x_p^2$，即在给定的显著性水平下拒绝了不存在 ARCH 效应的原假设，就说明存在 ARCH 效应。

EViews、Microfit 和 Stata 中的 ARCH-LM 检验

在 EViews 中估计了回归方程之后，点击 **View/Residual Diagnostics/ Heteroskedasticity Tests**。新窗口中包括了各种检验以供选择（该窗口也提供了检验异方差性的其他方式），在各类选择中，用鼠标高亮 **ARCH** 检验，选中后指定滞后阶数，按 **OK** 按钮，我们就得到检验的结果。对于结果的解释如前所述。

在 Microfit 中估计了回归方程之后，按 **close** 关闭结果窗口，弹出 **Post Regression** 菜单；在菜单中选择第二个选项，转入 **Hypothesis Testing** 菜单，然后点击 **OK**。从假设检验菜单中选择第二个选项 **Autoregressive Conditional Heteroskedasticity tests**（**OLS & NLS**），再次点击 **OK** 按钮。在输入窗口中指定滞后的阶数，点击 **OK** 后，我们便得到了检验的结果。

最后，在 Stata 中获得模型的估计后，可以在 **Statistics** 菜单中进行 ARCH-LM 检验。选中 **Statistics/Linear models and related/Regression Diagnostics/Specification tests** 等，从"Test for ARCH effects in the residual(archlm test-time series only)"列表中指定滞后的阶数，结果会直接显示在 **Results** 窗口中。更简单快捷的方式是使用以下命令：

```
estat archlm,lag(number)
```

在 number 处填上 ARCH 检验需要的阶数。如果要检验4期滞后的残差平方和，输入：

```
estat archlm,lag(4)
```

类似地，对于其他滞后阶数，可相应改变括号中的数字。

ARCH-LM 检验的计算机实例

为了应用 ARCH-LM 检验，首先需要估计方程，随后点击 **View/Residual Tests/ARCH LM Test** 并确定滞后的阶数。对原来的模型应用 ARCH-LM 检验（对于 ARCH(1) 效应，我们输入滞后阶数等于1）：

$$C_t = b_1 + b_2 D_t + b_3 P_t + u_t \tag{6.28}$$

得到的结果如表6.10所示。LM 统计量和概率极限以及滞后残差项的平方的 t 统计量都显示，该方程有明显的 ARCH(1) 效应。

表 6.10 ARCH-LM 检验结果

ARCH test:			
F-statistic	12.477130	Probability	0.001178
Obs * R-squared	9.723707	Probability	0.001819

Test equation:
Dependent variable: RESID^2
Method: least squares
Date: 02/12/04 Time: 23:21
Sample (adjusted): 1985:2 1994:2
Included observations: 37 after adjusting endpoints

Variable	Coefficient	Std. error	t-statistic	Prob.
C	0.000911	0.000448	2.030735	0.0499
RESID^2(-1)	0.512658	0.145135	3.532298	0.0012
R-squared	0.262803	Mean dependent var.		0.001869
Adjusted R-squared	0.241740	S. D. dependent var.		0.002495
S. E. of regression	0.002173	Akaike info. criterion		-9.373304
Sum squared resid.	0.000165	Schwarz criterion		-9.286227
Log likelihood	175.4061	F-statistic		12.47713
Durbin-Watson stat.	1.454936	Prob(F-statistic)		0.001178

处理异方差

如果发现有异方差的情况,那么有两种处理方法。第一种处理方法是,我们可以用充分考虑了异方差的方法重新估计模型,涉及使用广义(或加权)最小二乘法。这会产生一系列新的参数估计量,这些估计量比 OLS 估计量更有效,同时也会产生正确的协方差和 t 统计量。第二种处理方法是,我们可以承认 OLS 不再是最优的,但它仍然是一致的,真正的问题在于协方差和 t 统计量是错误的。我们可以基于式(6.9)修正协方差和 t 统计量;当然这不会改变真实的参数估计量,只是不再完全有效。

广义(或加权)最小二乘法

广义最小二乘法

考虑如下模型:

$$Y_i = \beta_1 + \beta_2 X_{2i} + \beta_3 X_{3i} + \cdots + \beta_k X_{ki} + u_i \qquad (6.29)$$

残差项的方差不再是常数而是异方差的,即 $Var(u_i) = \sigma_i^2$。

如果我们把式(6.29)中的每一项都除以残差项的标准差(σ_i),就能得到修正的模型:

$$\frac{Y_i}{\sigma_i} = \beta_1 \frac{1}{\sigma_i} + \beta_2 \frac{X_{2i}}{\sigma_i} + \beta_3 \frac{X_{3i}}{\sigma_i} + \cdots + \beta_k \frac{X_{ki}}{\sigma_i} + \frac{u_i}{\sigma_i} \qquad (6.30)$$

或者
$$Y_i^* = \beta_1 X_{1i}^* + \beta_2 X_{2i}^* + \beta_3 X_{3i}^* + \cdots + \beta_k X_{ki}^* + u_i^* \tag{6.31}$$

对于修正的模型有：
$$Var(u_i^*) = Var\left(\frac{u_i}{\sigma_i}\right) = \frac{Var(u_i)}{\sigma_i^2} = 1 \tag{6.32}$$

因此，用 Y_i^* 对 $X_{1i}^*, X_{2i}^*, X_{3i}^*, \cdots, X_{ki}^*$ 进行回归，得到的估计量是最优线性无偏的。这个过程称为广义最小二乘(GLS)。

加权最小二乘法

GLS 的步骤与加权最小二乘(WLS)是一样的，我们通过权数 ω_i 调整变量。为了发现它们的相似性，定义 $\omega_i = \frac{1}{\sigma_i}$，重述模型：

$$\omega_i Y_i = \beta_1 \omega_i + \beta_2(X_{2i}\omega_i) + \beta_3(X_{3i}\omega_i) + \cdots + \beta_k(X_{ki}\omega_i) + (u_i\omega_i) \tag{6.33}$$

如果我们定义 $\omega_i Y_i = Y_i^*$ 以及 $X_{ki}\omega_i = X_{Ki}^*$，可以得到和式(6.31)一样的等式：

$$Y_i^* = \beta_1 X_{1i}^* + \beta_2 X_{2i}^* + \beta_3 X_{3i}^* + \cdots + \beta_k X_{ki}^* + u_i^* \tag{6.34}$$

关于 σ^2 结构的假设

虽然 GLS 和 WLS 很容易掌握，看上去也很直观，但主要问题在于 σ_i^2 是未知的，因此不对 σ_i^2 的结构做出明确假设的话，估计式(6.31)和式(6.33)是不可能的。

然而，如果我们对 σ_i^2 的结构有先验的认识，那么 GLS 和 WLS 就是可行的。为了弄清这一点，对于式(6.29)，假设我们知道：

$$Var(u_i) = \sigma_i^2 = \sigma^2 Z_i^2 \tag{6.35}$$

对于所有的 i，Z_i 的值是已知的，对于式(6.29)的每一项除以 Z_i，我们得到：

$$\frac{Y_i}{Z_i} = \beta_1 \frac{1}{Z_i} + \beta_2 \frac{X_{2i}}{Z_i} + \beta_3 \frac{X_{3i}}{Z_i} + \cdots + \beta_k \frac{X_{ki}}{Z_i} + \frac{u_i}{Z_i} \tag{6.36}$$

或者
$$Y_i^* = \beta_1 X_{1i}^* + \beta_2 X_{2i}^* + \beta_3 X_{3i}^* + \cdots + \beta_k X_{ki}^* + u_i^* \tag{6.37}$$

带星号的项表示被 Z_i 除过的变量。在这种情况下，我们有：

$$Var(u_i^*) = Var\left(\frac{u_i}{Z_i}\right) = \sigma^2 \tag{6.38}$$

因此，原模型中的异方差问题已经被解决了。然而，请注意，这个方程中没有常数项；原来回归中的常数(式(6.24)中的 β_1)现在变成了式(6.37)中 X_1^* 的系数。当 Z_i 是原来模型(6.29)中的解释变量时要特别当心。例如，如果 $Z_i = X_{3i}$，那么

$$\frac{Y_i}{Z_i} = \beta_1 \frac{1}{Z_i} + \beta_2 \frac{X_{2i}}{Z_i} + \beta_3 \frac{X_{3i}}{Z_i} + \cdots + \beta_k \frac{X_{ki}}{Z_i} + \frac{u_i}{Z_i} \tag{6.39}$$

或者
$$\frac{Y_i}{Z_i} = \beta_1 \frac{1}{Z_i} + \beta_2 \frac{X_{2i}}{Z_i} + \beta_3 + \cdots + \beta_k \frac{X_{ki}}{Z_i} + \frac{u_i}{Z_i} \tag{6.40}$$

如果使用这种形式的 WLS，那么对于得到的系数的解释就要特别当心。注意到 β_3 现在

是式(6.37)的常数项,而它在式(6.29)中是斜率系数;β_1 现在在式(6.37)中是斜率系数,而它在原来的模型(6.29)中是截距项。因此,一个研究者如果对式(6.29)中的 X_{3i} 的效应感兴趣,那么他还应该检验式(6.37)中的截距项;其他情况同样如此。

一致异方差估计方法

White(1980)提出了一种方法可以得到方差的一致估计量和 OLS 估计量的协方差。我们在这里不介绍这种方法的数学细节,因为它们过于冗长,并且超出本书的范围;然而,一些电脑程序包(EViews 是其中之一)可以计算 White 的修正异方差的方差和标准误。

计算机实例:处理异方差

正如前面异方差检验的例子,如果所有的检验都证明存在异方差,需要使用其他估计方法替代 OLS。如果我们用 OLS 估计方程,结果如表 6.11 所示。

表 6.11 存在异方差的回归结果

Dependent variable: PRICE
Method: least squares
Date: 02/03/04 Time: 01:52
Sample: 1 88
Included observations: 88

Variable	Coefficient	Std. error	t-statistic	Prob.
C	−19 315.00	31 046.62	−0.622129	0.5355
Rooms	15 198.19	9 483.517	1.602590	0.1127
Sqfeet	128.4362	13.82446	9.290506	0.0000
R-squared		0.631918	Mean dependent var.	293546.0
Adjusted R-squared		0.623258	S. D. dependent var.	102713.4
S. E. of regression		63 044.84	Akaike info criterion	24.97458
Sum squared resid.		3.38E+11	Schwarz criterion	25.05903
Log likelihood		−1 095.881	F-statistic	72.96353
Durbin-Watson stat.		1.858074	Prob(F-statistic)	0.000000

然而我们知道,由于存在异方差,OLS 参数的标准误估计量是不正确的。为了得到 White 检验的正确的标准误的估计量,需要点击 **Quick/Estimate Equation**;然后点击位于 **Equation Specification** 窗口右下角的 **Options** 按钮。在这之后,会弹出 **Estimation Options** 窗口,我们需要点击 **Heteroskedasticity-Consistent Covariance** 按钮;随后点击 **White** 旁边的按钮,最后点击 **OK**。当我们回到 Equation Specification 窗口时,必须输入要求的回归方程:

```
Price c rooms sqfeet
```

随后点击 **OK**。结果如表 6.12 所示,现在 White 的标准误和简单 OLS 回归情况下的标准误是不同的,虽然系数是一样的。

表 6.12 修正异方差的回归结果(White 的方法)

Dependent variable: PRICE
Method: least squares
Date: 02/05/04 Time: 20:30
Sample: 1 88
Included observations: 88
White Heteroskedasticity-consistent standard errors & covariance

Variable	Coefficient	Std. error	t-statistic	Prob.
C	−19 315.00	**41 520.50**	−0.465192	0.6430
Rooms	15 198.19	**8 943.735**	1.699311	0.0929
Sqfeet	128.4362	**19.59089**	6.555914	0.0000
R-squared	0.631918	Mean dependent var.	293 546.0	
Adjusted R-squared	0.623258	S.D. dependent var.	102 713.4	
S.E. of regression	63 044.84	Akaike info criterion	24.97458	
Sum squared resid.	3.38E+11	Schwarz criterion	25.05903	
Log likelihood	−1 095.881	F-statistic	72.96353	
Durbin-Watson stat.	1.757956	Prob(F-statistic)	0.000000	

在 OLS 情况下(不正确的)计算系数 sqfeet 的置信区间,我们有(0.05 显著性水平和 86 自由度的 t 统计量等于 1.662765):

$$128.4362 - 1.662765 * 13.82446 < b_3 < 128.4362 + 1.662765 * 13.82446$$
$$105.44 < b_3 < 151.42$$

然而在 White 的情况下(正确的)应该是:

$$128.4362 - 1.662765 * 19.59089 < b_3 < 128.4362 + 1.662765 * 19.59089$$
$$112.44 < b_3 < 144.38$$

因此,White 的正确的标准误给我们提供了更精确的估计。

或者,EViews 也允许使用加权或广义最小二乘法。我们假设,导致异方差的是 sqfeet 变量,用数学形式表示为:

$$Var(u_i) = \sigma_i^2 = \sigma^2 sqfeet \tag{6.41}$$

那么权数变量就是 $1/\sqrt{sqfeet}$。为了实现操作,我们需要点击 **Quick/Estimate Equation**,随后点击 **Options**。这次在 **Weighted LS/TSLS** 对话框中输入权数变量 $1/\sqrt{sqfeet}$:

```
Sqfeet^(-.5)
```

这种方法的结果如表 6.13 所示,显然和简单 OLS 估计的结果是不同的。我们把这作为练习,留给读者计算并比较标准误和置信区间。

表 6.13　修正异方差回归结果（WLS 方法）

Date:02/05/04　Time:20:54
Sample:1 88
Included observations:88
Weighting series:SQFEET^(-.5)
White heteroskedasticity-consistent standard errors & covariance

Variable	Coefficient	Std. error	t-statistic	Prob.
C	8 008.412	36 830.04	0.217442	0.8284
Rooms	11 578.30	9 036.235	1.281319	0.2036
Sqfeet	121.2817	18.36504	6.603944	0.0000
Weighted statistics				
R-squared	0.243745	Mean dependent var.		284 445.3
Adjusted R-squared	0.225950	S. D. dependent var.		67 372.90
S. E. of regression	59 274.73	Akaike info criterion		24.85125
Sum squared resid.	2.99E+11	Schwarz criterion		24.93570
Log likelihood	-1 090.455	F-statistic		53.20881
Durbin-Watson stat.	1.791178	Prob(F-statistic)		0.000000
Unweighted statistics				
R-squared	0.628156	Mean dependent var.		293 546.0
Adjusted R-squared	0.619406	S. D. dependent var.		102 713.4
S. E. of regression	63 366.27	Sum squared resid.		3.41E+11
Durbin-Watson stat.	1.719838			

　　类似地，在 Stata 中，通过 WLS 或 GLS 获得修正异方差的结果，需要进入 **Statistics/ Linear models and related/Linear regression**，弹出 **regress-linear regression** 对话框。在 **Model** 标签中填写因变量和解释变量，在 **Weights** 标签中勾选 **Analytic weights**，在对话框中指定所需的权重（本例中是 1/*sqfeet*）；按下 **OK** 获取修正异方差的结果，这些结果和表 6.13 的相同。又或者，更简洁的方法是输入命令：

```
regress price rooms sqfeet [aweight = 1/sqfeet]
```

问题与练习

问题

1. 简述简单 OLS 中异方差的后果。
2. 描述检测异方差的 Goldfeld-Quandt 检验。
3. 阐述如何应用加权最小二乘法来解决异方差问题。
4. 讨论并用数学证明，在应用 WLS 并且权重是原模型的解释变量时，对于被估计参数的解释会存在什么问题。

5. 考虑如下模型：
$$Y_i = \beta_1 + \beta_2 X_{2i} + \beta_3 X_{3i} + u_i$$
其中，$Var(u_i) = \sigma^2 X_{2i}$。找出广义最小二乘估计量。

6. 定义异方差，并列举可能出现异方差的经济模型的例子。

练习 6.1

使用文件 houseprice.wf1 来估计模型：
$$price_i = \beta_1 + \beta_2 sqfeet_i + u_i$$
用 White 和 Goldfeld-Quandt 检验来检测异方差。依据下列假设获得广义最小二乘估计量：$Var(u_i) = \sigma^2 sqfeet_i$ 和 $Var(u_i) = \sigma^2 sqfeet_i^2$。评论估计量以及它们的标准误对于不同异方差的敏感程度。对这两种情况，逐一用 White 和 Goldfeld-Quandt 检验看异方差是否已经被消除。

练习 6.2

使用文件 Greek_SME.wf1 的数据来估计规模（以职工数量代表）对利润/销售量的影响。运用我们描述过的所有检验方法（包括正式与非正式的），检验该方程的残差是否存在异方差。如果存在异方差，得到 White 修正标准误的估计量并构造置信区间，观察简单 OLS 估计量与 White 估计量的区别。

练习 6.3

使用文件 police.wf1 的数据，估计把当期预算真实值(Y)与预算预期值(X)联系起来的方程。用本章描述的方法来检验这个回归方程是否存在异方差。

练习 6.4

文件 sleep.xls 包含了 706 个人的睡眠习惯及其睡眠时间的决定因素。估计下列回归方差：
$$sleep = b_0 + b_1 totwrk + b_2 educ + b_3 age + b_4 yngkid + b_5 male + u \tag{6.42}$$

(a) 检验是否存在异方差。

(b) u 的方差的估计量对于男性是否高于女性？

(c) 重新估计修正异方差的模型。将(c)中得到的结果与简单 OLS 估计量进行比较。

练习 6.5

使用文件 houseprice.xls 的数据来估计下列方程：
$$price = b_0 + b_1 lotsize + b_2 sqrft + b_3 bdrms + u \tag{6.43}$$

（a）检验是否存在异方差。

（b）重新估计方差，但这次用 $\log(price)$ 替代 $price$ 作为因变量；再次检验异方差。（a）中的结论是否改变？

（c）这个例子说明了异方差的什么特点，如何对因变量进行变形？

第 7 章 自相关

本章内容
引言:什么是自相关
什么导致了自相关
一阶和高阶自相关
OLS 估计量自相关的后果
检测自相关
处理自相关
问题与练习
附录

学习目标
1. 理解 CLRM 中自相关的含义
2. 找出是什么引起自相关
3. 区别一阶和高阶自相关
4. 了解 OLS 估计中自相关的后果
5. 从图表中检测自相关
6. 运用正式计量经济学检验检测自相关
7. 区分检测自相关的各类方法
8. 利用计量经济学软件检测自相关
9. 利用计量经济学软件处理自相关

引言：什么是自相关

我们知道，只有在 CLRM 的假定都满足的情况下，用 OLS 方法估计的估计量才是最优线性无偏估计量。在前一章中，我们检验了假定 5 不成立的情况。在本章中，我们检验 CLRM 的假定 6 不成立对 OLS 估计量的影响。

CLRM 假定 6 是指不同误差项之间的协方差和相关系数都应该为 0：

$$Cov(u_t, u_s) = 0 \quad 对所有\ t \neq s \tag{7.1}$$

这个假设说明误差项 u_t 和 u_s 是独立分布的，这被称为序列不相关。如果这个假设不成立，那么误差项不再是两两独立的，而是两两相关的（或者说序列相关）。在这种情况下：

$$Cov(u_t, u_s) \neq 0 \quad 对某些\ t \neq s \tag{7.2}$$

这意味着 t 时期的误差可能和 s 时期的误差相关。

自相关最有可能出现在时间序列的分析框架下。当数据按时间排列时，一个时期的误差可能影响下一时期（或其他时期）的误差。特别是当时间间隔很短时，很可能出现两个连续的变量相关。例如，日、周、月数据相对于截面数据更容易发生自相关；消费者信心非预期地上涨会导致消费函数在两个或更多期内低估消费。在截面数据中存在自相关问题的概率比较小，因为我们可以很容易地重新排列数据而不影响估计结果。（这在空间自相关中并不成立，但这超出了本书的范围。）

什么导致了自相关

导致自相关的一个原因是遗漏变量。假设 Y_t 与 X_{2t} 和 X_{3t} 相关，但我们错误地没有把 X_{3t} 包括到模型中。这样，X_{3t} 的作用就被误差项 u_t 吸收了。如果 X_{3t} 与很多经济时间序列一样取决于 $X_{3,t-1}$、$X_{3,t-2}$ 等，这会导致 u_t、u_{t-1} 和 u_{t-2} 等不可避免地出现相关性。因此，遗漏变量是自相关的一个原因。

自相关也可能是由于模型的错误设定造成的。假设 Y_t 与 X_{2t} 存在二次关系 $Y_t = \beta_1 + \beta_2 X_{2t}^2 + u_t$，但我们错误地假定它们的关系为 $Y_t = \beta_1 + \beta_2 X_{2t} + u_t$，那么由直线方程得到的误差项就取决于 X_{2t}^2。如果 X_{2t} 随着时间递增或递减，那么 u_t 也会随着时间递增或递减，这暗示了自相关的存在。

第三个原因是度量的系统性误差。假设公司在给定的一个时期更新它的存货，如果它的度量存在系统性误差，那么累计存货量就显示出累计度量误差。这些误差会显示为自相关过程。

一阶和高阶自相关

最简单和最常见的自相关情况是一阶序列相关。① 考虑多元回归模型：

$$Y_t = \beta_1 + \beta_2 X_{2t} + \beta_3 X_{3t} + \cdots + \beta_k X_{kt} + u_t \tag{7.3}$$

当期观察值的误差项（u_t）是前一期（滞后项）观察值误差项（u_{t-1}）的函数，例如：

$$u_t = \rho\, u_{t-1} + \varepsilon_t \tag{7.4}$$

其中，ρ 是描述观察值误差项（u_t）之间函数关系的参数；ε_t 是新的误差项，它是 IID（独立同分布）的。ρ 被称为一阶自相关系数，为了避免发散情况，取值在 -1—1（或者说 $|\rho|<1$）。（我们会在第 12 章的 ARIMA 模型中系统地解释这一情况。）

很显然，ρ 的大小决定序列相关的程度，我们可以区分三种情况：

（a）如果 $\rho = 0$，那么就不存在序列相关，因为 $u_t = \varepsilon_t$ 是独立同分布的。

（b）如果 ρ 趋向于 1，那么前一个观察值的误差项（u_{t-1}）对于当期观察值的误差项（u_t）会起到越来越重要的决定作用，因此存在正序列相关。在这种情况下，当前观察值的误差项倾向于与前一期观察值的误差项具有同样的符号（即前一期为负，当期为负；前一期为正，当期为正），这被称为正序列相关。图 7.1 显示了出现残差正序列相关的情况。

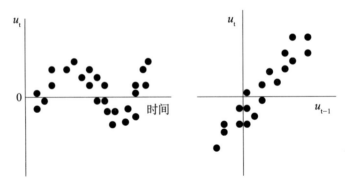

图 7.1　正序列相关

（c）如果 ρ 趋向于 -1，那么序列相关的趋势也会很明显，这被称为负序列相关。负序列相关意味着误差项随着时间推移呈锯齿状。误差项具有在两个连续的观察值之间变换符号的趋势。图 7.2 描述了出现残差负序列相关的情况。

总的来说，经济中正序列相关比负序列相关更可能发生。

序列相关可以有很多种形式，比如服从高阶序列相关的干扰项。考虑如下模型：

$$Y_t = \beta_1 + \beta_2 X_{2t} + \beta_3 X_{3t} + \cdots + \beta_k X_{kt} + u_t \tag{7.5}$$

---

① 自相关和序列相关的意思是相同的，在后文中将交替使用。

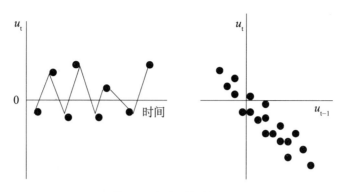

图 7.2 负序列相关

其中,

$$u_t = \rho_1 u_{t-1} + \rho_2 u_{t-2} + \cdots + \rho_p u_{t-p} + \varepsilon_t \tag{7.6}$$

在这种情况下,我们说存在 p 阶序列相关。例如,如果有季度数据并忽略季节效应,那么我们就预期可以发现 4 阶序列相关;类似地,月度数据可能呈现 12 阶序列相关;但是,高阶自相关可能出现刚才检验过的一阶自相关的情况。

OLS 估计量自相关的后果

一般方法

考虑经典线性回归模型:

$$Y_t = \beta_1 + \beta_2 X_{2t} + \beta_3 X_{3t} + \cdots + \beta_k X_{kt} + u_t \tag{7.7}$$

如果已知这个方程中的 u_t 存在序列相关,那么对 OLS 估计的影响如下:

(1) OLS 估计量 $\hat{\beta}$ 仍然是无偏一致的,这是因为无偏性和一致性并不取决于假定 6(见第 4、第 5 章对无偏性和一致性的证明),虽然这里假定 6 不再被满足。

(2) OLS 估计量变成无效的,因此不再是最优一致无偏估计量。

(3) 回归系数方差的估计量将是有偏的和不一致的,因此假设检验不再有效。在大多数情况下,R^2 被高估(意味着估计结果比真实的好),t 统计量更高(意味着估计量的显著性比正确情况下的高)。

更数学化的方法

首先,我们需要检验序列相关对于残差的方差 – 协方差矩阵的影响,接着,我们会证明为什么多元回归中 $\hat{\beta}$ 的方差不再是正确的。

对于误差项方差-协方差矩阵的影响

由于假定 5 和假定 6，残差项的方差-协方差矩阵如下：

$$E(\mathbf{uu'}) = \begin{pmatrix} \sigma^2 & 0 & 0 & \cdots & 0 \\ 0 & \sigma^2 & 0 & 0 & 0 \\ 0 & 0 & \sigma^2 & \cdots & 0 \\ \vdots & \vdots & \vdots & & \vdots \\ 0 & 0 & 0 & \cdots & \sigma^2 \end{pmatrix} = \sigma^2 \mathbf{I_n} \tag{7.8}$$

其中，$\mathbf{I_n}$ 是 $n \times n$ 的单位矩阵。

序列相关现象清晰地表明，假定 6 不再成立，因此方差-协方差矩阵中非对角线元素不再是 0。我们假设残差项是一阶序列相关的，从而有：

$$u_t = \rho u_{t-1} + \varepsilon_t \tag{7.9}$$

使用滞后算子 $LX_t = X_{t-1}$，式(7.9)可以被改写为：

$$(1 - \rho L) u_t = \varepsilon_t \tag{7.10}$$

或者

$$\begin{aligned} u_t &= \frac{1}{(1 - \rho L)} \varepsilon_t \\ &= (1 + \rho L + \rho^2 L^2 + \cdots) \varepsilon_t \\ &= \varepsilon_t + \rho \varepsilon_{t-1} + \rho^2 \varepsilon_{t-2} + \rho^3 \varepsilon_{t-3} + \cdots \end{aligned} \tag{7.11}$$

对式(7.11)两边取平方并求期望，有：

$$E(u_t^2) = Var(u_t) = \frac{\sigma_\varepsilon^2}{1 - \rho^2} \tag{7.12}$$

注意到 $Var(u_t)$ 不涉及 t，因此序列 u_t 有恒定的方差：

$$\sigma_u^2 = \frac{\sigma_\varepsilon^2}{1 - \rho^2} \tag{7.13}$$

利用式(7.11)很容易知道协方差 $E(u_t, u_{t-1})$ 为：

$$E(u_t, u_{t-1}) = \rho \sigma_u^2 \tag{7.14}$$

$$E(u_t, u_{t-2}) = \rho^2 \sigma_u^2 \tag{7.15}$$

$$\vdots \tag{7.16}$$

$$E(u_t, u_{t-s}) = \rho^s \sigma_u^2 \tag{7.17}$$

因此残差项的方差-协方差矩阵(在一阶序列相关的情况下)形如：

$$E(\mathbf{uu'}) = \sigma^2 \begin{pmatrix} 1 & \rho & \rho^2 & \cdots & \rho^{n-1} \\ \rho & 1 & \rho & \cdots & \rho^{n-2} \\ \vdots & \vdots & \vdots & & \vdots \\ \rho^{n-1} & \rho^{n-2} & \rho^{n-3} & \cdots & 1 \end{pmatrix} = \mathbf{\Omega_2}[1] \tag{7.18}$$

---

[1] 我们把这里的矩阵表示成 $\mathbf{\Omega_2}$ 是为了和第 9 章异方差中的矩阵相区别。

在多元回归模型中对 OLS 估计量的影响

回忆 OLS 估计量 $\hat{\beta}$ 的方差 – 协方差为：

$$\begin{aligned} Cov(\hat{\beta}) &= E[(\hat{\beta}-\beta)(\hat{\beta}-\beta)'] \\ &= E\{[(\mathbf{X'X})^{-1}\mathbf{X'u}][(\mathbf{X'X})^{-1}\mathbf{X'u}]'\} \\ &= E\{(\mathbf{X'X})^{-1}\mathbf{X'uu'X(X'X)}^{-1}\} \text{①} \\ &= (\mathbf{X'X})^{-1}\mathbf{X'}E(\mathbf{uu'})\mathbf{X(X'X)}^{-1} \text{②} \\ &= (\mathbf{X'X})^{-1}\mathbf{X'\Omega_2 X(X'X)}^{-1} \end{aligned} \quad (7.19)$$

式(7.19)和经典表达式 $\sigma^2(\mathbf{X'X})^{-1}$ 完全不同。因为假定 6 不再成立，Ω_2 表示新的方差 – 协方差矩阵所有可能的形式，所以使用经典表达式来计算 $\hat{\beta}$ 的方差、标准误和 t 统计量会导致错误的结论。式(7.19)形成了"稳健性"推论的基础。例如，在一些 OLS 假设不成立的情况下正确地得到标准误和 t 统计量。这其中的原理是，我们假设 Ω 矩阵的一种特殊形式，然后使用式(7.19)来计算正确的协方差矩阵。

检测自相关

作图法

检测自相关的一个简单的方法为，检验 $\hat{u}_t$ 对时间 t 的图像以及对 $\hat{u}_{t-1}$ 的散点图是否与图 7.1 和图 7.2 类似。如果图形与图 7.1 相似，我们就说存在正序列相关；如果图形与图 7.2 相似，我们就说存在负序列相关。

实例：使用作图法检测自相关

文件 ser_corr.wf1 包含 1985q1 到 1994q2 的季度数据：

  lcons = 消费者每百万英镑中在食物上的消费，以 1992 年价格为基准
  ldisp = 每百万英镑中的可支配收入，以 1992 年价格为基准
  lprice = 食物的相对价格指数(1992 = 100)

分别用 C_t、D_t 和 P_t 表示 lcons、ldisp 和 lprice。我们在 EViews 中估计下列回归模型：

$$C_t = b_1 + b_2 D_t + b_3 P_t + u_t$$

在 EViews 中输入下列命令：

```
ls lcons c ldisp lprice
```

回归结果如表 7.1 所示。

---

① 这是因为 $(\mathbf{AB})' = \mathbf{B'A'}$。
② 根据假定 2，这里的 $\mathbf{X}$ 不是随机的。

表7.1 计算机实例的回归结果

Dependent variable: *LCONS*
Method: *least squares*
Date: *02/12/04 Time*: *14:25*
Sample: *1985:1 1994:2*
Included observations: *38*

Variable	Coefficient	Std. error	t-statistic	Prob.
C	2.485434	0.788349	3.152708	0.0033
LDISP	0.529285	0.292327	1.810589	0.0788
LPRICE	−0.064029	0.146506	−0.437040	0.6648
R-squared		0.234408	Mean dependent var	4.609274
Adjusted R-squared		0.190660	S. D. dependent var	0.051415
S. E. of regression		0.046255	Akaike info criterion	−3.233656
Sum squared resid		0.074882	Schwarz criterion	−3.104373
Log likelihood		64.439460	F-statistic	5.358118
Durbin-Watson stat		0.370186	Prob(F-statistic)	0.009332

在估计回归后,我们把回归的残差储存在一个向量中。输入命令:

```
genr res01 = resid
```

残差的趋势图可以通过以下命令获得:

```
plot res01
```

结果如图 7.3 所示。残差对 $t-1$ 期残差的散点图可以通过下列命令获得:

```
scat res01 (-1) res01
```

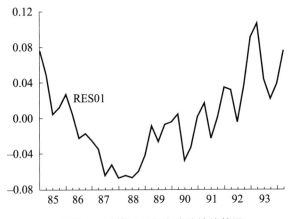

图 7.3 计算机实例中残差的趋势图

结果如图 7.4 所示。

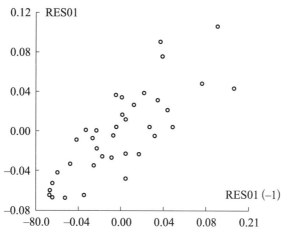

图 7.4　计算机实例中残差的散点图

从图 7.3 和图 7.4 可以看出,残差序列相关并且正序列相关。

运用文件 ser_cor.dat 可以在 Stata 中进行类似的分析。获得回归结果,构造残差序列并绘制图 7.3 和图 7.4 的命令如下(括号中为相应的解释):

　　regress lcons ldisp lprice(该命令获得回归结果)

　　predict res01, residual(该命令保存残差项)

　　twoway (tsline res01)(该命令绘制残差项的时序图)

　　g res01_1 = L1.res01(该命令创建残差项的 $t-1$ 阶滞后项,L1 指一阶滞后项。如果想创建两阶段滞后序列,使用 L2 序列名;以此类推)

　　twoway (scatter res01_1 res01)(该命令绘制散点图)

Durbin-Watson 检验

序列相关最常用的检验方法是 Durbin-Watson(DW)检验(Durbin 和 Watson,1950)。当满足下列条件时,其结果是有效的:

(a)回归模型包含常数项;

(b)只存在一阶序列相关;

(c)方程不存在滞后的因变量作为解释变量。

考虑模型:

$$Y_t = \beta_1 + \beta_2 X_{2t} + \beta_3 X_{3t} + \cdots + \beta_k X_{kt} + u_t \tag{7.20}$$

其中,

$$u_t = \rho u_{t-1} + \varepsilon_t, \quad |\rho| < 1 \tag{7.21}$$

在原假设 H_0: $\rho = 0$ 下,DW 检验包含下列步骤:

步骤 1 使用 OLS 估计模型并得到残差 $\hat{u}_t$。

步骤 2 计算 DW 统计量如下:

$$d = \frac{\sum_{t=2}^{n}(\hat{u}_t - \hat{u}_{t-1})^2}{\sum_{t=1}^{n}\hat{u}_t^2} \tag{7.22}$$

步骤 3 构造表7.2,使用你计算的 d_U、d_L、$4-d_U$、$4-d_L$,你可以在本章附录中获得 DW 临界值表。注意,临界值表是根据解释变量的个数扣除常数项以后的 k' 得到的。

表 7.2 DW 检验

步骤 4a 检验正序列相关的假设是:

H_0: $\rho = 0$,不存在自相关

H_a: $\rho > 0$,正自相关

(1)如果 $d \leq d_L$,那么我们拒绝 H_0,得出存在正序列相关的结论。

(2)如果 $d \geq d_U$,那么我们不能拒绝 H_0,因此不存在正序列相关。

(3)在 $d_L < d < d_U$ 的情况下,该检验是无结果的。

步骤 4b 检验负序列相关的假设是:

H_0: $\rho = 0$,不存在自相关

H_a: $\rho < 0$,负自相关

(1)如果 $d \geq 4 - d_L$,那么我们拒绝 H_0,得出存在负序列相关的结论。

(2)如果 $d \leq d_U$,那么我们不能拒绝 H_0,因此不存在负序列相关。

(3)在 $4 - d_U < d < 4 - d_L$ 的情况下,该检验是无结果的。

DW 检验结果的不确定性是因为,DW 统计量的小样本分布取决于 X 变量,所以很难决定。LM 检验是更受欢迎的检验方法,我们将在后面描述。

DW 检验的经验法则

从估计的残差可以得到 ρ 的估计量:

$$\hat{\rho} = \frac{\sum_{t=2}^{n}\hat{u}_t\hat{u}_{t-1}}{\sum_{t=2}^{n}\hat{u}_t^2} \tag{7.23}$$

附录中证明了 DW 统计量大致等于 $d = 2(1 - \hat{\rho})$。由于 ρ 定义在 -1—1,因此 d 的范围是 0—4。我们有三种不同情况:

(a)$\rho = 0$;$d = 2$:d 的值接近于 2,意味着没有序列相关的证据。

(b)$\rho \simeq 1$;$d \simeq 0$:这意味着很强的正自相关,ρ 会接近于 1,d 会取到很小的值(接近于 0)。

(c) $\rho \simeq -1$；$d \simeq 4$：类似地，这意味着很强的负自相关，ρ 会趋近于 -1，d 会趋近于 4。

从这个分析可以看出，作为经验法则，当 DW 统计量非常接近于 2 时，不存在序列相关。

EViews、Microfit 和 Stata 中的 DW 检验

EViews 和 Microfit 在输出回归结果时都会直接报告 DW 统计量，在左下角最后一行。Stata 的回归结果并不自动报告 DW 统计量，但可以简单地通过以下命令得到（该命令应该在要检验其自相关性的回归结果出来之后立即输入并执行）：

```
estat dwatson
```

结果将显示在 Stata 中的结果窗口。因此，对于以上三个软件包，研究者接下来唯一需要做的就是使用临界值构造表格并检验序列相关是否存在以及存在哪种序列相关。

DW 的计算机实例

从前面一个例子的回归结果（作图检测自相关）我们观察到，DW 统计量等于 0.37。在附录表 A-2 中找出在 1% 的显著性水平下，当 $n=38$、$k'=2$ 时的临界值 d_L、d_W，填入 DW 表中，结果如表 7.3 所示。很明显，$d(0.37)$ 小于 $d_L(1.176)$，因此存在明显的正序列相关。

表 7.3 一个 DW 检验的实例

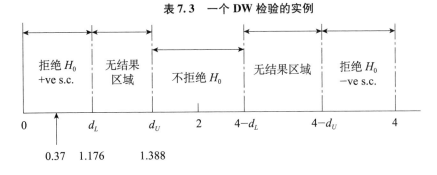

Breusch-Godfrey LM 序列相关检验

DW 检验有几个缺点，这使得它不能在各种情形下适用。比如：(a) 它可能给出不确定的结果；(b) 不适用于存在滞后因变量的情况；(c) 不能检验高阶序列相关。

因此，Breusch(1978) 和 Godfrey(1978) 构建了适用于上述所有情况的 LM 检验。考虑模型：

$$Y_t = \beta_1 + \beta_2 X_{2t} + \beta_3 X_{3t} + \cdots + \beta_k X_{kt} + u_t \tag{7.24}$$

其中，

$$u_t = \rho_1 u_{t-1} + \rho_2 u_{t-2} + \cdots + \rho_p u_{t-p} + \varepsilon_t \tag{7.25}$$

Breusch-Godfrey LM 检验结合了这两个方程：

$$Y_t = \beta_1 + \beta_2 X_{2t} + \beta_3 X_{3t} + \cdots + \beta_k X_{kt} + \rho_1 u_{t-1} + \rho_2 u_{t-2} + \cdots + \rho_p u_{t-p} + \varepsilon_t \tag{7.26}$$

原假设和备择假设是：

$$H_0: \quad \rho_1 = \rho_2 = \cdots = \rho_p = 0, \text{不存在自相关}$$
$$H_\alpha: \quad 至少有一个 \rho 不为 0, 那么存在序列相关$$

检验的步骤如下：

步骤 1　用 OLS 估计式(7.24)，得到 $\hat{u}_t$。

步骤 2　根据想检验的序列相关滞后的阶数(p)，对下列模型进行回归：

$$\hat{u}_t = \alpha_0 + \alpha_1 X_{2t} \cdots \alpha_R X_{Rt} + \alpha_{R+1} \hat{u}_{t-1} \cdots \alpha_{R+p} \hat{u}_{t-p}$$

步骤 3　根据步骤 2 的回归计算 LM 统计量 $= (n-p)R^2$。如果 LM 统计量大于给定显著性水平下 χ_p^2 的临界值，我们就可以拒绝原假设，得出存在序列相关的结论。注意，p 是任取的，但是数据的周期性(季度、月度、周度等)会对 p 的大小给出提示。

EViews、Microfit 和 Stata 中的 Breusch-Godfrey 检验

在 EViews 中估计了回归方程后，为了执行 Breusch-Godfrey LM 检验，我们从估计结果窗口转到 **View/Residual Tests/Serial Correlation LM Test**。EViews 会询问检验中要包括的滞后阶数，在定义好之后点击 **OK** 就能得到估计的结果。对结果的解释如前所述。

Microfit 会直接在回归结果中报告一阶序列相关的 LM 检验，Breusch-Godfrey LM 检验在 Microfit 检验 A 中。如果我们需要检验更高阶的序列相关，点击 **close** 关闭结果窗口，得到 **Post Regression** 菜单。在菜单中选择选项 2，转到 **Hypothesis Testing** 菜单，点击 **OK**。从假设检验菜单中选择选项 1，即 **LM tests for Serial Correlation** (**OLS, IV, NLS and IV-NLS**)，点击 **OK**。你被要求在 **Input an integer** 窗口决定滞后的阶数，点击 **OK** 之后就能得到检验的结果。一个使用 EViews 的实例将在下面给出。

在 Stata 中，获得 Breusch-Godfrey 检验结果的命令是：

```
estat bgodfrey, lags(number)
```

将(number)替换为需要检测的自相关阶数。因此，若要检验四阶自相关，命令应为：

```
estat bgodfrey, lags(4)
```

类似地，对于其他阶数只需更改括号中的数字。

Breusch-Godfrey 检验的计算机实例

循着消费、可支配收入和价格的关系，根据已有的季度数据进一步检验四阶序列相关。为了检验序列相关，我们使用 Breusch-Godfrey LM 检验，从回归结果窗口转入 **View/Residual Tests/Serial Correlation LM Test** 并定义滞后阶数为 4。检验结果如表 7.4 所示。

表 7.4 Breusch-Godfrey 检验的结果（四阶序列相关）

Breusch-Godfrey Serial Correlation LM Test:			
F-statistic	17.25931	Probability	0.000000
Obs * R-squared	26.22439	Probability	0.000029

Test equation:
Dependent variable: RESID
Method: least squares
Date: 02/12/04 Time: 22:51

Variable	Coefficient	Std. error	t-statistic	Prob.
C	0.483704	0.489336	−0.988491	0.3306
LDISP	0.178048	0.185788	0.958341	0.3453
LPRICE	−0.071428	0.093945	−0.760322	0.4528
RESID(−1)	0.840743	0.176658	4.759155	0.0000
RESID(−2)	−0.340727	0.233486	−1.459306	0.1545
RESID(−3)	0.256762	0.231219	1.110471	0.2753
RESID(−4)	0.196959	0.186608	1.055465	0.2994
R-squared	0.690115	Mean dependent var		1.28E−15
Adjusted R-squared	0.630138	S.D. dependent var		0.044987
S.E. of regression	0.027359	Akaike info criterion		−4.194685
Sum squared resid	0.023205	Schwarz criterion		−3.893024
Log likelihood	86.699010	F-statistic		11.506210
Durbin-Watson stat	1.554119	Prob(F-statistic)		0.000001

从第一列可以看出，LM 统计量和 F 统计量的值都很大，说明应该拒绝不存在序列相关的原假设。很明显，由于 p 值都很小（对于 95% 的置信区间来说，p 值小于 0.05），因此序列相关肯定是存在的。然而，如果我们观察回归结果，可以发现只有残差的一阶滞后项在统计上是显著的，这意味着一阶序列相关是最可能的。对一阶序列相关重新进行检验，结果如表 7.5 所示。

表 7.5 Breusch-Godfrey 检验的结果（一阶序列相关）

Breusch-Godfrey Serial Correlation LM Test:			
F-statistic	53.47468	Probability	0.000000
Obs * R-squared	23.23001	Probability	0.000001

Test equation:
Dependent variable: RESID
Method: least squares
Date: 02/12/04 Time: 22:55

Variable	Coefficient	Std. error	t-statistic	Prob.
C	−0.585980	0.505065	−1.160208	0.2540
LDISP	0.245740	0.187940	1.307546	0.1998
LPRICE	−0.116819	0.094039	−1.242247	0.2226
RESID(−1)	0.828094	0.113241	7.312638	0.0000

(续表)

R-squared	0.611316	Mean dependent var	1.28E-15
Adjusted R-squared	0.577020	S.D. dependent var	0.044987
S.E. of regression	0.029258	Akaike info criterion	-4.126013
Sum squared resid	0.029105	Schwarz criterion	-3.953636
Log likelihood	82.394250	F-statistic	17.824890
Durbin-Watson stat	1.549850	Prob(F-statistic)	0.000000

这一次，LM 统计量和滞后残差项的 t 统计量都大了很多。所以，自相关肯定是一阶的。

存在滞后因变量时的 Durbin h 检验

之前在 DW 检验的假设中提过，当我们的回归模型中包含滞后因变量作为解释变量时，DW 检验是不适用的。因此，如果要检验的模型形如：

$$Y_t = \beta_1 + \beta_2 X_{2t} + \beta_3 X_{3t} + \cdots + \beta_k X_{kt} + \gamma Y_{t-1} + u_t \tag{7.27}$$

此时，DW 检验不再有效。

Durbin(1970)设计了一个可以适用于此类模型的检验统计量，这个 h 统计量形如：

$$h = \left(1 - \frac{d}{2}\right)\sqrt{\frac{n}{1 - n\sigma_{\hat{\gamma}}^2}} \tag{7.28}$$

其中，n 是观察值的个数，d 是式(7.22)定义的常规的 DW 统计量，$\sigma_{\hat{\gamma}}^2$ 是滞后因变量系数的方差估计量。对于大样本来说，这个统计量服从正态分布。h 检验的步骤如下：

步骤1 用 OLS 估计式(7.27)并得到残差，计算式(7.22)给出的 DW 统计量。正如我们之前提到的，本步骤在 EViews 中只涉及 OLS 估计方程，EViews 在它的回归结果中提供 DW 统计量。如果使用 Microfit，则 h 统计量也会给出，步骤2也是不必要的。

步骤2 根据式(7.28)计算 h 统计量。

步骤3 假设为：

H_0：$\rho = 0$，不存在自相关

H_α：$\rho < 0$，存在自相关

步骤4 将 h 统计量与临界值作比较(对于大样本和 $\alpha = 0.05, z = \pm 1.96$)。如果 h 统计量超过临界值，那么就拒绝 H_0，得出存在序列相关的结论(见图7.5)。

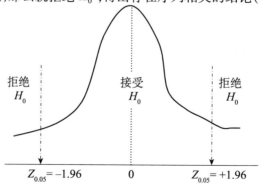

图7.5 Durbin h 检验

EViews、Microfit 和 Stata 中的 h 检验

无论滞后因变量是否作为回归量，EViews 只报告 DW 检验，因此需要步骤 2 计算 h 统计量。而在 Microfit 中，在包含滞后因变量的情况下，回归结果窗口默认给出 h 统计量。它位于右边角落的最后一行，DW 统计量的旁边。Microfit 还报告 h 统计量的概率极限。所以，如果它大于 0.05，则显然不存在序列相关。在 EViews 中使用 h 检验的实例如下所示。

在 Stata 中，用滞后的因变量进行回归估计之后，使用 DW 检验命令：

```
estat dwatson
```

接着按照步骤 2 计算 h 统计量的值。下面给出运用 EViews 进行 h 检验的例子，用 Stata 也可以很容易地获得相同的结果。

Durbin h 检验的计算机实例

如果我们想估计下列回归模型：

$$C_t = b_1 + b_2 D_t + b_3 P_t + b_4 C_{t-1} + u_t$$

由于该模型包含一个滞后因变量，DW 检验不再有效。因此，在这种情况下，我们需要使用 Durbin h 检验或 LM 检验。输入以下命令，对模型进行回归：

```
ls lcons c ldisp lprice lcons(-1)
```

得到的结果如表 7.6 所示。

表 7.6 含一个滞后因变量的回归结果

Dependent variable：LCONS
Method：*least squares*
Date：02/12/04 *Time*：22：59
Sample(*adjusted*)：1985：2 1994：2
Included observations：37 *after adjusting endpoints*

Variable	Coefficient	Std. error	t-statistic	Prob.
C	−0.488356	0.575327	−0.848831	0.4021
LDISP	0.411340	0.169728	2.423524	0.0210
LPRICE	−0.120416	0.086416	−1.393442	0.1728
LCONS(−1)	0.818289	**0.103707**	7.890392	0.0000
R-squared		0.758453	Mean dependent var	4.608665
Adjusted R-squared		0.736494	S. D. dependent var	0.051985
S. E. of regression		0.026685	Akaike info criterion	−4.307599
Sum squared resid		0.023500	Schwarz criterion	−4.133446
Log likelihood		83.690580	F-statistic	34.539760
Durbin-Watson stat		**1.727455**	Prob(F-statistic)	0.000000

DW 统计量等于 1.727455，由此可以通过以下公式得到 h 统计量：

$$h = \left(1 - \frac{d}{2}\right)\sqrt{\frac{n}{1 - n\sigma_{\hat{\gamma}}^2}}$$

其中，$\sigma_{\hat{\gamma}}^2$ 是系数 LCONS(-1) 的方差（$0.103\,707^2 = 0.107551$）。我们在 EViews 中输入下列命令得到 h 统计量：

```
scalar h = (1 - 1.727455/2)(37/(1 - 37*0.103707^2))^(.5)
```

双击标量 h，可以在左下角看到它的值：

```
scalar h = 1.0682889
```

因为 $h < z$ 临界值 $= 1.96$，我们不能拒绝 H_0，因此这个模型不存在序列相关。

对这个回归方程使用 LM 检验，通过点击 **View/Residual Tests/Serial Correlation LM Test** 并定义滞后阶数等于1（在相关的窗口中输入1），我们得到的结果如表 7.7 所示。从这些结果可以再次清晰地看到，在这个模型中不存在序列相关。

表 7.7 Breusch-Godfrey LM 检验（再次）

Breusch-Godfrey Serial Correlation LM Test:			
F-statistic	0.680879	Probability	0.415393
Obs * R-squared	**0.770865**	Probability	**0.379950**

Test equation:
Dependent variable: RESID
Method: least squares
Date: 02/12/04　Time: 23:10

Variable	Coefficient	Std. error	t-statistic	Prob.
C	0.153347	0.607265	0.252521	0.8023
LDISP	0.018085	0.171957	0.105171	0.9169
LPRICE	0.003521	0.086942	0.040502	0.9679
LCONS(-1)	-0.054709	0.123515	-0.442932	0.6608
RESID(-1)	0.174392	0.211345	0.825154	0.4154
R-squared	0.020834	Mean dependent var		9.98E-16
Adjusted R-squared	-0.101562	S.D. dependent var		0.025549
S.E. of regression	0.026815	Akaike info criterion		-4.274599
Sum squared resid	0.023010	Schwarz criterion		-4.056908
Log likelihood	84.080090	F-statistic		0.170220
Durbin-Watson stat	1.855257	Prob(F-statistic)		0.952013

处理自相关

既然自相关的出现使得 OLS 估计量不再有效，就需要有方法来修正我们的估计量，接下来将展现两种不同的情况。

当 ρ 已知时

考虑以下模型：

$$Y_t = \beta_1 + \beta_2 X_{2t} + \beta_3 X_{3t} + \cdots + \beta_k X_{kt} + u_t \tag{7.29}$$

我们知道 u_t 是自相关的，把它定义为服从一阶序列相关，因此有：

$$u_t = \rho u_{t-1} + \varepsilon_t \tag{7.30}$$

如果式(7.29)对 t 期成立，那么它对 $t-1$ 期也成立，所以

$$Y_{t-1} = \beta_1 + \beta_2 X_{2t-1} + \beta_3 X_{3t-1} + \cdots + \beta_k X_{kt-1} + u_{t-1} \tag{7.31}$$

对式(7.31)两边乘以 ρ，得到：

$$\rho Y_{t-1} = \beta_1 \rho + \beta_2 \rho X_{2t-1} + \beta_3 \rho X_{3t-1} + \cdots + \beta_k \rho X_{kt-1} + \rho u_{t-1} \tag{7.32}$$

用式(7.29)减去式(7.32)，我们得到：

$$Y_t - \rho Y_{t-1} = \beta_1(1-\rho) + \beta_2(X_{2t} - \rho X_{2t-1}) + \beta_3(X_{3t} - \rho X_{3t-1}) + \cdots + \beta_k(X_{kt} - \rho X_{kt-1}) + (u_t - \rho u_{t-1}) \tag{7.33}$$

或者

$$Y_t^* = \beta_1^* + \beta_2 X_{2t}^* + \beta_3 X_{3t}^* + \cdots + \beta_k X_{kt}^* + \varepsilon_t \tag{7.34}$$

其中，$Y_t^* = Y_t - \rho Y_{t-1}$，$\beta_1^* = \beta_1(1-\rho)$，$X_{it}^* = (X_{it} - \rho X_{it-1})$。

注意，伴随这个差分步骤，我们失去了一个观察值。为了避免失去一个观察值，Y_1 和 X_{i1} 应该以如下形式转成第一个观察值：

$$Y_1^* = Y_1\sqrt{1-\rho^2} \quad \text{和} \quad X_{i1}^* = X_{i1}\sqrt{1-\rho^2} \tag{7.35}$$

这种得到 Y_t^*、β_1^*、X_{it}^* 的方法被称为拟差分或广义差分。注意到式(7.34)中的误差项满足所有的 CLRM 假定，所以如果 ρ 是已知的，我们就可以对式(7.34)使用 OLS，得到的估计量是最优线性无偏的。使用广义差分的例子如下所述。

应用广义差分法的计算机实例

为了应用广义差分法，我们首先需要找到参数 ρ 的估计值。在第一个计算机实例中，我们得到残差项并命名为 res01。用 res01(-1) 对 res01 进行回归，得到的结果如表 7.8 所示。由此可知参数 ρ 等于 0.799。

表 7.8 决定 ρ 值的回归结果

Dependent variable: RES01
Method: least squares
Date: 02/12/04 Time: 23:26
Sample(adjusted): 1985:2 1994:2
Included observations: 37 after adjusting endpoints

Variable	Coefficient	Std. error	t-statistic	Prob.
RES01(-1)	**0.799544**	0.100105	7.987073	0.0000
R-squared	0.638443	Mean dependent var		0.002048
Adjusted R-squared	0.638443	S. D. dependent var		0.043775
S. E. of regression	0.026322	Akaike info criterion		-4.410184
Sum squared resid	0.024942	Schwarz criterion		-4.366646
Log likelihood	82.588410	Durbin-Watson stat		1.629360

为了对第一个观察值转换变量,我们需要在 EViews 命令窗口中输入下列命令:

```
scalar rho = c(1)           保存 r 系数的估计值
smpl 1985:1 1985:1          设置样本为第一个观察值
genr lcons_star = ((1-rho^2)^(0.5))*lcons
genr ldisp_star = ((1-rho^2)^(0.5))*ldisp
genr lprice_star = ((1-rho^2)^(0.5))*lprice
genr beta1_star = ((1-rho^2)^(0.5))
```

前三个命令产生带 * 号的变量,最后一个命令产生新的常数。

为了对第 2—38 个观察值转换变量,我们需要在 EViews 命令窗口中输入下列命令:

```
smpl 1985:2 1994:2
genr lcons_star = lcons-rho*lcons(-1)
genr ldisp_star = ldisp-rho*disp(-1)
genr lprice_star = lprice-rho*lprice(-1)
genr beta1_star = 1-rho
```

为了估计广义差分方程,我们需要改变样本的所有观察值:

```
smpl 1985:1 1994:2
```

随后执行下列命令:

```
ls lcons_star beta1_star ldisp_star lprice_star
```

结果如表 7.9 所示。

表 7.9 广义差分法的回归结果

Dependent variable: LCONS_STAR
Method: least squares
Date: 02/12/04 Time: 23:49
Sample: 1985:1 1994:2
Included observations: 38

Variable	Coefficient	Std. error	t-statistic	Prob.
BETA1_STAR	4.089403	1.055839	3.873131	0.0004
LDISP_STAR	0.349452	0.231708	1.508155	0.1405
LPRICE_STAR	-0.235900	0.074854	-3.151460	0.0033
R-squared	0.993284	Mean dependent var		0.974724
Adjusted R-squared	0.992900	S. D. dependent var		0.302420
S. E. of regression	0.025482	Akaike info criterion		-4.426070
Sum squared resid	0.022726	Schwarz criterion		-4.296787
Log likelihood	87.095320	Durbin-Watson stat		1.686825

当 ρ 未知时

虽然广义差分法看起来很好应用,但实际上 ρ 的值是未知的。因此,需要额外的程序为我们提供 ρ 和回归模型(7.34)的估计值。在这几种程序中,有两个是最重要和最流行的:(a)Cochrane-Orcutt 迭代程序;(b)Hildreth-Lu 搜寻程序。

Cochrane-Orcutt 迭代法

Cochrane 和 Orcutt(1949)提出了迭代程序,步骤如下:

步骤 1 估计回归模型(7.29),得到残差 $\hat{u}_t$。

步骤 2 用 OLS 估计形如 $u_t = \rho \hat{u}_{t-1} + \varepsilon_t$ 的一阶序列相关系数 ρ。

步骤 3 对 $t = 2, \cdots, n$ 转变原变量 $Y_t^* = Y_t - \hat{\rho} Y_{t-1}, \beta_1^* = \beta_1(1-\hat{\rho}), X_{it}^* = (X_{it} - \hat{\rho} X_{it-1})$;对 $t = 1, Y_1^* = Y_1 \sqrt{1 - \hat{\rho}^2}, X_{i1}^* = X_{i1} \sqrt{1 - \hat{\rho}^2}$。

步骤 4 使用转变后的变量进行回归并得到回归的残差。由于我们并不知道由步骤 2 所得的 $\hat{\rho}$ 是 ρ 的"最优"估计量,因此应回到步骤 2,重复步骤 2 到步骤 4 数次,直到停止法则成立。

停止法则 当连续两次 ρ 的估计值都不大于预先选定(很小)的值(如 0.001)时,就可以停止迭代程序。最终的 $\hat{\rho}$ 被用来得到式(7.34)的估计量。总的来说,迭代程序收敛得很快,需要不超过 3—6 次的迭代。

出现序列相关时,EViews 利用非线性迭代方法估计具有 AR(1)误差(误差一阶自回归)的广义差分结果。因为是迭代程序,所以需要一些重复来达到收敛。结果会报告在 EViews 中 **included observations** 信息的下方,可以通过在定义方程的最后简单地加入 AR(1)误差项来得到迭代法的估计量。因此,如果我们的一个模型有 X 和 Y 变量,简单线性回归的命令为:

```
ls y c x
```

如果知道估计量存在一阶序列相关,那么可以通过迭代过程来获得估计结果:

```
ls y c x ar(1)
```

EViews 按常规方式提供变量 X 和常数的估计结果,同时提供 ρ 的估计量,它是 AR(1)的系数。

Hildreth-Lu 搜寻程序

Hildreth 和 Lu(1960)提出了 Cochrane-Orcutt 迭代法的替代方法,他们的方法包括下列步骤:

步骤 1 选择 ρ 的一个值(称为 ρ_1),对这个值按式(7.34)转换模型并用 OLS 对它进行估计。

步骤 2 从步骤 1 中得到残差 $\hat{\varepsilon}_t$ 以及残差平方和 $RSS(\rho_1)$。接着,选取另一个 ρ 的值(称为 ρ_2)重复步骤 1 和步骤 2。

步骤 3 使用预先设定的系统性方式(比如说步长为 0.05),使 ρ 在 -1—1 之间变动,我们可以得到一系列 $RSS(\rho_i)$ 的值。我们选择使得 RSS 最小的 ρ 值,并使用最优的 ρ 值估计方程(7.34)作为最佳结果。

这个程序非常繁琐,涉及大量计算。在 EViews 中使用 Cochrane-Orcutt 迭代法可以很快得到结果(正如我们前面展示的),非常适合在自相关的情况下使用。

迭代程序的计算机实例

假设是一阶序列相关,为了在 EViews 中使用迭代法得到估计结果,我们在 EViews 中输入以下命令:

```
ls lcons c ldisp lprice ar(1)
```

结果如表7.10所示。

表7.10 迭代程序的结果

Dependent variable: LCONS
Method: least squares
Date: 02/12/04 Time: 23:51
Sample(adjusted): 1985:2 1994:2
Included observations: 37 after adjusting endpoints
Convergence achieved after 13 iterations

Variable	Coefficient	Std. error	t-statistic	Prob.
C	9.762759	1.067582	9.144742	0.0000
LDISP	−0.180461	0.222169	−0.812269	0.4225
LPRICE	−0.850378	0.057714	−14.734310	0.0000
AR(1)	**0.974505**	0.013289	**73.332970**	0.0000
R-squared		0.962878	Mean dependent var.	4.608665
Adjusted R-squared		0.959503	S.D. dependent var.	0.051985
S.E. of regression		0.010461	Akaike info. criterion	−6.180445
Sum squared resid		0.003612	Schwarz criterion	−6.006291
Log likelihood		118.338200	F-statistic	285.317400
Durbin-Watson stat		2.254662	Prob(F-statistic)	0.000000
Inverted AR roots		0.97		

需要进行13次迭代才能得到收敛的结果;同时,AR(1)系数(实际上是 ρ)等于0.974,远远大于前一个计算机实例得到的结果。然而,这并不是普遍情况,其他例子可能会导致小于的结果;这里的情况可能受到季度数据的影响。如果我们额外使用 AR(4)项,通过命令:

```
ls lcon c ldisp lprice ar(1) ar(4)
```

得到的 ρ(见表7.11)和前一个实例非常接近。

表 7.11　使用 AR(4) 的迭代程序结果

Dependent variable: LCONS
Method: least squares
Date: 02/12/04 Time: 23:57
Sample(adjusted): 1986:1 1994:2
Included observations: 34 after adjusting endpoints
Convergence achieved after 11 iterations

Variable	Coefficient	Std. error	t-statistic	Prob.
C	10.210090	0.984930	10.366320	0.0000
LDISP	-0.308133	0.200046	-1.540312	0.1343
LPRICE	-0.820114	0.065876	-12.449320	0.0000
AR(1)	**0.797678**	0.123851	**6.440611**	0.0000
AR(4)	0.160974	0.115526	1.393404	0.1741
R-squared		0.967582	Mean dependent var	4.610894
Adjusted R-squared		0.963111	S.D. dependent var	0.053370
S.E. of regression		0.010251	Akaike info criterion	-6.187920
Sum squared resid		0.003047	Schwarz criterion	-5.963455
Log likelihood		110.194600	F-statistic	216.392400
Durbin-Watson stat		2.045794	Prob(F-statistic)	0.000000
Inverted AR roots	0.97	0.16+0.55i	0.16-0.55i	-0.50

运用 Stata 处理自相关

在 Stata 中解决自相关问题，我们可以通过以下命令，运用 Cochrane-Orcutt 迭代法对模型进行再估计：

```
prais lcons ldisp lprice, corc
```

Stata 会运行所有必要的迭代方程并给出正确的一阶自回归结果。此命令得到的结果和表 7.10 中的相同。

问题与练习

问题

1. 什么是自相关？CLRM 的哪一个假定不再满足？为什么？
2. 解释自相关的后果并说明当 ρ 已知时如何处理自相关。
3. 解释当 ρ 未知时如何处理自相关。
4. 描述自相关 DW 检验的步骤。它的不足是什么？你还能提出其他的检验方法吗？

练习 7.1

文件 investment.wf1 包含下列变量的数据：I = 投资，Y = 收入，R = 利率。以投资作为因变量，收入和利率作为解释变量估计回归方程。使用我们在第 7 章提到的所有正式和非正式的方法检验自相关。如果存在自相关，使用 Cochrane-Orcutt 迭代程序处理自相关。

练习 7.2

文件 product.wf1 包含下列变量的数据：q = 不同年份生产的产品数量，p = 产品的价格，f = 为生产产品所使用的化肥数量，r = 每年的降雨量。估计一个回归方程，解释该产品产量变动的原因。使用我们在第 7 章提到的所有正式和非正式的方法检验自相关。如果存在自相关，使用 Cochrane-Orcutt 迭代程序处理自相关。

附录

式(7.22)的 DW 统计量可以扩展为：

$$d = \frac{\sum_{t=2}^{n} \hat{u}_t^2 + \sum_{t=2}^{n} \hat{u}_{t-1}^2 - 2\sum_{t=2}^{n} \hat{u}_t \hat{u}_{t-1}}{\sum_{t=1}^{n} \hat{u}_t^2} \tag{7.36}$$

因为 $\hat{u}_t$ 通常很小，所以从 2 加到 n 或者从 2 加到 $n-1$ 大致等于从 1 加到 n。那么

$$\sum_{t=2}^{n} \hat{u}_t^2 \simeq \sum_{t=2}^{n} \hat{u}_{t-1}^2 \simeq \sum_{t=1}^{n} \hat{u}_t^2 \tag{7.37}$$

式(7.36)现在为：

$$d \simeq 1 + 1 - \frac{2\sum_{t=2}^{n} \hat{u}_t \hat{u}_{t-1}}{\sum_{t=1}^{n} \hat{u}_t^2} \tag{7.38}$$

但是由式(7.23)，我们有 $\hat{\rho} = 2\sum_{t=2}^{n} \hat{u}_t \hat{u}_{t-1} \Big/ \sum_{t=1}^{n} \hat{u}_t^2$，得到：

$$d \simeq 2 - 2\rho \simeq 2(1 - \rho) \tag{7.39}$$

最后，由于 ρ 在 -1 和 $+1$ 之间取值，因此 d 的值在 0 和 4 之间。

第 8 章 模型误设:错误的回归变量、测量误差以及错误的方程形式

本章内容

引言
遗漏相关变量或包含无关变量
不同的函数形式
测量误差
错误设定的检验
实例:EViews 中的 Box-Cox 转换
选择合适模型的方法
问题与练习

学习目标

1. 了解 CLRM 中错误设定的不同形式
2. 理解遗漏变量的重要性和后果
3. 区别各类函数形式并理解其中系数的含义和解释
4. 理解数据测量误差的重要性
5. 运用计量经济学软件进行错误设定检验
6. 理解嵌套模型和非嵌套模型的含义
7. 熟悉数据挖掘的概念并知道如何选择合适的计量经济学模型

引言

计量经济学中最重要的问题之一是,在现实中我们永远不确定想要估计的方程的形式。比如,最常见的设定误差是在估计方程时遗漏了一个或更多个有影响的变量,或者包含了实际上不属于设定方程的解释变量。我们首先看看这些变量如何影响 OLS 估计量,随后提供解决这些问题的方法。

其他错误设定问题可能与 Y 和 X 之间的线性关系的假设不再成立有关。因此,这里会介绍一系列允许我们建立和估计各种非线性关系的模型。

进一步地,我们还会检验变量的测量误差带来的问题,以及错误设定的检验方法;在本章的最后部分,我们将介绍选择最佳模型的方法。

遗漏相关变量或包含无关变量

遗漏相关变量的后果

遗漏了在决定因变量时起重要作用的解释变量,会使这些变量成为误差项的一部分。因此,CLRM 的一个或更多个假定将不再被满足。为了更详细地解释这个问题,考虑如下总体回归函数:

$$Y = \beta_1 + \beta_2 X_2 + \beta_3 X_3 + u \tag{8.1}$$

其中,$\beta_2 \neq 0, \beta_3 \neq 0$,并假定这是"正确"的函数形式。

然而,假设我们对模型进行了错误的设定,我们估计如下方程:

$$Y = \beta_1 + \beta_2 X_2 + u^* \tag{8.2}$$

这里,X_3 被错误地遗漏了。在这个方程中,我们迫使 u 在包含纯随机因素的情况下还包含了遗漏变量 X_3。实际上方程(8.2)的误差项为:

$$u^* = \beta_3 X_3 + u \tag{8.3}$$

根据 CLRM 的假定,残差均值为零的假设不再成立:

$$E(u^*) = E(\beta_3 X_3 + u) = E(\beta_3 X_3) + E(u) = E(\beta_3 X_3) \neq 0 \tag{8.4}$$

并且,如果被排除的变量 X_3 恰好与 X_2 相关,那么方程(8.2)中的误差项就不再独立于 X_2。这些结果导致 β_1 和 β_2 的估计量是有偏和不一致的,这通常被称为遗漏变量偏差。很容易证明,在"真实"总体方程中遗漏多个变量的情况也是一样的。

包含无关变量

我们已经看到,遗漏相关变量使得 OLS 估计量出现一些问题;然而,即使被估计方程包含了无关变量,问题却不是很严重。在这种情况下,我们假设正确的方程为:

$$Y = \beta_1 + \beta_2 X_2 + u \qquad (8.5)$$

这次我们估计：

$$Y = \beta_1 + \beta_2 X_2 + \beta_3 X_3 + u \qquad (8.6)$$

这里，X_3 被错误地包含在设定模型中。

在这种情况下，由于 X_3 不属于方程(8.6)，它的系数应该等于 0（$\beta_3 = 0$）。如果 $\beta_3 = 0$，那么我们估计式(8.6)时的 CLRM 假定都是成立的，因此 OLS 估计量是无偏和一致的。然而，虽然包含不相关变量不会导致偏差，但 OLS 估计量 β_1 和 β_2 不可能是完全有效的。在 X_3 和 X_2 相关的情况下，这个不必要的变量会导致该估计发生多重共线性问题，将不可避免地导致 X_2 系数的标准误更高。这可能导致我们对于相关的解释变量却错误地得出 t 值不显著的结论。

由于包含了不相关变量，一个 t 值不显著的参数不一定就是不相关的。因此，从回归模型中剔除不显著变量必须非常谨慎。总的来说，在包含不相关变量的情况下，会有以下结果：

(1) 由于自由度增加，$\bar{R}^2$ 的值会下降，但是 RSS 基本保持不变。
(2) 其他回归量的符号不会发生变化，它们的大小也不会发生很大的变化。
(3) 对其他变量的 t 统计量影响不大。

然而，选择一个无关变量，由于它和其他一个或多个剩余变量相关，这会改变它们的 t 统计量。因此，正如之前提到的，那些原则只在理想的情况下有效。在决定是否从一个方程中剔除一个变量时，应使用直觉、经济理论和以前的实证发现。

同时遗漏相关变量和包含无关变量

在这种情况下，我们假设正确的方程为：

$$Y = \beta_1 + \beta_2 X_2 + \beta_3 X_3 + u \qquad (8.7)$$

并估计：

$$Y = \beta_1 + \beta_2 X_2 + \beta_4 X_4 + u^* \qquad (8.8)$$

在这里，我们不仅遗漏了相关变量 X_3，同时还包括了无关变量 X_4。正如前面分析的，第一种情况会导致有偏和不一致的估计量，第二种情况会导致无效的估计量。总的来说，遗漏相关变量的后果是比较严重的，因此我们需要有方法来检测此类问题。其中一种方法是，观察估计方程的残差值。在第 7 章的讨论中，我们提到了观察残差值可以对自相关问题给出提示，同时还描述了检测自相关的正式方法以及解决自相关的方法。

遗漏变量误差的插入法

有时，遗漏变量误差产生的原因是，无法得到影响 Y 的关键变量。比如，考虑一个模型，一个人的月收入是与他/她的性别和他/她接受教育的年限联系起来的，这些因素都可以很容易地被量化并包含在模型中。然而，如果我们假设工资水平还受我们生长的社会经济环境的影响，却很难找到一个刻画这种特征的变量。

$$(salary\_level) = \beta_1 + \beta_2(sex) + \beta_3(education) + \beta_4(background) \qquad (8.9)$$

不把 background 变量包含在这个模型中,可能会导致 β_2 和 β_3 的估计量是有偏和不一致的;然而,我们主要关注的是,得到这两个斜率参数的合适的估计量。我们并不很在意 β_1,也不对 β_4 是一致估计量抱期望,因为 background 是不可观察的。因此,解决这个问题并有效地得到合适的斜率参数的一个方法是,包含一个遗漏变量的代理变量。比如,在这个例子中,对每个个体加入家庭收入(fm_inc)这个变量。当然,在这种情况下,fm_inc 不一定要与 background 相同,但 fm_inc 与不可观察的 background 必须是相关的。

为了更详细地阐述这个问题,考虑如下模型:

$$Y = \beta_1 + \beta_2 X_2 + \beta_3 X_3 + \beta_4 X_4^* + u \tag{8.10}$$

其中,X_2 和 X_3(如性别和教育程度)是可观察的变量,而 X_4^*(如社会经济背景)是不可观察的,但对于 X_4^* 我们有一个很好的代理变量 X_4(如家庭收入)。

我们要求 X_4 和 X_4^* 至少有某种关系,比如简单的线性关系:

$$X_4^* = \gamma_1 + \gamma_2 X_4 + e \tag{8.11}$$

这里,误差 e 也应该包含在模型中,因为 X_4 和 X_4^* 的关系不是精确的。通常情况下,我们包含的是有正相关关系的代理变量,如果 X_4^* 不是 X_4 合适的代理变量,则 $\gamma_2 > 0$。参数 γ_1 也被包含进来,是为了允许在不同大小情况下测量 X_4^* 和 X_4;很明显,γ_1 既可以是正的,也可以是负的。

因此,为了解决遗漏变量误差,可以假设 X_4 和 X_4^* 是相同的,并运行以下回归:

$$\begin{aligned} Y &= \beta_1 + \beta_2 X_2 + \beta_3 X_3 + \beta_4 (\gamma_1 + \gamma_2 X_4 + e) + u \\ &= (\beta_1 + \beta_4 \gamma_1) + \beta_2 X_2 + \beta_3 X_3 + \beta_4 \gamma_2 X_4 + (u + \beta_4 e) \\ &= a_1 + \beta_2 X_2 + \beta_3 X_3 + a_4 X_4 + x \end{aligned} \tag{8.12}$$

其中,$x = u + \beta_4 e$ 是一个复合误差,取决于我们感兴趣的模型(8.10)和代理变量方程(8.11)的误差。很明显,$a_1 = \beta_1 + \beta_4 \gamma_1$ 是新的截距,$a_4 = \beta_4 \gamma_2$ 是代理变量的斜率系数。正如我们之前提到的,估计方程(8.12)并不能得到 β_1、β_4 的无偏估计量,但可以得到 β_2、β_3、a_1、a_4 的无偏估计量。最重要的是得到了 β_2、β_3 合适的估计量,这是我们最感兴趣的。

另一方面,可以很容易地证明,使用代理变量仍然会导致误差。假设不可观察变量 X_4^* 和所有(或一些)可观察变量都是相关的,方程(8.11)变成了:

$$X_4^* = \gamma_1 + \gamma_2 X_2 + \gamma_3 X_3 + \gamma_4 X_4 + w \tag{8.13}$$

方程(8.11)假设 $\gamma_2 = \gamma_3 = 0$,把方程(8.13)代入模型(8.10),我们得到:

$$Y = (\beta_1 + \beta_4 \gamma_1) + (\beta_2 + \beta_4 \gamma_2) X_2 + (\beta_3 + \beta_4 \gamma_3) X_3 + \beta_4 \gamma_4 X_4 + (u + \beta_4 w) \tag{8.14}$$

由此我们可以得到 $plim(\hat{\beta}_2) = \beta_2 + \beta_4 \gamma_2$,$plim(\hat{\beta}_3) = \beta_3 + \beta_4 \gamma_3$。联系之前的例子,如果 education 和 fm_inc 呈有偏正相关关系,education 系数的估计量就有正向的偏差(不一致)。然而,我们可以预期的是,在这种情况下,误差与完全遗漏该变量时相比会小一些。

不同的函数形式

引言

当我们使用不正确的函数形式时,会面对特定的误差。最明显的情况就是,方程具有基本的线性关系的假设。如果这个假设不成立,那么我们可能采用了线性估计方程,但真实的关系是非线性的。

例如,如果真实的回归方程为:

$$Y = AX_2^\beta X_3^\gamma e^u \tag{8.15}$$

但我们估计的线性形式为:

$$Y = a + \beta X_2 + \gamma X_3 + u \tag{8.16}$$

那么,在非线性方程中,β 和 γ 代表弹性,而在线性方程中则代表,解释变量变动 1 个单位,Y 的变动量。因此,β 和 γ 是真实参数的不正确的估计量。

检测错误的函数形式的一种方法是观察残差的样式。如果观测到残差呈现系统性的样式,那么我们可以怀疑存在错误设定。然而,知道可能出现的非线性函数形式及其边际效应和弹性特点同样是有帮助的。表 8.1 总结了各种不同模型的形式和特点。

表 8.1 不同函数形式的特点

项目	函数形式	边际效应 $(\mathrm{d}Y/\mathrm{d}X)$	弹性 $(X/Y)(\mathrm{d}Y/\mathrm{d}X)$
Linear	$Y = \beta_1 + \beta_2 X$	β_2	$\beta_2 X/Y$
Linear-log	$Y = \beta_1 + \beta_2 \ln X$	β_2/X	β_2/Y
Reciprocal	$Y = \beta_1 + \beta_2(1/X)$	$-\beta_2/X^2$	$-\beta_2/(XY)$
Quadratic	$Y = \beta_1 + \beta_2 X + \beta_3 X^2$	$\beta_2 + 2\beta_3 X$	$(\beta_2 + 2\beta_3 X)X/Y$
Interaction	$Y = \beta_1 + \beta_2 X + \beta_3 XZ$	$\beta_2 + \beta_3 Z$	$(\beta_2 + \beta_3 Z)X/Y$
Log-linear	$\ln Y = \beta_1 + \beta_2 X$	$\beta_2 Y$	$\beta_2 X$
Log-reciprocal	$\ln Y = \beta_1 + \beta_2(1/X)$	$-\beta_2 Y/X^2$	$-\beta_2/X$
Log-quadratic	$\ln Y = \beta_1 + \beta_2 X + \beta_3 X^2$	$Y(\beta_2 + 2\beta_3 X)$	$X(\beta_2 + 2\beta_3 X)$
Double-log	$\ln Y = \beta_1 + \beta_2 \ln X$	$\beta_2 Y/X$	β_2
Logistic	$\ln[Y/(1-Y)] = \beta_1 + \beta_2 X$	$\beta_2 Y(1-Y)$	$\beta_2(1-Y)X$

线性对数函数形式

在线性 log 函数中,因变量保持不变,自变量以对数形式出现。因此,模型为:

$$Y = \beta_1 + \beta_2 \ln X + u \tag{8.17}$$

这个关系给出了边际效应 $(\mathrm{d}Y/\mathrm{d}X)$ 等于 $\mathrm{d}Y/\mathrm{d}X = \beta_2/X$。解出 $\mathrm{d}Y$:

$$dY = \beta_2 \frac{dX}{X} = \frac{\beta_2}{100}\left[100\frac{dX}{X}\right] = \frac{\beta_2}{100} \quad (X\text{变化的百分比}) \tag{8.18}$$

所以，X 变动 1% 会导致 Y 变动 $\beta_2/100$ 个单位（注意，这里是单位变动而非百分比变动）。

β_1、β_2 为正时，函数图形如图 8.1 所示。经济理论中的实例可以是农业总产出(Y)对耕地的公顷数(X)。

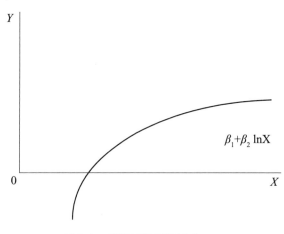

图 8.1　线性对数函数形式

倒数函数形式

另一种模型为：

$$Y = \beta_1 + \beta_2(1/X) + u \tag{8.19}$$

如图 8.2 所示。

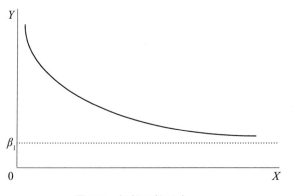

图 8.2　倒数函数形式

这种形式通常应用于需求曲线中。注意，因为需求曲线通常是向下倾斜的，而我们又预期 β_2 是正的，所以当 X 趋向于足够大时，Y 渐近趋向于 β_1。

多项式函数形式

这个模型包含解释变量 X 和它的多项式(k)。我们有：

$$Y = \beta_1 + \beta_2 X + \beta_3 X^2 + \cdots + \beta_k X^k + u \tag{8.20}$$

为了估计这个模型,我们只需要生成新变量 X^2、X^3 等,然后将变量 Y 对它们进行回归。很明显,如果 $k=3$,那么多项式是立方的;如果 $k=2$,那么多项式就是平方的。平方形式通常被用来拟合 U 形曲线(如成本函数)。总的来说,应该避免高于二阶的多项式。第一个原因是会减少自由度;第二个原因是有可能 X 和 X^2 高度相关,因此被估计系数是不可靠的。

含有交互项的函数形式

有时,一个变量的边际效应取决于另一个变量。比如 Klein 和 Morgan(1951)提出,边际消费倾向受到个人持有的资产的影响,这意味着更富有的人可能会有更高的边际消费倾向。在凯恩斯消费函数中:

$$C = a + \beta Y + u \tag{8.21}$$

其中,C 代表消费,Y 代表收入,β 是边际消费倾向;我们有 $\beta = \beta_1 + \beta_2 A$,其中 A 代表资产,代入函数(8.21)中,得到:

$$\begin{aligned} C &= a + (\beta_1 + \beta_2 A) Y + u \\ &= a + \beta_1 Y + \beta_2 AY + u \end{aligned} \tag{8.22}$$

AY 被称为交互项,注意,在这种情况下,边际效应为 $dC/dY = \beta_1 + \beta_2 A$,所以我们需要知道 A 的值。

对数线性函数形式

到目前为止,我们检验了非线性仅出现在解释变量中的模型,现在检验一个因变量是非线性的模型。考虑如下模型:

$$\ln Y = \beta_1 + \beta_2 X + u \tag{8.23}$$

β_2 现在是 X 对 $\ln Y$ 的边际效应而不是对 Y,这被称作瞬时增长率。两边对 X 求导,我们得到:

$$\beta_2 = \frac{d \ln Y}{dX} = \frac{1}{Y}\frac{dY}{dX} = \frac{dY}{Y}\frac{1}{dX} \tag{8.24}$$

其中,dY/Y 是 Y 的变化除以 Y。这样,乘以 100 时,β_2 就给出 X 变动 1 个单位,Y 的变动量。

对数线性模型被广泛应用于经济学(特别是人力资本)中。这个理论说明,一个人受教育程度越高,其薪资也应该越高。因此,我们假设额外一年学习的回报为 θ,那么在第一个阶段,月薪应该等于 $s_1 = (1+\theta)s_0$,两年的回报为 $s_2 = (1+\theta)^2 s_0$,等等。对于第 k 年,$s_k = (1+\theta)^k s_0$,两边取对数,我们有:

$$\ln s_k = k \ln(1+\theta) + \ln(s_0) = \beta_1 + \beta_2 k \tag{8.25}$$

其中，k 是每个个人接受教育的年数。这样，我们就得到薪资和接受教育年限的对数线性关系，OLS 系数 β_2 是每增加一年教育会提高 $100\beta_2\%$ 的月收入。

双对数函数形式

当我们预期变量有恒定的比例时，双对数模型是常用的。一个例子是 Cobb-Douglas 形式的生产函数：

$$Y_t = AK_t^\alpha L_t^\beta \tag{8.26}$$

这里采用标准形式，两边取对数并加入误差项，我们得到：

$$\ln Y_t = \gamma + \alpha \ln K_t + \beta \ln L_t + u_t \tag{8.27}$$

很容易证明，α 和 β 分别是 K_t 和 L_t 的弹性。为了证明这个结论，保持 L 恒定让 K 变动，我们有：

$$\alpha = \frac{d\ln Y}{d\ln K} = \frac{(1/Y)dY}{(1/K)dK} = \frac{K}{Y}\frac{dY}{dK} \tag{8.28}$$

另一种证明方式是根据原始函数(8.26)求 Y 对 K 的偏导：

$$\frac{dY}{dK} = \alpha AK_t^{\alpha-1} L_t^\beta = \alpha \frac{AK_t^\alpha L_t^\beta}{K} = \alpha \frac{Y}{K} \tag{8.29}$$

因此，

$$\alpha = \frac{dY}{dK}\frac{K}{Y} \tag{8.30}$$

很容易证明，这对 β 也是成立的（我们把这个作为练习留给读者）。表 8.2 提供了不同形式对数模型的边际效应。

表 8.2　对数模型边际效应的解释

项目	函数形式	边际效应	解释
线性	$Y = \beta_1 + \beta_2 X$	$\Delta Y = \beta_2 \Delta X$	1 单位 X 的变化，带来 β_2 单位 Y 的变化
线性对数	$Y = \beta_1 + \beta_2 \ln X$	$\Delta Y = \beta_2/100[100\Delta X/X]$	X 变化 1% 引起 Y 变化 $\beta_2/100$
对数线性	$\ln Y = \beta_1 + \beta_2 X$	$100\Delta Y/Y = 100\beta_2 \Delta X$	1 单位 X 变化带来 $100\beta_2\%$ 单位 Y 的变化
双对数	$\ln Y = \beta_1 + \beta_2 \ln X$	$100\Delta Y/Y = \beta_2[100\Delta X/X]$	X 变化 1% 引起 Y 变动 $\beta_2\%$

Box-Cox 转换

如前所述，函数形式的选择对于被估计参数的解释起到至关重要的作用，因此需要正式的检验来指导我们在总体关系不确定时如何选择函数形式。

例如，考虑一个有两个解释变量（X_2 和 X_3）的模型，我们必须能够决定是使用线性、对数线性、线性对数还是双对数函数形式。当在线性和线性对数模型之间或者在对数线性和双对数模型之间进行选择时，事情就变得简单了，因为我们有相同的因变量。我们可以同时估计两个模型并选择 R^2 值更高的函数形式。然而，当因变量不同时，比如以下线性形式：
$$Y = \beta_1 + \beta_2 X \tag{8.31}$$
以及双对数形式：
$$\ln Y = \beta_1 + \beta_2 \ln X \tag{8.32}$$
则无法通过 R^2 值来比较两个模型。

在这样的例子中，我们对 Y 进行转换以使得模型具有可比性。这种方法由 Box 和 Cox(1964) 提出，被称作 Box-Cox 转换。这个方法步骤如下：

步骤 1 得到样本 Y 的几何平均值：
$$\tilde{Y} = (Y_1 Y_2 Y_3 \cdots Y_n)^{1/n} = \exp(1/n \sum \ln Y_i) \tag{8.33}$$

步骤 2 用样本 Y 除以已得到的 $\tilde{Y}$，得到：
$$Y_i^* = Y_i / \tilde{Y} \tag{8.34}$$

步骤 3 把 Y^* 作为因变量估计方程(8.31)和方程(8.32)。现在这两个方程的 RSS 是直接可比的，RSS 更低的方程是更优的。如果我们想知道是否其中一个模型显著优于另一个模型，那么需要计算下列统计量：
$$\left(\frac{1}{2}n\right)\ln\left(\frac{RSS_2}{RSS_1}\right) \tag{8.35}$$

其中，RSS_2 是较高的 RSS，RSS_1 是较低的 RSS，上述统计量服从自由度为 1 的 χ^2 分布。如果 χ^2 统计量 > χ^2 临界值，那么我们就可以确信，在 χ^2 临界值的显著性水平下具有较低 RSS 的模型是更优的。

测量误差

到目前为止，在正确的模型中，我们已经解决了遗漏变量或多加变量的情况；然而，还有别的导致 OLS 估计量出现问题的可能性。有时候，取得真正影响经济行为的变量的数据是不可能的；或者，取得的一个或多个变量的数据存在测量误差。在这样的情况下，用于进行计量分析的变量的数据不正确，可能导致严重的估计问题。

因变量的测量误差

我们通过检验一个案例来开始我们的分析，在这个案例里只有因变量具有测量误差，假设真实的总体方程是：
$$Y = \beta_1 + \beta_2 X_2 + \cdots + \beta_k X_k + u \tag{8.36}$$
进一步假设它满足 CLRM 的假定，但我们不能观察 Y 的真实值。缺失有关 Y 的正确值的信息，使得我们只能使用可获得的但包含测量误差的与 Y 有关的数据。

Y^* 的观察值将和如下的真实关系不同：

$$Y^* = Y + w \tag{8.37}$$

其中，w 表示 Y 的测量误差。

为了得到一个能够用计量方法测量的模型，我们将 $Y = Y^* - w$ 代入方程(8.36)，得到：

$$Y^* = \beta_1 + \beta_2 X_2 + \cdots + \beta_k X_k + (u + w) \tag{8.38}$$

于是，我们现在得到一个误差项$(u+w)$。既然 $Y^*, X_2, \cdots, X_k$ 已经被观察到，我们可以忽略 Y^* 不是 Y 的一个完美估计这一事实来估计这个方程。除非关于 w 的特定情形已经发生，得到的 OLS 系数将不受影响。第一，我们从 CLRM 的假定知道 u 的均值为零，而且与所有的 X 都不相关。如果测量误差 w 也有一个零均值，我们在方程里就得到常数 β_1 的一个无偏估计量，否则 β_1 的 OLS 估计量是有偏的；但是，这在计量经济学里几乎不重要。第二，对于 w 与解释变量的关系，我们需要有一个条件。

如果 Y 的测量误差与 X 不相关，则斜率的 OLS 估计量是无偏的和一致的；反之亦然。作为最后一个标志，当 u 和 w 不相关时，则 $Var(u+w) = \sigma_u^2 + \sigma_w^2 > \sigma_u^2$。

因此，测量误差导致更大的残差方差，这当然导致 OLS 估计系数产生更大的方差。然而，这是预料之中的而且无法避免。

解释变量的测量误差

在这个例子中，我们有真正的总体方程：

$$Y = \beta_1 + \beta_2 X_2 + u \tag{8.39}$$

这个方程满足 CLRM 的假定，于是 OLS 将提供无偏的和一致的关于 β_1 与 β_2 的估计。现在 X_2 不能观察到，我们只有 X_2 的测量值，设为 X_2^*。X_2 与 X_2^* 之间的关系如下：

$$X_2 = X_2^* - v \tag{8.40}$$

将其代入总体模型(8.39)，得到：

$$Y = \beta_1 + \beta_2(X_2^* - v) + u \tag{8.41}$$
$$= \beta_1 + \beta_2 X_2^* + (u - \beta_2 v) \tag{8.42}$$

如果 ε 和 v 与 X_2^* 都不相关，且两者均值都为零，则 OLS 估计量对于 β_1 和 β_2 的估计都是一致的。然而就像下面所展示的，情况并非总是这样。再一次地，由于 ε 和 v 是不相关的，残差方差 $Var(\varepsilon - \beta_2 v) = \sigma_\varepsilon^2 + \beta_2^2 \sigma_v^2$。所以，只有当 $\beta_2 = 0$ 的时候，测量误差才不会提高方差，β_1 和 β_2 的方差将再次变得更大。

回忆一下 OLS 斜率估计量如下：

$$\hat{\beta}_2 = \frac{\sum (X_2^* - \bar{X}_2^*)(Y - \bar{Y})}{\sum (X_2^* - \bar{X}_2^*)^2}$$

$$= \frac{\sum (X_2^* - \bar{X}_2^*)(\beta_1 + \beta_2 X_2^* + u - \beta_2 v) - \beta_1 - \beta_2 \bar{X}_2^* - \bar{u} + \beta_2 \bar{v}}{\sum (X_2^* - \bar{X}_2^*)^2}$$

$$= \frac{\sum (X_2^* - \bar{X}_2^*)(\beta_2 (X_2^* - \bar{X}_2^*) + (u - \bar{u}) - \beta_2 (v - \bar{v}))}{\sum (X_2^* - \bar{X}_2^*)^2} \tag{8.43}$$

为了无偏性，我们希望 $E(\hat{\beta}_2) = \beta_2$。取式(8.43)的期望值后得到：

$$E(\hat{\beta}_2) = \beta_2 + E\left(\frac{\sum(X_2^* - \bar{X}_2^*)(u - \bar{u})}{\sum(X_2^* - \bar{X}_2^*)^2} - \beta_2 \frac{\sum(X_2^* - \bar{X}_2^*)(v - \bar{v})}{\sum(X_2^* - \bar{X}_2^*)^2}\right)$$

$$= \beta_2 + E\left(\frac{Cov(X_2^*, u)}{Var(X_2^*)} - \beta_2 \frac{Cov(X_2^*, v)}{Var(X_2^*)}\right) \quad (8.44)$$

所以，我们需要检验这些协方差是否等于零。有：

$$Cov(X_2^*, u) = E(X_2^* u) - E(X_2^*)E(u) \quad (8.45)$$

因为 $E(\varepsilon) = 0$，上式转化为：

$$Cov(X_2^*, u) = E(X_2^* u) = E[(X_2 + v)u] = E(X_2 u) + E(vu) \quad (8.46)$$

因为 X 的真实值与 u 不相关，所以式(8.46)里的第一个期望值等于零；并且，假设两个误差(v 和 u)是相互独立的，则第二个期望值也等于零。

我们得到 X_2^* 和 v 的协方差：

$$Cov(X_2^*, v) = E(X_2^* v) - E(X_2^*)E(v) \quad (8.47)$$

$$= E[(X_2 + v)v] \quad (8.48)$$

$$= E(X_2 v) + E(v^2) = 0 + \sigma_v^2 \quad (8.49)$$

$E(X_2 v)$ 项等于零，因为 X_2 的真实值和测量误差是相互独立的。然而，$Cov(X_2^*, v) = \sigma_v^2$ 不为零，观察到的 X_2（即 X_2^*）与它的误差项相关，所以斜率项是有偏的（$E(\hat{\beta}_2) = \beta_2 + \sigma_v^2$）。最后，偏离程度不受样本大小的影响，存在测量误差时，一个解释变量的 OLS 估计量不仅有偏而且不一致。

错误设定的检验

残差的正态性

前面提到过，一种检测错误设定问题的方法是观察回归残差。CLRM 的一个假定为，残差是正态分布的、均值是零、方差是常数。这个假定的冲突导致一个回归模型的统计推断（即 t 统计量、F 统计量等）无效。所以，检验残差的正态性很有必要。

为了检验残差的正态性，我们首先要检验残差的二阶、三阶和四阶矩，然后计算 Jarque-Berra(1990) JB 统计量。这个检验可以通过以下四个步骤完成：

步骤 1 计算回归方程残差（$\hat{u}$）的二阶、三阶和四阶矩（注意，μ_3 是残差的偏度而 μ_4 是残差的峰度）：

$$\mu_2 = \frac{\sum \hat{u}^2}{n}; \mu_3 = \frac{\sum \hat{u}^3}{n}; \mu_4 = \frac{\sum \hat{u}^4}{n} \quad (8.50)$$

步骤 2 计算 Jarque-Berra 统计量：

$$JB = n\left[\frac{\mu_3^2}{6} + \frac{(\mu_4 - 3)^2}{24}\right] \quad (8.51)$$

它服从自由度为 2 的 χ^2 分布。

步骤 3 从 χ^2 分布表中找出 $\chi^2(2)$ 的临界值。

步骤 4 如果 $JB > \chi^2$ 临界值,则拒绝残差正态分布的原假设;或者,如果 p 值 <0.05(对于 95% 的显著性水平),则同样拒绝原假设。

EViews 中残差的 JB 正态性检验

为了检验一个回归模型中残差的正态性,需要检验其直方图和 JB 统计量。为此,我们首先需要估计方程,这既可以通过在 EViews 命令栏中输入方程估计的命令,也可以选择 **Quick/Estimate Equation**,然后详细写出方程并点击 **OK**。估计方程后,出现在每个 EViews 工作文件中的 RESID 序列总是包含这个回归的残差(注意,RESID 序列包含 EViews 最近一次估计的方程的残差,如果后来估计了另一个方程,RESID 序列将改变)。为了检验正态性,双击 RESID 序列,并且点击序列目标工具栏上的 **View/Descriptive Statistics/Histogram and Stats**。这个过程将得到图 8.3 显示的图像和统计特征。

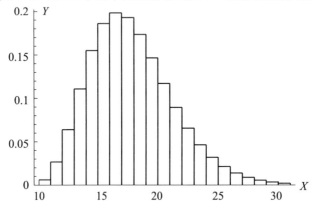

图 8.3 回归残差的直方图和统计特征

从直方图可以看出,残差似乎并不是正态分布的。同样,我们可以在图的右下角看到 JB 统计量和各自的概率极限。这些残差来自一个仅包含 1 个解释变量和 38 个观察值的回归模型。我们可以通过以下 EViews 命令,得到自由度为 2、$a=0.05$、$n=38$ 的 χ^2 分布的临界值:

```
scalar chi_crit = @ qchisq(.95,2)
```

这会在我们的工作文件中产生一个名为 *chi_crit* 的标量,双击这个标量后,其结果可以在 EViews 主窗口底部的状态栏中显示出来。*chi_crit* 的值等于 3.841,由于它比 JB 统计量高,因此我们不能拒绝残差是正态分布的原假设。并且,由于 p 值等于 0.415,比选择的显著性水平(0.05)高,我们再一次得到不能拒绝正态分布的原假设的结论。

Stata 中残差的 JB 正态性检验

在 Stata 中,我们可以通过如下命令获得残差的直方图(假设残差被标注为 resid01):

```
histogram resid01
```

由于我们想知道残差是否严格地服从正态分布,可以在图中加入正态分布的标准线,按以下格式重新输入上述命令:

```
histogram resid01, normal
```

最后,为了得到正式的 χ^2 检验和 JB 统计量,输入命令:

```
sktest res01
```

对一个假定的数据集运行该命令的结果如下。统计量在"adj chi2(2)"下给出,本例中等于 1.51;在其右边是概率极限。由于概率极限为 0.4701,我们不能拒绝正态性的原假设。

```
. sktest res01
```

Skewness/Kurtosis tests for Normality

Variable	Obs	Pr(Skewness)	Pr(Kurtosis)	adj chi2(2)	Prob>chi2
res01	38	0.239	0.852	1.51	0.470 1

(—— joint ——)

一般错误设定的 Ramsey RESET 检验

一般错误设定的最普遍使用的检验是 Ramsey(1969)的回归设定错误检验(RESET),它包含许多检验,既有 F 形式的还有 LM 形式的。假设"真实"的总体方程为:

$$Y = \beta_1 + \beta_2 X_2 + \beta_3 X_2^2 + u \tag{8.52}$$

但我们错误地估计为:

$$Y = \beta_1 + \beta_2 X_2 + \hat{u}^* \tag{8.53}$$

这里,遗漏了 X_2^2,因为我们不知道 Y 的真实性质。

对于这种错误设定的 RESET 检验是基于从回归方程(8.53)得到的 Y 的拟合值:

$$\hat{Y} = \hat{\beta}_1 + \hat{\beta}_2 X_2 \tag{8.54}$$

RESET 检验包含 $\hat{Y}$ 的各种功能并作为 X_2^2 的指标,这能够捕捉可能的非线性关系。在执行检验之前,需要描述我们将在扩展的回归中包含多少项。对于这个问题没有正式的答案,但是一般来说,平方和立方项被证明在大部分应用中是有用的;这样,扩展的方程将为:

$$Y = \beta_1 + \beta_2 X_2 + \delta_1 \hat{Y}^2 + \delta_2 \hat{Y}^3 + \varepsilon \tag{8.55}$$

然后,情况就归结为一个关于新增解释变量 $\hat{Y}^2$ 和 $\hat{Y}^3$ 的常规的 F 形式的检验。如果一个或者更多的系数是显著的,那么就是一般错误设定的证据。RESET 检验的一个很大的缺点是,即使我们拒绝了一个正确设定的原假设,但这仅仅表明这个方程在一种或另一种形式上被错误设定,并没有提供给我们其他的正确模型。

所以,归纳起来,RESET 检验可以按以下步骤进行:

步骤1 估计我们认为的正确描述总体方程的模型,并且得到因变量的拟合值 $\hat{Y}$。

步骤2 再一次估计步骤1中的模型,这次把 $\hat{Y}$ 和 $\hat{Y}$ 作为新增的解释变量包含进去。

步骤3 步骤1中的模型是约束模型,步骤2中的模型是非约束模型。计算这两个模型的 F 统计量。

步骤4 在 F 分布表中找到自由度为 $2, n-k-3$ 的 F 临界值。

步骤5 如果 F 统计量 $> F$ 临界值,则拒绝正确设定的原假设,总结出我们模型的有些地方被错误设定了。或者,我们可以使用 p 值方法。如果 F 检验的 p 值比要求的显著性水平(通常是 0.05)小,则再一次拒绝正确设定的原假设。

RESRT 检验也可通过使用第 4 章描述的 LM 程序来计算。我们从约束模型 (8.53) 中得出残差,并且把它们对于 $\hat{Y}^2$、$\hat{Y}^3$ 和 TR^2 进行回归,这个回归将给出一个包含自由度为 2 的 χ^2 分布的 LM 检验。

EViews 中的 Ramsey RESET 检验

假设我们根据文件 cons.wf1, 在 EViews 命令行中输入以下命令估计回归模型:

```
ls lcons c ldisp
```

该模型将一位顾客在食物上的花费($lcons$)的对数对可支配收入($ldisp$)的对数进行回归。这个回归得到的结果显示在表 8.3 中。

表 8.3 Ramsey RESET 检验的例子

Dependent variable: LCONS
Method: least squares
Date: 02/16/04 Time: 15:03
Sample: 1985:1 1994:2
Included observations: 38

Variable	Coefficient	Std. error	t-statistic	Prob.
C	2.717238	0.576652	4.712091	0.0000
LDISP	0.414366	0.126279	3.281340	0.0023
R-squared	0.230230	Mean dependent var		4.609274
Adjusted R-squared	0.208847	S.D. dependent var		0.051415
S.E. of regression	0.045732	Akaike info criterion		-3.280845
Sum squared resid	0.075291	Schwarz criterion		-3.194656
Log likelihood	64.336060	F-statistic		10.767190
Durbin-Watson stat	0.412845	Prob(F-statistic)		0.002301

为了使用 Ramsey RESET 检验来检验一般错误设定,点击 **View/Stability Diagnostics/Ramsey RESET Test** 等,之后一个新的窗口(RESET Specification)打开,要求注明我们想使用的拟合项的数目。如果我们选择 1,它会只包含 $\hat{Y}^2$;如果我们选择 2,它会同时包含 $\hat{Y}^2$ 和 $\hat{Y}^3$;等等。假定我们只选择 1,然后点击 **OK**,表 8.4 显示了结果。

表 8.4 Ramsey RESET 检验的例子（续）

Ramsey RESET test
Equation: UNTITLED
Specification: LCONS C LDISP
Omitted Variables: Squares of fitted values

	Value	df	Probability
t-statistic	4.663918	35	0.0000
F-statistic	**21.752130**	(1, 35)	**0.0000**
Likelihood ratio	18.367110	1	

F-test summary:

	Sum of sq.	df	Mean squares
Test SSR	0.028858	1	0.028858
Restricted SSR	0.075291	36	0.002091
Unrestricted SSR	0.046433	35	0.001327
Unrestricted SSR	0.046433	35	0.001327

LR test summary:

	Value	df
Restricted LogL	64.33606	36
Unrestricted LogL	73.51961	35

Unrestricted test equation:
Dependent variable: LCONS
Method: least squares
Date: 04/19/10 Time: 23:06
Sample: 1985Q1 1994Q2
Included observations: 38

Variable	Coefficient	Std. error	*t*-statistic	Prob.
C	-204.01330	44.32788	-4.602369	0.0001
LDISP	-204.40120	43.91502	-4.654470	0.0000
FITTED^2	53.74842	11.52431	4.663918	0.0000
R-squared	0.525270	Mean dependent var		4.609274
Adjusted *R*-squared	0.498142	S.D. dependentvar		0.051415
S.E. of regression	0.036423	Akaike info criterion		-3.711559
Sum squared resid	0.046433	Schwarz criterion		-3.582275
Log likelihood	73.519610	Hannan-Quinn criter.		-3.665561
F-statistic	19.363020	Durbin-Watson stat		0.795597
Prob(*F*-statistic)	0.000002			

从结果可以看到，F 统计量是相当高的。虽然没有 F 临界值，但是从 p 值可以看到，因为 F 统计检验的 p 值比要求的显著性水平（0.05）小，我们可以安全地拒绝正确设定的原假设，并得出模型被错误设定的结论。同时应注意，平方拟合项的系数是统计显著的（t 统计量 = 4.66）

Microfit 中的 Ramsey RESET 检验

在诊断检验下，Microfit 通过回归结果输出方式报告 Ramsey 检验，如同检验 B，它包括一个拟合的平方项。Microfit 同时报告上面描述的 LM 检验和 F 形式检验的统计量和 p 值。对此的解释和上述例子中运用 p 值检验的解释是一样的。

Stata 中的 Ramsey RESET 检验

在 Stata 中进行 Ramsey RESET 检验，需要在运行一个回归之后使用如下命令：

```
estat ovtest
```

Stata 直接给出 F 统计量和概率极限。Stata 中的检验和 EViews 中的稍有不同。由于 Stata 中检验的约束模型不含任何解释变量（这就是为什么报告的 F 统计量的自由度和 EViews 中的不同），因此两个程序得到的结果不一样。但是，在大多数情况下（即使不是全部情况），得到的结论是相同的。

非嵌套模型检验

在非嵌套模型中不能使用 F 形式的检验。非嵌套模型是指模型里的方程都不是彼此的特殊形式。换句话说，我们没有约束模型和非约束模型。

例如，我们有以下的两个模型：

$$Y = \beta_1 + \beta_2 X_2 + \beta_3 X_3 + u \tag{8.56}$$

$$Y = \beta_1 + \beta_2 \ln X_2 + \beta_3 \ln X_3 + \varepsilon \tag{8.57}$$

我们想要对于式(8.57)检验式(8.56)；反之亦然。有两个不同的途径。

第一个方法由 Mizon 和 Richard(1986)提出，他们建议检验一个形式上综合的模型：

$$Y = \delta_1 + \delta_2 X_2 + \delta_3 X_3 + \delta_4 \ln X_2 + \delta_5 \ln X_3 + \varepsilon \tag{8.58}$$

然后对 δ_2 和 δ_3 的显著性进行 F 检验，正如约束模型方程(8.57)；或者对 δ_4 和 δ_5 进行检验，正如非约束模型方程(8.56)。

第二个方法由 Davidson 和 MacKinnon(1993)提出，他们指出如果方程(8.56)是真实的，那么方程(8.57)的拟合值在方程(8.56)中将是显著的；反之亦然。所以，为了检验方程(8.56)，我们首先需要检验方程(8.57)，得到这个模型的拟合值，我们称之为 $\tilde{Y}$。这个检验建立在以下方程中的关于 $\tilde{Y}$ 的 t 统计检验上：

$$Y = \beta_1 + \beta_2 X_2 + \beta_3 X_3 + \zeta \tilde{Y} + v \tag{8.59}$$

其中，一个显著的系数 ζ 表明将拒绝式(8.56)。这个检验的一个缺点是，综合方程(8.58)从经济学理论的观点来看是没有意义的。

如果我们要对于方程(8.56)来检验方程(8.57)，那么情况正好相反。这些检验技巧有以下一些缺点：

(1)清楚地表明哪个模型是更好的结果是没有必要的。两个模型可能都被拒绝，或者都不被拒绝。如果出现两个都不被拒绝的情况，那么我们选择 $\bar{R}^2$ 值更高的那个模型。

(2)拒绝方程(8.56)并不意味着方程(8.57)是正确的选择。

(3) 如果这两个互斥的模型具有不同的因变量,那么情况将变得更加复杂。已经有检验被提出以处理这个问题,但是这些超出了本书的范围,这里不再讨论。

实例:EViews 中的 Box-Cox 转换

这个例子考察收入和消费之间的关系,提出两个函数形式,使用 Box-Cox 转换来决定两者中哪个更好;也会执行 Ramsey RESET 检验。

我们使用季度频率的有关收入、消费和消费者价格指数的数据,从 1985 年第一季度到 1994 年第二季度。文件的名称是 box_cox.wf1,变量的名称分别是 *inc*、*cons* 和 *cpi*。

我们可以通过两种方式具体说明消费者方程:

$$C_t = \beta_{11} + \beta_{12} Y_t + u_{1t} \tag{8.60}$$

或者

$$\ln C_t = \beta_{21} + \beta_{22} \ln Y_t + u_{2t} \tag{8.61}$$

其中,C_t 是实际消费(经通货膨胀调整),β_{11}、β_{12}、β_{21} 和 β_{22} 是需要估计的系数,Y_t 是实际收入(经通货膨胀调整),u_{1t} 和 u_{2t} 是两个设定的干扰项。

我们需要把两个方程的名义值重新设置成实际值,以变量的对数形式来估计方程(8.61)。按照如下设定,使用 *cpi* 来消除通货膨胀的影响:

$$X_{real} = X_{nominal} * \left(\frac{CPI_{base}}{CPI_t} \right) \tag{8.62}$$

在 EViews 中使用下列命令:

```
scalar cpibase = 102.7
genr consreal = cons * (cpibase/cpi)
genr icreal = inc * (cpibase/cpi)
```

可以在 EViews 中用以下命令把变量 *consreal* 和 *increal* 转化为对数:

```
genr lincr = log(increal)
genr lconsr = log(consreal)
```

到此,Box-Cox 转换的所有数据集都准备就绪。首先,我们需要得到几何平均数,这可以按以下方式计算:

$$\tilde{Y} = (Y_1 Y_2 Y_3 \cdots Y_n)^{1/n} = \exp(1/n \sum \ln Y_i) \tag{8.63}$$

在 EViews 里,第一步是准备因变量的对数之和,为此我们在 EViews 的命令行里输入:

```
scalar scons = @sum(lconsr)
```

为了在 EViews 里查看一个标量的值,我们需要双击这个标量,它的值就会出现在右下角,观察到的对数之和是 174.704。具有 $n = 38$ 个观察值的因变量的几何平均数可由以下命令得到：

```
scalar constilda = exp((1/38) * scons)
```

我们需要转换样本 Y（即 $lconsr$）的值，通过将其每一个值除以 $constilda$，获得新序列 $constar$。在 EViews 里实现这个转换的命令是：

```
genr constar = lconsr/constilda
```

新的序列替换方程(8.60)和方程(8.61)的因变量，得到以下新方程：

$$C_t^* = \beta_{11} + \beta_{12}Y_t + u_{1t} \tag{8.64}$$

以及

$$C_t^* = \beta_{21} + \beta_{22}\ln Y_t + u_{2t} \tag{8.65}$$

为了在 EViews 里运行这两个回归，输入以下命令：

```
ls constar c increal
ls constar c lincr
```

结果分别显示在表 8.5 和表 8.6 中，总结性结果显示在表 8.7 中。从总结性结果可以看到，这两种函数形式中的常数项和收入项都是显著的，R^2 值近似为 65%—67%。

表 8.5 Box-Cox 检验的回归模型

Dependent variable: CONSTAR
Method: least squares
Date: 02/25/04   Time: 16:56
Sample: 1985:1 1994:2
Included observations: 38

Variable	Coefficient	Std. error	t-statistic	Prob.
C	−0.025836	0.008455	−3.055740	0.0042
LINCR	0.015727	0.001842	8.536165	0.0000
R-squared		0.669319	Mean dependent var	0.046330
Adjusted R-squared		0.660133	S. D. dependent var	0.001096
S. E. of regression		0.000639	Akaike info criterion	−11.822300
Sum squared resid		1.47E−05	Schwarz criterion	−11.736110
Log likelihood		226.6238	F-statistic	72.866120
Durbin-Watson stat		0.116813	Prob(F-statistic)	0.000000

表 8.6 Box-Cox 检验的回归模型(续)

Dependent variable: CONSTAR
Method: least squares
Date: 02/25/04   Time: 16:56
Sample: 1985:1 1994:2
Included observations: 38

（续表）

Variable	Coefficient	Std. error	t-statistic	Prob.
C	0.030438	0.001928	15.78874	0.0000
INCREAL	0.000161	1.95E−05	8.255687	0.0000
R-squared	0.654366	Mean dependent var		0.046330
Adjusted R-squared	0.644765	S. D. dependent var		0.001096
S. E. of regression	0.000653	Akaike info criterion		−11.778080
Sum squared resid	1.54E−05	Schwarz criterion		−11.691890
Log likelihood	225.7835	F-statistic		68.156360
Durbin-Watson stat	0.117352	Prob(F-statistic)		0.000000

表 8.7　Box-Cox 检验的总结性 OLS 结果

变量	线性模型	双对数模型
Constant	0.030400	−0.025836
	(15.789)	(−3.056)
Income	0.000161	0.015727
	(8.256)	(8.536)
R^2	0.654366	0.669319
Sample size (n)	38	38

线性模型(8.64)和双对数模型(8.65)的回归残差平方和(RSS)分别是 1.54E−05 和 1.47E−05，因此方程(8.65)有着较低的 RSS，是比较好的选择。为了检验这个结果，我们可以计算 Box-Cox 检验统计量，这由以下方程给出：

$$\left(\frac{1}{2}n\right)\ln\left(\frac{RSS_2}{RSS_1}\right) \tag{8.66}$$

$$= (0.5*38)*\ln(1.54*10^{-5}/1.47*10^{-5}) \tag{8.67}$$

$$= 19*\ln(1.0476) = 0.8839 \tag{8.68}$$

其中，RSS_2 是较高的 RSS，从线性方程(8.64)可以得到。

从自由度为 1(1 个自变量)和显著性水平为 0.05 的 χ^2 分布中得到的临界值是 3.841。因为检验统计量比临界值小，所以我们不能得出在 5% 的显著性水平下，对数方程优于线性方程的结论。

选择合适模型的方法

传统观点：平均经济回归

过去，计量经济学建模的传统方法始于构建最简单的可能模型，遵循潜在的经济学理论，并在估计模型后进行不同的检验来决定它是否令人满意。

令人满意的模型将是：(a)一个有着显著(即高 t 值)且符号和理论预测一致的系数的模型；(b)一个有着良好拟合的模型(即高 R^2 值)；(c)一个残差不存在自相关或异方差的模型。

如果这些要点中的一个或更多个被违背,那么研究者就需要找出更好的估计方法(例如在序列相关中使用的 Cochrane-Orcutt 迭代估计法),或者检查其他可能造成偏误估计的情况。例如,模型的重要变量是否被遗漏,或者冗余变量是否被包含进模型,或者考虑其他函数形式,等等。

这种方法始于一个简单的模型,然后根据情形的需要"构造"模型,它被称为"简单到一般方法"或者"平均经济回归"(AER),该术语由 Gilbert(1986) 创造。该方法是许多传统的计量经济学研究者在实践中使用的。

对 AER 方法主要的批评为:

(1)一个明显的批评是,AER 方法的程序存在数据挖掘。通常,因为研究者只展示最终的模型,所以在得到"最终"模型结果前,我们没有任何关于在模型里使用的变量数目的信息。

(2)第二个批评源于对原始模型改进的随意性,这主要建立在研究者信念的基础上。因此,研究同一个案例的不同研究者很可能得到完全不同的结论。

(3)根据定义,最初的模型是不正确的,因为它遗漏了变量。这意味着,所有关于这个模型的诊断测试是不正确的。这样,我们可能认为,重要的变量是不显著的,然后把它们排除了。

Hendry"一般到特殊方法"

从这三个主要的对于 AER 的批评出发,另一个被称为"一般到特殊方法"(或者 Hendry 方法)的方法产生了,它主要是由伦敦政治经济学院的 Hendry 教授发展的(Hendry 和 Richard,1983)。这个方法始于一个一般的模型,它包含了嵌套于特殊、其他、简单情况的模型。假设我们有一个变量 Y,其可以被两个解释变量 X 和 Z 影响。一般到特殊方法以如下回归方程的估计为出发点:

$$Y_t = a + \beta_0 X_t + \beta_1 X_{t-1} + \beta_2 X_{t-2} + \cdots + \beta_m X_{t-m} + \gamma_0 Z_t + \gamma_1 Z_{t-1} + \gamma_2 Z_{t-2} + \cdots + \gamma_m Z_{t-m} + \delta_1 Y_{t-1} + \delta_2 Y_{t-2} + \cdots + \delta_m Y_{t-m} + u_t \tag{8.69}$$

也就是说,把 Y_t 对同期的和滞后的 X_t 和 Z_t 以及滞后 Y_t 值进行回归。这个模型被称为自回归(因为因变量的滞后值也出现在解释变量中)分布滞后(因为 X 和 Z 对 Y 的影响发生在 $t-m$~t 期的一段时间内)模型(ARDL)。模型(8.69)是动态模型,因为它研究的是一个变量随着时间推移的行为。

在估计了模型之后需要做的是,进行合适的检验来简化模型,简化的模型嵌套于前一个已估计的模型中。

让我们考虑 $m=2$ 的例子,来看看怎么使用这个方法。最初的模型如下:

$$Y_t = a + \beta_0 X_t + \beta_1 X_{t-1} + \beta_2 X_{t-2} + \gamma_0 Z_t + \gamma_1 Z_{t-1} + \gamma_2 Z_{t-2} + \delta_1 Y_{t-1} + \delta_2 Y_{t-2} + u_t \tag{8.70}$$

一个可能的约束是,所有的 X 对于决定 Y 都是不重要的。对此我们做出假设 H_0:$\beta_0 = \beta_1 = \beta_2 = 0$;如果我们接受了这个假设,那么将得到一个如下的更简单的模型:

$$Y_t = a\gamma_0 Z_t + \gamma_1 Z_{t-1} + \gamma_2 Z_{t-2} + \delta_1 Y_{t-1} + \delta_2 Y_{t-2} + u_t \tag{8.71}$$

另一个可能的约束是,每个变量的第二个滞后项是不显著的;假设 H_0: $\beta_2 = \gamma_2 = \delta_2 = 0$。接受这个约束将得到下列模型:

$$Y_t = a + \beta_0 X_t + \beta_1 X_{t-1} + \gamma_0 Z_t + \gamma_1 Z_{t-1} + \delta_1 Y_{t-1} + u_t \quad (8.72)$$

至此,可以很清楚地看到,模型(8.71)和模型(8.72)都是原始模型(8.70)的嵌套模型;但是模型(8.72)不是模型(8.71)的嵌套模型。所以,在估计模型(8.71)以后,我们不能继续进行模型(8.72)。

一个重要的问题是,当从一般的模型继续到更特殊的模型时,我们怎么知道最后的简化模型的形式。为了回答这个问题,Hendry 和 Richard(1983)提出,简化模型应该是:

(1) 数据是可容的;
(2) 与理论相一致;
(3) 使用与 u_t 不相关的解释变量;
(4) 展现参数的固定性;
(5) 展现数据的相关性,即具有完全随机的残差(白噪声);
(6) 包容的,这意味着包含所有可能的竞争模型,并允许我们解释其结果。

问题与练习

问题

1. 说明插入法如何解决遗漏变量偏误。从经济学理论给出实例。
2. Box-Cox 转换有什么作用?通过例子给予解释。
3. 描述在选择合适的计量模型时使用的 Hendry 方法并讨论其优势。

练习

文件 wages_01.wf1 包含城市大学毕业生工作 5 年后的月度工资率的数据(用英镑衡量)及其 IQ 分值:

(a) 找到上面提到的变量的统计特征并且讨论它们。
(b) 估计一个函数形式以显示 IQ 分值每增加 1 分将如何引起以英镑度量的工资率在量上的相应变动。如果 IQ 分值提高 10 分则工资率会改变多少?
(c) 估计一个函数形式以显示 IQ 分值增加 1 分时如何引起工资率的百分比变动。如果 IQ 分值提高 10 分则工资率会形成多少百分比的改变?
(d) 使用 Box-Cox 转换来决定这两个模型里哪个更合适。

第四部分 计量经济学的主题

第 9 章　虚拟变量
第 10 章　动态计量经济模型
第 11 章　联立方程模型
第 12 章　受限因变量回归模型

第 9 章 虚拟变量

本章内容

引言:定性信息的本质
虚拟变量的应用
虚拟变量应用的计算机实例
虚拟变量应用的特殊情形
多类别虚拟变量的计算机实例
应用:新兴股票市场的一月效应
结构稳定性检验
问题

学习目标

1. 了解计量经济学中定性信息的重要性
2. 了解虚拟变量在量化定性信息方面的作用
3. 在不同的实例中分清虚拟变量,了解它们在计量经济分析中的应用
4. 知道如何在计量经济软件中建立、使用虚拟变量
5. 进行结构稳定性检验,用虚拟变量检验季节效应

引言:定性信息的本质

到目前为止,我们学习了在计量分析中检测方程设定问题,也考察了一些估计方程系数的特殊技术以及评估那些估计的显著性、准确性和精确性的程序。其中隐含的假设是,我们总能得到想要在模型里使用的所有变量的一套数值。然而,有的变量在一个计量经济学模型的解释中扮演着非常重要的角色,但其并非数值变量或者不容易被量化。这些例子如下:

(a)性别在决定薪资水平方面可能扮演着重要的角色;

(b) 不同的种族可能在消费和储蓄方面具有不同的模式;
(c) 教育水平会影响工作所得;
(d) 与非工会会员相比,作为工会会员可能意味着不同的待遇/态度。
以上这些都是横截面分析。

不能轻易量化(或一般来说,定性)的信息也能在时间序列计量框架内产生。考虑以下例子:
(a) 政治领域的变化可能影响生产过程或雇佣情况;
(b) 战争可能对经济活动的所有方面产生影响;
(c) 一周内的某些天或一年内的某些月份可能对股票价格的波动产生不同效应;
(d) 特定产品需求的季节性效应经常被观察到,如夏季的冰激凌,冬季的皮草等。

本章的目的是展示一种把定性变量中的信息包含进计量经济模型的方法。我们可以使用虚拟变量或二值变量。下一节将展示定性变量在回归方程中的可能效应及其使用方法,然后展示虚拟变量的一些特殊例子以及对于结构稳定性的 Chow 检验。

虚拟变量的应用

截距虚拟变量

考虑下面的截面回归方程:

$$Y_i = \beta_1 + \beta_2 X_{2i} + u_i \tag{9.1}$$

这个方程中的常数项(β_1)测量了X_{2i}等于零时Y_i的均值。重要的是,这个回归方程假设β_0值对数据集里所有观察值相同;然而,对于数据集中不同的值,系数可能是不同的。例如,区域性差异可能存在于Y_i值当中;Y_i可能代表着欧盟国家的 GDP 增长,而不同的增长率很可能存在于核心国家和边缘国家。现在的问题是,我们如何量化这个信息并把它包含在回归方程中以检验这种差异是否有效。对于这个问题的回答是,使用一种特殊的变量——虚拟(或虚假)变量,它能够通过数值来标示不同的可能结果来量化定性效应。

简单地二分可能的结果并主观地赋值这两个可能的结果为 0 和 1,这样就可以处理以上问题。所以,对欧盟国家的例子,我们使用一个新变量D,对它赋予如下值:

$$D = \begin{cases} 1 & 核心国家 \\ 0 & 边缘国家 \end{cases} \tag{9.2}$$

注意,这两个不同结果哪个取值 1 并不会对结果产生太大影响,这点稍后会看到。

然后,在回归方程(9.1)里加入这个虚拟变量后,我们得到:

$$Y_i = \beta_1 + \beta_2 X_{2i} + \beta_3 D_i + u_i \tag{9.3}$$

为了得到D_i的解释,考虑D的两个可能取值会如何影响方程(9.3)的设定。如果$D=0$,我们得到:

$$Y_i = \beta_1 + \beta_2 X_{2i} + \beta_3(0)_i + u_i \tag{9.4}$$
$$= \beta_1 + \beta_2 X_{2i} + u_i \tag{9.5}$$

式(9.5)和原始方程一样。如果 $D=1$,我们将得到:

$$Y_i = \beta_1 + \beta_2 X_{2i} + \beta_3(1)_i + u_i \tag{9.6}$$
$$= (\beta_1 + \beta_3) + \beta_2 X_{2i} + u_i \tag{9.7}$$

现在,这里的常数等于$(\beta_1 + \beta_3)$,与β_1不同。我们看到,加入虚拟变量后,截距的值发生了变化,上下移动了方程(即移动了回归线);具体是上移还是下移取决于我们观察的对象针对核心国家或边缘国家是如何做出反应。

图9.1和图9.2里描绘β_3的两种情况:(a)第一个是正的,回归线向上平移,表明(如果X_{2i}是投资率)对于任何水平的投资,核心国家的平均GDP增长高于边缘国家;(b)第二个是负的,正好表明了相反的情况。

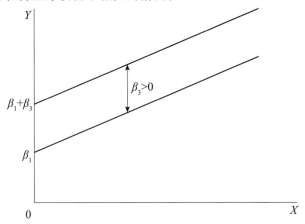

图9.1　虚拟变量对回归线常数项的影响(a)

估计了回归方程(9.3)以后,我们可以应用通常的t统计量检验β_3。只有当β_3显著地异于零,我们才能得出如图9.1和图9.2所示的结论。

又比如,我们考虑Y是不同个体的工资水平,X是工作年限,每个个体的性别是虚拟变量(男性 $=1$,女性 $=0$);或者,在时间序列框架中,我们可以对某个时期使用虚拟变量(例如战争虚拟变量,战争时期取值为1,其他时期取值为0),或者对于某个事件(例如石油价格冲击的虚拟变量,等等)。

斜率虚拟变量

上节中,我们考察了定性信息是如何影响回归方程的,但只考虑了回归方程中常数项变化的情况。此处暗含的假定就是Y和X之间的关系不受定性虚拟变量的影响。

Y和X之间的关系在简单线性回归模型中是以函数的微分(斜率)来表示,在多元线性回归模型中是以偏微分来表示。然而,有时斜率可能为虚拟变量的不同所影响。

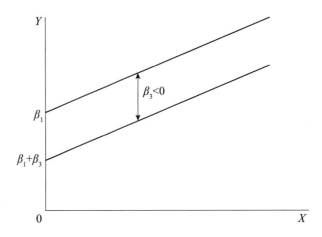

图 9.2　虚拟变量对回归线常数项的影响(b)

例如,凯恩斯消费函数模型表达了消费支出(Y_t)与可支配收入(X_{2t})之间的关系。简单回归模型有如下形式:

$$Y_t = \beta_1 + \beta_2 X_{2t} + u_t \tag{9.8}$$

其中,回归中斜率系数(β_2)即边际消费倾向:

$$\frac{dY_t}{dX_{2t}} = \beta_2 \tag{9.9}$$

式(9.9)表示可支配收入中用于消费的比例。假设我们有英国1970—1999年总体消费者支出和可支配收入的时间序列数据;进一步假设在1982年发生了边际消费倾向的变化,来自石油危机对经济环境产生的总体影响。要检验这个变化,我们可以建立虚拟变量(D_t)并取如下值:

$$D = \begin{cases} 0 & 1970\text{—}1981 \text{ 年} \\ 1 & 1982\text{—}1999 \text{ 年} \end{cases} \tag{9.10}$$

由于这个虚拟变量会影响斜率系数,我们必须把它包括在方程中并采用乘积的形式:

$$Y_t = \beta_1 + \beta_2 X_{2t} + \beta_3 D_t X_{2t} + u_t \tag{9.11}$$

虚拟变量的影响在这里也能根据两个不同的结果进行二分。对于 $D_t=0$,我们有:

$$Y_t = \beta_1 + \beta_2 X_{2t} + \beta_3(0)X_{2t} + u_t \tag{9.12}$$

$$= \beta_1 + \beta_2 X_{2t} + u_t \tag{9.13}$$

式(9.13)与原始模型一样。而对于 $D=1$,我们有:

$$Y_t = \beta_1 + \beta_2 X_{2t} + \beta_3(1)X_{2t} + u_t \tag{9.14}$$

$$= \beta_1 + (\beta_2 + \beta_3)X_{2t} + u_t \tag{9.15}$$

因此,1982年之前,边际消费倾向是 β_2,1982年之后是 $\beta_2 + \beta_3$(如果 β_3 更高则 $\beta_2 + \beta_3$ 更高;如果 β_3 更低则 $\beta_2 + \beta_3$ 更低)。为了更好地说明这一效应,可以参见图9.3和图9.4,情况分别为 $\beta_3 > 0$ 和 $\beta_3 < 0$。

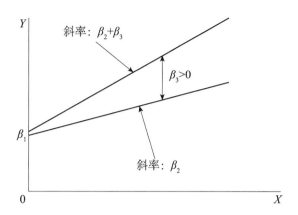

图9.3　虚拟变量对回归线斜率的影响(正的系数)

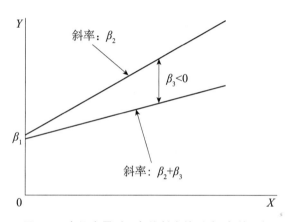

图9.4　虚拟变量对回归线斜率的影响(负的系数)

截距虚拟变量和斜率虚拟变量的联合影响

现在应该可以理解,当虚拟变量既影响截距也影响斜率时的结果了。考虑下面的模型:

$$Y_t = \beta_1 + \beta_2 X_{2t} + \beta_3 X_{3t} + u_t \tag{9.16}$$

假设我们对虚拟变量定义如下:

$$D = \begin{cases} 0 & \text{对于 } t = 1, \cdots, s \\ 1 & \text{对于 } t = s+1, \cdots, T \end{cases} \tag{9.17}$$

然后,用虚拟变量考察它对常数项和斜率系数的影响,我们有:

$$Y_t = \beta_1 + \beta_2 X_{2t} + \beta_3 D_t + \beta_4 D_t X_{2t} + u_t \tag{9.18}$$

虚拟变量取值不同,结果不同。当 $D_t = 0$ 时:

$$Y_t = \beta_1 + \beta_2 X_{2t} + u_t \tag{9.19}$$

式(9.19)与初始模型一样。当 $D_t = 1$ 时:

$$Y_t = (\beta_1 + \beta_3) + (\beta_2 + \beta_4) X_{2t} + u_t \tag{9.20}$$

效果如图9.5所示。

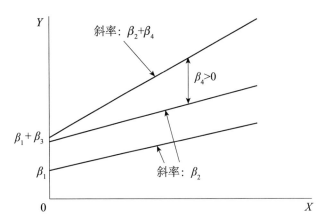

图 9.5 虚拟变量对回归线截距和斜率的联合影响

虚拟变量应用的计算机实例

文件 dummies.wf1 包含 935 名个体的工资（wage）和智商水平（iq）的数据，还包括这 935 名个体各种特征的虚拟变量，其中一个虚拟变量是 male。当被调查者是男性时，male 取值为 1；当被调查者是女性时，male 取值为 0。

我们想观察 male 虚拟变量对工资率的影响（即男女的工资是否不同）。首先，仅仅让工资对智商水平进行回归，检验智商水平是否是工资水平的决定因素。

在 EViews 运行以下命令：

```
ls wage c iq
```

结果显示在表 9.1 中。

表 9.1 工资和智商水平的关系

Dependent Variable: WAGE
Method: Least Squares
Date: 03/30/04   Time: 14:20
Sample: 1 935
Included observations: 935

Variable	Coefficient	Std. Error	t-Statistic	Prob.
C	116.991600	85.641530	1.366061	0.1722
IQ	8.303064	0.836395	9.927203	0.0000
R-squared	0.095535	Mean dependent var		957.945500
Adjusted R-squared	0.094566	S.D. dependent var		404.360800
S.E. of regression	384.766700	Akaike info criterion		14.745290
Sum squared resid	1.38E+08	Schwarz criterion		14.755640
Log likelihood	−6 891.422	F-statistic		98.549360
Durbin-Watson stat	0.188070	Prob(F-statistic)		0.000000

从以上结果可以看出,智商水平的确是一个重要的影响因素(t 统计量很大)。因为我们的模型是线性的,所以估计出,1 个单位智商水平的提升可以对应地提高 8.3 个单位工资率。当智商水平为 0 时,工资率为 116.9 个单位。

应用常数项虚拟变量

把只影响常数项的 *male* 虚拟变量加入模型中后,我们得到的回归结果如表 9.2 所示。

表 9.2 工资和智商水平及性别的角色(应用常数项虚拟变量)

Dependent variable:*WAGE*
Method:*least squares*
Date:03/30/04 *Time*:14:21
Sample:1 935
Included observations:935

Variable	Coefficient	Std. error	t-statistic	Prob.
C	224.843800	66.642430	3.373884	0.0008
IQ	5.076630	0.662354	7.664527	0.0000
MALE	498.049300	20.076840	24.807150	0.0000
R-squared	0.455239	Mean dependent var		957.945500
Adjusted R-squared	0.454070	S. D. dependent var		404.360800
S. E. of regression	298.770500	Akaike info criterion		14.240430
Sum squared resid	83 193 885	Schwarz criterion		14.255960
Log likelihood	-6 654.402	F-statistic		389.420300
Durbin-Watson stat	0.445 380	Prob(F-statistic)		0.000000

可在 EViews 中输入如下命令估计这个模型:

```
ls wage c iq male
```

从以上结果可以看出,当不考虑智商水平的影响时,如果调查对象是女性,则工资率为 224.8;而如果调查对象是男性,则工资率为 722.8(224.8+498.0)。其含义是,因为虚拟变量的系数为统计上显著,所以我们判断男性比女性得到更高的工资。

应用斜率虚拟变量

我们想检验个人性别是否还影响边际效应。换句话说,就平均来讲,每单位智商水平的上升,是否意味着男性工资的增长要比女性高。为了检验这一点,我们用 EViews 估计了包含乘积项(*male* * *iq*)的虚拟变量模型,输入以下命令:

```
ls wage c iq male*iq
```

结果如表 9.3 所示。我们观察到斜率虚拟变量为统计上显著,意味着对于不同的性别,斜率系数有显著的不同。特别地,女性的边际效应是 3.18,而男性的边际效应是 8.02(3.18+4.84)。

表 9.3 工资和智商水平及性别的角色（应用斜率虚拟变量）

Dependent variable: WAGE
Method: least squares
Date: 03/30/04 Time: 14:21
Sample: 1 935
Included observations: 935

Variable	Coefficient	Std. error	t-statistic	Prob.
C	412.860200	67.363670	6.128825	0.0000
IQ	3.184180	0.679283	4.687559	0.0000
MALE * IQ	4.840134	0.193746	24.981810	0.0000
R-squared	0.458283	Mean dependent var		957.945500
Adjusted R-squared	0.457120	S. D. dependent var		404.360800
S. E. of regression	297.934600	Akaike info criterion		14.234830
Sum squared resid	82 728978	Schwarz criterion		14.250360
Log likelihood	−6 651.782	F-statistic		394.227400
Durbin-Watson stat	0.455835	Prob(F-statistic)		0.000000

同时应用两种虚拟变量

最后，我们想同时应用常数项虚拟变量和斜率虚拟变量，以便更进一步地检验上述关系，看看是否具有不同的结果。模型的结果展示在表 9.4 中，表明现在只有斜率系数显著，而对于截距项的影响则为零。

表 9.4 工资和智商水平及性别的角色（应用常数项虚拟变量和斜率虚拟变量）

Dependent variable: WAGE
Method: least squares
Date: 03/30/04 Time: 14:23
Sample: 1 935
Included observations: 935

Variable	Coefficient	Std. error	t-statistic	Prob.
C	357.856700	84.789410	4.220535	0.0000
IQ	3.728518	0.849174	4.390756	0.0000
MALE	149.103900	139.601800	1.068066	0.2858
MALE * IQ	3.412121	1.350971	2.525680	0.0117
R-squared	0.458946	Mean dependent var		957.945500
Adjusted R-squared	0.457202	S. D. dependent var		404.360800
S. E. of regression	297.912100	Akaike info criterion		14.235740
Sum squared resid	82 627 733	Schwarz criterion		14.256450
Log likelihood	−6 651.210	F-statistic		263.238200
Durbin-Watson stat	0.450852	Prob(F-statistic)		0.000000

虚拟变量应用的特殊情形

应用多类别虚拟变量

虚拟变量可能超过两个类别。例如,考虑工资决定模型,Y_i 代表一群人中第 i 个人的工资率,X_{2i} 代表这个人的工作年限;还假设学历也可能影响个人的工资率。因此,在本例中,我们可以用一些虚拟变量代表个人获得的最高学历。

$$D_1 = \begin{cases} 1 & \text{小学} \\ 0 & \text{其他} \end{cases} \tag{9.21}$$

$$D_2 = \begin{cases} 1 & \text{中学} \\ 0 & \text{其他} \end{cases} \tag{9.22}$$

$$D_3 = \begin{cases} 1 & \text{理学学士学位} \\ 0 & \text{其他} \end{cases} \tag{9.23}$$

$$D_4 = \begin{cases} 1 & \text{理学硕士学位} \\ 0 & \text{其他} \end{cases} \tag{9.24}$$

由此,产生以下形式的工资决定方程:

$$Y_i = \beta_1 + \beta_2 X_{2i} + a_2 D_{2i} + a_3 D_{3i} + a_4 D_{4i} + u_i \tag{9.25}$$

注意,我们不需要全部使用这些虚拟变量。因为如果把 4 个虚拟变量都用在方程中,会产生完全多重共线性,此时 $D_1 + D_2 + D_3 + D_4 = 1$ 总是成立,与常数项 β_1 形成严格的线性关系,这种现象被称为虚拟变量陷阱。避免这种情形出现的方法就是,虚拟变量个数应比所有可能类别的个数少 1。被省略的虚拟变量可以定义为参考组,这可以在对这个模型虚拟变量的解释中明显地看出来。

工资方程可以根据虚拟变量,按照下面的方法分成几个方程。如果 $D_2 = 1, D_3 = D_4 = 0$,那么

$$Y_i = \beta_1 + \beta_2 X_{2i} + a_2 D_{2i} + u_i \tag{9.26}$$

$$= (\beta_1 + a_2) + \beta_2 X_{2i} + u_i \tag{9.27}$$

中学教育例子的常数项就是 $\beta_1 + a_2$。

如果 $D_3 = 1, D_2 = D_4 = 0$,那么

$$Y_i = \beta_1 + \beta_2 X_{2i} + a_3 D_{3i} + u_i \tag{9.28}$$

$$= (\beta_1 + a_3) + \beta_2 X_{2i} + u_i \tag{9.29}$$

所以理学学士学位持有者的例子中的常数项是 $\beta_1 + a_3$。

如果 $D_4 = 1, D_2 = D_3 = 0$,那么

$$Y_i = \beta_1 + \beta_2 X_{2i} + a_4 D_{4i} + u_i \tag{9.30}$$

$$= (\beta_1 + a_4) + \beta_2 X_{2i} + u_i \tag{9.31}$$

所以理学硕士学位持有者的例子中的常数项是 $\beta_1 + a_4$。

如果 $D_2 = D_3 = D_4 = 0$，那么
$$Y_i = \beta_1 + \beta_2 X_{2i} \tag{9.32}$$
在这个例子中，小学教育的常数项等于初始模型的常数项 β_1。

因此，我们不需要所有 4 个变量去描述 4 个结果。把小学教育作为参考变量，系数 α_2、α_3、α_4 衡量拥有中学、理学学士和理学硕士学位的工人与只有小学教育的工人相比的期望工资的差别。

数学上，至于哪个变量被省略影响并不大，这一点很重要。我们将其作为练习留给读者去理解。然而，选择 D_1 虚拟变量作为参考虚拟变量通常是很方便的，因为这是最低教育水平，并且对应最低期望工资。

如果用图形来描述，那么多重虚拟变量"教育水平"的效应如图 9.6 所示。

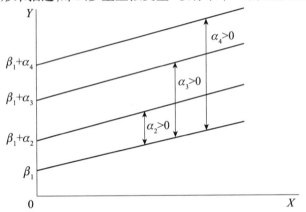

图 9.6　虚拟变量对回归线常数项的影响

虚拟变量陷阱是一个严重的错误，我们应该不惜一切代价予以避免。幸运的是，计算机软件会对研究者发出信号——OLS 估计是不可能的，这意味着，可能存在虚拟变量陷阱带来的完全多重共线性问题。

应用多于一个虚拟变量

虚拟变量分析可以轻松地拓展到多个虚拟变量的情形，其中有些虚拟变量可能有不止一个类别。在这些情形中，遵循通常的形式，对虚拟变量的解释可能显得更为复杂，研究者在使用时应该加倍小心。

考虑上述例子，假设除了教育水平，还有其他一些决定工资率的定性变量，如年龄、性别和职业种类等。本例中我们有如下模型：
$$Y_i = \beta_1 + \beta_2 X_{2i} + \beta_3 EDUC_{2i} + \beta_4 EDUC_{3i} + \beta_5 EDUC_{4i} + \beta_6 SEXM_i + \beta_7 AGE_{2i} + \beta_8 AGE_{3i} + \beta_9 OCUP_{2i} + \beta_{10} OCUP_{3i} + \beta_{11} OCUP_{4i} + u_i \tag{9.33}$$
这里，我们有如下虚拟变量：
$$EDUC_1 = \begin{cases} 1 & 小学 \\ 0 & 其他 \end{cases} \tag{9.34}$$

$$EDUC_2 = \begin{cases} 1 & 中学 \\ 0 & 其他 \end{cases} \quad (9.35)$$

$$EDUC_3 = \begin{cases} 1 & 理学学士学位 \\ 0 & 其他 \end{cases} \quad (9.36)$$

$$EDUC_4 = \begin{cases} 1 & 理学硕士学位 \\ 0 & 其他 \end{cases} \quad (9.37)$$

$EDUC_1$ 被定义为参考组。

$$SEXM = \begin{cases} 1 & 男性 \\ 0 & 女性 \end{cases} \quad (9.38)$$

$$SEXF = \begin{cases} 1 & 女性 \\ 0 & 男性 \end{cases} \quad (9.39)$$

$SEXF$ 被定义为参考组。

$$AGE_1 = \begin{cases} 1 & 小于 30 岁 \\ 0 & 其他 \end{cases} \quad (9.40)$$

$$AGE_2 = \begin{cases} 1 & 30—40 岁 \\ 0 & 其他 \end{cases} \quad (9.41)$$

$$AGE_3 = \begin{cases} 1 & 大于 40 岁 \\ 0 & 其他 \end{cases} \quad (9.42)$$

AGE_1 被定义为参考组。

$$OCUP_1 = \begin{cases} 1 & 低技能 \\ 0 & 其他 \end{cases} \quad (9.43)$$

$$OCUP_2 = \begin{cases} 1 & 高技能 \\ 0 & 其他 \end{cases} \quad (9.44)$$

$$OCUP_3 = \begin{cases} 1 & 白领 \\ 0 & 其他 \end{cases} \quad (9.45)$$

$$OCUP_4 = \begin{cases} 1 & 自雇 \\ 0 & 其他 \end{cases} \quad (9.46)$$

$OCUP_1$ 被定义为参考组。

应用季节虚拟变量

时间序列数据分析中,季节效应可能是一个重要的因素,可以通过使用虚拟变量容易地检验出。所以,对于季节时间序列数据,我们介绍如下 4 个虚拟变量:

$$D_1 = \begin{cases} 1 & 第一季度 \\ 0 & 其他 \end{cases} \quad (9.47)$$

$$D_2 = \begin{cases} 1 & 第二季度 \\ 0 & 其他 \end{cases} \quad (9.48)$$

$$D_3 = \begin{cases} 1 & 第三季度 \\ 0 & 其他 \end{cases} \quad (9.49)$$

$$D_4 = \begin{cases} 1 & \text{第四季度} \\ 0 & \text{其他} \end{cases} \tag{9.50}$$

在回归模型中,我们按如下形式使用它们:

$$Y_t = \beta_1 + \beta_2 X_{2t} + a_2 D_{2t} + a_3 D_{3t} + a_4 D_{4t} + u_t \tag{9.51}$$

这样,我们就能分析(采用前几节描述的步骤)每个虚拟变量对 Y 的平均影响。注意,这里仅使用了 3 个虚拟变量,从而避免了虚拟变量陷阱。同样,对于月度数据,我们可以设定 12 个虚拟变量。如果方程中有常数项,那么我们只能使用 11 个虚拟变量,把省略的那个作为参考组。以下的描述性例子是关于月度股票回报率的一月效应假说。

多类别虚拟变量的计算机实例

再一次采用文件 dummies.wf1 中的数据,我们检验有多个类别的虚拟变量的例子。为了看到效果,我们可以利用上节中有 4 个不同类别的教育水平的例子。EViews 中检验教育水平的命令为:

```
ls wage c educ2 educ3 educ4
```

注意,我们未采用 4 个虚拟变量。这是因为有常数项,所以我们不能全部使用它们,以防虚拟变量陷阱。结果如表 9.5 所示。

表 9.5 有多个类别的虚拟变量

Dependent variable: WAGE
Method: least squares
Date: 03/30/04 Time: 14:48
Sample: 1 935
Included observations: 935

Variable	Coefficient	Std. error	t-statistic	Prob.
C	774.25000	40.95109	18.906700	0.0000
EDUC2	88.42176	45.30454	1.951719	0.0513
EDUC3	221.41670	48.88677	4.529174	0.0000
EDUC4	369.11840	47.69133	7.739739	0.0000
R-squared	0.100340	Mean dependent var		957.945500
Adjusted R-squared	0.097441	S. D. dependent var		404.360800
S. E. of regression	384.1553	Akaike info criterion		14.744240
Sum squared resid	1.37E+08	Schwarz criterion		14.764950
Log likelihood	−6 888.932	F-statistic		34.611890
Durbin-Watson stat	0.166327	Prob(F-statistic)		0.000000

结果给出了所有系数的统计上显著的估计,所以我们可以继续进行解释。如果一个只完成了小学教育的人的工资效应通过常数项给出,并等于 774.2;而一个完成了中

学教育的人比只完成小学教育的人的工资高88.4个单位,一个有着理学学士学位的人比只完成小学教育的人的工资高221.4个单位,一个有着理学硕士学位的人比只完成小学教育的人的工资高369.1个单位。最终的效应总结如下:

小学	774.2
中学	862.6
理学学士	995.6
理学硕士	1 143.3

很容易看到,即使我们改变参考变量,结果也不会改变。考虑以下回归方程模型,它使用了参考中类别 $educ4$ 虚拟变量(EViews 里的命令是:$ls\ wage\ c\ educ1\ educ2\ educ3$),结果展示在表9.6中。我们把这个留给读者作为简单计算,最终效果和之前的情况是一模一样的。所以,改变参考虚拟变量根本不影响结果。

表9.6 变换参考虚拟变量

Dependent variable: WAGE
Method: least squares
Date: 03/30/04 Time: 14:58
Sample: 1 935
Included observations: 935

Variable	Coefficient	Std. error	t-statistic	Prob.
C	1 143.368 0	24.44322	46.776510	0.0000
EDUC1	−369.1184	47.69133	−7.739739	0.0000
EDUC2	−280.6967	31.19263	−8.998812	0.0000
EDUC3	−147.7018	36.19938	−4.080229	0.0000
R-squared	0.100340	Mean dependent var		957.945500
Adjusted R-squared	0.097441	S.D. dependent var		404.360800
S.E. of regression	384.1553	Akaike info criterion		14.744240
Sum squared resid	1.37E+08	Schwarz criterion		14.764950
Log likelihood	−6 888.932	F-statistic		34.611890
Durbin-Watson stat	0.166327	Prob(F-statistic)		0.000000

读者可以检查,把参考类别从 $educ2$ 改为 $educ3$ 是否会导致相同的结果。

最后,我们同时使用3个不同的虚拟变量($educ$、age 和 $male$)在相同的方程里(我们将使用 $educ1$、$age1$ 和 $female$ 作为参考虚拟变量来避免虚拟变量陷阱),把这个留给读者作为练习来试着解释模型的结果。结果如表9.7所示。

表9.7 使用超过一个虚拟变量

Dependent variable: WAGE
Method: least squares
Date: 03/30/04 Time: 15:03
Sample: 1 935
Included observations: 935

（续表）

Variable	Coefficient	Std. error	t-statistic	Prob.
C	641.32290	41.16019	15.58115	0.0000
EDUC2	19.73155	35.27278	0.559399	0.5760
EDUC3	112.40910	38.39894	2.927402	0.0035
EDUC4	197.50360	37.74860	5.232077	0.0000
AGE2	-17.94827	29.59479	-0.606467	0.5444
AGE3	71.25035	30.88441	2.307001	0.0213
MALE	488.09260	20.22037	24.138650	0.0000
R-squared	0.462438	Mean dependent var		957.945500
Adjusted R-squared	0.458963	S. D. dependent var		404.360800
S. E. of regression	297.428600	Akaike info criterion		14.235680
Sum squared resid	82 094 357	Schwarz criterion		14.271920
Log likelihood	-6 648.182	F-statistic		133.052300
Durbin-Watson stat	0.451689	Prob(F-statistic)		0.000000

应用：新兴股票市场的一月效应

Asterious 和 Kavetsos(2003)检验了有效市场假说——在 8 个转型经济体(即捷克、匈牙利、立陶宛、波兰、罗马尼亚、俄罗斯、斯洛伐克和斯洛文尼亚)中的"一月效应"(关于一月效应更多的细节参见 Gultekin 和 Gultekin,1983;Jaffe 和 Westerfield,1989)是否存在。在他们的分析中使用了从 1991 年到 2003 年前几个月的月度数据集,对以上八个经济体的股票市场进行分析。"一月效应"的检验主要建立在季度虚拟变量的使用上,实际上需要构建 12 个如下取值的虚拟变量(每个取值对应 1 个月)：

$$D_{it} = \begin{cases} 1 & \text{在时间 } t \text{ 取得的回报对应第 } i \text{ 个月的回报} \\ 0 & \text{其他} \end{cases} \quad (9.52)$$

从方法论的观点来看,检验一般意义上的季节效应等同于估计以下的方程：

$$R_{it} = a_1 D_{1t} + a_2 D_{2t} + a_3 D_{3t} + \cdots + a_{12} D_{12t} + u_t \quad (9.53)$$

其中,R_t 是时间 t 的股票回报率,a_i 是第 i 月的平均回报率,D_{it} 是季节虚拟变量,u_t 是一个完全独立分布的误差变量。需要检验的原假设为系数 a_i 是相等的。如果它们是相等的,那么就不存在季节效应;反之则存在季节效应。

然后,为了明确地检验"一月效应",回归方程被修改如下：

$$R_{it} = c + a_2 D_{2t} + a_3 D_{3t} + \cdots + a_{12} D_{12t} + u_t \quad (9.54)$$

其中,R_t 代表时间 t 的股票回报率,截距 c 代表一月份的平均回报,系数 a_i 代表一月份和第 i 月的回报的差别。

这个例子中需要检验的原假设是,所有的虚拟变量系数都等于零。一个虚拟变量的系数为负值是存在一月效应的证据。方程(9.54)中的系数的估计值将表明哪些月份比一月份的平均回报率更低。

Asteriou 和 Kavetsos(2003)对方程(9.54)的总结性结果展现在表 9.8 中,一月效应的结果展现在表 9.9 中。从这些结果可以看到,8 个样本国家中的 5 个有着显著的季节性效应(注意,表 9.8 中的粗体字表示系数是显著的);同时,他们发现匈牙利、波兰、罗马尼亚、斯洛伐克和斯洛文尼亚具备支持一月效应的证据(表 9.9 中的粗体字表示系数)。关于这些结果的更多解释细节可参见 Asteriou 和 Kavetsos(2003)。

表 9.8 季节效应检验

变量	捷克		匈牙利		立陶宛		波兰	
	coef	t-stat	coef	t-stat	coef	t-stat	coef	t-stat
D1	0.016	0.631	**0.072**	**2.471**	−0.008	−0.248	**0.072**	**1.784**
D2	0.004	0.146	−0.008	−0.280	0.018	0.543	0.033	0.826
D3	−0.001	−0.031	0.017	0.626	0.041	1.220	−0.026	−0.650
D4	0.001	0.023	0.022	0.800	−0.014	−0.421	0.041	1.024
D5	−0.013	−0.514	−0.005	−0.180	−0.036	−1.137	0.049	1.261
D6	−0.041	−1.605	0.004	0.126	**−0.071**	**−2.106**	−0.051	−1.265
D7	0.036	1.413	0.017	0.583	−0.013	−0.381	0.033	0.814
D8	−0.022	−0.849	0.007	0.245	−0.009	−0.264	0.014	0.341
D9	−0.029	−1.127	−0.027	−0.926	**−0.086**	**−2.547**	−0.034	−0.842
D10	−0.014	−0.532	0.011	0.387	−0.014	−0.420	0.025	0.611
D11	−0.039	−1.519	−0.002	−0.058	0.048	1.427	0.012	0.287
D12	0.033	1.294	**0.060**	**2.083**	−0.011	−0.325	0.061	1.528
R^2(OLS)	0.105		0.070		0.196		0.070	
B-G test	12.934 (0.374)		12.409 (0.413)		34.718 (0.001)		34.591 (0.001)	
LM(1)test	0.351 (0.553)		0.039 (0.843)		4.705 (0.030)		2.883 (0.090)	
变量	罗马尼亚		俄罗斯		斯洛伐克		斯洛文尼亚	
	coef	t-stat	coef	t-stat	coef	t-stat	coef	t-stat
D1	0.088	1.873	0.034	0.581	0.044	1.223	**0.061**	**2.479**
D2	0.007	0.154	0.065	1.125	**0.081**	**2.274**	−0.012	−0.482
D3	−0.064	−1.367	0.089	1.536	−0.012	−0.327	−0.023	−0.934
D4	0.036	0.846	0.078	1.347	−0.048	−1.329	−0.013	−0.537
D5	0.009	0.218	0.027	0.471	−0.034	−0.939	0.011	0.455
D6	0.034	0.727	0.067	1.100	−0.012	−0.313	−0.028	−1.089
D7	−0.032	−0.689	−0.025	−0.404	0.002	0.044	**0.048**	**1.854**
D8	−0.023	−0.499	−0.041	−0.669	0.032	0.846	**0.045**	**1.855**
D9	−0.041	−0.877	−0.056	−0.919	−0.024	−0.631	0.006	0.232
D10	0.007	0.147	0.047	0.810	−0.012	−0.340	0.033	1.336
D11	0.002	0.033	0.035	0.599	−0.018	−0.501	0.006	0.243
D12	−0.005	−0.103	0.086	1.487	0.037	1.028	0.007	0.305
R^2(OLS)	0.141		0.075		0.103		0.155	
B-G test	16.476 (0.170)		17.014 (0.149)		24.517 (0.017)		27.700 (0.006)	
LM(1)test	1.355 (0.244)		0.904 (0.342)		13.754 (0.000)		0.612 (0.434)	

表9.9 一月效应检验

变量	捷克		匈牙利		立陶宛		波兰	
	coef	t-stat	coef	t-stat	coef	t-stat	coef	t-stat
C	0.016	0.631	**0.072**	**2.471**	−0.008	−0.248	**0.072**	**1.784**
D2	−0.012	−0.327	−0.079	−1.976	0.027	0.559	−0.039	−0.677
D3	−0.017	−0.455	−0.054	−1.348	0.050	1.038	−0.098	−1.721
D4	−0.015	−0.416	−0.049	−1.227	−0.006	−0.123	−0.031	−0.537
D5	−0.029	−0.809	−0.077	−1.906	−0.027	−0.591	−0.023	−0.413
D6	−0.057	−1.581	−0.068	−1.658	−0.063	−1.314	−0.123	−2.156
D7	0.020	0.553	−0.055	−1.335	−0.005	−0.094	−0.039	−0.686
D8	−0.038	−1.046	−0.064	−1.574	−0.001	−0.012	−0.058	−1.020
D9	−0.045	−1.243	**−0.098**	**−2.402**	−0.078	−1.626	**−0.106**	**−1.856**
D10	−0.030	−0.822	−0.060	−1.474	−0.006	−0.122	−0.047	−0.829
D11	−0.055	−1.520	**−0.073**	**−1.788**	0.057	1.184	−0.060	−1.058
D12	0.017	0.469	−0.011	−0.274	−0.003	−0.055	−0.010	−0.181
R^2(OLS)	0.105		0.070		0.196		0.070	
B-G test	12.934 (0.374)		12.409 (0.413)		34.718 (0.001)		34.591 (0.001)	
LM(1) test	0.351 (0.553)		0.039 (0.843)		4.705 (0.030)		2.883 (0.090)	
变量	罗马尼亚		俄罗斯		斯洛伐克		斯洛文尼亚	
	coef	t-stat	coef	t-stat	coef	t-stat	coef	t-stat
C	**0.088**	**1.873**	0.034	0.581	0.044	1.223	**0.061**	**2.479**
D2	−0.081	−1.215	0.031	0.385	0.038	0.743	**−0.072**	**−2.094**
D3	**−0.152**	**−2.290**	0.055	0.676	−0.055	−1.096	**−0.084**	**−2.413**
D4	−0.052	−0.813	0.044	0.542	**−0.091**	**−1.805**	**−0.074**	**−2.133**
D5	−0.078	−1.236	−0.006	−0.077	−0.077	−1.529	−0.050	−1.431
D6	−0.054	−0.810	0.034	0.402	−0.056	−1.069	**−0.089**	**−2.489**
D7	−0.120	−1.811	−0.058	−0.693	−0.042	−0.810	−0.012	−0.339
D8	−0.111	−1.677	−0.074	−0.885	−0.012	−0.228	−0.015	−0.441
D9	**−0.129**	**−1.944**	−0.090	−1.067	−0.068	−1.300	−0.055	−1.589
D10	−0.081	−1.220	0.013	0.162	−0.056	−1.105	−0.028	−0.808
D11	−0.086	−1.301	0.001	0.013	−0.062	−1.219	−0.055	−1.581
D12	−0.093	−1.397	0.052	0.641	−0.007	−0.138	−0.053	−1.537
R^2(OLS)	0.141		0.075		0.103		0.155	
B-G test	16.476 (0.170)		17.014 (0.149)		24.517 (0.017)		27.700 (0.006)	
LM(1) test	1.355 (0.244)		0.904 (0.342)		13.754 (0.000)		0.612 (0.434)	

结构稳定性检验

虚拟变量方法

虚拟变量可用于测试一个回归方程中被估计参数的稳定性。当一个方程同时包含截距的虚拟变量和每个解释变量的乘数虚拟变量时,截距和每个偏斜率允许变化就意味着存在与虚拟变量的两个状态(0 和 1)相联系的不同结构。

因此,使用虚拟变量就像对结构稳定性进行一次测试。实质上,就是从一个回归方程估计出两个不同的方程。每个 t 统计量被用来估计每一项系数的显著性水平,包括一个虚拟变量;同时,整个方程的统计显著性水平能采用 Wald 检验显示出来。

使用虚拟变量方法检验结构稳定性的优势如下:

(a)用一个方程来提供两个或多个结构的一系列估计系数;

(b)对于每个在方程中使用的虚拟变量,只丢失一个自由度;

(c)采用样本量更大(比下面描述的 Chow 检验更大)的估计模型,以提高估计系数的精确性;

(d)它提供了关于参数不稳定性的精确性质的信息(它是否影响了截距和一个或更多个的偏斜率系数)。

结构稳定性的 Chow 检验

对结构稳定性测试的另一个方式由 Chow 检验(Chow,1960)提供。这个检验把样本分成两个(或者根据案例分成更多)结构,估计每个结构的方程,然后比较整体样本和分离方程的 SSR。

为了说明这个,采用英国数据集来考察凯恩斯消费方程,使用虚拟变量来检验结构差异。为了应用 Chow 检验,可以遵循以下步骤:

步骤 1 估计基本回归方程:

$$Y_t = \beta_1 + \beta_2 X_{2t} + u_t \tag{9.55}$$

对于三个不同的数据集:(a)整体样本(n);(b)石油冲击前的时期(n_1);(c)石油冲击后的时期(n_2)。

步骤 2 获得这三个子集中的每一个 SSR,分别标注为 SSR_n、SSR_{n_1} 和 SSR_{n_2}。

步骤 3 计算下面的 F 统计量

$$F = \frac{(SSR_n - (SSR_{n_1} + SSR_{n_2}))/k}{(SSR_{n_1} + SSR_{n_2})/(n_1 + n_2 + 2k)} \tag{9.56}$$

其中,k 是步骤 1 中方程的估计系数的数量(在这个例子中,$k=2$)。

步骤 4 对于要求的显著性水平,比较上面获得的 F 统计量和 $F_{(k, n_1+n_2+2k)}$ 临界值。如果 F 统计量 > F 临界值,则我们拒绝参数对于整个数据集是稳定的 H_0 假设,得出存在结构稳定性证据的结论。

虽然 Chow 检验可能表明存在参数不稳定性,但它并未给出任何关于哪个参数被影响的信息。因此,虚拟变量提供了一个更好的和更直接的检查结构稳定性的方法。

问题

1. 解释如何在回归模型中应用虚拟变量来量化定性信息。从经济学理论中运用合适的例子来说明。

2. 分别用图形和数学方法展示二值虚拟变量的使用对简单回归方程中常数项和斜率系数的影响。

3. 从经济学理论中举例说明哪里需要使用季节虚拟变量。解释为什么模型中有常数项时不能包括全部的虚拟变量而必须剔除一个,并说明哪个会成为参考虚拟变量。参考虚拟变量的意义是什么?

4. 描述对结构稳定性进行 Chow 检验的步骤。在检验结构稳定性上,Chow 检验优于虚拟变量检验吗?请加以解释。

第 10 章 动态计量经济模型

本章内容
引言
分布滞后模型
自回归模型
练习

学习目标
1. 理解并区别分布滞后模型和自回归模型
2. 理解并应用 Koyck 和 Almon 转换
3. 理解并应用部分调整模型和适应性预期模型
4. 理解应用计量经济学面板数据的含义及其使用

引言

尽管许多的计量经济模型以静态的形式呈现,但在时间序列模型中,时间概念有可能起决定性作用。例如,我们可能找到具有以下形式的模型:

$$Y_t = a + \beta_0 X_t + \beta_1 X_{t-1} + \beta_2 X_{t-2} + \cdots + \beta_p X_{t-p} + u_t \quad (10.1)$$

在这个模型中,Y_t 并不仅仅取决于 X_t 的当前值,还取决于 X_t 的滞后值。把滞后加进来有各种原因,例如,考虑一个外生冲击刺激了资本品的购买。在冲击发生和厂商意识到这个冲击的时点之间,不可避免地存在时滞。这是因为:(a)收集可能的统计信息需要时间;(b)厂商经理对于新的资本购入需要决策时间;(c)厂商可能希望从不同的资本品竞争提供商中获得不同的价格。所以,时滞是存在的,而动态模型能捕捉到外生变量的时间路径效应以及内生变量对时间路径的干扰。

通常来说,有以下两类动态模型:
(1)分布滞后模型,其包括自变量(解释变量)的滞后项;
(2)自回归模型,其包括因变量的滞后项。

分布滞后模型

考虑如下模型：

$$Y_t = \alpha + \beta_0 X_t + \beta_1 X_{t-1} + \beta_2 X_{t-2} + \cdots + \beta_p X_{t-p} + u_t$$

$$= \alpha + \sum_{i=0}^{p} \beta_i X_{t-i} + u_t \tag{10.2}$$

其中，β 是滞后项 X 的系数。模型中，X_t 的变化对 Y_t 的反应分布在一系列时段中。在这个模型里，我们有 p 个滞后项和当前时点的 X_t 项，X_t 的变化对 Y_t 的影响需要经过 $p+1$ 个时段才能完全呈现出来。

我们对检验 β 的效应很感兴趣：

(a) 系数 β_0 是 X 当前值(X_t)的权数，由 $\Delta Y_t / \Delta X_t$ 得出，表明当 X_t 变化 1 个单位时，Y_t 的平均变化将是多少。因此，β_0 被称为影响乘数。

(b) β_i 由 $\Delta Y_t / \Delta X_{t-i}$ 得出，表示 X_{t-i} 增加 1 个单位时，Y_t 的平均变化；X_{t-i} 增加 1 个单位表示 x 在 t 时刻往前推 i 期的时刻(即 $t-i$ 时刻)增加 1 个单位。因此，β_i 被称为 i 阶的过渡性乘数。

(c) 总效应由所有时期效应的总和给出：

$$\sum_{i=0}^{p} \beta_i = \beta_0 + \beta_1 + \beta_2 + \cdots + \beta_p \tag{10.3}$$

这也被称为当经济体处于稳定(均衡)状态的长期均衡效应。在长期：

$$X^* = X_t = X_{t-1} = \cdots = X_{t-p} \tag{10.4}$$

因此，

$$Y_t^* = \alpha + \beta_0 X^* + \beta_1 X^* + \beta_2 X^* + \cdots + \beta_p X^* + u_t$$

$$= \alpha + X^* \sum_{i=0}^{p} \beta_i + u_t \tag{10.5}$$

在 X 是弱外生性的假设下，分布滞后模型能使用简单 OLS 来估计，并且估计出的系数 β 是最优线性无偏的。问题是，要得出正确设定的方程究竟要使用多少滞后变量？或者说，最佳的滞后时段是多少？

一种解决问题的方法就是用一个相对较大的 p，估计 $p, p-1, p-2\cdots$ 阶滞后，选择具有最小 AIC、SBC 或者其他标准值的模型。然而，这个方法会产生两个值得考虑的问题。

(a) 可能产生严重的多重共线性，因为 $X_t, X_{t-1}, X_{t-2}, \cdots, X_{t-p}$ 之间的紧密关系；

(b) p 值很大，意味着自由度损失很多，我们只能使用从第 $p+1$ 个到第 n 个观察值。

因此，好的替代方案必须解决以上两个问题。典型的方法是对 β 的结构施加约束，把估计的系数从 $p+1$ 个逐步减少。两个最常用的方法就是 Koyck(几何滞后)转换和 Almon(多项式滞后)转换。

Koyck 转换

Koyck(1954)提出 β 的几何递减方案。要理解这一点,重新考虑分布滞后模型:

$$Y_t = \alpha + \beta_0 X_t + \beta_1 X_{t-1} + \beta_2 X_{t-2} + \cdots + \beta_p X_{t-p} + u_t \tag{10.6}$$

Koyck 提出两个假设:

(a) 所有的 β 具有相同的符号;

(b) β 以几何形式递减,如同下面的方程:

$$\beta_i = \beta_0 \lambda^i \tag{10.7}$$

其中,λ 在 0 和 1 之间取值,$i = 0, 1, 2, \cdots$。

很容易明白它是递减的。因为 λ 是正的而且小于 1,所有的 β_i 有相同的符号,则 $\beta_0 \lambda^1 > \beta_0 \lambda^2 > \beta_0 \lambda^3$ 等,所以 $\beta_1 > \beta_2 > \beta_3$ 等(关于其图形的描述见图 10.1)。

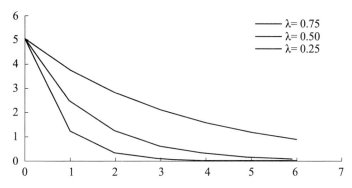

图 10.1 对于不同 λ 取值的 Koyck 分布滞后

我们假设一个无限分布滞后模型:

$$Y_t = \alpha + \beta_0 X_t + \beta_1 X_{t-1} + \beta_2 X_{t-2} + \cdots + u_t \tag{10.8}$$

把 $\beta_i = \beta_0 \lambda^i$ 代入,我们有:

$$Y_t = \alpha + \beta_0 \lambda^0 X_t + \beta_0 \lambda^1 X_{t-1} + \beta_0 \lambda^2 X_{t-2} + \cdots + u_t \tag{10.9}$$

对于这个无限滞后模型,即期影响由 β_0 给出(因为 $\lambda^0 = 1$),长期效应将是一个无限几何序列之和。Koyck 通过以下步骤把这个模型转换成更简单的一个:

步骤 1 把方程(10.9)的两边都滞后一期,得到:

$$Y_{t-1} = \alpha + \beta_0 \lambda^0 X_{t-1} + \beta_0 \lambda^1 X_{t-2} + \beta_0 \lambda^2 X_{t-3} + \cdots + u_{t-1} \tag{10.10}$$

步骤 2 把方程(10.10)的两边同时乘以 λ,得到:

$$\lambda Y_{t-1} = \lambda \alpha + \beta_0 \lambda^1 X_{t-1} + \beta_0 \lambda^2 X_{t-2} + \beta_0 \lambda^3 X_{t-3} + \cdots + \lambda u_{t-1} \tag{10.11}$$

步骤 3 从方程(10.9)中减去方程(10.11),得到:

$$Y_t - \lambda Y_{t-1} = \alpha(1 - \lambda) + \beta_0 X_t + u_t - \lambda u_{t-1} \tag{10.12}$$

或者

$$Y_t = \alpha(1 - \lambda) + \beta_0 X_t + \lambda Y_{t-1} + v_t \tag{10.13}$$

其中,$v_t = u_t - \lambda u_{t-1}$。这个例子中的即期效应是 β_0,长期效应是 $\beta_0/(1 - \lambda)$(再次考虑长期内有 $Y^* = Y_t = Y_{t-1} = \cdots$)。所以,方程(10.13)现在给出了即期和长期的系数。

Almon 转换

另一个方法是由 Almon(1965)提供的。Almon 假设系数 β_i 与关于 i 的多项式近似,例如:

$$\beta_i = f(i) = a_0 i^0 + a_1 i^1 + a_2 i^2 + a_3 i^3 + \cdots + a_r i^r \qquad (10.14)$$

Almon 方法需要多项式的阶数(r)和模型中最大滞后(p)的优先选择。所以,不像 Koyck 转换,其分布滞后是无穷的,Almon 方法必须是有限的。

假设我们选择 $r=3$ 和 $p=4$;那么有:

$$\beta_0 = f(0) = a_0$$
$$\beta_1 = f(1) = a_0 + a_1 + a_2 + a_3$$
$$\beta_2 = f(2) = a_0 + 2a_1 + 4a_2 + 8a_3$$
$$\beta_3 = f(3) = a_0 + 3a_1 + 9a_2 + 27a_3$$
$$\beta_4 = f(4) = a_0 + 4a_1 + 16a_2 + 64a_3$$

代入 $p=4$ 的分布滞后模型中,我们得到:

$$Y_t = \alpha + (a_0)X_t + (a_0 + a_1 + a_2 + a_3)X_{t-1} + (a_0 + 2a_1 + 4a_2 + 8a_3)X_{t-2} +$$
$$(a_0 + 3a_1 + 9a_2 + 27a_3)X_{t-3} + (a_0 + 4a_1 + 16a_2 + 64a_3)X_{t-4} + u_t \qquad (10.15)$$

提取 a_i,得到:

$$Y_t = \alpha + a_0(X_t + X_{t-1} + X_{t-2} + X_{t-3} + X_{t-4}) + a_1(X_{t-1} + 2X_{t-2} + 3X_{t-3} + 4X_{t-4}) +$$
$$a_2(X_{t-1} + 4X_{t-2} + 9X_{t-3} + 16X_{t-4}) + a_3(X_{t-1} + 8X_{t-2} + 27X_{t-3} + 64X_{t-4}) + u_t$$
$$(10.16)$$

因此,需要做的就是对 X 进行合适的转换,如同括号中给出的那样。如果 α_3 统计上不显著,那么一个二阶多项式可能更好。如果想要包括更多的项,我们也可以容易地做到。最好的模型既可能是最大化 R^2 的(关于 r 和 p 的不同的模型组合),也可能是最小化 AIC、SBC 或者其他任何标准的。

其他滞后结构的模型

还有其他几种降低一个分布滞后模型参数的数量的方法,最重要的是 Pascal 滞后、gamma 滞后、LaGuerre 滞后和 Shiller 滞后。对于这些模型的完整解释见 Kmenta(1986)。

自回归模型

自回归模型是简单地把滞后因变量(或者内生变量)包含进去而成为自变量。在前面讨论的 Koyck 转换中,Y_{t-1} 作为一个自变量出现,所以它能被看作一个转换为自回归模型的分布滞后模型的例子。对于滞后因变量,需要以下两个设定:

(a)部分调整模型;

(b)适应性预期模型。

下面将会详细地讨论这两个模型。

部分调整模型

假设需要对将变量 Y_t 的实际值调整至最优(或想要得到的)水平的过程进行建模。方法之一是部分调整模型,这个模型假设实际值 $Y_t(Y_t - Y_{t-1})$ 的变化将等于最优变化 $(Y_t^* - Y_{t-1})$ 的一个比例:

$$Y_t - Y_{t-1} = \lambda(Y_t^* - Y_{t-1}) \tag{10.17}$$

其中,λ 是调整系数,取值 0—1;$1/\lambda$ 表明调整的速度。

考虑两个极端情形:(a)如果 $\lambda = 1$,那么 $Y_t = Y_t^*$,最优水平的调整是瞬时的;(b)如果 $\lambda = 0$,那么 $Y_t = Y_{t-1}$,这意味着没有调整 Y_t。所以,λ 越接近于 1,调整的速度越快。为了更好地理解这个,我们可以使用一个来自经济学理论的模型进行解释。假设 Y_t^* 是厂商 i 的适合的存货水平,这取决于厂商的销售水平 X_t:

$$Y_t^* = \beta_1 + \beta_2 X_t \tag{10.18}$$

因为市场上有"摩擦",所以存货的实际水平和适合水平之间存在差距;同时,假设在每个时期只有一部分差距可以被弥补。那么决定实际存货水平的方程将由下式给出:

$$Y_t = Y_{t-1} + \lambda(Y_t^* - Y_{t-1}) + u_t \tag{10.19}$$

也就是说,存货的实际水平等于 $t-1$ 期存货实际水平加上调整因素和随机因素。把式(10.18)和式(10.19)结合起来:

$$\begin{aligned} Y_t &= Y_{t-1} + \lambda(\beta_1 + \beta_2 X_t - Y_{t-1}) + u_t \\ &= \beta_1 \lambda + (1-\lambda)Y_{t-1} + \beta_2 \lambda X_t + u_t \end{aligned} \tag{10.20}$$

我们可以从这个模型得出以下结论:

(a)Y 对应于 X 的 1 个单位变化的短期反应是 $\beta_2 \lambda$;
(b)长期反应由 β_1 给出;
(c)β_1 的一个估计能够用 $\beta_2 \lambda$ 的估计除以 1 与 $(1-\lambda)$ 估计之差来获取,即 $\beta_1 = \beta_2 \lambda / [1-(1-\lambda)]$。

这里,错误纠正模型也是一个调整模型,这是很有用的。我们将在第 17 章完整地检验这些模型。

部分调整模型的计算机实例

考虑如下货币需求方程:

$$M_t^* = aY_t^{b_1} R_t^{b_2} e_t^{ut} \tag{10.21}$$

这里的记号表示它通常的含义。对方程(10.21)取对数:

$$\ln M_t^* = \ln a + b_1 \ln Y_t + b_2 \ln R_t + u_t \tag{10.22}$$

部分调整假说可以改写为:

$$\frac{M_t}{M_{t-1}} = \left(\frac{M_t^*}{M_{t-1}}\right)^\lambda \tag{10.23}$$

这里,如果我们取对数,则可以得到:

$$\ln M_t - \ln M_{t-1} = \lambda(\ln M_t^* - \ln M_{t-1}) \qquad (10.24)$$

把式(10.22)代入式(10.24),得到:

$$\ln M_t - \ln M_{t-1} = \lambda(\ln a + b_1 \ln Y_t + b_2 \ln R_t + u_t - \ln M_{t-1}) \qquad (10.25)$$

$$\ln M_t = \lambda \ln a + \lambda b_1 \ln Y_t + \lambda b_2 \ln R_t + (1-\lambda) \ln M_{t-1} + \lambda u_t \qquad (10.26)$$

或者

$$\ln M_t = \gamma_1 + \gamma_2 \ln Y_t + \gamma_3 \ln R_t + \gamma_4 \ln M_{t-1} + v_t \qquad (10.27)$$

我们使用意大利经济数据(国内生产总值(GDP)、消费者价格指数(cpi)、M2 货币总量($M2$)、官方提供的折现率(R)),通过 EViews 来获得这个模型的 OLS 估计。数据是从 1975 年第一季度到 1997 年第四季度的季度数据。

首先,我们需要把 GDP 和 M2 都除以 cpi 来获得真实 GDP 及真实货币余额。设立下列变量:

```
genr lm2_p = log(m2/cpi)
genr lgdp_p = log(gdp/cpi)
```

接着,我们需要计算利率(R)的对数。输入以下命令:

```
genr lr = log(r)
```

现在,我们就能用 OLS 估计出式(10.27),在命令行中输入下列命令:

```
ls lm2_p c lgdp_p lr lm2_p(-1)
```

结果如表 10.1 所示。

表 10.1 意大利货币供给实例中的结果

Dependent variable: LM2_P
Method: least squares
Date: 03/02/04 Time: 17:17
Sample (adjusted): 1975:2 1997:4
Included observations: 91 after adjusting endpoints

Variable	Coefficient	Std. error	t-statistic	Prob.
C	0.184265	0.049705	3.707204	0.0004
LGDP_P	0.026614	0.010571	2.517746	0.0136
LR	−0.017358	0.005859	−2.962483	0.0039
LM2_P(−1)	0.959451	0.030822	31.128730	0.0000
R-squared		0.933470	Mean dependent var	1.859009
Adjusted R-squared		0.931176	S. D. dependent var	0.059485
S. E. of regression		0.015605	Akaike info criterion	−5.439433
Sum squared resid		0.021187	Schwarz criterion	−5.329065
Log likelihood		251.494200	F-statistic	406.895400
Durbin-Watson stat		1.544176	Prob (F-statistic)	0.000000

系数有期望的符号(根据经济理论),并且都显著不为零;R^2(0.93)很高,但主要是

因为一个解释变量为滞后因变量。我们让读者检验这个模型可能的序列相关性(参考第 8 章,并且应注意模型包括滞后因变量)。

我们从结果中得到调整系数 λ 的估计。因为 $\gamma_4 = 1 - \lambda$,所以有 $\gamma_4 = 1 - 0.959 = 0.041$。这告诉我们,每季度实际货币需求和意愿货币需求之间的 4.1% 的差距(或者每年 16.4% 的差距)被消除了。

表 10.1 中的估计系数是短期货币需求,分别是 GDP 和 R 的短期弹性。短期收入弹性是 0.026,短期利率弹性是 -0.017。

长期货币需求由式(10.22)给出。这些长期参数的估计可以由短期系数除以估计的调整系数($\lambda = 0.041$)得到。得到的长期函数是:

$$\ln M_t^* = 4.487 + 0.634 \ln Y_t - 0.414 \ln R_t + u_t \tag{10.28}$$

注意,这些都是季度弹性,要获得年度弹性,应将各自系数乘以 4。

适应性预期模型

第二种自回归模型是适应性预期模型,根据 Cagan(1956)提出的适应性预期假设建立起来。在介绍模型前,很有必要对适应性预期假设有一个清晰的认知。考虑一个行为人对变量 X_t 形成预期。如果我们用上标 e 表示预期,那么 X_{t-1}^e 就是在 $t-1$ 时刻形成的对于 t 时刻 X 的预期。

适应性预期假设这个行为人在预期上犯了错误(用 $X_t - X_{t-1}^e$ 表示),他根据最近所犯错误的一个固定比率修正预期。即:

$$X_t^e - X_{t-1}^e = \theta(X_t - X_{t-1}^e) \quad 0 < \theta \leq 1 \tag{10.29}$$

其中,θ 是调整系数。

如果我们考虑以下两个极端情形:

(a)如果 $\theta = 0$,那么 $X_t^e = X_{t-1}^e$,没有对于预期的修正;

(b)如果 $\theta = 1$,那么 $X_t^e = X_t$,对于预期的调整是瞬时的。

把适应性预期假设加入计量经济学模型中。假定有以下方程:

$$Y_t = \beta_1 + \beta_2 X_t^e + u_t \tag{10.30}$$

我们把 Y_t 看作消费,把 X_t^e 看作期望收入。接着,假定对于这个特定的模型,期望收入符合适应性预期假设,我们有:

$$X_t^e - X_{t-1}^e = \theta(X_t - X_{t-1}^e) \tag{10.31}$$

如果实际的 X 在 $t-1$ 时刻超过预期,我们就预期行为人调高期望。式(10.31)变为:

$$X_t^e = \theta X_t + (1 - \theta) X_{t-1}^e \tag{10.32}$$

把式(10.32)代入式(10.30),得到:

$$Y_t = \beta_1 + \beta_2(\theta X_t + (1-\theta) X_{t-1}^e) + u_t$$
$$= \beta_1 + \beta_2 \theta X_t + \beta_2(1-\theta) X_{t-1}^e + u_t \tag{10.33}$$

要从式(10.33)中估计 X_{t-1}^e,从而获得可估计的计量经济模型,我们需要遵循以下步骤:

步骤 1 把式(10.30)滞后一期,得到:

$$Y_{t-1} = \beta_1 + \beta_2 X_{t-1}^e + u_{t-1} \tag{10.34}$$

步骤 2　把式(10.34)两边同乘以$(1-\theta)$,得到:

$$(1-\theta)Y_{t-1} = (1-\theta)\beta_1 + (1-\theta)\beta_2 X_{t-1}^e + (1-\theta)u_{t-1} \tag{10.35}$$

步骤 3　从式(10.33)减去式(10.35),得到:

$$Y_t - (1-\theta)Y_{t-1} = \beta_1 - (1-\theta)\beta_1 + \beta_2\theta X_t + u_t - (1-\theta)u_{t-1} \tag{10.36}$$

或者

$$Y_t = \beta_1\theta + \beta_2\theta X_t + (1-\theta)Y_{t-1} + u_t - (1-\theta)u_{t-1} \tag{10.37}$$

最后得到:

$$Y_t = \beta_1^* + \beta_2^* X_t + \beta_3^* Y_{t-1} + v_t \tag{10.38}$$

其中,$\beta_1^* = \beta_1\theta$,$\beta_2^* = \beta_2\theta$,$\beta_3^* = (1-\theta)$以及$v_t = u_t - (1-\theta)u_{t-1}$。一旦获得$\beta^*$的估计,就能够估计$\beta_1$、$\beta_2$和$\theta$:

$$\hat{\theta} = 1 - \beta_3^*, \quad \hat{\beta}_1 = \frac{\beta_1^*}{\theta}, \quad \hat{\beta}_2 = \frac{\beta_2^*}{\theta} \tag{10.39}$$

通过这种估计方法,我们就能从期望收入中估计出边际消费倾向;虽然我们没有期望收入的数据。

自回归模型中自相关的检验

检验具有滞后因变量的模型的自相关是很重要的。在第 7 章中我们提到了,DW 统计量在这种情况下并不适用,要使用 Durbin h 检验或 LM 检验。

练习

练习 10.1

展示如何通过适应性预期自回归模型,从期望收入中估计边际消费倾向而不需要期望收入的数据。

练习 10.2

对于 $p=5$、$r=4$,推导 Almon 多项式转换,并解释如何估计这个模型。

练习 10.3

解释如何在自回归模型中检验序列相关。

练习 10.4

展示在 Koyck 转换中如何把无限滞后分布模型转换为自回归模型,并解释该转换的优点。

练习 10.5

假设我们有如下的分布滞后模型：

$$Y_t = 0.847 + 0.236X_t + 0.366X_{t-1} + 0.581X_{t-2} + 0.324X_{t-3} + 0.145X_{t-4} \quad (10.40)$$

找到(a)短期影响效应,(b)每单位 X 的变化对 Y 的长期影响。

练习 10.6

模型：

$$CE_t = \beta_1 + \beta_2 YD_t + \beta_3 CE_{t-1} + v_t \quad (10.41)$$

其中,CE = 总体消费者支出,YD = 个人可支配收入。使用英国经济数据,以简单 OLS 估计该模型,结果由表 10.2 给出。这个模型是令人满意的吗？采用适应性预期假设解释每个估计系数的含义。

表 10.2 适应性预期模型的结果

Dependent variable: CE
Method: least squares
Date: 03/02/04 *Time*: 18:00
Sample (*adjusted*): 1976:1 1997:4
Included observations: 88 *after adjusting endpoints*

Variable	Coefficient	Std. error	t-statistic	Prob.
C	−7.692041	3.124125	−2.462146	0.0310
YD	0.521338	0.234703	2.221233	0.0290
CE(−1)	0.442484	0.045323	9.762089	0.0000
R-squared	0.958482	Mean dependent var		1.863129
Adjusted R-squared	0.588722	S. D. dependent var		0.055804
S. E. of regression	0.032454	Akaike info criterion		−3.650434
Sum squared resid	0.148036	Schwarz criterion		−3.565979
Log likelihood	161.619100	F-statistic		49.587330
Durbin-Watson stat	0.869852	Prob (F-statistic)		0.000000

练习 10.7

文件 cons_us.wf1 包括美国经济的消费支出(CE)和个人可支配收入(PDI)(以不变价格衡量)的数据。

(a)用 OLS 估计这个部分调整模型的 CE。

(b)对估计系数进行解释。

(c)计算隐含的调整系数。

(d)用 Durbin h 方法和 LM 检验检验序列相关。

第 11 章 联立方程模型

本章内容

引言：基本定义
忽略联立性的后果
识别问题
联立方程模型的估计
实例：IS-LM 模型

学习目标

1. 理解联立性问题和后果
2. 通过宏观经济模型实例理解识别问题
3. 理解并应用两阶段最小二乘估计

引言：基本定义

到目前为止，讨论的计量经济模型都只处理一个因变量及一个方程的估计；然而，在当今世界经济学中，相互依存是常见的。几个因变量同时被决定，并作为因变量和解释变量出现在一个方程组中。例如，在我们已经探讨过的单一方程模型中，我们有如下需求方程：

$$Q_t^d = \beta_1 + \beta_2 P_t + \beta_3 Y_t + u_t \tag{11.1}$$

其中，Q_t^d 是需求量，P_t 是相关商品的价格，Y_t 是收入。然而，经济学分析表明，价格和数量是典型地由市场过程同时决定的，所以一个完整的市场模型无法由一个单一方程捕捉，而应包含三个不同的方程：需求方程，供给方程，产品市场的均衡状态。从而有：

$$Q_t^d = \beta_1 + \beta_2 P_t + \beta_3 Y_t + u_{1t} \tag{11.2}$$

$$Q_t^s = \gamma_1 + \gamma_2 P_t + u_{2t} \tag{11.3}$$

$$Q_t^d = Q_t^s \tag{11.4}$$

其中，Q_t^s 表示供给量。

方程(11.2)、方程(11.3)和方程(11.4)被称作联立方程模型的结构方程，系数 β 和 γ 被称作结构参数。

因为价格和数量是同时被决定的，所以它们都是内生变量。收入不是由这个模型决定的，其具有外生变量的特征。注意，在单一方程的模型里，我们可交替地使用外生变量和解释变量的术语，但在联立方程模型里这却是不可能的。所以，我们把价格当成解释变量而不是外生变量。

令方程(11.3)等于方程(11.2)解出 P_t，我们得到：

$$P_t = \frac{\beta_1 - \gamma_1}{\beta_2 - \gamma_2} + \frac{\beta_3}{\beta_2 - \gamma_2} Y_t + \frac{u_{1t} - u_{2t}}{\beta_2 - \gamma_2} \tag{11.5}$$

这可以被重述为：

$$P_t = \pi_1 + \pi_2 Y_t + v_{1t} \tag{11.6}$$

把方程(11.6)代入方程(11.3)，我们得到：

$$\begin{aligned} Q &= \gamma_1 + \gamma_2(\pi_1 + \pi_2 Y_t + v_{1t}) + u_{1t} \\ &= \gamma_1 + \gamma_2 \pi_1 + \gamma_2 \pi_2 Y_t + \gamma_2 v_{1t} + u_{2t} \\ &= \pi_3 + \pi_4 Y_t + v_{2t} \end{aligned} \tag{11.7}$$

现在，方程(11.3)和方程(11.7)都仅通过外生变量、模型的参数和随机误差项来定义内生变量。这两个方程被称为简约型方程，π 被称为简约型参数。通常来说，简约型方程能通过外生变量、模型的参数和随机误差项解出内生变量来得到。

忽略联立性的后果

CLRM 的一个假定是，方程的误差项应该与方程中的每个解释变量都不相关。如果存在相关，则 OLS 回归方程就是有偏的。从简约型方程可以明显地看出，在联立方程模型中，有偏是存在的。回想一下，新的误差项 v_{1t} 和 v_{2t} 是取决于 u_{1t} 与 u_{2t} 的。为了更清楚地展现这一点，考虑下面一般形式的联立方程模型：

$$Y_{1t} = a_1 + a_2 Y_{2t} + a_3 X_{1t} + a_4 X_{3t} + e_{1t} \tag{11.8}$$

$$Y_{2t} = \beta_1 + \beta_2 Y_{1t} + \beta_3 X_{3t} + \beta_4 X_{2t} + e_{2t} \tag{11.9}$$

模型中有两个结构方程，两个内生变量（Y_{1t} 和 Y_{2t}），三个外生变量（X_1、X_2 和 X_3）。我们来看看当其中一个误差项增加时会发生什么，假设方程中其他项不变。

(a) 如果 e_{1t} 增加，那么由式(11.8)得出 Y_{1t} 增加；
(b) 如果 Y_{1t} 增加（假设 β_2 为正），那么由式(11.9)得出 Y_{2t} 增加；
(c) 如果式(11.9)中的 Y_{2t} 增加，那么在式(11.8)中作为解释变量的 Y_{2t} 也会增加。

因此，方程中误差项的增加会导致同一方程中的解释变量增加。这样，就违反了解释变量与误差项不相关的假定，会导致有偏的估计。

识别问题

基本定义

上一节中,我们看到了简约型方程通过外生变量、模型的参数和随机误差项来表示内生变量。因此,可以采用 OLS 来获得简约型方程的一致有效的估计系数(π)。

问题是,我们能否通过回代解出这些系数来得到一致的估计(β 和 γ)。答案有三种可能情形:

(1)从简约型回代到结构型是不可能的;
(2)有唯一一种可能的回代方法;
(3)有不止一种的回代方法。

能否回代并从简约型的估计系数求出结构型的估计系数的问题被称为识别问题。第一种情形(不能回代)被称为识别不足,第二种情形(有唯一一种可能的回代方法)被称为恰好识别,第三种情形(有不止一种的回代方法)被称为过度识别。

识别条件

一个方程能否被识别有两个条件,即阶条件和秩条件。首先描述这两个条件,然后以实例解释它们的应用。

阶条件

我们定义 G 是系统中内生变量的个数,M 是被考虑方程中未出现的变量的个数(可以是内生、外生,或是滞后内生变量)。阶条件如下:

(a)如果 $M < G-1$,则方程为识别不足;
(b)如果 $M = G-1$,则方程为恰好识别;
(c)如果 $M > G-1$,则方程为过度识别。

阶条件是必要不充分条件。这意味着,如果阶条件不满足,则方程不能被识别;但如果阶条件成立,则我们依然要用秩条件去判断。

秩条件

对于秩条件,我们要建立一个表格,每列对应每个变量,每行对应每个方程。对于每个方程,如果对应这一列的变量包含在方程中,就在这一列上打 √;否则记为 0。这样,每个方程得到一组 √ 和 0。对于特定的方程:

(a)删掉要考虑方程的那一行;
(b)写出正在考虑的方程中有 0 元素对应列所剩余的元素;
(c)考虑结果阵列:如果至少有 $G-1$ 行和列不都为 0,那么方程被识别;否则不能被识别。

秩条件是充分必要条件,但要用阶条件来判断方程到底是恰好识别的还是过度识别的。

识别过程举例

考虑式(11.2)、式(11.3)、式(11.4)描述的需求供给模型。首先建立一个表格,每列对应每个变量,每行对应每个方程:

	Q^d	Q^s	P	Y
方程1	√	0	√	√
方程2	0	√	√	0
方程3	√	√	0	0

我们有三个内生变量(Q^d、Q^s 和 P),所以 $G=3$、$G-1=2$。

考虑阶条件。对于需求方程,被排除的变量个数是1($M=1$),因为 $M<G-1$,所以需求方程不被识别。对于供给方程,因为 $M=1$ 并且 $M=G-1$,所以供给方程被恰好识别。

接下来是秩条件,只需要考虑供给方程(因为需求方程识别不足)的。结果阵列(删去 Q^s 和 P 列及第二行方程后)如下:

	Q^d	Q^s	P	Y			Q^d	Y
方程1	√	0	√	√		方程1	√	√
方程2	0	√	√	0		方程3	√	0
方程3	√	√	0	0				

问题在于,至少有 $G-1=2$ 的行和列不为零吗?答案为"是的",因此秩条件得到满足,供给函数确实是恰好识别的。

第二个例子:封闭经济的宏观经济模型

考虑一个由以下方程描述的封闭经济的简单宏观经济模型:

$$C_t = \beta_1 + \beta_2 Y_t \tag{11.10}$$
$$I_t = \gamma_1 + \gamma_2 Y_t + \gamma_3 R_t \tag{11.11}$$
$$Y_t = C_t + I_t + G_t \tag{11.12}$$

其中,C_t 是消费,Y_t 是 GDP,I_t 是投资,R_t 是利率,G_t 是政府支出。C_t、I_t、Y_t 是内生变量,而 R_t、G_t 是外生变量。首先,建立一个五列(对应变量)三行(对应方程)的表格:

	C	Y	I	R	G
方程1	√	√	0	0	0
方程2	0	√	√	√	0
方程3	√	√	√	0	√

对于方程1,$M=3$(I、R 和 G 被排除)而 $G=3$,$M>G-1$,因此消费函数似乎是过度识别了。类似地,对于方程2,$M=G-1$,因此它是恰好识别的。

对于消费函数应用秩条件,剔除 C 列和 Y 列及第 1 行方程后,我们有如下表格:

	I	R	G
方程2	√	√	0
方程3	√	0	√

由于 $G-1=2$ 行和列不都为 0,因此它是过度识别的。对于投资函数(剔除 I 列、Y 列和 R 列及第 2 行方程后),我们有:

	C	G
方程1	√	0
方程3	√	√

由于 $G-1=2$ 行和列不都为 0,因此秩条件再次得到满足,从而可以得出结论:投资函数确实可以识别。

联立方程模型的估计

识别问题是与在联立方程模型中估计结构参数的问题紧密联系在一起的。因此,方程不能被识别时,对它进行估计是不可能的。在恰好识别或过度识别的情形下,有方法让我们得到结构系数的估计值。这些方法与简单 OLS 不同,避免了前面提到的联立性偏误问题。

通常来说,在恰好识别的情形下,恰当的方法是所谓的间接最小二乘法(ILS);在过度识别的情形下,两步最小二乘法(TSLS)是使用最广泛的方法。下面将简要介绍这些方法。

恰好识别方程的估计:ILS 方法

当联立方程模型中的方程恰好识别时,我们可以使用此方法。ILS 方法包括以下三个步骤:

步骤1 找到简约型方程;
步骤2 通过简单 OLS 方法估计简约型方程的系数;
步骤3 通过步骤 2 中得出的简约型方程系数,得到唯一的结构系数估计。

OLS 估计得到的简约型系数是无偏的,当转换这些结构参数估计时能保证一致性。只有结构性方程是恰好识别时,ILS 估计才是一致、渐近有效和渐近正态的。

然而,ILS 方法并不被普遍采用,原因如下:
(1)大多数联立方程模型都是过度识别的;
(2)如果系统中有几个方程,那么先求出简约型方程再求解结构系数就非常乏味了。

过度识别方程的估计:TSLS 方法

TSLS 方法的基本原理是,用非随机及与误差项无关的变量代替随机内生回归项(其与误差项相关导致偏误)。TSLS 包括以下两个步骤(所以叫两步最小二乘):

步骤 1 把每个作为回归元的内生变量对系统中所有内生变量和滞后内生变量进行 OLS 回归(这等价于估计简约型方程),得到这些回归方程内生变量的拟合值($\hat{Y}$)。

步骤 2 用步骤 1 中的得到的拟合值作为原始回归方程(结构式)内生回归元的代替或是工具。

有个要求是步骤 1 中估计方程的 R^2 应该足够高。这是为了确保 $\hat{Y}$ 和 Y 高度相关,因此 $\hat{Y}$ 是 Y 的良好工具。TSLS 方法的一个好处是,对于恰好识别的方程,它会产生和 ILS 完全相等的估计,同时 TSLS 对过度识别的方程也适用。

实例:IS-LM 模型

考虑下面的 IS-LM 模型:

$$R_t = \beta_{11} + \beta_{12}M_t + \beta_{13}Y_t + \beta_{14}M_{t-1} + u_{1t} \tag{11.13}$$

$$Y_t = \beta_{21} + \beta_{22}R_t + \beta_{23}I_t + u_{1t} \tag{11.14}$$

其中,R 是利率,M 是货币存量,Y 是 GDP,I 是投资支出。模型中,R 和 Y 是内生变量,M 和 I 是外生变量。我们留给读者证明,式(11.13)是恰好识别的,式(11.14)是过度识别的。

我们想估计模型,由于第二个方程是过度识别的,因此需要使用 TSLS 方法。本例的数据在文件 simult.wf1 中,是英国经济从 1972 年第一季度到 1998 年第三季度的季度时间序列数据。

为了使用 TSLS 估计方程,可以点击 **Quick/Estimation Equation**,在 **Equation Specification** 窗口中把默认的 **LS-Least Squares(NLS and ARMA)** 改为 **TSLS-Two-stage Least Squares(TSNLS and ARMA)**;然后在第一个方框中设定估计方程,在第二个方框中定义工具。或者直接在 EViews 中输入下列命令:

```
tsls r c m y m(-1) @ c m i m(-1)
```

这里,@ 之前的符号是要估计的方程,@ 之后的符号是要作为工具的变量名称。计算结果在表 11.1 中给出。

表 11.1 R(LM)方程的 TSLS 估计

Dependent variable:R
Method:*two-stage least squares*
Date:03/02/04 *Time*:23:52
Sample(*adjusted*):1972:1 1998:3
Included observations:107 *after adjusting endpoints*
Instrument list:*CMIM*(−1)

(续表)

Variable	Coefficient	Std. error	t-statistic	Prob.
C	9.069599	5.732089	1.582250	0.1167
M	−0.008878	0.002614	−3.396474	0.0010
Y	4.65E−05	6.44E−05	0.722214	0.4718
M(−1)	0.008598	0.002566	3.350368	0.0011
R-squared	0.182612	Mean dependent var.		9.919252
Adjusted R-squared	0.158805	S.D. dependent var.		3.165781
S.E. of regression	2.903549	Sum squared resid.		868.351800
F-statistic	8.370503	Durbin-Watson stat.		0.362635
Prob(F-statistic)	0.000049			

利率方程被视为 LM 关系。Y 的系数很小且为正(但不显著),表明 LM 函数很扁平,货币存量上升会降低利率;同时,R^2 很小,表明方程中还有未包括进来的变量。

为了估计第二个方程(可以被看成 IS 关系),输入下列命令:

```
TSLS y c r i @ c m im(-1)
```

结果在表 11.2 中展示。

表 11.2 Y(IS)方程的 TSLS 估计

Dependent variable:Y
Method:*two-stage least squares*
Date:03/02/04 *Time*:23:56
Sample(*adjusted*):1972:1 1998:3
Included observations:107 *after adjusting endpoints*
Instrument list:*CMIM*(−1)

Variable	Coefficient	Std. error	t-statistic	Prob.
C	72 538.680000	14 250.190000	5.090368	0.0000
R	−3 029.112000	921.896000	−3.285742	0.0014
I	4.258678	0.266492	15.980490	0.0000
R-squared	0.834395	Mean dependent var.		145 171.700000
Adjusted R-squared	0.831210	S.D. dependent var.		24 614.160000
S.E. of regression	10 112.500000	Sum squared resid.		1.06E+10
F-statistic	294.855400	Durbin-Watson stat.		0.217378
Prob(F-statistic)	0.000000			

对结果的解释:根据理论预测,我们看到收入和利率是负相关的,收入对利率的变化很敏感;同时,投资的变化会导致函数右移,而这个设定的 R^2 也很大。

为了更好地理解两步最小二乘法,我们一步一步地进行这个估计。我们仅对第二个方程进行估计。步骤 1 包括将 Y 对常数 M、I、$M(-1)$ 进行回归,输入以下命令:

```
ls y c m i m(-1)
```

结果如表 11.3 所示。这里肯定的结果是，R^2 很高，所以拟合的 Y 变量是 Y 的很好的替代。

表 11.3　TSLS 方法的第一步

Dependent variable：*Y*
Method：*least squares*
Date：03/03/04　*Time*：00：03
Sample(*adjusted*)：1969：3　1998：3
Included observations：117 *after adjusting endpoints*

Variable	Coefficient	Std. error	*t*-statistic	Prob.
C	60 411.050	1 561.051	38.698960	0.0000
M	6.363346	1.912864	3.326607	0.0012
I	1.941795	0.102333	18.975190	0.0000
M(-1)	-3.819978	1.921678	-1.987835	0.0492
R-squared	0.992349	Mean dependent var.		141 712.3
Adjusted R-squared	0.992146	S. D. dependent var.		26 136.02
S. E. of regression	2 316.276	Akaike info criterion		18.36690
Sum squared resid.	6.06E+08	Schwarz criterion		18.46133
Log likelihood	-1 070.464	F-statistic		4 885.393
Durbin-Watson stat.	0.523453	Prob(F-statistic)		0.000000

下一步，我们要获得回归方程的拟合值。这能通过从实际的 Y 变量中减去模型的残差来得到。EViews 中的命令为：

```
genr yfit = y-resid
```

输入以下命令可以画出这两个变量的图：

```
plot y yfit
```

我们看到（见图 11.1），它们移动得非常接近。

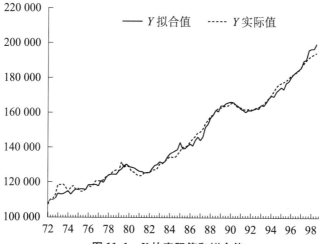

图 11.1　Y 的实际值和拟合值

对 R 做同样的回归得到 rfit 变量,按照 TSLS 方法的步骤 2,用拟合的内生变量代替实际的 Y 和 R 并估计模型。命令为:

```
ls yfit c rfit i
```

结果在表 11.4 中报告。

表 11.4 TSLS 方法的第二步

Dependent variable: YFIT
Method: least squares
Date: 03/03/04 Time: 00:14
Sample(adjusted): 1972:1 1998:3
Included observations: 107 after adjusting endpoints

Variable	Coefficient	Std. error	t-statistic	Prob.
C	75 890.950	8 497.518000	8.930955	0.0000
RFIT	−3 379.407	549.735100	−6.147337	0.0000
I	4.252729	0.158912	26.761550	0.0000
R-squared	0.942570	Mean dependent var.		144 905.900
Adjusted R-squared	0.941466	S. D. dependent var.		24 924.470
S. E. of regression	6 030.176	Akaike info criterion		20.274580
Sum squared resid.	3.78E+09	Schwarz criterion		20.349520
Log likelihood	−1 081.690	F-statistic		853.457200
Durbin-Watson stat.	0.341516	Prob(F-statistic)		0.000000

应用 Stata 估计联立方程模型

在 Stata 中,估计联立方程模型的命令为:

```
reg3 (first equation) (second equation), 2sls
```

这里,在第一个括号中,放入我们要估计的第一个方程;在第二个括号中,放入要估计的第二个方程。命令行中的 2sls 表示估计方式是两步最小二乘法。

因此,IS-LM 例子的命令为:

```
reg3 (r = m y L.m)(y = r i), 2sls
```

命令的结果(分析的数据来自文件 simult.dat)如表 11.5 所示,这与 EViews 中展示的很像。

表 11.5 两步最小二乘回归

Equation	Obs	Parms	RMSE	"R-sq"	F-stat	P
r	106	3	2.82336	0.2115	10.23	0.0000
y	106	2	9 657.93300	0.8469	317.21	0.0000

（续表）

		Coef.	Std. Err.		t	P>|t|	[95% Conf. Interval]	
r								
	m	-0.0093748	0.0025448	-3.68	0.000	-0.0143922	-0.0043575
	y	0.0000622	0.0000626	0.99	0.322	-0.0000612	0.0001856
	m						
	L1.	0.0090177	0.002498	3.61	0.000	0.0040926	0.0139428
	_cons	8.0791590	5.565536	1.45	0.148	-2.8938700	19.0521900
y								
	r	-3 030.804	815.5647	-3.72	0.000	-4 640.774	-1 424.833
	i	4.188473	0.254951	16.43	0.000	3.685862	4.691084
	_cons	74 573.400	13 054.100	5.71	0.000	48 835.900	100 310.900

注：r、y 为内生变量；m、$L.m$、i 为外生变量。

第 12 章 受限因变量回归模型

本章内容
引言
线性概率模型
线性概率模型的问题
logit 模型
probit 模型
Tobit 模型
计算机实例：用 EViews、Stata 和 Microfit 运行 probit 模型和 logit 模型

学习目标
1. 理解用简单线性模型估计一个虚拟因变量模型带来的问题
2. 熟悉用 logit 模型和 probit 模型处理虚拟因变量
3. 估计 logit 模型和 probit 模型，解释计量经济软件得到的结果
4. 了解并学习如何估计多项式及排序的 logit 模型和 probit 模型
5. 理解截取（censored）数据的含义，学会应用 Tobit 模型
6. 估计截取（censored）数据的 Tobit 模型

引言

到目前为止，我们考察了携带定性信息的虚拟变量在回归模型中作为解释变量的情形（见第 10 章）。然而，经常有一些因变量是定性信息的情形，因此虚拟变量用在回归方程的左边。例如，假设我们想检验为什么有些人上大学而有些人不上；或是有些人参加工作但有些人不参加工作，这些变量都是在第 10 章讨论过的二值虚拟变量（它们可以取 0 或 1）。这里，我们想把这些虚拟变量用作因变量。

对于具有多重性质的定性因变量(多值变量),事情就变得更复杂。例如,考虑消费者调查中对不同种商品的评价——问卷调查中对不同问题的回答采取以下形式:强烈不满、不满、无所谓、满意、非常满意,等等。

在这些例子中,模型及估计方法都与我们之前用过的不一样。分析和展示这些模型就是本章的目的。我们以线性概率模型开始,接下来介绍 logit 模型、probit 模型和 Tobit 模型,多项式和排序的 logit 模型和 probit 模型也会有所介绍。

线性概率模型

我们从最简单的概率模型开始,它以二值虚拟变量作为因变量。简单来说,我们假定虚拟因变量只有一个回归元。例如,我们想考察成年女性的劳动参与决策。这个问题是,为什么有些女性参加工作而有些女性不参加工作?劳动经济学表明,参加工作与否是失业率、平均工资率、教育水平、家庭收入和年龄等因素的函数。简单起见,我们假设参加工作的决定只由一个解释变量(X_{2i})——家庭收入水平——影响。

模型为:

$$Y_i = \beta_1 + \beta_2 X_{2i} + u_i \tag{12.1}$$

由于 Y_i 是虚拟变量,模型可以变为:

$$D_i = \beta_1 + \beta_2 X_{2i} + u_i \tag{12.2}$$

其中,X_{2i} 是家庭收入水平(连续变量);D_i 是二值虚拟变量,定义为:

$$D_i \begin{cases} 1 & \text{如果第 } i \text{ 个个体工作} \\ 0 & \text{如果第 } i \text{ 个个体不工作} \end{cases} \tag{12.3}$$

u_i 是误差项。

CLRM 的一个基本假定是,$E(u_i) = 0$。因此,对于给定的 X_{2i}:

$$E(D_i) = \beta_1 + \beta_2 X_{2i} \tag{12.4}$$

然而,由于 D_i 代表定性信息,因此这里的解释是不同的。定义 P_i 是 $D_i = 1$ 的概率($P_i = \Pr(D_i = 1)$);因此 $1 - P_i$ 是 $D_i = 0$ 的概率($1 - P_i = \Pr(D_i = 0)$)。用数学形式表示为:

$$\begin{aligned} E(D_i) &= 1 \Pr(D_i = 1) + 0 \Pr(D_i = 0) \\ &= 1 P_i + 0(1 - P_i) \\ &= P_i \end{aligned} \tag{12.5}$$

式(12.5)仅仅说明 D_i 的期望值等于这个人工作的概率。因此,这个模型被称为线性概率模型,得到的 β_1、β_2 值就能帮助我们估计女性在给定家庭收入水平下进入劳动力市场的概率。

线性概率模型的问题

$\hat{D}_i$ 并不限定于 $(0,1)$ 取值

线性概率模型可以采用简单 OLS 估计;但是,用 OLS 估计可能产生明显的问题。考虑图 12.1 描述的情形。由于虚拟因变量 D_i 只能取两个值(0 和 1),散点图仅是两行点阵,一行在 0 值(X 轴),另一行在 1 值。问题在于,OLS 会通过对散点的拟合来估计参数值 β_1 和 β_2(注意,β_1 可以是负的)。因此,对于较低水平的收入(就像图 12.1 中的 A 点),我们就可能有负的概率;对于较高水平的收入(就像图 12.1 中的 B 点),我们就可能得到大于 1 的概率。负的概率或大于 1 的概率显然是有问题的。另一个备选的估计方法就是把 $\hat{D}_i$ 的值限定在 0—1。下面要讨论的 logit 模型和 probit 模型就是处理这个问题的。

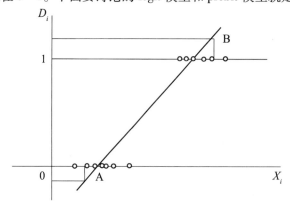

图 12.1　线性概率模型

误差项的非正态和异方差

线性概率模型的另一个问题就是,误差项不是正态分布的,其服从二项分布。我们有:

$$如果\quad D_i = 1 \Rightarrow u_i = 1 - \beta_1 - \beta_2 X_{2i}$$
$$如果\quad D_i = 0 \Rightarrow u_i = -\beta_1 - \beta_2 X_{2i}$$

这意味着,u_i 仅仅以概率 P_i 和 $1 - P_i$ 取上述两个值,所以是非正态的。

然而,非正态模型问题并不是那么严重,因为我们依然会得到无偏的 OLS 估计。更大的问题在于误差项是异方差的。要明白这一点,我们计算误差项的方差:

$$Var(u_i) = E(u_i)^2 = \underset{(D=1\text{ 时 }u_i\text{ 的值})}{P_i^2} + \underset{(D=0\text{ 时 }u_i\text{ 的值})}{(1-P_i)^2} \quad (12.6)$$

我们知道,$E(D_i) = P_i = \beta_1 + \beta_2 X_{2i}$,把它代入式(12.6)中得到:

$$\begin{aligned} Var(u_i) &= P_i(1-P_i)^2 + (1-P_i)(P_i)^2 \\ &= P_i(1+P_i^2-2P_i) + (1-P_i)P_i^2 \\ &= P_i + P_i^3 - 2P_i^2 + P_i^2 - P_i^3 \\ &= P_i - P_i^2 \\ Var(u_i) &= P_i(1-P_i) \end{aligned} \qquad (12.7)$$

由于误差项的方差取决于 P_i，随着每个不同的家庭收入水平而不同，因此误差项是异方差的。

决定系数作为整体拟合优度的度量

另一个有关线性概率模型的问题，是从 OLS 得到的决定系数的值(R^2)在解释这个模型上没有明显的价值。这能由图 12.1 看出来。由于对于所有的 X_{2i}，D_i 的值不是 0 就是 1，所有的点围绕着 0 和 1，因此对于任何一条直线都拟合得较好。结果是，由模型计算出的 R^2 通常来说就会比 1 小得多，即使模型能够很好地解释特定的选择。因此，R^2 并不适合在类似的模型中应用。

我们在讨论完线性概率模型的有关问题后看到，需要另一种方法来考察这些带有虚拟因变量的模型。

logit 模型

通常做法

在线性概率模型中，虚拟因变量 D_i 在方程的左边，其反映概率 P_i，并能取任何真实值而不受限于概率的正确取值范围——(0,1)。

一个简单的解决这个问题的方法包括下面两个步骤。

第一步，转换因变量 D_i，这里介绍几率比(Odd Ratio)的概念：

$$odds_i = \frac{P_i}{1-P_i} \qquad (12.8)$$

其中，$odds_i$ 被定义为成功的概率及其互补的概率(失败的概率)的比值。以劳动参与为例，如果一个人加入劳动力市场的概率是 0.75，那么几率比就是 0.75/0.25 = 3/1，或者说一个人工作的几率比是 3:1。

第二步，对几率比取自然对数，计算 logit——L_i：

$$L_i = \ln\left(\frac{P_i}{1-P_i}\right) \qquad (12.9)$$

将上式用在线性回归模型中：

$$L_i = \beta_1 + \beta_2 X_{2i} + u_i \qquad (12.10)$$

很容易看到，这个模型(对解释变量和参数都是线性的)能拓展到多个解释变量，我们得到：
$$L_i = \beta_1 + \beta_2 X_{2i} + \beta_3 X_{3i} + \cdots + \beta_k X_{ki} + u_i \tag{12.11}$$

注意，logit 模型解决了取值 0、1 的值的问题，因为

(a) 当概率 P_i 达到 0 时，优势比趋近于 0，logit(ln(0)) 趋近于 $-\infty$。

(b) 当概率 P_i 达到 1 时，优势比趋近于 $+\infty$，logit(ln(1)) 趋近于 $+\infty$。

因此，logit 模型把取值在 (0,1) 的概率映射到整个实数轴。图 12.2 描述了 logit 模型，我们看到，$\hat{D}_i$ 是不对称地取 1 和 0 这两个极端情形的。这个曲线被称为 S 形曲线，这种类型的函数被称为 sigmoid 函数。估计这个模型要采用极大似然法，这是一种迭代估计法，对于非线性系数方程的估计特别有用。

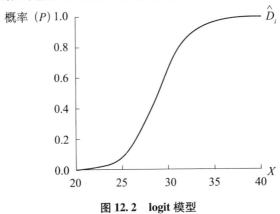

图 12.2　logit 模型

logit 模型估计的解释

在估计 logit 模型之后，分析可以采用 z 统计量进行常规的假设检验；然而，logit 系数的解释与常规 OLS 完全不一样。鉴于此，logit 模型估计得到的系数 β_2 表示 X 变化 1 个单位，$L_i = \ln(P_i/(1-P_i))$ 的变化情况，但这没有任何意义。

我们想知道的是，自变量对概率 $\hat{P}_i$ 的影响，而并不是对 $\widehat{\ln\left(\dfrac{P_i}{1-P_i}\right)}$ 的影响。通常有三种可能的方式来解释得到的结果。

(a) 计算平均的 $\hat{D}_i$ 变化。首先，把所有解释变量的均值代入估计的 logit 模型中，计算平均 $\hat{D}_i$；然后，重新计算，但是现在把要考察的解释变量增加 1 个单位，计算新的 $\hat{D}_i$。这两个 $\hat{D}_i$ 的差显示解释变量增加 1 个单位对于 $D_i = 1$ 概率的影响（保持其他解释变量不变）。当一个或多个解释变量也是虚拟变量时（例如，如何定义平均性别？），运用这种方法要先非常谨慎小心。当虚拟解释变量存在时（如性别），运用这种方法要先分别计算"平均男性"和"平均女性"的影响（可以首先把虚拟解释变量设为 1，然后设为 0），然后比较两个结果。

(b) 取偏导。按照下面更加数学化的方法，对 logit 模型取偏导：

$$\frac{\partial \hat{D}_i}{\partial X_{ji}} = \hat{\beta}_j \hat{D}_i (1 - \hat{D}_i) \qquad (12.12)$$

因此，X_{ji} 变化的边际影响等于 $\hat{\beta}_j \hat{D}_i (1 - \hat{D}_i)$。运用中，我们只需把 β_j 和 $\hat{D}_i$ 换成需要的值就行了。

（c）把得到的 $\hat{\beta}_j$ 的系数乘以 0.25。前两种方法很精确但很难运用；一个更简单但不很精确的方法是，把从 logit 模型中得到的系数乘以 0.25，得到的值作为边际效应的解释。这来自把 $\hat{D}_i = 0.5$ 代入式（12.12）：

$$\hat{\beta}_j * 0.5 * (1 - 0.5) = \hat{\beta}_j * 0.25 \qquad (12.13)$$

这样就做出了一个粗略的估计。这种方法简单快捷；然而，如果需要精确的计算，前两种方法更加适合。

拟合优度

如前面指出的那样，传统度量拟合优度的方法（R^2）并不适合评估 logit 模型的效果。因此，需要有备选的替代方法。一种方式是测算出样本中正确解释估计模型的观察值的百分比，被称为 count R^2。定义如下：

$$count\ R^2 = \frac{\text{正确预测的次数}}{\text{观察量}} \qquad (12.14)$$

这里，我们把正确估计定义为 $\hat{D}_i > 0.5$，预示正确估计 $D_i = 1$；或者 $\hat{D}_i < 0.5$，预示正确估计 $D_i = 0$。显然，count R^2 越高，模型的拟合优度越高。

这种度量方式虽说很好计算也很直观，但受到 Kennedy（2003）的批评。因为如果样本是不平均地取 0 和 1，那么一个仅凭感觉的预测者就可能比其他模型做得更好。例如，假设对于 90% 的样本观察值，$D_i = 1$。一个简单的规则就是，一直预测 1 很有可能超过以 count R^2 度量的拟合优度，即使凭感觉也很明显是错的。因此，Kennedy 建议度量方法应增加正确估计 $D_i = 1$ 及 $D_i = 0$ 的部分。这个拟合优度的度量方法（R_K^2）如下：

$$R_k^2 = \frac{D_i = 1 \text{ 时正确预测的次数}}{D_i = 1 \text{ 时的观察量}} + \frac{D_i = 0 \text{ 时正确预测的次数}}{D_i = 0 \text{ 时的观察量}} \qquad (12.15)$$

McFadden（1973）提出另一种度量拟合优度的方法，称为 McFadden pseudo-R^2（虚假 R^2）。为了得到它，McFadden 建议用似然比检验代替在 CLRM 中检验整体系数显著性的 F 检验。这包括下面整个模型的估计：

$$L_i = \beta_1 + \beta_2 X_{2i} + \beta_3 X_{3i} + \cdots + \beta_k X_{ki} + u_i \qquad (12.16)$$

并施加约束：

$$\beta_1 = \beta_2 = \beta_3 = \cdots = \beta_k \qquad (12.17)$$

约束模型的估计：

$$L_i = \beta_1 + u_i \qquad (12.18)$$

约束模型和非约束模型都以极大似然比方式估计，并且计算每个模型的极大似然比（约束模型和非约束模型各自的 l_R 和 I_u）。用 LR 统计量检验约束模型：

$$LR = -2(l_R - I_u) \qquad (12.19)$$

式(12.19)服从自由度为 $k-1$ 的 χ^2 分布。

McFadden 虚假 R^2 定义如下：

$$\text{虚假 } R^2 = 1 - \frac{I_u}{l_R} \tag{12.20}$$

它总在 0 和 1 之间取值（l_R 小于 I_u），就像标准 R^2 一样。注意，McFadden 虚假 R^2 和标准 R^2 的解释并不一样，因此它并不被研究者广泛使用。要指出的是，对于虚拟因变量模型，通常来说拟合优度并不是最重要的；最重要的是回归系数的期望符号及其统计显著性以及对它们的解释。

一个更加数学化的方法

回想一下，在解释加入劳动力市场是否取决于家庭收入水平时，线性概率模型如下：

$$D_i = \beta_1 + \beta_2 X_{2i} + u_i \tag{12.21}$$

如果用 logistic 函数解释这个概率，我们有：

$$P_i = \frac{1}{1 + e^{[-(\beta_1 + \beta_2 X_{2i} + u_i)]}} \tag{12.22}$$

这个方程把 P_i 的取值限制在 $(0,1)$ 范围之内。当 X_{2i} 很大（趋于 $+\infty$）时，$P_i = 1$；X_{2i} 很小（趋于 $-\infty$）时，$P_i = 0$。

容易看出，P_i 的互补概率为：

$$(1 - P_i) = \frac{e^{-(\beta_1 + \beta_2 X_{2i} + u_i)}}{1 + e^{[-(\beta_1 + \beta_2 X_{2i} + u_i)]}} \tag{12.23}$$

因此，我们有：

$$\frac{P_i}{(1 - P_i)} = \frac{\frac{1}{1 + e^{[-(\beta_1 + \beta_2 X_{2i} + u_i)]}}}{\frac{e^{-(\beta_1 + \beta_2 X_{2i} + u_i)}}{1 + e^{[-(\beta_1 + \beta_2 X_{2i} + u_i)]}}} = \frac{1}{e^{-(\beta_1 + \beta_2 X_{2i} + u_i)}} \tag{12.24}$$

如果对式(12.24)两边取对数，则得到：

$$\ln \frac{P_i}{(1 - P_i)} = \beta_1 + \beta_2 X_{2i} + u_i \tag{12.25}$$

其中，$P_i/(1 - P_i)$ 叫做几率比，它的对数叫做 logit，因此这个模型被称为 logit 模型。

注意，在 logit 模型中，P_i 和 X_{2i} 并不是线性相关的，因此对 β_2 的解释并不是那么简单直接。直观地来说，β_2 度量的是 X_{2i} 变动 1 个单位 $\ln(P_i/(1-P_i))$ 的变化。在我们的例子中，也就是 X_{2i} 变动 1 个单位是如何影响愿意加入劳动力市场的概率的对数的。这个解释实际上没有什么意义。

要获得逻辑性的意义，我们可以关于 X_{2i} 对方程求微分：

$$\frac{\partial P_i}{\partial X_{2i}} \frac{1}{P_i} + \frac{\partial P_i}{\partial X_{2i}} \frac{1}{(1 - P_i)} = \beta_2 \tag{12.26}$$

因此，

$$\frac{\partial P_i}{\partial X_{2i}} = \beta_2 P_i (1 - P_i) \tag{12.27}$$

或者

$$\frac{\partial \hat{D}_i}{\partial X_{2i}} = \hat{\beta}_2 \hat{D}_i(1-\hat{D}_i) \qquad (12.28)$$

这说明,X_{2i}增加 1 个单位,$\hat{D}_i$ 期望值的变化等于 $\hat{\beta}_2 \hat{D}_i(1-\hat{D}_i)$。

probit 模型

通常做法

probit 模型是又一种解决线性概率模型只能取(0,1)值问题的方法。我们可以使用累积正态分布获得类似于 logit 模型 S 形函数的概率分布模型,而累积正态分布是 S 形的并且渐近在(0,1)范围内(见图 12.3)。

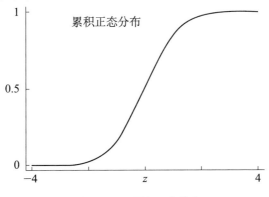

图 12.3 累积正态分布

logit 和 probit 的过程很相似,它们极少产生显著不同的结果;然而,probit 模型比 logit 模型更加适用。因为大多数经济学变量都服从正态分布,所以用累积正态分布考察它们更好。这两个模型具有高度相似性,可以参照图 12.4 展示的两个 S 形函数。

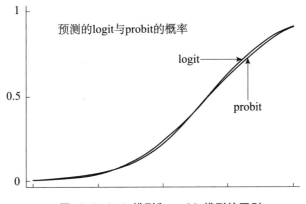

图 12.4 logit 模型和 probit 模型的区别

用累积正态分布去模型化 P_i，我们得到：

$$P_i = \frac{1}{\sqrt{2\pi}} \int_{-\infty}^{Z_i} e^{-\frac{s^2}{2}} ds \qquad (12.29)$$

其中，P_i 是虚拟因变量 $D_i=1$、$Z_i = \beta_1 + \beta_2 X_{2i}$ 的概率（这能简单地扩展到 k 个变量的情形），s 是一个标准化的正态变量。

Z_i 是标准正态分布函数的反函数 $\Phi^{-1}(P_i)$，probit 模型可以定义如下：

$$Z_i = \Phi^{-1}(P_i) = \beta_1 + \beta_2 X_{2i} + u_i \qquad (12.30)$$

probit 模型可以通过极大似然法估计得到。由于 probit 模型和 logit 模型很相似，具有相似的性质：对系数的解释不是那么简单直接，R^2 并不提供对整体拟合优度的有效检验。

为了计算 X 变化对概率 $P_i=1$ 的边际影响，我们要计算 $\beta_2 f(Z)$：

$$f(Z) = \frac{1}{\sqrt{2\pi}} e^{\frac{1}{2}Z^2} \qquad (12.31)$$

一般来讲，logit 分析和 probit 分析提供相似的结果和边际效应，特别是样本量很大时。然而，logit 分布和 probit 分布的尾部形状是不同的（见图 12.4），当样本分布不均匀时，对于虚拟因变量分别取值 0 和 1，这两个模型会产生不同的结果。

一个更加数学化的方法

假定我们想建立以下模型：

$$D_i = \beta_1 + \beta_2 X_{2i} + \beta_3 X_{3i} + \cdots + \beta_k X_{ki} + u_i \qquad (12.32)$$

其中，D_i 是二值虚拟变量，可以定义为先前讨论的参与劳动力市场的问题。为了建立 probit 模型，假定是否加入劳动力市场取决于一个观察不到的变量 Z_i（也被称为潜在变量），它由一些其他的可以被观察到的变量决定（比如说，前面例子中提到的家庭收入水平），形如：

$$Z_i = \beta_1 + \beta_2 X_{2i} + \beta_3 X_{3i} + \cdots + \beta_k X_{ki} \qquad (12.33)$$

以及

$$P_i = F(Z_i) \qquad (12.34)$$

如果假设为正态分布，$F(Z_i)$ 就可以从正态分布密度函数中得出：

$$F(Z_i) = \frac{1}{\sqrt{2\pi}} \int_{-\infty}^{Z_i} e^{-\frac{Z^2}{2}} dZ \qquad (12.35)$$

定义 Z 是正态分布密度函数的反函数，我们有：

$$Z_i = F^{-1}(P_i) = \beta_1 + \beta_2 X_{2i} + \beta_3 X_{3i} + \cdots + \beta_k X_{ki} \qquad (12.36)$$

这就是 probit 模型。

可以用极大似然法估计式(12.36)，但用统计软件得到的结果却是以式(12.37)的形式给出。

要解释边际效应，可以通过微分计算 $\partial P/\partial X_i$，在本例中如下：

$$\frac{\partial P}{\partial X_i} = \frac{\partial P}{\partial Z} \frac{\partial Z}{\partial X_i} = F'(Z) \beta_i \qquad (12.37)$$

由于 $F(Z_i)$ 是标准正态累积分布,因此 $F'(Z_i)$ 就是标准正态分布:

$$F'(Z_i) = \frac{1}{\sqrt{2\pi}} e^{-\frac{Z^2}{2}} \qquad (12.38)$$

为了得到边际效应的统计量,首先要计算对于所有解释变量均值的 Z 值,然后以式(12.37)计算 $F'(Z_i)$,最后将其乘以 β_i 得到最终结果,如式(12.38)所示。

总体拟合优度的检验与 logit 模型一样。

多项式及排序的 logit 模型和 probit 模型

许多情况下,我们有不止两个取值(如 0、1 取值)的定性变量,它们可能多于两种类别(多值变量)。一个例子是调查问卷中的回答:非常同意、同意、无所谓、不同意、非常不同意;另一个例子是金融经济学中,一家公司想通过三种不同的方法(现金,股票,两种混合)接管另一家公司。

注意这两个例子的区别。在第一个例子中,5 个不同的选项遵循自然的选择顺序,从最强烈支持到最强烈反对。非常同意要好于同意,而同意又好于无所谓,等等。类似于这种情况,排序的 probit 模型和 logit 模型就被用来得到合适的估计。在第二个例子中,3 个选项没有自然的顺序,意思是通过现金、股权、还是两者混合并没有顺序之说。因此,在这种情况下,多项式 logit 模型和 probit 模型就可以用来进行估计。下面将分别考察这两种情况。

多项式 logit 模型和 probit 模型

多项式 logit 模型和 probit 模型是多方程模型。有 k 个类别的虚拟因变量会产生 $k-1$ 个方程(同时也会产生 $k-1$ 种情形)。这很容易在二值虚拟变量 $D=(1,0)$ 的情形下得到检验:我们只有一个 logit/probit 方程描述选择项的概率。因此,如果有三值变量(三个不同选项),我们就需要两个方程;对于 k 个类别的变量,我们需要 $k-1$ 个方程。

考虑前面的例子。公司打算通过现金、股票或者两者混合来收购另一家公司。因此,我们需要带有三个水平的响应变量,定义如下:

$$D_S = \begin{cases} 1 & \text{如果通过股票收购} \\ 0 & \text{其他} \end{cases}$$

$$D_C = \begin{cases} 1 & \text{如果通过现金收购} \\ 0 & \text{其他} \end{cases}$$

$$D_M = \begin{cases} 1 & \text{如果通过混合方式收购} \\ 0 & \text{其他} \end{cases}$$

注意,这里只需要三个虚拟变量中的两个,因为一个虚拟变量作为参考变量。因此,我们有以下两个方程:

$$D_S = \beta_1 + \beta_2 X_{2i} + \beta_3 X_{3i} + \cdots + \beta_k X_{ki} + u_i \qquad (12.39)$$

$$D_C = a_1 + a_2 X_{2i} + a_3 X_{3i} + \cdots + a_k X_{ki} + v_i \qquad (12.40)$$

基于对误差项分布的假设,上述方程能通过 logit 模型或 probit 模型估计出来。

这两个方程的拟合值可解释为每个方程所描述的收购方法的概率。由于三种收购方法的概率相加应该等于1，因此用1减去两个拟合得到的概率，我们就能得出用混合策略收购的概率。

排序 logit 模型和 probit 模型

在这种情况下，虚拟变量的多个相应类别有自然顺序，如同非常同意、同意等，我们要采用排序的 logit 模型和 probit 模型。这种模型假设观察到的 D_i 按下列规则被 D_i^* 决定：

$$D_i = \begin{cases} 1 & \text{如果 } D_i^* \leq \gamma_1 \\ 2 & \text{如果 } \gamma_1 \leq D_i^* \leq \gamma_2 \\ 3 & \text{如果 } \gamma_2 \leq D_i^* \leq \gamma_3 \\ \vdots \\ M & \text{如果 } \gamma M \leq D_i^* \end{cases}$$

取值1代表较低层级的响应（强烈反对），取值2代表下一个较高层级的响应（反对），以此类推。

注意，由于数据是排序的，选择反对（取值2）并不意味着它是强烈反对的两倍程度的喜欢。我们只能说它层级更高，因为反对比强烈反对的程度更轻。

排序的 logit 模型和 probit 模型背后的数学推导和计算十分复杂，超出了本书的范围。然而，计量经济学软件（如 EViews 和 Stata），可以运行估计，并且其分析和解释与简单 logit 模型和 probit 模型一样。

Tobit 模型

Tobit 模型（由 Tobin(1958) 提出并以他的名字命名）是 probit 模型的扩展，它允许我们估计包含截取变量的模型。截取变量是指，对于样本的某些情形可以得到常规的观察值，但对另一些情形却无法得到任何值。我们通过一个例子来解释。以房屋所有权作为虚拟变量，取值为：

$$D_i = \begin{cases} 1 & \text{如果第 } i \text{ 个人是房屋主人} \\ 0 & \text{如果第 } i \text{ 个人不是房屋主人} \end{cases}$$

如果想以这个虚拟变量作为因变量，我们就要应用 logit 模型或 probit 模型。

然而，如果要考察购买房屋的花费，我们就需要转换变量。我们得到的变量为：对于那些有房子的人，有连续取值；而对于那些没有房子的人，仅是一组0。这种变量就叫做截取变量，需要用 Tobit 模型在回归分析中检验。

问题在于，简单 OLS 估计忽略那些取值为零的截取因变量，因此会提供有偏和不一致的数据。Tobit 模型可以通过提供适合的系数估计来解决这个问题。关于 Tobit 模型的数学推导非常复杂，超出了本书的范围，有兴趣的读者可以参考 Greene(2000) 获得进一步的信息。

计算机实例：用 EViews、Stata 和 Microfit 运行 probit 模型和 logit 模型

用 EViews 估计 logit 模型和 probit 模型

文件 binary.wf1 包括类似于前面提到的劳动力参与数据。更具体地说，有一个虚拟变量，当一个人工作时取 1，当他（她）不工作时取 0。同时还有一些解释变量，例如：

$fam\_inc =$ 每个人的家庭收入
$age =$ 每个人的年龄
$exper =$ 每个人的工作年限

数据是 507 个人的。

首先，我们估计家庭收入是否影响一个人的工作的线性概率模型。这能通过 OLS 命令做到，输入：

```
ls dummy c fam_inc
```

结果如表 12.1 所示。我们已经详细地讨论了这个模型的局限性，很容易想到应该用 logit 模型或 probit 模型。要得到 logit 模型结果，单击 **Equation** 窗口的 **Estimate** 按钮，在 **Estimation settings** 中的下拉菜单里将估计方法从 LS 改成 BINARY。在新弹出的 **Estimation specification** 窗口中，选择 **logit** 按钮（默认是 probit），点击 **OK**。logit 估计的结果在表 12.2 中给出。我们留给读者根据前面章节中提供的理论去解释这些结果。

表 12.1　线性概率模型的结果

Dependent variable: DUMMY
Method: least squares
Date: 05/01/10　Time: 14:42
Sample: 1 507
Included observations: 507

Variable	Coefficient	Std. error	t-statistic	Prob.
C	1.579630	0.050012	31.58525	0.00000
FAM_INCOME	−0.585599	0.022949	−25.51746	0.00000
R-squared	0.563202	Mean dependent var.	0.355030	
Adjusted R-squared	0.562337	S. D. dependent var.	0.478995	
S. E. of regression	0.316884	Akaike info criterion	0.543377	
Sum squared resid.	50.709920	Schwarz criterion	0.560058	
Log likelihood	−135.7461	Hannan-Quinn criter.	0.549919	
F-statistic	651.1409	Durbin-Watson stat.	1.196107	
Prob(F-statistic)	0.000000			

表 12.2 logit 模型的结果

Dependent variable: DUMMY
Method: ML-binary logit (quadratic hill climbing)
Date: 05/01/10   Time: 15:04
Sample: 1 507
Included observations: 507
Convergence achieved after 5 iterations
Covariance matrix computed using second derivatives

Variable	Coefficient	Std. error	z-statistic	Prob.
C	19.82759	2.386267	8.309040	0.0000
FAM_INCOME	−11.15332	1.337354	−8.339835	0.0000
McFadden R-squared	0.706117	Mean dependent var.		0.355030
S.D. dependent var.	0.478995	S.E. of regression		0.256373
Akaike info criterion	0.390235	Sum squared resid.		33.192270
Schwarz criterion	0.406915	Log likelihood		−96.924490
Hannan-Quinn criter.	0.396776	Deviance		193.849000
Restr. deviance	659.611700	Restr. log likelihood		−329.805900
LR statistic	465.762800	Avg. log likelihood		−0.191173
Prob(LR statistic)	0.000000			
Obs with Dep = 0	327	Total obs		507
Obs with Dep = 1	180			

类似地,如果我们想得到 probit 模型的结果,同样点击 **Estimate**,并选择 **Probit** 按钮。单击 **OK**,就得到如表 12.3 所示的结果,两个结果(logit 和 probit)相差并不大。

表 12.3 probit 模型的结果

Dependent variable: DUMMY
Method: ML-binary probit (quadratic hill climbing)
Date: 05/01/10   Time: 15:02
Sample: 1 507
Included observations: 507
Convergence achieved after 6 iterations
Covariance matrix computed using second derivatives

Variable	Coefficient	Std. error	z-statistic	Prob.
C	11.72280	1.380677	8.490614	0.0000
FAM_INCOME	−6.585262	0.771075	−8.540365	0.0000
McFadden R-squared	0.710884	Mean dependent var.		0.355030
S.D. dependent var.	0.478995	S.E. of regression		0.255433
Akaike info criterion	0.384033	Sum squared resid.		32.949170
Schwarz criterion	0.400713	Log likelihood		−95.352250
Hannan-Quinn criter.	0.390574	Deviance		190.704500
Restr. deviance	659.6117	Restr. log likelihood		−329.805900
LR statistic	468.9072	Avg. log likelihood		−0.188071
Prob(LR statistic)	0.000000			
Obs with Dep = 0	327	Total obs		507
Obs with Dep = 1	180			

EViews 能够估计排序 logit 模型和 probit 模型以及 Tobit 模型(在排序和截尾估计方法下),这很容易使用并得到结果。

用 Stata 估计 logit 模型和 probit 模型

在 Stata 中,logit 模型和 probit 模型的估计命令很简单,具有与简单 OLS 回归命令相同的句法。使用文件 binary2. dat 中的数据(劳动参与变量同样是虚拟变量,*fam_inc* 是家庭收入),用以下回归命令得到线性概率模型的结果:

```
regress dummy fam_inc
```

其结果和表 12.1 中报告的类似。如果我们进一步输入命令:

```
predict dumhat
```

意思是把虚拟变量预测值(或 $\hat{D}_i$)的结果保存在 dumhat 序列中,接着输入命令:

```
graph twoway (scatter dumhat dummy fam_inc)
```

我们得到图 12.5,图中清楚地展示了为什么线性模型不适合(与图 12.1 的理论讨论结合起来)。

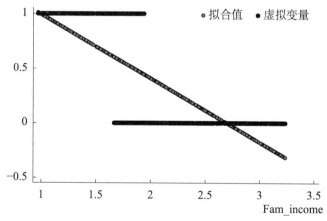

图 12.5　Stata 计算机实例——线性概率模型

要用 logit 模型估计同样的回归,命令是:

```
logit dummy fam_inc
```

同样,输入以下命令,保存 logit 模型拟合值的结果并绘制图形:

```
predict dumhatlog
graph twoway (scatter dumhatlog dummy fam_inc)
```

我们得到图 12.6,图中展示了 logistic 函数如何以 S 形良好地拟合数据。logit 方法的估计结果与表 12.2 中报告的类似。

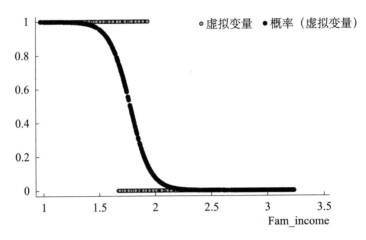

图 12.6 Stata 计算机实例——logit 模型

类似地,对于 probit 模型的估计,命令是:

```
probit dummy fam_inc
```

结果类似于表 12.3 中报告的那样。

用 Microfit 估计 logit 模型和 probit 模型

文件 binary.fit 包含上面讨论的劳动参与模型的数据。要估计劳动参与的虚拟变量对家庭收入变量的回归,首先点击 **single** 按钮进入简单方程估计窗口,然后设定因变量、常数项、解释变量,输入:

```
dummy inpt faminc
```

这是简单 OLS 结果,或是线性概率模型的结果,并且与表 12.1 中报告的一样。要从这个设定中得到 logit 模型结果,选择 **Univariate/7 Logit and Probit Models/1 Logit** 并点击 **run**;logit 方法的结果就出来了,如同表 12.2 中的那样。probit 估计也是类似的,选择 **Univariate/7 Logit and Probit Models/2 Probit**,再次点击 **run**;估计的结果类似于表 12.3。

第五部分
时间序列计量经济学

第 13 章　ARIMA 模型及 Box-Jenkins 方法
第 14 章　方差模型：ARCH-GARCH 模型
第 15 章　向量自回归模型与因果检验
第 16 章　非平稳性与单位根检验
第 17 章　协整与误差修正模型
第 18 章　标准和协整情形下的模型识别
第 19 章　求解模型

第 13 章 ARIMA 模型及 Box-Jenkins 方法

本章内容

引言:时间序列计量经济学
ARIMA 模型
平稳性
自回归时间序列模型
移动平均模型
ARMA 模型
单整过程与 ARIMA 模型
Box-Jenkins 模型选择
实例:Box-Jenkins 方法
问题与练习

学习目标

1. 理解 ARIMA 模型的概念
2. 区分单变量和多变量时间序列模型
3. 了解在单变量时间序列框架中用来进行模型选择的 Box-Jenkins 方法
4. 学会利用计量经济学软件估计 ARIMA(p,d,q) 模型

引言:时间序列计量经济学

在本节,我们将讨论不同于本书第二、第三部分的单方程估计。在前面的介绍中,我们说明了如何通过将因变量对一系列不同的自变量或者解释变量做回归来分析因变量的行为和变化。时间序列计量框架的出发点是充分利用变量自身包含的信息。对单

个时间序列的分析称作单变量时间序列,这也是本章要讨论的内容。总的来说,分析时间序列的目的是获取数据中的动态信息。在时间序列计量中也存在多变量的时间序列,这将在后面的章节中介绍。

正如之前提到的,传统的计量经济学家都侧重于运用经济学理论研究同一时期内因变量与解释变量的关系(从这里开始,我们以本书第二、第三部分讨论的分析方法代表传统计量经济学,区别于现代的时间序列计量经济学)。有时,模型中会引入滞后变量,但这种方法欠缺系统性或者至少不是以分析数据的动态结构为目的。分析时间序列的方法有许多种,最普遍的是充分挖掘数据的动态结构,从过去的数据中发现尽可能多的信息。时间序列的两种主要类型是时间序列预测与动态建模。时间序列预测不同于其他注重构建结构模型、理解经济现象或者检验假设的计量方法,其唯一关注的是建立一个有效的预测模型,这通常是利用数据在时间进程中存在的内部动态联系。动态建模有助于我们理解经济运行并检验假设,然而由于经济学序列对于冲击的调整很慢,因此要充分理解其中的过程必须抓住冗长繁复的调整过程。20 世纪 80 年代早期以来,时间序列预测方法已得到充分的发展,本章将从最基础的方法(ARIMA 模型)开始介绍。

ARIMA 模型

Box 和 Jenkins(1976)首先引入 ARIMA 模型,其中的缩写术语分别代表:

AR = 自回归
I = 单整
MA = 移动平均

下面的章节将介绍 ARIMA 模型的不同形式以及平稳性的概念。在定义了平稳性之后,我们从探究最简单的模型———一阶自回归开始,然后进一步地分析 ARIMA 模型,最后简要介绍 Box-Jenkins 方法及其预测。

平稳性

时间序列最重要的概念便是平稳性。如果一个时间序列能满足下列三个条件,其协方差就是平稳的:

(a)长期围绕某一均值波动;
(b)方差是有限的并且不随时间波动;
(c)随着滞后期数增加,曲线图上的波动也相应减弱。

在最简单的例子中,如果满足以下条件,则 Y_t 是平稳的:

(a)对于所有 t,$E(Y_t)$ = 常数;
(b)对于所有 t,$Var(Y_t)$ = 常数;

(c) 对于所有 t 及 $k \neq 0$,$Cov(Y_t, Y_{t+k}) = $ 常数,或者满足均值、方差与协方差都不随时间变化。

这些性质不随时间段的不同而变化,如取 1975—1985 年或 1985—1995 年。若序列的平稳性无法满足,则许多经典回归分析的典型结论就是无效的。对非平稳数据做回归无疑是没有意义的,因此也被称为"虚假的(伪的)"(我们将在第 16 章中分析伪回归的概念)。

对平稳时间序列的冲击经常是短暂的,并且冲击的影响会逐渐消失直至恢复到长期平均水平。因此,长期中,可以预测平稳序列将收敛到均值。

自回归时间序列模型

AR(1) 模型

时间序列模型最简单的例子是一阶自回归——AR(1)模型,即:

$$Y_t = \phi Y_{t-1} + u_t \tag{13.1}$$

为了简化,我们省去常数项且 $|\phi| < 1$,u_t 是一个高斯(白噪声)误差项。AR(1)模型背后的假设是,时间序列 Y_t 的行为完全取决于它自身在前期的取值。因此,在 t 期发生的行为完全因在 $t-1$ 期发生的行为而定,而在 $t+1$ 期将发生的行为完全因在 t 期发生的行为而定。

平稳性条件

方程(13.1)引入 $|\phi| < 1$ 的约束条件,保证了上节提到的平稳性。若 $|\phi| > 1$,则 Y_t 会在每一期都增大,我们将得到一个发散的序列。为了做更好的解释,考察以下在 EViews 中的例子。

AR(1) 模型平稳性的例子

打开 EViews,选择 **File/New Workfile** 创建新的文档。在 **Workfile range** 中选择 **undated or irregular**,将 **start obsevation** 定义为 1,**end observation** 定义为 500。在 EViews 的命令栏中输入(括号中是对每条命令的解释):

```
smpl 1 1                        [将样本设为第 1 个观察值]
genr yt = 0                     [生成新的 yt,取值为 0]
smpl 2 500                      [将样本设为第 2—500 个观察值]
genr yt =0.4*yt(-1)+nrnd        [依照 AR(1)模型创建 yt,φ = 0.4]
smpl 1 500                      [将样本返回至全样本]
plot yt                         [绘制 yt 序列的图像]
```

Y_t 序列的图像如图 13.1 所示。我们可以清楚地看到,该序列具有一个固定的均值与一个固定的方差,这两者是平稳序列的前两个性质。

如果绘出这个序列的图像,我们就会发现其随着滞后阶数增加而振动递减的规律。

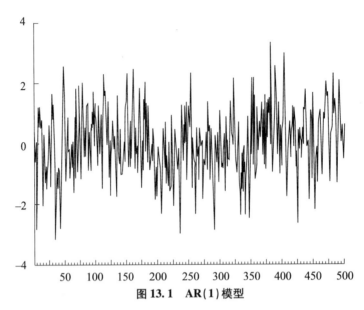

图 13.1　AR(1)模型

在 EViews 的新窗口中双击 yt，接着点击 **View/Correlogram**，最后点击 **OK**。

如果想要构造 $|\phi|>1$ 的时间序列 X_t，输入命令：

```
smpl 1 1
genr xt =1
smpl 2 500
genr xt =1.2*xt(-1)+nrnd
smpl 1 200
plot xt
```

由最后一条命令得到图 13.2，从图中可以看出序列是发散的。我们将样本量定义为 1—200，这是因为对于过于发散的数据，EViews 无法在同一张图中绘出 500 个数据。

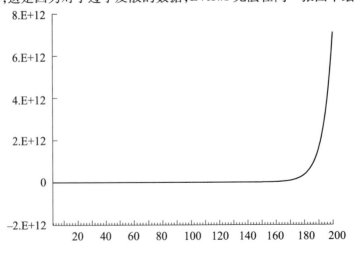

图 13.2　非平稳、发散的 AR(1)模型

AR(p) 模型

AR(1)模型的一般形式为 AR(p)模型,圆括号中的数字表示自回归的阶数,也就是我们在模型中将包含的滞后因变量的个数。例如,AR(2)是二阶自回归模型,我们有:

$$Y_t = \phi_1 Y_{t-1} + \phi_2 Y_{t-2} + u_t \tag{13.2}$$

类似地,AR(p)是 p 阶自回归模型,将有 p 个滞后项:

$$Y_t = \phi_1 Y_{t-1} + \phi_2 Y_{t-2} + \cdots + \phi_p Y_{t-p} + u_t \tag{13.3}$$

或者写成求和的形式:

$$Y_t = \sum_{i=1}^{p} \phi_i Y_{t-i} + u_t \tag{13.4}$$

或者利用滞后算子 L(L 满足 $L^n Y_t = Y_{t-n}$),将 AR(p)模型写成:

$$Y_t(1 - \phi_1 L - \phi_2 L^2 - \cdots - \phi_p L^p) = u_t \tag{13.5}$$

$$\Phi(L) Y_t = u_t \tag{13.6}$$

其中,$\Phi(L)Y_t$ 表示 Y_t 的多项式。

AR(p)模型的平稳性

只有当多项式方程 $\Phi(z) = 0$ 的 p 个根的绝对值都大于 1 时,AR(p)过程才是平稳的,其中 z 表示实数(也可以用比较专业的术语:多项式方程 $\Phi(z) = 0$ 的解都位于单位圆外面)。考虑 AR(1)过程,将其根据定义简化为:

$$(1 - \phi z) = 0 \tag{13.7}$$

式中,根的绝对值大于 1。在此基础上,如果单位根等于 λ,那么上述条件就转化为:

$$|\lambda| = \left|\frac{1}{\phi}\right| > 1 \tag{13.8}$$

$$|\phi| < 1 \tag{13.9}$$

AR(p)平稳的一个必要不充分条件是,p 阶自回归的系数和小于 1:

$$\sum_{i=1}^{p} \phi_i < 1 \tag{13.10}$$

AR 模型的性质

我们先定义 AR(1)过程的无条件均值与方差,由下式给出:

$$E(Y_t) = E(Y_{t-1}) = E(Y_{t+1}) = 0$$

其中,$Y_{t+1} = \phi Y_t + u_{t+1}$。重复地将滞后的 Y_t 代入:

$$Y_{t+1} = \phi^t Y_0 + (\phi^t u_1 + \phi^{t-1} u_2 + \cdots + \phi^0 u_{t+1})$$

由于 $|\phi| < 1$,当 t 很大时 ϕ^t 趋近于 0。因此,

$$E(Y_{t+1}) = 0 \tag{13.11}$$

并且有:

$$Var(Y_t) = Var(\phi Y_{t-1} + u_t) = \phi^2 \sigma_Y^2 + \sigma_u^2 = \frac{\sigma_u^2}{1 - \phi^2 \sigma_Y^2} \tag{13.12}$$

时间序列的自协方差与自相关函数同样具有特定的性质。两个随机变量 X_t 与 Z_t 的协方差为：

$$Cov(X_t, Z_t) = E\{[X_t - E(X_t)][Z_t - E(Z_t)]\} \tag{13.13}$$

对于 Y_t 过程的两个元素，不妨设为 Y_t 及 Y_{t-1}，有：

$$Cov(Y_t, Y_{t-1}) = E\{[Y_t - E(Y_t)][Y_{t-1} - E(Y_{t-1})]\} \tag{13.14}$$

式(13.14)称为自协方差函数。对于 AR(1) 模型，自协方差函数为：

$$Cov(Y_t, Y_{t-1}) = E\{[Y_t Y_{t-1}] - [Y_t E(Y_{t-1})] - [E(Y_t) Y_{t-1}] + [E(Y_t) E(Y_{t-1})]\}$$
$$= E[Y_t Y_{t-1}]$$

由于 $E(Y_t) = E(Y_{t-1}) = E(Y_{t+1}) = 0$，从而有：

$$\begin{aligned} Cov(Y_t, Y_{t-1}) &= E[(\phi Y_{t-1} + u_t) Y_{t-1}] \\ &= E(\phi Y_{t-1} Y_{t-1}) + E(u_t Y_{t-1}) \\ &= \phi \sigma_Y^2 \end{aligned} \tag{13.15}$$

容易证明：

$$\begin{aligned} Cov(Y_t, Y_{t-2}) &= E(Y_t Y_{t-2}) \\ &= E[(\phi Y_{t-1} + u_t) Y_{t-2}] \\ &= E[(\phi(\phi Y_{t-2} + u_{t-1}) + u_t) Y_{t-2}] \\ &= E(\phi^2 Y_{t-2} Y_{t-2}) \\ &= \phi^2 \sigma_Y^2 \end{aligned} \tag{13.16}$$

一般形式为：

$$Cov(Y_t, Y_{t-k}) = \phi^k \sigma_Y^2 \tag{13.17}$$

自相关函数为：

$$Cor(Y_t, Y_{t-k}) = \frac{Cov(Y_t, Y_{t-k})}{\sqrt{Var(Y_t) Var(Y_{t-k})}} = \frac{\phi^k \sigma_Y^2}{\sigma_Y^2} = \phi^k \tag{13.18}$$

因此，AR(1) 序列的自相关函数(Autocorrelation Function, ACF)(对应的 $Cor(Y_t, Y_{t-k})$ 图像称为相关曲线图)将随 k 增加而递减。

偏自相关函数(Partial Autocorrelation Function, PACF)是以 AR(k) 的 OLS 估计系数 Y_{t-k} 绘图。如果观察值是由 AR(p) 过程产生的，那么理论上偏自相关系数会比较高并且在 p 阶之前都是显著的，高于 p 阶的值则为零。

移动平均模型

MA(1)模型

最简单的移动平均模型是一阶的 MA(1) 模型，形式如下：

$$Y_t = u_t + \theta u_{t-1} \tag{13.19}$$

这个模型背后的含义是，Y_t 取决于刚刚过去的时刻的误差项，而这是在 t 时刻知道的。

MA(q)模型

MA 模型的一般形式 MA(q)为：

$$Y_t = u_t + \theta_1 u_{t-1} + \theta_2 u_{t-2} + \cdots + \theta_q u_{t-q} \tag{13.20}$$

还可以写成：

$$Y_t = u_t + \sum_{j=1}^{q} \theta_j u_{t-j} \tag{13.21}$$

或者利用滞后算子写成：

$$Y_t = (1 + \theta_1 L + \theta_2 L^2 + \cdots + \theta_q L^q) u_t \tag{13.22}$$
$$= \Theta(L) u_t \tag{13.23}$$

根据 MA(q)的定义，这是一个 q 阶的平稳白噪声过程。因此，只要 q 是有限的，每个移动平均模型都是平稳的。

MA 模型的可逆性

移动平均过程的一个重要性质是可逆性。如果时间序列 Y_t 可以表示成有限阶 MA 或者收敛自回归过程，就称其为可逆的。可逆性的重要性在于，ACF 与 PACF 的识别方法都是基于 Y_t 序列能运用自回归模型进行模拟的假设上。例如，考虑MA(1)模型：

$$Y_t = u_t + \theta u_{t-1} \tag{13.24}$$

利用滞后算子可以写成：

$$Y_t = (1 + \theta L) u_t$$
$$u_t = \frac{Y_t}{(1 + \theta L)} \tag{13.25}$$

如果 $|\theta| < 1$，则式(13.25)的左边可以写成无限等比数列之和：

$$u_t = Y_t (1 - \theta L + \theta^2 L^2 - \theta^3 L^3 + \cdots) \tag{13.26}$$

为了更好地理解，考虑 MA(1)过程：

$$Y_t = u_t - \theta u_{t-1}$$

将上式前推一期并解 u_t，得到：

$$u_{t-1} = Y_{t-1} - \theta u_{t-2}$$

将上式代入原式中，得到：

$$Y_t = u_t - \theta(Y_{t-1} - \theta u_{t-2}) = u_t - \theta Y_{t-1} + \theta^2 u_{t-2}$$

再前推一期得到 u_{t-2} 并代入，得到：

$$Y_t = u_t - \theta Y_{t-1} + \theta^2 Y_{t-2} - \theta^3 u_{t-3}$$

依次重复这些过程，最终得到式(13.26)，因此 MA(1)过程可以转换为无限阶等比和的 AR 过程。但要注意的是，MA(1)可逆的必要条件是 $|\theta| < 1$。

一般的情况下，多项式的根若满足以下条件，则 MA(q) 过程可逆：
$$\Theta(z) = 0 \tag{13.27}$$
其绝对值都大于 1。

MA 模型的性质

由于白噪声误差项的均值为零，因此 MA 过程的均值也等于零。方差（以 MA(1) 为例）为：
$$Var(Y_t) = Var(u_t + \theta u_{t-1}) = \sigma_u^2 + \theta^2 \sigma_u^2 = \sigma_u^2(1 + \theta^2) \tag{13.28}$$
自协方差为：
$$Cov(Y_t, Y_{t-1}) = E[(u_t + \theta u_{t-1})(u_{t-1} + \theta u_{t-2})] \tag{13.29}$$
$$= E(u_t u_{t-1}) + \theta E(u_{t-1}^2) + \theta^2 E(u_{t-1} u_{t-2}) \tag{13.30}$$
$$= \theta \sigma_u^2 \tag{13.31}$$
由于 u_t 是序列不相关的，容易得到：
$$Cov(Y_t, Y_{t-k}) = 0 \quad 对\ k > 1 \tag{13.32}$$
由此得到 MA(1) 过程的自相关函数为：
$$Cor(Y_t, Y_{t-k}) = \frac{Cov(Y_t, Y_{t-k})}{\sqrt{Var(Y_t)Var(Y_{t-k})}} = \begin{cases} \dfrac{\theta \sigma_u^2}{\sigma_u^2(1 + \theta^2)} = \dfrac{\sigma_u^2}{1 + \theta^2} & 对\ k = 1 \\ 0 & 对\ k > 1 \end{cases} \tag{13.33}$$

因此，MA(q) 模型的相关函数图（ACF 图像）在 $k = q$ 时取到 q 个峰值，然后降到零；同时，由于 MA 过程可以表示成 AR 过程的等比和，因此 MA 过程的偏自相关系数 PACF 应递减。

ARMA 模型

通过对 AR(p) 模型与 MA(q) 模型的了解可知，两者显然可以结合产生一个新的时间序列模型，这被称作 ARMA(p,q) 模型。

ARMA 模型的一般形式为 ARMA(p,q) 模型：
$$Y_t = \phi_1 Y_{t-1} + \phi_2 Y_{t-1} + \cdots + \phi_p Y_{t-p} + u_t + \theta_1 u_{t-1} + \theta_2 u_{t-2} + \cdots + \theta_q u_{t-q} \tag{13.34}$$
可以改写成求和形式：
$$Y_t = \sum_{i=1}^{p} \phi_i Y_{t-i} + u_t + \sum_{j=1}^{q} \theta_j u_{t-j} \tag{13.35}$$
或者利用滞后算子写成：
$$Y_t(1 - \phi_1 L - \phi_2 L^2 - \cdots - \phi_p L^p) = (1 + \theta_1 L + \theta_2 L^2 + \cdots + \theta_q L^q) u_t \tag{13.36}$$

$$\Phi(L)Y_t = \Theta(L)u_t \tag{13.37}$$

在 ARMA(p,q)模型中,只要求 AR(p)部分满足平稳性条件便可,因此多项式方程 $\Phi(z) = 0$ 的 p 个根必须位于单位圆的外面。类似地,ARMA(p,q)模型的可逆性只需要 MA(q)部分满足条件,即 $\Theta(z)$ 的根都位于单位圆的外面。在下节中,我们将讨论单整过程,并解释 ARIMA 模型的第一部分。这里的 ARMA(p,q)模型可以写成 ARIMA($p,0,q$)模型。例如,ARMA(2,3)等价于 ARIMA(2,0,3),如下式:

$$Y_t = \phi_1 Y_{t-1} + \phi_2 Y_{t-2} + u_t + \theta_1 u_{t-1} + \theta_2 u_{t-2} + \theta_3 u_{t-3} \tag{13.38}$$

单整过程与 ARIMA 模型

单整序列

ARMA 模型要求 Y_t 序列是平稳的。这意味着,均值、方差、协方差都不随时间改变。然而,因为大多数的经济数据或金融数据会显示一定的时间趋势,所以 Y_t 的年均值会有所不同。也就是说,这些序列不是平稳的。为了获得平稳的数据,我们需要对原始数据进行差分,以消除长期趋势。Y_t 的一阶差分为:

$$\Delta Y_t = Y_t - Y_{t-1} \tag{13.39}$$

当我们拿到的数据显示一定时间趋势时,通常先做差分。如果做了一次差分后数据变得平稳了,那么这个序列就被称为一阶单整,记作 I(1)——在 ARIMA 模型的缩写中代表 I。如果一阶差分后数据仍不平稳,则需要做二次差分:

$$\Delta\Delta Y_t = \Delta^2 Y_t = \Delta Y_t - \Delta Y_{t-1} \tag{13.40}$$

如果数据在二阶差分后变得平稳,则称其为二阶单整,记作 I(2)。更一般地,数据在经过 d 次差分后变得平稳,则称其为 d 阶单整,记作 I(d)。将 ARIMA 模型记作 ARIMA(p,d,q),p 表示因变量自身滞后的阶数(AR 项),d 表示使数据变得平稳的差分阶数,q 则表示误差项的滞后阶数(MA 项)。

ARIMA 模型的例子

ARIMA(p,d,q)模型代表的是一个经过 d 次差分后变平稳的 d 阶单整可逆 ARMA 过程。如果 ARMA 模型的表达式是(p,q)阶的,则原始模型一定是 ARIMA(p,d,q)的形式。也就是说,如果 Y_t 过程有 ARIMA(p,d,q)的表示形式,则 $\Delta^d Y_t$ 有如下 ARMA(p,q):

$$\Delta^d Y_t(1 - \phi_1 L - \phi_2 L^2 - \cdots - \phi p L^p) = (1 + \theta_1 L + \theta_2 L^2 + \cdots + \theta_q L^q)u_t \tag{13.41}$$

Box-Jenkins 模型选择

Box-Jenkins 方法的基本原则是简约性(parsimony),这是经济学家、金融分析师的第二天性。加入新的解释变量必然增加回归方程的拟合度(即 R^2 会增加),但会牺牲自由度。Box 和 Jenkins 认为,简约的模型相比用参数过度表示的模型能更好地做出预测。他们提出了一个能够普遍适用的三阶段方法来确定一个恰当的 ARIMA 模型。这三个阶段分别是:识别、估计和诊断。

我们已经知道,低阶数的 MA 模型等价于一个高阶数的 AR 模型;类似地,低阶数的 AR 模型等价于一个高阶数的 MA 模型。这引出 ARIMA 模型的主要困难——识别问题。由于任何一个模型都有多于一种的表达形式,但本质上却是等价的。我们应该如何选择最适合的一个呢?这里就用到简约性原则,即所包含参数最少的模型就是最适合的模型。因此,剩下的工作就是找到这个模型。你可能认为应该从高阶 ARMA 模型入手,然后逐次剔除不显著的系数;但这项工作对我们毫无帮助。因为高阶模型仍可以通过迭代得到同样形式的方程,而这些估计仍旧难以取舍,所以我们必须在估计之前得出模型的确定形式。这个过程就是识别,是 Box-Jenkins 方法的第一阶段。

识别

在识别阶段(这里的识别不同于联立方程组中的识别),我们主要观察不同时间点上的自相关函数与偏自相关函数。做出 Y_t 序列每个时点上的观察值,获得极端值、缺省值、结构变化等隐含在数据中的信息。我们前面提到,经济与金融数据一般都具有时间趋势且非平稳。非平稳变量普遍显示比较显著的趋势(上升或下降),或者在长期并非围绕着固定的均值及方差而波动。在这种情况下,我们可以先更正极端值与缺省值;更标准的做法是先对非平稳数据做一阶差分。

通过比较不同 ARIMA 过程的 ACF 与 PACF,我们可以得到一些合理的模型。理论上,若序列是非平稳的,那么 ACF 不会变弱或者有任何衰减的迹象。在这种情况下,我们需要通过转换使数据变得平稳,可以采取前面介绍的取对数或者差分的方法。

一旦我们得到平稳的数据,接下来就要识别 ARIMA 模型中 p 和 q 的阶数。对于 $MA(q)$ 过程,ACF 会在 q 阶之前显示显著异于零的自相关系数,而在 q 阶之后立刻衰减;而 PACF 则以指数形式迅速衰减或是以正弦波形式振荡衰减。

相对于 MA 过程,$AR(p)$ 过程的 ACF 以指数形式迅速衰减或是以正弦波形式振荡衰减;而 PACF 则会在 p 阶之前表现出显著的峰值(自相关性),随后迅速下降。

如果 ACF 与 PACF 无一衰减,那么数据就很有可能是两者结合的过程。尽管在这种情况下识别 MA 或者 AR 的阶数非常困难,但也不是没有可能的。我们应将 ACF 与 PACF 看做 AR 与 MA 两过程相互叠加的结果。例如,如果 ACF 与 PACF 都呈现缓慢的指数衰减,就很有可能是 ARMA(1,1)过程。类似地,如果 ACF 在滞后 1、2、3 期中拥有

3 个峰值并随后开始指数衰减,就有可能是 ARMA(3,1)过程。表 13.1 给出 ARMA 过程可能结合的 ACF 与 PACF 的形式;但是现实中往往可能出现多个 ARMA(p,q)模型,我们难以识别。因此,后面的估计与诊断检验阶段格外重要。

表 13.1 ARMA(p,q)的 ACF 与 PACF 的特征

模型	ACF	PACF
白噪声	所有的自相关系数为零	所有的偏自相关系数为零
MA(1)	滞后 1 期有一个正峰值	指数形式或振荡衰减
AR(1)	正弦波式振荡衰减或指数形式衰减	
ARMA(1,1)	从滞后 1 期开始衰减(指数或振荡)	
ARMA(p,q)	从滞后 q 期开始衰减(指数或振荡)	

估计

在估计阶段,我们应该估计每个不确定的模型及其系数,利用 AIC 与 SBC 两个指标来比较不同的模型。出于最简约参数模型的考虑,应选择 AIC 与 SBC 最小的模型。在这两个指标中,SBC 更适用一些。此外,Box-Jenkins 方法的前提条件是序列平稳与模型可逆。

诊断检验

诊断检验阶段是度量模型的拟合度。标准的做法是画出残差的图像,找出极端值以及模型无法拟合数据的时间段。我们必须小心,避免过度拟合(即在原本合适的模型中增加额外的系数)。BP(Box-Pierce)统计量与 LB(Ljung-Box)Q 统计量(Ljung 和 Box,1979)可以检验残差的自相关性。

Box-Jenkins 方法的步骤

Box-Jenkins 方法的步骤如下:

步骤 1 计算原始数据的 ACF 与 PACF,检验数据是否平稳。如果平稳就进行步骤 3,如果不平稳就进行步骤 2。

步骤 2 对原始数据取对数与差分处理,计算一阶对数差分的 ACF 与 PACF。

步骤 3 绘出 ACF 与 PACF 的图像,得出几个备选模型。

步骤 4 估计这些模型。

步骤 5 对于每个估计的模型:

(a)检验最滞后的系数是否显著。如否就说明参数过多,应降低 p 与/或 q 的阶数;

(b)检验误差项的 ACF 与 PACF。若模型有足够的变量,那么误差项的 ACF 与 PACF 就是不显著的;

(c)根据 AIC、SBC 和调整 R^2 判断模型是否满足简约性(即最小的 AIC、SBC 与最大的 R^2)。

步骤 6 若要调整原模型,就回到步骤 4。

实例:Box-Jenkins 方法

Eviews 中的 Box-Jenkins 方法

文件 ARIMA.wf1 包含英国消费者价格指数(cpi)与国内生产总值(gdp)的季度数据。我们试图找出 gdp 变量的 ARMA 模型。

步骤 1 计算原始数据的 ACF 与 PACF。双击 cpi 变量打开一个新的 EViews 窗口。点击 **View/Correlogram** 绘制 gdp 的 ACF 与 PACF 两张图(见图 13.3)。

Date: 02/26/04 Time: 15:31
Sample: 1980:1 1998:2
Included observations: 74

Autocorrelation	Partial correlation		AC	PAC	Q-stat	Prob
.|*******|	.|*******|	1	0.963	0.963	71.464	0.000
.|*******|	.*|. |	2	0.922	−0.079	137.850	0.000
.|*******|	.|. |	3	0.878	−0.049	198.980	0.000
.|******|	.|. |	4	0.833	−0.047	254.740	0.000
.|******|	.|. |	5	0.787	−0.038	305.160	0.000
.|******|	.|. |	6	0.740	−0.021	350.470	0.000
.|*****|	.|. |	7	0.695	−0.002	391.060	0.000
.|*****|	.|. |	8	0.650	−0.040	427.050	0.000
.|*****|	.|. |	9	0.604	−0.029	458.630	0.000
.|****|	.|. |	10	0.559	−0.026	486.050	0.000

图 13.3 gdp 的 ACF 与 PACF

从图 13.3 中看出,ACF 并非在所有滞后期中都衰减(可以绘制 gpd 的散点图,以便更清楚地观察这一点),说明这组数据是单整的,需要将其取对数并做差分。

步骤 2 对 gdp 序列取对数并做一阶差分,在 EViews 的命令栏中输入:

```
genr lgdp = log(gdp)
genr dlgdp = lgdp-lgdp(-1)
```

双击新生成的 $dlgdp$(对数差分序列)并点击 **View/Correlogram**,得到 $dlgdp$ 的相关曲线图。

步骤 3 在步骤 2 中,我们得到 $dlgdp$ 序列的 ACF 与 PACF,如图 13.4 所示。从图中可以观察到,ACF 有 2 至 3 个峰值,随后迅速衰减到零;而 PACF 只有 1 个峰值,随后衰减到零。这说明可能存在 MA(3) 或者 AR(1) 的过程,两者叠加后可能是 ARMA(1,3)、ARMA(1,2),或者 ARMA(1,1)模型。

Date: 02/26/04 Time: 15:43
Sample: 1980:1 1998:2
Included observations: 73

Autocorrelation	Partial correlation		AC	PAC	Q-stat	Prob
. |***|	. |***|	1	0.454	0.454	15.645	0.000
. |** |	. |*. |	2	0.288	0.104	22.062	0.000
. |** |	. |*. |	3	0.312	0.187	29.661	0.000
. |** |	. |. |	4	0.242	0.037	34.303	0.000
. |*. |	. |. |	5	0.130	−0.049	35.664	0.000
. |** |	. |*. |	6	0.238	0.174	40.287	0.000
. |. |	.*|. |	7	0.055	−0.187	40.536	0.000
.*|. |	.*|. |	8	−0.085	−0.141	41.149	0.000
. |. |	. |. |	9	−0.010	−0.032	41.158	0.000
. |. |	. |. |	10	−0.020	−0.026	41.193	0.000

图 13.4 *dlgdp* 的 **ACF** 与 **PACF**

步骤 4 估计上述三个可能模型。估计 ARMA(1,3) 模型的命令为：

```
ls dlgdp c ar(1) ma(1) ma(2) ma(3)
```

类似地，对于 ARMA(1,2) 的命令为：

```
ls dlgdp c ar(1) ma(1) ma(2)
```

对于 ARMA(1,1) 的命令为：

```
ls dlgdp c ar(1) ma(1)
```

结果分别如表 13.2、表 13.3 和表 13.4 所示。

表 13.2 ARMA(1,3) 模型的回归结果

Dependent variable: DLGDP
Method: least squares
Date: 02/26/04 Time: 15:50
Sample(adjusted): 1980:3 1998:2
Included observations: 72 after adjusting endpoints
Convergence achieved after 10 iterations
Backcast: 1979:4 1980:2

Variable	Coeffcient	Std. error	t-statistic	Prob.
C	0.006817	0.001541	4.423742	0.0000
AR(1)	0.710190	0.100980	7.032979	0.0000
MA(1)	−0.448048	0.146908	−3.049866	0.0033
MA(2)	−0.220783	0.123783	−1.783625	0.0790
MA(3)	0.323663	0.113301	2.856665	0.0057

R-squared	0.340617	Mean dependent var.	0.005942
Adjusted R-squared	0.301251	S. D. dependent var.	0.006687
S. E. of regression	0.005590	Akaike info criterion	-7.468887
Sum squared resid.	0.002093	Schwarz criterion	-7.310785
Log likelihood	273.8799	F-statistic	8.652523
Durbin-Watson stat.	1.892645	Prob(F-statistic)	0.000011
Inverted AR Roots	0.710		
Inverted MA Roots	0.55 + 0.44i	0.55 - 0.44i	-0.650

表 13.3　ARMA(1,2)模型的回归结果

Dependent variable: DLGDP
Method: least squares
Date: 02/26/04　Time: 16:00
Sample(adjusted): 1980:3 1998:2
Included observations: 72 after adjusting endpoints
Convergence achieved after 32 iterations
Backcast: 1980:1 1980:2

Variable	Coeffcient	Std. error	t-statistic	Prob.
C	0.006782	0.001387	4.890638	0.0000
AR(1)	0.722203	0.114627	6.300451	0.0000
MA(1)	-0.342970	0.171047	-2.005128	0.0489
MA(2)	-0.124164	0.130236	-0.953374	0.3438
R-squared	0.286174	Mean dependent var.		0.005942
Adjusted R-squared	0.254681	S. D. dependent var.		0.006687
S. E. of regression	0.005773	Akaike info criterion		-7.417330
Sum squared resid.	0.002266	Schwarz criterion		-7.290849
Log likelihood	271.0239	F-statistic		9.087094
Durbin-Watson stat.	2.023172	Prob(F-statistic)		0.000039
Inverted AR Roots	0.720			
Inverted MA Roots	0.560	-0.220		

表 13.4　ARMA(1,1)模型的回归结果

Dependent variable: DLGDP
Method: least squares
Date: 02/26/04　Time: 16:03
Sample(adjusted): 1980:3 1998:2
Included observations: 72 after adjusting endpoints
Convergence achieved after 9 iterations
Backcast: 1980:2

(续表)

Variable	Coeffcient	Std. error	t-statistic	Prob.
C	0.006809	0.001464	4.651455	0.0000
AR(1)	0.742291	0.101186	7.335927	0.0000
MA(1)	-0.471431	0.161407	-2.920758	0.0047
R-squared		0.279356	Mean dependent var.	0.005942
Adjusted R-squared		0.258468	S. D. dependent var.	0.006687
S. E. of regression		0.005758	Akaike info criterion	-7.435603
Sum squared resid.		0.002288	Schwarz criterion	-7.340742
Log likelihood		270.6817	F-statistic	13.373880
Durbin-Watson stat.		1.876198	Prob(F-statistic)	0.000012
Inverted AR Roots		0.740		
Inverted MA Roots		0.470		

步骤5 最后,检验上述三个模型。将所有的结果汇总到表13.5中,从估计系数的显著性来看,ARMA(1,3)更符合。ARMA(1,2)有一个非显著的系数(应删除MA(2)项),但我们加入MA(2)项与MA(3)项后,MA(3)高度显著且MA(2)在90%水平上也是显著的。AIC和SBC两个指标则给出相反的结果。AIC表明,ARMA(1,3)最适合,SBC则表明,ARMA(1,1)模型较优。ARMA(1,3)的调整R^2也较高。因此,综合上述因素,ARMA(1,3)是合适的模型。下面考察该模型是否满足简约性的要求,即不存在过度拟合的问题。考察相关曲线图上残差滞后8、16、24期的Q统计量。注意到只有ARMA(1,3)模型在这三种情况下的滞后项系数都是不显著的,另两个模型在滞后8期与16期时的系数都是显著的(90%的水平上),说明其残差是序列相关的。这再一次确定ARMA(1,3)是最合适的模型。另一种做法是,回到步骤4(如同步骤6所要求的那样),重新估计包含AR(1)、MA(1)与MA(3)三项的模型,我们将此留给读者作为练习。

表13.5 ARMA(p,q)模型结果汇总

	ARMA(1,3)	ARMA(1,2)	ARMA(1,1)
Degrees of freedom	68	69	70
SSR	0.002093	0.002266	0.002288
ϕ(t-stat in parentheses)	0.71 (7.03)	0.72 (6.3)	0.74 (7.33)
θ_1(t-stat in parentheses)	-0.44 (-3.04)	-0.34 (-2.0)	-0.47 (-2.92)
θ_2(t-stat in parentheses)	-0.22 (-1.78)	-0.12 (0.9)	—
θ_3(t-stat in parentheses)	0.32 (2.85)	—	—
AIC/SBC	-7.4688/-7.3107	-7.4173/-7.2908	-7.4356/-7.3407
Adj R^2	0.301	0.254	0.258
Ljung-Box statistics for residuals (sig levels in parentheses)	$Q(8)=5.65(0.22)$ $Q(16)=14.15(0.29)$ $Q(24)=19.48(0.49)$	$Q(8)=9.84(0.08)$ $Q(16)=20.66(0.08)$ $Q(24)=24.87(0.25)$	$Q(8)=11.17(0.08)$ $Q(16)=19.81(0.07)$ $Q(24)=28.58(0.15)$

Stata中的Box-Jenkins方法

文件ARIMA.wf1包含了英国消费者价格指数(cpi)与国内生产总值(gdp)的季度

数据。在本例中,我们给出相应的命令来找出 gdp 变量的最优 ARMA 模型。分析过程与之前给出的 EViews 实例相同。

步骤1 计算 ACF 与 PACF,Stata 中的命令为:

```
coogram gdp
```

得到的结果如图 13.5 所示。

LAG	AC	PAC	Q	Prob > Q	-1 0 1 [自相关系数]	-1 0 1 [偏相关系数]
1	0.9584	1.0062	68.932	0.0000		
2	0.9584	-0.4796	132.39	0.0000		
3	0.8655	-0.0349	190.23	0.0000		
4	0.8173	-0.2830	242.57	0.0000		
5	0.7701	-0.0471	289.73	0.0000		
6	0.7226	-0.0778	331.88	0.0000		
7	0.6753	-0.0674	369.26	0.0000		
8	0.6285	0.2121	402.15	0.0000		
9	0.5817	0.1550	430.77	0.0000		
10	0.5344	0.0570	455.31	0.0000		
11	0.4904	-0.0105	476.31	0.0000		
12	0.4463	0.0612	494.00	0.0000		
13	0.4034	0.2093	508.69	0.0000		
14	0.3618	-0.0505	520.72	0.0000		
15	0.3210	-0.1443	530.34	0.0000		
16	0.2802	0.0415	537.81	0.0000		
17	0.2415	0.1475	543.46	0.0000		
18	0.2061	0.0301	547.65	0.0000		
19	0.1742	-0.0824	550.70	0.0000		
20	0.1458	0.0461	552.88	0.0000		
21	0.1182	0.0243	554.34	0.0000		
22	0.0918	0.3626	555.24	0.0000		
23	0.0680	0.0783	555.74	0.0000		
24	0.0461	0.0034	555.98	0.0000		
25	0.0258	0.1899	556.05	0.0000		
26	0.0060	0.0019	556.06	0.0000		
27	0.0143	0.1298	556.08	0.0000		
28	0.0332	0.0009	556.22	0.0000		
29	0.0502	0.1807	556.53	0.0000		
30	0.0675	0.1939	557.11	0.0000		
31	0.0837	0.2127	558.02	0.0000		
32	0.1011	0.0757	559.38	0.0000		
33	0.1197	0.1165	561.33	0.0000		
34	0.1371	0.0255	563.97	0.0000		

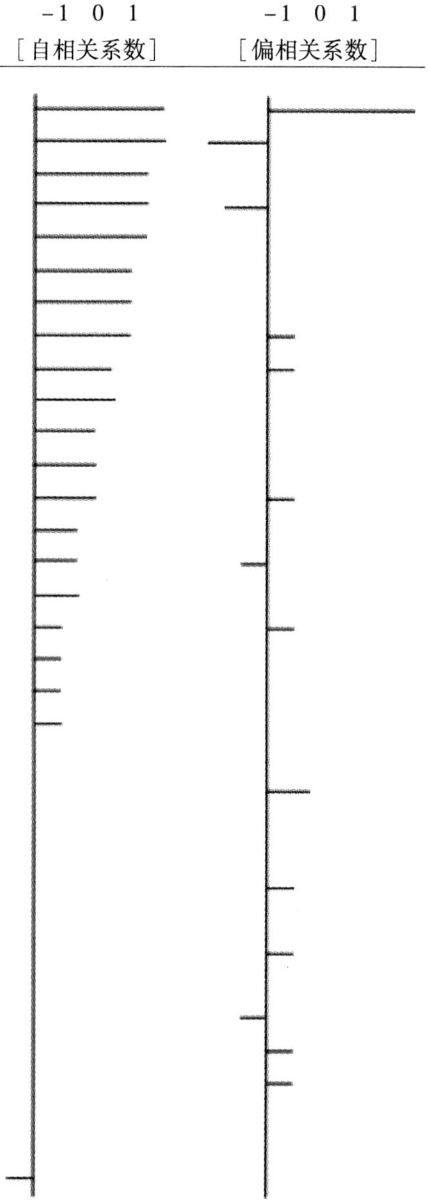

图 13.5 gdp 的 ACF 与 PACF

此外,Stata 可以绘出 95% 置信界限上的 ACF 与 PACF 的图像,相应的命令为:

```
ac gdp
pac gdp
```

上述命令分别得到如图 13.6 和图 13.7 所示的结果。

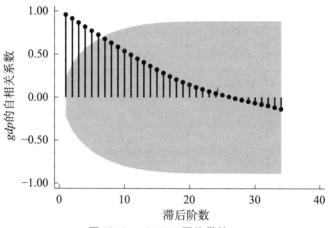

图 13.6 *gdp* 95% 置信带的 ACF

注:8 阶移动平均的 Bartlett 公式,95% 置信区间。

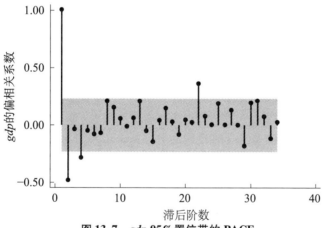

图 13.7 *gdp* 95% 置信带的 PACF

注:95% 置信区间(标准误 = $1/\sqrt{n}$)。

步骤 2 对 *gdp* 序列取对数并进行一阶差分,执行下列命令:

```
g lgdp = log(gdp)
g dlgdp = D.lgdp
```

同样,对于相关曲线图,执行下列命令:

```
corrgram dlgdp
ac dlgdp
```

```
pac dlgdp
```

步骤3—6 对各种可能的 ARMA 模型进行估计,Stata 中的命令为:

```
arima depvarname , arima (#p,#d,#q)
```

其中,#p 处填入 AR 项的滞后阶数(也就是,如果想要 AR(4)就输入4),以此类推。如果要估计 ARMA 模型,就总是定义中间项为 0(也就是,对于 ARMA(2,3)输入 arima(2,0,3))。

因此,对于 gdp 变量,命令为:

```
arima dlgdp , arima(1,0,3)
arima dlgdp , arima(1,0,2)
arima dlgdp , arima(1,0,1)
```

得到的结果分别与表 13.2、表 13.3 和表 13.4 相同。

问题与练习

问题

1. 举例解释 AR 模型与 MA 模型的隐藏含义。
2. 解释平稳性与可逆性的概念,并阐述 AR 模型平稳性的条件与 MA 模型可逆性的条件。
3. 解释平稳性与可逆性的概念。为什么这两个概念在分析时间序列数据时格外重要?举出平稳、非平稳、可逆、不可逆的例子。
4. 阐述 ARIMA 模型选择时运用的 Box-Jenkins 三阶段方法。

练习 13.1

证明 MA(1) 过程可以用无限的 AR 过程表示。

练习 13.2

文件 ARIMA.wfl 包含英国消费者价格指数(cpi)与国内生产总值(gdp)的季度数据。依照本章考察 gdp 的 Box-Jenkins 方法,分析 cpi 变量。

第 14 章 方差模型：ARCH-GARCH 模型

本章内容

引言
ARCH 模型
GARCH 模型
其他可选模型
ARCH/GARCH 模型的实证举例
问题与练习

学习目标

1. 理解条件方差的概念
2. 检测平稳时间序列中的"calm"阶段和"wild"阶段
3. 理解自回归条件异方差（ARCH）模型
4. 进行 ARCH 效应的检验
5. 估计 ARCH 模型
6. 掌握 GARCH 模型并区分 GARCH 和 ARCH 的设定
7. 理解 ARCH-M 模型和 GARCH-M 模型的区别性特征
8. 理解 TGARCH 模型和 EGARCH 模型的区别性特征
9. 利用合适的计量经济学软件估计所有 ARCH 类型的方程

引言

随着时间的推移，现代金融计量不但要求模型能够帮助投资者进行预测从而获得收益，而且要求能够预测及规避风险（不确定性）。这就对模型处理序列波动（方差）的能力提出更高的要求。这些模型就是在本章讨论的 ARCH 模型。

传统的计量分析将扰动项的方差视作常数(见第 7 章中讨论的同方差性)。然而,金融的经济时间序列通常会在一段时间的低波动后突然呈现高波动(一些分析师将其分别称作"平静"阶段与"狂野"阶段)。

哪怕仅仅是简单看一下金融数据(例如,参照描绘 FTSE – 100 指数从 1990 年 1 月 1 日至 1999 年 12 月 31 日的日回报的图 14.1),我们发现确实存在某个时间段内的高波动(高风险)。也就是说,这段时间内的扰动项的数值更大。此外,这些高风险时段后面似乎都紧接着较为平静的小幅波动。换句话说,证券回报的大幅变动总是紧接着更大幅度的变动,分析师将这种现象称作"波动聚类"。我们可以清楚地从图上看到,1997 年后的波动明显高于之前。

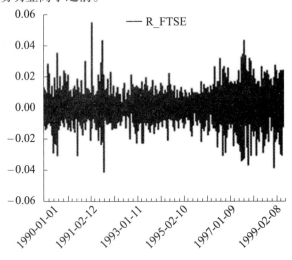

图 14.1　1990 年 1 月 1 日到 1999 年 12 月 31 日的 FTSE – 100 回报

这种情况显然不能满足同方差(或者方差是常数)的假设,方差更有可能与过去的历史有关。或者用专业的术语说,我们不应该关注无条件方差(即长期的、被处理成常数的方差),而应该关注基于模型考虑的条件方差。

为了帮助理解,我们考虑一个计划在 t 期买入并在 $t+1$ 期卖出资产的投资者。对于他而言,仅预测资产的投资回报率是远远不够的,他更感兴趣的是持有期间回报率的方差。此时无条件方差没有参考的价值,投资者希望用条件方差来预测在特定时间段资产的风险。

在本章,我们将讨论条件方差或者更确切地说条件异方差(Conditional Heteroskedasticity,ARCH 模型中的 CH 部分)。首先介绍 Robert F. Engle 在 1982 年的 *Econometrica* 杂志上发表的"Autoregressive Conditional Heteroskedasticity with Estimates of the Variance of United Kingdom Inflation"一文中提出的自回归条件异方差(ARCH)概念。这篇文章开启了研究 ARCH 模型及其延伸、应用的先河。随后介绍 ARCH 模型的一般形式(GARCH)。最后将举例阐述金融与经济时间序列在 ARCH/GARCH 模型中的应用。

ARCH 模型

Engle 的模型指出，t 阶段残差的方差取决于过去的误差平方。Engle 认为，在考虑条件方差并非常数时，应将序列的均值与方差放入模型中。

考虑一个简单的模型：
$$Y_t = \alpha + \beta' \mathbf{X_t} + u_t \tag{14.1}$$

其中，$\mathbf{X_t}$ 是表示解释变量的 $k \times 1$ 向量，β 是 $k \times 1$ 的系数向量。假设 u_t 满足均值为零、方差为 σ^2 的独立同分布，数学表达式为：
$$u_t \sim iid\, N(0, \sigma^2) \tag{14.2}$$

Engle 的出发点在于，残差的方差（σ^2）依赖于过去的历史，或者由于方差随时间变化而产生异方差。一种建模的方法是假设方差取决于滞后 1 期误差项的平方：
$$\sigma_t^2 = \gamma_0 + \gamma_1 u_{t-1}^2 \tag{14.3}$$

这就是一个基本的 ARCH(1) 过程。

ARCH(1) 模型

ARCH(1) 模型同时引入对序列的均值及方差的假设：
$$Y_t = \alpha + \beta' X_t + u_t \tag{14.4}$$
$$u_t \mid \Omega_t \sim iid\, N(0, h_t)$$
$$h_t = \gamma_0 + \gamma_1 u_{t-1}^2 \tag{14.5}$$

其中，Ω_t 是信息集。方程(14.4)是均值方程，方程(14.5)是方差方程。注意，为了保持本章中方差记号的一致性，我们已经将方差符号从 σ_t^2 换作 h_t（在本章内容中，用 h_t 能更好地帮助读者理解）。

ARCH(1) 模型表示在 $t-1$ 阶段产生一个较大的冲击时，u_t 的值（平方之后的绝对量）很有可能随之增大。也就是说，当 u_{t-1}^2 变大/变小时，下一期的 u_t 会相应地增大/减小。由于方差为正，因此估计系数 γ_1 也必须为正。

ARCH(q) 模型

事实上，条件方差不仅依赖于一阶滞后项，还依赖于更高阶的滞后项，从而产生不同的 ARCH 过程。例如，ARCH(2) 过程为：
$$h_t = \gamma_0 + \gamma_1 u_{t-}^2 + \gamma_2 u_{t-2}^2 \tag{14.6}$$

ARCH(3) 过程则为：
$$h_t = \gamma_0 + \gamma_1 u_{t-1}^2 + \gamma_2 u_{t-2}^2 + \gamma_3 u_{t-3}^2 \tag{14.7}$$

更一般地，ARCH(q) 过程为：
$$h_t = \gamma_0 + \gamma_1 u_{t-1}^2 + \gamma_2 u_{t-2}^2 + \cdots + \gamma_q u_{t-q}^2$$
$$= \gamma_0 + \sum_{j=1}^{q} \gamma_j u_{t-j}^2 \tag{14.8}$$

ARCH(q)模型假设均值与方差同时满足以下设定：

$$Y_t = a + \beta' \mathbf{X}_t + u_t \tag{14.9}$$

$$u_t \mid \Omega_t \sim iid\, N(0, h_t)$$

$$h_t = \gamma_0 + \sum_{j=1}^{q} \gamma_j u_{t-j}^2 \tag{14.10}$$

同样，估计系数 γ 必须为正。

检验 ARCH 效应

在估计 ARCH(q) 前，我们需要做一些适当的检验以明确数据适用 ARCH 模型估计而非 OLS 估计。如何检验 ARCH 效应已在第 7 章中有所讨论，但这里我们再次讨论 q 阶自回归异方差的问题。我们可以参照 Breusch-Pagan 检验，先按照 OLS 方法估计均值方程：

$$Y_t = a + \beta' \mathbf{X_t} + u_t \tag{14.11}$$

其中，均值方程可以包含 $\mathbf{X}_t$ 向量中的解释变量，也可以包含因变量自身的自回归项。得到残差项 $\hat{u}_t$ 后建立辅助回归方程，将残差平方项 $\hat{u}_t^2$ 表示为滞后的平方项（$\hat{u}_{t-1}^2, \cdots, \hat{u}_{t-q}^2$）与常数项组成的回归方程：

$$\hat{u}_t^2 = \gamma_0 + \gamma_1 \hat{u}_{t-1}^2 + \cdots + \gamma_q \hat{u}_{t-q}^2 + w_t \tag{14.12}$$

然后计算 $R^2 \times T$。上述方程的原假设为残差满足异方差（$0 = \gamma_1 = \cdots = \gamma_q$），得到的检验统计量则满足自由度为 q 的 χ^2 分布。拒绝原假设意味着存在 ARCH(q) 效应。

利用迭代法估计 ARCH 模型

在回归方程中存在 ARCH 效应并不意味着 OLS 估计完全失效，其系数仍是一致的估计量，但并非完全有效，因为有偏的参数协方差矩阵会导致无效的 t 统计量。在充分识别了 ARCH 效应后，我们就能获得有效的协方差矩阵，进一步得到充分有效的估计量。然而，建立 ARCH 模型远比 OLS 模型复杂得多。我们需要通过迭代算法解出一个非线性的最大化问题。ARCH 模型的估计方法实质上是极大似然法的一个特例。这种方法的具体步骤已超出本书的范围（Cuthbertson 等，1992），但我们仍将给出一个较为直观的解释。为此，假设我们选择了正确的模型并且知道了误差的分布，并选择一组被估计参数的值。原则上，我们可以计算出在数据库中观察到的那些外生变量真实发生的概率。这些参数被称为极大似然参数，并且具有一致性与有效性（在 CLRM 假定下，OLS 是极大似然估计量）两重性质。我们通常要借助计算机进行一系列的步骤（或者迭代）以找到最佳的参数，最大化似然函数。EViews 和 Microfit 软件都有能够快速计算出参数的运行包，尽管有时太过复杂的问题可能会造成程序运行失败，但在软件中可以通过调整选项转换为收敛。在下一节中，我们将通过几个例子来介绍如何在 EViews 中估计 ARCH 模型。

在 EViews 中估计 ARCH 模型

文件 ARCH.wf1 包括 FTSE-100 的对数回报率(记为 r_ftse)以及英国证券市场中的三种股价(分别记为 r_stock1、r_stock2 和 r_stock3)。首先单独考虑 r_ftse,检验序列是否其有 ARCH 效应。从数据的各个时间节点上(见图14.1)看到,样本中存在某些阶段各自较大与较小的波动,因此存在 ARCH 效应的可能性非常高。

第一步用 OLS 估计 r_ftse 的 AR(1)模型(为简单起见,将其设为均值方程)。点击 **Quick/Estimate Equation**,打开 **Equation Specification** 窗口,在这个窗口中明确想要估计的方程(通过在 **Equation Specificaion** 窗口中输入命令)。AR(1)模型为:

```
r_ftse c r_ftse(-1)
```

单击 **OK**,得到的结果如表 14.1 所示。

表 14.1　FTSE-100 的简单 AR(1)模型

ependent variable：R_FTSE
Method：least squares
Date：12/26/03　*Time*：15:16
Sample：1/01/1990　12/31/1999
Included observations：2 610

Variable	Coeffcient	Std. error	t-statistic	Prob.
C	0.000363	0.000184	1.975016	0.0484
R_FTSE(-1)	0.070612	0.019538	3.614090	0.0003
R-squared	0.004983	Mean dependent var		0.000391
Adjusted R-squared	0.004602	S. D. dependent var		0.009398
S. E. of regression	0.009376	Akaike info criterion		-6.500477
Sum squared resid	0.229287	Schwarz criterion		-6.495981
Log likelihood	8 485.123	F-statistic		13.061650
Durbin-Watson stat	1.993272	Prob(F-statistic)		0.000307

这些结果本身并不能提供有用的信息,我们关心的是该模型的残差项中是否存在 ARCH 效应,所以使用 Breusch-Pagan ARCH 检验。在结果窗口中点击 **View/Residuals Tests/ARCH LM Test**,输入 ARCH(q)过程的阶数 q。若检验 ARCH(1)过程输入 1,若检验 ARCH(q)过程则输入 q。检验 ARCH(1)(输入 1 后点击 **OK**),得到的结果如表 14.2 所示。

表 14.2　FTSE-100 ARCH(1)效应的检验

ARCH test:			
F-statistic	46.84671	Probability	0.000000
Obs * R-squared	46.05506	Probability	0.000000

（续表）

Test equation:
Dependent variable: RESID^2
Method: least squares
Date: 12/26/03 Time: 15:27
Sample(adjusted): 1/02/1990 12/31/1999
Included observations: 2 609 after adjusting endpoints

Variable	Coeffcient	Std. error	t-statistic	Prob.
C	7.62E-05	3.76E-06	20.270230	0.0000
RESID^2(-1)	0.132858	0.019411	6.844466	0.0000
R-squared	0.017652	Mean dependent var		8.79E-05
Adjusted R-squared	0.017276	S.D. dependent var		0.000173
S.E. of regression	0.000171	Akaike info criterion		-14.507090
Sum squared resid	7.64E-05	Schwarz criterion		-14.502600
Log likelihood	18 926.5	F-statistic		46.846710
Durbin-Watson stat	2.044481	Prob(F-statistic)		0.000000

$T*R^2$ 统计量（或者 EViews 中给出的 Obs * R-Squared）为 46.05，概率极限为 0.000。这表明应该拒绝同方差的原假设，得出 ARCH(1) 效应存在的结论。检验高阶的 ARCH 效应（如六阶），得到的结果如表 14.3 所示。

表 14.3 FTSE-100 ARCH(6) 效应的检验

ARCH test:			
F-statistic	37.03529	Probability	0.000000
Obs * R-squared	205.24860	Probability	0.000000

Test equation:
Dependent variable: RESID^2
Method: least squares
Date: 12/26/03 Time: 15:31
Sample(adjusted): 1/09/1990 12/31/1999
Included observations: 2 604 after adjusting endpoints

Variable	Coeffcient	Std. error	t-statistic	Prob.
C	4.30E-05	4.46E-06	9.633006	0.0000
RESID^2(-1)	0.066499	0.019551	3.401305	0.0007
RESID^2(-2)	0.125443	0.019538	6.420328	0.0000
RESID^2(-3)	0.097259	0.019657	4.947847	0.0000
RESID^2(-4)	0.060954	0.019658	3.100789	0.0020
RESID^2(-5)	0.074990	0.019539	3.837926	0.0001
RESID^2(-6)	0.085838	0.019551	4.390579	0.0000
R-squared	0.078821	Mean dependent var		8.79E-05
Adjusted R-squared	0.076692	S.D. dependent var		0.000173
S.E. of regression	0.000166	Akaike info criterion		-14.565810
Sum squared resid	7.16E-05	Schwarz criterion		-14.550040
Log likelihood	18 971.68	F-statistic		37.035290
Durbin-Watson stat	2.012275	Prob(F-statistic)		0.000000

这里的 $T*R^2$ 更高(205.24),更应拒绝原假设;此外,滞后的残差平方项十分显著,说明存在 ARCH。因此,方程清晰表明,ARCH 模型可以得到更好结果。

为了估计 ARCH 模型,点击结果窗口中的 **Estimate**(或在新的文档中点击 **Quick/Estimate Equation** 打开 **Equation Specification** 窗口),回到 **Equation Specification** 窗口,点击下拉箭头选择 **ARCH-Autoregressive Conditional Heterskedasticity** 选项。在新窗口的上半部分输入均值方程的相关命令,下半部分则为 ARCH 过程或方差方程的命令。在该窗口中会出现一些很陌生的信息,但在学完本章之后你就会有所了解。估计一个简单的 ARCH(1)模型,假设均值方程和之前一样均遵循 AR(1)过程,在均值方程的命令栏中输入:

```
r_ftse c rftse(-1)
```

EViews 中默认 **ARCH-M** 部分为 None。在 ARCH 的指令中,EViews 默认选择 **GARCH/TARCH**,在小窗口中输入 1 表示 **Order ARCH**,输入 0 表示 **GARCH**,**Threshold Order** 保持为 0(也就是默认值),点击 **OK**。得到的结果如表 14.4 所示。

表 14.4 FTSE-100 的 ARCH(1)模型

Dependent variable: R_FTSE
Method: ML - ARCH
Date: 12/26/03 *Time*: 15:34
Sample: 1/01/1990 12/31/1999
Included observations: 2 610
Convergence achieved after 10 *iterations*

	Coeffcient	Std. error	z-statistic	Prob.
C	0.000401	0.000178	2.257832	0.0240
R_FTSE(-1)	0.075192	0.019208	3.914538	0.0001
Variance equation				
C	7.39E-05	2.11E-06	35.071780	0.0000
ARCH(1)	0.161312	0.020232	7.973288	0.0000
R-squared	0.004944	Mean dependent var		0.000391
Adjusted R-squared	0.003799	S. D. dependent var		0.009398
S. E. of regression	0.009380	Akaike info criterion		-6.524781
Sum squared resid	0.229296	Schwarz criterion		-6.515789
Log likelihood	8 518.839	F-statistic		4.316204
Durbin-Watson stat	2.001990	Prob(F-statistic)		0.004815

注意,这个模型经过 10 次迭代才达到收敛。模型可以表示为:

$$Y_t = 0.0004 + 0.0751 Y_{t-1} + u_t \quad (14.13)$$
$$(2.25) \quad (3.91)$$

$$u_t \mid \Omega_t \sim iid\ N(0, h_t)$$
$$h_t = 0.000007 + 0.1613 u_{t-1}^2 \quad (14.14)$$
$$(35.97) \quad (7.97)$$

括号中表示 z 统计量。其中,γ_1 显著为正,与前面 ARCH 检验得到的结果一致。估计得到的 α 和 β 与 OLS 的结果相比略微有所改变,但变得更加显著了。

在检验高阶 ARCH 模型(如 ARCH(6))时,点击 **Estimate**,将 **Order ARCH** 改为 6(在小窗口中输入 6),在 **GARCH** 中输入 0,结果如表 14.5 所示。

表 14.5 FTSE-100 的 ARCH(6) 模型

Dependent variable: R_FTSE
Method: ML - ARCH
Date: 12/26/03 Time: 15:34
Sample: 1/01/1990 12/31/1999
Included observations: 2 610
Convergence achieved after 12 iterations

	Coeffcient	Std. error	z-statistic	Prob.
C	0.000399	0.000162	2.455417	0.0141
R_FTSE(-1)	0.069691	0.019756	3.527551	0.0004
Variance equation				
C	3.52E-05	2.58E-06	13.648900	0.0000
ARCH(1)	0.080571	0.014874	5.416946	0.0000
ARCH(2)	0.131245	0.024882	5.274708	0.0000
ARCH(3)	0.107555	0.022741	4.729525	0.0000
ARCH(4)	0.081088	0.022652	3.579805	0.0003
ARCH(5)	0.089852	0.022991	3.908142	0.0001
ARCH(6)	0.123537	0.023890	5.171034	0.0000
R-squared	0.004968	Mean dependent var		0.000391
Adjusted R-squared	0.001908	S.D. dependent var		0.009398
S.E. of regression	0.009389	Akaike info criterion		-6.610798
Sum squared resid	0.229290	Schwarz criterion		-6.590567
Log likelihood	8 636.092	F-statistic		1.623292
Durbin-Watson stat	1.991483	Prob(F-statistic)		0.112922

同样,所有 γ 通过了显著性检验,与前面得到的结果一致。在估计模型之后,通过窗口中的 **View/Garch Graphs/Conditional SD Graph** 或者 **View/Garch Graphs/Conditional Variance Graph** 分别绘出条件标准差或条件方差的图像,如图 14.2 所示。

也可以利用 **Procs/Make GARCH Variance Series** 指令得到方差序列,EViews 自动将这些序列命名为 GARCH01、GARCH02 等。我们可以重新命名,如用 ARCH1 表示 ARCH(1)模型得到的序列,ARCH6 表示 ARCH(6)等。两组序列绘出的图像如图 14.3 所示。

从图中可以看到,ARCH(6)模型得到的条件方差序列比 ARCH(1)得到的更为平缓。为了得到序列的条件标准差,用下列指令取条件方差的平方根:

```
genr ad_arch1 = arch1^(1/2)      [对于 ARCH(1)模型的序列]
genr ad_arch6 = arch6^(1/2)      [对于 ARCH(6)模型的序列]
```

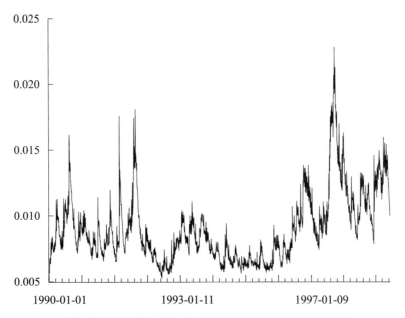

图 14.2　FTSE－100 ARCH(6)模型的条件标准差图像

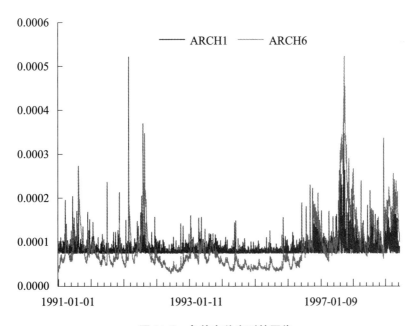

图 14.3　条件方差序列的图像

图 14.4 为这两个序列的条件标准差的图像。

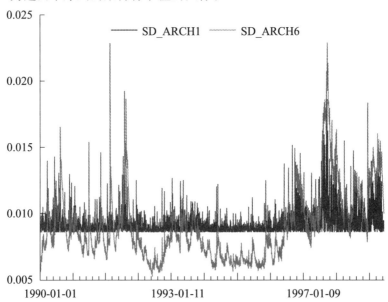

图 14.4　条件标准差序列的图像

更数学化的方法

考虑平稳序列 Y_t 的条件均值：

$$Y_t = a + \beta' \mathbf{X}_t + u_t \tag{14.15}$$

以前的假设是令 $Var(u_t) = \sigma^2$ 等于常数，这里我们假设方差会随时间而改变。将 u_t 分解为系统成分与随机成分积的形式：

$$u_t = z_t \sqrt{h_t} \tag{14.16}$$

其中，z_t 表示均值为 0、方差为 1 的标准正态分布，h_t 是比例因子。

基本的 ARCH(1) 模型假设：

$$h_t = \gamma_0 + \gamma_1 u_{t-1}^2 \tag{14.17}$$

对于 y_t，现在有：

$$y_t = a + \beta' x_t + z_t \sqrt{\gamma_0 + \gamma_1 u_{t-1}^2} \tag{14.18}$$

因为 $E(z_t) = 0$，所以残差的均值为 0（$E(u_t) = 0$）。此外，残差的无条件(长期)方差为：

$$Var(u_t) = E(z_t^2) E(h_t) = \frac{\gamma_0}{1 - \gamma_1} \tag{14.19}$$

因此，加入 $\gamma_0 > 0$ 与 $0 < \gamma_1 < 1$ 的约束能够保证平稳性。

ARCH(1) 模型中的条件(短期)方差是上一期误差平方的函数，每一期新的冲击 z_t 都取决于上一期冲击的大小。

一种拓展 ARCH(1) 过程的方法是加入额外的高阶滞后参数作为残差方差的决定因素：

$$h_t = \gamma_0 + \sum_{j=1}^{q} \gamma_j u_{t-j}^2 \tag{14.20}$$

式(14.20)表示 ARCH(q)过程。ARCH(q)模型与 ARCH(1)模型相比,波动延续的时间更长;然而 ARCH(q)模型往往难以估计,因为经常会得到负的 γ_j。Bollerslev(1986)提出一般化的 ARCH(即 GARCH)模型,解决了上面的难题。

GARCH 模型

Engle(1995)指出,ARCH 过程的一个缺陷是看上去比自回归过程更像一个移动平均过程。由此他认为,可以将滞后的条件方差项放入自回归过程中。Tim Bollerslev 于 1986 年在 *Journal of Econometrics* 发表的"Generalised Autoregressive Conditional Heteroskedascicity"一文中正式提出了 GARCH 模型。

GARCH(p,q)模型

GARCH(p,q)模型的一般形式如下:

$$Y_t = a + \beta' \mathbf{X}_t + u_t \tag{14.21}$$
$$u_t \mid \Omega_t \sim iid\ N(0, h_t)$$

$$h_t = \gamma_0 + \sum_{i=1}^{p} \delta_i h_{t-i} + \sum_{j=1}^{q} \gamma_j u_{t-j}^2 \tag{14.22}$$

这说明方差的比例参数 h_t 取决于以滞后残差平方项表示的冲击以及以自身的滞后项表示的历史。

显然,当 $p = 0$ 时,模型将为 ARCH(q)。GARCH(p,q)模型的最简形式为 GARCH(1,1),它的方差方程为:

$$h_t = \gamma_0 + \delta_1 h_{t-1} + \gamma_1 u_{t-1}^2 \tag{14.23}$$

方程(14.23)只有三个未知数(γ_0、γ_1 和 δ_1),比较好估计。

GARCH(1,1)是无限 ARCH 过程

为了证明 GARCH(1,1)是相对于无限 ARCH(q)的一个简约型模型,考察方程(14.23),其右侧逐次迭代得到:

$$\begin{aligned} h_t &= \gamma_0 + \delta h_{t-1} + \gamma_1 u_{t-1}^2 \\ &= \gamma_0 + \delta(\gamma_0 + \delta h_{t-2} + \gamma_1 u_{t-2}^2) + \gamma_1 u_{t-1}^2 \\ &= \gamma_0 + \gamma_1 u_{t-1}^2 + \delta \gamma_0 + \delta^2 h_{t-2} + \delta \gamma_1 u_{t-2}^2 \\ &= \gamma_0 + \gamma_1 u_{t-1}^2 + \delta \gamma_0 + \delta^2 (\gamma_0 + \delta h_{t-3} + \gamma_1 u_{t-3}^2) + \delta \gamma_1 u_{t-2}^2 \\ &\quad \vdots \\ &= \frac{\gamma_0}{1-\delta} + \gamma_1 (u_{t-1}^2 + \delta u_{t-2}^2 + \delta^2 \gamma_1 u_{t-3}^2 + \cdots) \\ &= \frac{\gamma_0}{1-\delta} + \gamma_1 \sum_{j=1}^{\infty} \delta^{j-1} u_{t-j}^2 \end{aligned} \tag{14.24}$$

式(14.24)说明,GARCH(1,1)是等价于系数成等比递减的无限阶 ARCH 模型。因此,GARCH(1,1)模型应替代高阶 ARCH 模型,它既有比较少的参数又损失较少的自由度。

在 EViews 中估计 GARCH 模型

再度考察文件 ARCH.wf1 中的 *r-ftse* 序列。点击 **Quick/Estimate Equation**,打开 **Equation Specification** 窗口,在下拉列表中改变估计的方法,选择 **ARCH-Autoregressive Conditional Heteroskedasticity** 选项。在新的 **Equation Specification** 窗口中,上半部分用来输入均值方程的指令,下半部分则用来输入 ARCH/GARCH 的方差指令。为了估计较简单的 GARCH(1,1)模型,在均值方程的编辑栏中同 AR(1)模型一样输入:

    r_ftse c rftse(-1)

在 **ARCH-M** 部分选择 EViews 默认的 **None** 选项。在 **ARCH/GARCH** 部分点击 **GARCH/TARCH**,在小方框中输入 Order ARCH 为 1、GARCH 也为 1。对于高阶模型如 GARCH(4,2),应在 **Order ARCH** 中输入 2、**GARCH** 中输入 4。点击 **OK** 得到表14.6 的结果。

表14.6 FTSE-100 GARCH(1,1)模型

Dependent variable:R_FTSE
Method:ML-ARCH
Date:12/26/03 *Time*:18:52
Sample:1/01/1990 12/31/1999
Included observations:2 610
Convergence achieved after 5 iterations

	Coeffcient	Std. error	z-statistic	Prob.
C	0.000409	0.000158	2.578591	0.0099
R_FTSE(-1)	0.064483	0.021097	3.056426	0.0022
	Variance equation			
C	2.07E-06	5.10E-07	4.049552	0.0001
ARCH(1)	0.084220	0.011546	7.294102	0.0000
GARCH(1)	0.893243	0.015028	59.437800	0.0000
R-squared	0.004924	Mean dependent var		0.000391
Adjusted R-squared	0.003396	S.D. dependent var		0.009398
S.E. of regression	0.009382	Akaike info criterion		-6.645358
Sum squared resid	0.229300	Schwarz criterion		-6.634118
Log likelihood	8 677.192	F-statistic		3.222895
Durbin-Watson stat	1.981507	Prob(F-statistic)		0.011956

注意,这个模型经过 5 次迭代之后达到收敛。重写模型为:
$$Y_t = 0.0004 + 0.0644Y_{t-1} + \hat{u}_t \tag{14.25}$$
$$(2.57) \quad (3.05)$$
$$u_t \mid \Omega_t \sim iid\ N(0, h_t)$$
$$h_t = 0.0000002 + 0.893h_{t-1} + 0.084\hat{u}_{t-1}^2 \tag{14.26}$$
$$(4.049) \quad (59.43) \quad (7.29)$$

括号中数值表示 z 统计量。系数 δ 与 γ_1 都显著为正。将 GARCH(1,1) 模型的方差序列(点击 **Procs/Make GARCH Variance Series**)重命名为 GARCH(1,1),将其与 ARCH(6) 序列一起绘制在图 14.5 中。

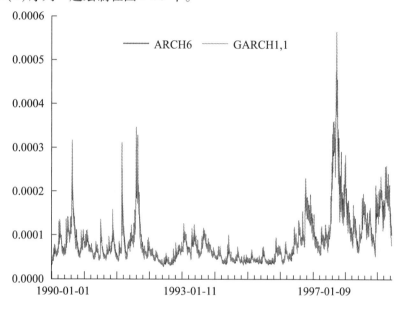

图 14.5　ARCH(6)与 GARCH(1,1)的条件方差序列

观察得出,这两组序列非常相似(如果不是完全相同的话)。由于 GARCH 等价于高阶的 ARCH 过程(这已在前面得到证明),因此 GARCH 比 ARCH 模型更易于估计且牺牲更少的自由度。

将 ARCH/GARCH 方框中的数字改为 6,得到 GARCH(6,6) 模型,结果如表 14.7 所示。除了 ARCH(1)项,其他所有的系数都不显著,说明这并非一个适合的模型。

表 14.7　FTSE – 100 GARCH(6,6)模型

Dependent variable: *R_FTSE*
Method: *ML – ARCH*
Date: 12/26/03 *Time*: 19:05
Sample: 1/01/1990 12/31/1999
Included observations: 2 610
Convergence achieved after 18 iterations

	Coeffcient	Std. error	z-statistic	Prob.
C	0.000433	0.000160	2.705934	0.0068
R_FTSE(-1)	0.065458	0.020774	3.150930	0.0016
Variance equation				
C	1.70E-06	7.51E-06	0.227033	0.8204
ARCH(1)	0.038562	0.015717	2.453542	0.0141
ARCH(2)	0.070150	0.113938	0.615692	0.5381
ARCH(3)	0.022721	0.269736	0.084234	0.9329
ARCH(4)	-0.017544	0.181646	-0.096585	0.9231
ARCH(5)	0.011091	0.077074	0.143905	0.8856
ARCH(6)	-0.017064	0.063733	-0.267740	0.7889
GARCH(1)	0.367407	3.018202	0.121730	0.9031
GARCH(2)	0.116028	1.476857	0.078564	0.9374
GARCH(3)	0.036122	1.373348	0.026302	0.9790
GARCH(4)	0.228528	0.819494	0.278864	0.7803
GARCH(5)	0.217829	0.535338	0.406900	0.6841
GARCH(6)	-0.092748	0.979198	-0.094719	0.9245
R-squared	0.004904	Mean dependent var		0.000391
Adjusted R-squared	-0.000465	S.D. dependent var		0.009398
S.E. of regression	0.009400	Akaike info criterion		-6.643400
Sum squared resid	0.229305	Schwarz criterion		-6.609681
Log likelihood	8 684.637	F-statistic		0.913394
Durbin-Watson stat	1.983309	Prob(F-statistic)		0.543473

同样,表14.8给出了GARCH(1,6)的结果,只有ARCH(1)与GARCH(1)的系数通过显著性检验,并且一些ARCH滞后项的系数为负。比较上述这些模型,我们认为GARCH(1,1)最为恰当。

表14.8 FTSE-100 GARCH(1,6)模型

Dependent variable: *R_FTSE*
Method: *ML - ARCH*
Date: 12/26/03 *Time*: 19:34
Sample: 1/01/1990 12/31/1999
Included observations: 2 610
Convergence achieved after 19 *iterations*

	Coeffcient	Std. error	z-statistic	Prob.
C	0.000439	0.000158	2.778912	0.0055
R_FTSE(-1)	0.064396	0.020724	3.107334	0.0019
Variance equation				
C	9.12E-07	2.79E-07	3.266092	0.0011
ARCH(1)	0.040539	0.013234	3.063199	0.0022
ARCH(2)	0.048341	0.025188	1.919235	0.0550

(续表)

	Variance equation			
ARCH(3)	−0.027991	0.031262	−0.895354	0.3706
ARCH(4)	−0.037356	0.028923	−1.291542	0.1965
ARCH(5)	0.016418	0.028394	0.578219	0.5631
ARCH(6)	0.015381	0.023587	0.652097	0.5143
GARCH(1)	0.934786	0.011269	82.954600	0.0000
R-squared	0.004883	Mean dependent var		0.000391
Adjusted R-squared	0.001438	S.D. dependent var		0.009398
S.E. of regression	0.009391	Akaike info criterion		−6.646699
Sum squared resid	0.229310	Schwarz criterion		−6.624220
Log likelihood	8 683.943	F-statistic		1.417557
Durbin-Watson stat	1.981261	Prob(F-statistic)		0.174540

其他可选模型

在本节中,我们介绍一些重要的同样能够分析条件波动的模型。Berra 和 Higgins (1993)、Bollerslev 等(1994)很好地评价了这些模型,Engle(1995)还发表了不少关于 ARCH/GARCH 的重要文献。

GARCH 均值或 GARCH-M 模型

GARCH-M 允许条件均值依赖于自身的条件方差。例如,一位风险规避的投资者在持有一项风险资产时需要额外的补偿,显然它与风险是正相关的(风险越高,补偿越多)。如果风险是由波动或条件方差反映,则条件方差应该被包含在 Y_t 的条件均值函数中。

GARCH-M(p,q)模型的形式为:

$$Y_t = a + \beta'\mathbf{X}_t + \theta h_t + u_t \tag{14.27}$$

$$u_t \mid \Omega_t \sim iid\ N(0, h_t)$$

$$h_t = \gamma_0 + \sum_{i=1}^{p} \delta_i h_{t-i} + \sum_{j=1}^{q} \gamma_j u_{t-j}^2 \tag{14.28}$$

另一种 GARCH-M 模型中,风险不是以方差反映,而是取决于以下均值与方差方程中的标准差:

$$Y_t = a + \beta'\mathbf{X}_t + \theta \sqrt{h_t} + u_t \tag{14.29}$$

$$u_t \mid \Omega_t \sim iid\ N(0, h_t)$$

$$h_t = \gamma_0 + \sum_{i=1}^{p} \delta_i h_{t-i} + \sum_{j=1}^{q} \gamma_j u_{t-j}^2 \tag{14.30}$$

GARCH-M 模型被广泛运用于资本资产定价模型(CAPM)等一系列金融实践中(Campbell 等,1997;Hall 等,1990)。

在 EViews 中估计 GARCH-M 模型

点击 **Quick/Estimate Equation** 打开 **Estimation Window**,在下拉列表中选择 **ARCH-Autoregressive Conditional Heteroskedasticity**。在新的 **Equation Specification** 窗口中的上半部分输入均值方程的指令,下半部分输入 ARCH/GARCH 或方差方程的指令。假如 GARCH-M(1,1) 模型中的均值方程满足 AR(1) 过程,就在上半部分输入:

```
r_ftse c rftse(-1)
```

在 **ARCH-M** 中针对方程(14.29)与方程(14.27)分别选择 **Std. Dev** 及 **VAR**。

设定 ARCH/GARCH 的部分,在 **Model** 的下拉菜单中选中 **GARCH/TARCH**,在方框中输入 q 阶 $(1,2,\cdots,q)$ 表示 **Order ARCH**,p 阶 $(1,2,\cdots,p)$ 表示 **GARCH**。表 14.9 展示了用均值方程(14.27)表示风险的 GARCH-M(1,1)结果。

表 14.9 FTSE-100 GARCH(1,1) 模型

Dependent variable: R_FTSE
Method: ML-ARCH
Date: 12/26/03 *Time*: 19:32
Sample: 1/01/1990 12/31/1999
Included observations: 2 610
Convergence achieved after 13 *iterations*

	Coeffcient	Std. error	z-statistic	Prob.
GARCH	6.943460	4.069814	1.706088	0.0880
C	−2.39E−05	0.000311	−0.076705	0.9389
R_FTSE(−1)	0.061006	0.020626	2.957754	0.0031
Variance equation				
C	7.16E−07	2.22E−07	3.220052	0.0013
ARCH(1)	0.049419	0.006334	7.801997	0.0000
GARCH(1)	0.942851	0.007444	126.661300	0.0000
R-squared	0.004749	Mean dependent var		0.000391
Adjusted R-squared	0.002838	S. D. dependent var		0.009398
S. E. of regression	0.009385	Akaike info criterion		−6.648319
Sum squared resid	0.229341	Schwarz criterion		−6.634831
Log likelihood	8 682.056	F-statistic		2.485254
Durbin-Watson stat	1.974219	Prob(F-statistic)		0.029654

均值方程的方差项(GARCH)比较显著,但也增加了方差方程中 GARCH 项的显著性。重新将标准差放入均值方程中,选择 **ARCH-M** 部分的 **Std. Dev** 选项,得到表 14.10。表中显示,条件标准差 SQR(GARCH)的系数并不显著,说明用方差反映风险的回报率更为恰当。

表 14.10 FTSE-100 GARCH(1,1)模型(利用标准差)

Dependent variable: R_FTSE
Method: ML - ARCH
Date: 12/26/03 Time: 19:36
Sample: 1/01/1990 12/31/1999
Included observations: 2 610
Convergence achieved after 13 iterations

	Coeffcient	Std. error	z-statistic	Prob.
SQR(GARCH)	0.099871	0.080397	1.242226	0.2142
C	-0.000363	0.000656	-0.553837	0.5797
R_FTSE(-1)	0.063682	0.020771	3.065923	0.0022
Variance equation				
C	9.23E-07	2.72E-07	3.394830	0.0007
ARCH(1)	0.055739	0.007288	7.647675	0.0000
GARCH(1)	0.934191	0.008832	105.7719	0.0000
R-squared	0.005128	Mean dependent var		0.000391
Adjusted R-squared	0.003218	S.D. dependent var		0.009398
S.E. of regression	0.009383	Akaike info criterion		-6.648295
Sum squared resid	0.229253	Schwarz criterion		-6.634807
Log likelihood	8 682.025	F-statistic		2.684559
Durbin-Watson stat	1.980133	Prob(F-statistic)		0.019937

门限 GARCH(TGARCH)模型

ARCH 与 GARCH 模型的主要约束是冲击的对称性,其影响只依赖于绝对值而与符号(残差平方)的正负无关。因此,在 ARCH/GARCH 中,一个外部的正冲击等价于相同维度的负冲击。然而在证券市场上,负冲击(坏消息)对波动性的影响要远大于正冲击(好消息)。

Zakoian(1990)与 Glosten 等(1993)提出了门限 GARCH 模型,主要的想法是解决正负冲击的非对称性。其方法是在方差方程中加入虚拟变量,考察负冲击是否产生统计意义上的不同影响。

条件方差方程 TGARCH(1,1)表示如下:

$$h_t = \gamma_0 + \gamma u_{t-1}^2 + \theta u_{t-1}^2 d_{t-1} + \delta h_{t-1} \qquad (14.31)$$

其中,当 $u_t < 0$ 时, d_t 取 1;否则取 0。因此,"好消息"与"坏消息"的影响有所不同。好消息的影响为 γ ,坏消息的影响为 $\gamma + \theta$ 。如果 $\theta > 0$ 则说明影响是非对称的,如果 $\theta = 0$ 则说明影响是对称的。TGARCH 模型也可以加入更多的高阶滞后项:

$$h_t = \gamma_0 + \sum_{i=1}^{q}(\gamma_i + \theta_i d_{t-i})u_{t-i}^2 + \sum_{j=1}^{q}\delta_j h_{t-j} \qquad (14.32)$$

在 EViews 中估计 TGARCH 模型

点击 **Quick/Estimate Equation** 打开 **Estimation Window**,在下拉列表中选择 **ARCH-Autoregressive Conditional Heteroskedasticity**。在新的 **Equation Specification** 窗口中的上半部分输入均值方程的指令,下半部分输入 ARCH/GARCH 方差方程的指令。假如 TGARCH(p,q) 模型中的均值方程满足 AR(1) 过程,就在上半部分输入:

```
r_ftse c rftse(-1)
```

并在 **ARCH-M** 中选择 **None**。

对于 ARCH/GARCH 的部分,从 **Model** 的下拉菜单中选中 **GARCH/TARCH**,在方框中输入 q 阶 $(1,2,\cdots,q)$ 表示 **Order ARCH**,p 阶 $(1,2,\cdots,p)$ 表示 **Order GARCH**,将方框中的 **Threshold Order** 的值从 0 改到 1(表示 TGARCH 模型)。表 14.11 给出了 TGARCH(1,1) 的结果。

表 14.11 FTSE-100 TGARCH(1,1) 模型

Dependent variable: R_FTSE
Method: ML-ARCH
Date: 12/27/03 *Time*: 15:04
Sample: 1/01/1990 12/31/1999
Included observations: 2 610
Convergence achieved after 11 *iterations*

	Coeffcient	Std. error	z-statistic	Prob.
C	0.000317	0.000159	1.999794	0.0455
R_FTSE(-1)	0.059909	0.020585	2.910336	0.0036
Variance equation			
C	7.06E-07	1.90E-07	3.724265	0.0002
ARCH(1)	0.015227	0.006862	2.218989	0.0265
(RESID<0)*ARCH(1)	0.053676	0.009651	5.561657	0.0000
GARCH(1)	0.950500	0.006841	138.9473	0.0000
R-squared	0.004841	Mean dependent var	0.000391	
Adjusted R-squared	0.002930	S. D. dependent var	0.009398	
S. E. of regression	0.009384	Akaike info criterion	-6.656436	
Sum squared resid	0.229320	Schwarz criterion	-6.642949	
Log likelihood	8 692.649	F-statistic	2.533435	
Durbin-Watson stat	1.972741	Prob(F-statistic)	0.026956	

ARCH(1) 的系数(RESID<0)*ARCHCD 项的系数为正,且统计意义上显著。这说明在 FTSE-100 的外部冲击中,坏消息的影响大于好消息。

指数 GARCH(EGARCH)模型

Nelson(1991)首先提出指数 GARCH(EGARCH)模型,方差方程为:

$$\log(h_t) = \gamma + \sum_{j=1}^{q} \zeta_j \left| \frac{u_{t-j}}{\sqrt{h_{t-j}}} \right| + \sum_{j=1}^{q} \xi_j \frac{u_{t-j}}{\sqrt{h_{t-j}}} + \sum_{i=1}^{p} \delta_i \log(h_{t-i}) \quad (14.33)$$

其中,γ、ζ 与 ξ 是待估计的系数。注意,方程的左边是方差的对数形式,这里用指数代替平方的关系,保证了条件方差非负。EGARCH 模型与 TGARCH 一样可以检验非对称性,这主要由参数 ξ 反映。假如 $\xi_1 = \xi_2 = \cdots = 0$,则模型就是对称的。当 $\xi_j < 0$ 时正冲击(好消息)的影响小于负冲击(坏消息)。

在 EViews 中估计 EGARCH 模型

点击 **Quick/Estimate Equation** 打开 **Estimation Window**,在下拉列表中选择 **ARCH-Autoregressive Conditional Heteroskedasticity**。在新的 **Equation Specification** 窗口中的上半部分输入均值方程的指令,下半部分输入 ARCH/GARCH 方差方程的指令。假如 EGARCH(p,q)模型中的均值方程满足 AR(1)过程,就在上半部分输入:

```
r_ftse c rftse(-1)
```

并在 **ARCH-M** 中选择 **None**。

对于 ARCH/GARCH 部分,在 **Model** 的下拉菜单中选中 **EGARCH**,在方框中输入 q 阶($1,2,\cdots,q$)表示 **Order ARCH**,p 阶($1,2,\cdots,p$)表示 **GARCH**。表 14.12 给出了 EGARCH(1,1)的结果。

表 14.12 FTSE – 100 EGARCH(1,1)模型

Dependent variable:R_FTSE
Method:ML – ARCH
Date:12/26/03 Time:20:19
Sample:1/01/1990 12/31/1999
Included observations:2 610
Convergence achieved after 17 iterations

	Coeffcient	Std. error	z-statistic	Prob.
C	0.000306	0.000156	1.959191	0.0501
R_FTSE(– 1)	0.055502	0.020192	2.748659	0.0060
Variance equation				
C	– 0.154833	0.028461	– 5.440077	0.0000
|RES|/SQR[GARCH](1)	0.086190	0.012964	6.648602	0.0000
RES/SQR[GARCH](1)	– 0.044276	0.007395	– 5.987227	0.0000
EGARCH(1)	0.990779	0.002395	413.700200	0.0000

			（续表）
R-squared	0.004711	Mean dependent var	0.000391
Adjusted R-squared	0.002800	S. D. dependent var	0.009398
S. E. of regression	0.009385	Akaike info criterion	-6.660033
Sum squared resid	0.229350	Schwarz criterion	-6.646545
Log likelihood	8 697.343	F-statistic	2.465113
Durbin-Watson stat	1.964273	Prob(F-statistic)	0.030857

因为 RES/SQR[GARCH](1)的系数显著为负,所以在 FTSE－100 的外部冲击中,坏消息的影响大于好消息。

在均值方程中添加解释变量

ARCH/GARCH 模型对于均值方程的假设十分敏感,FTSE－100 回报率的例子很好地说明了这一点。在上面的分析中,我们都假设(限制性地且无先验信息)均值方程满足 AR(1)过程;但显然,采用日数据的 AR 模型的阶数应该更高,并且结合 MA 与 AR 的过程才更为恰当。假设 FTSE－100 回报率满足 ARMA(1,1)过程,那么 ARCH(1)和 GARCH(1,1)得出的均值方程的结果在统计上都不显著(我们将此留给读者作为练习)。对均值方程输入 r_ftse c AR(1) MA(1),以及 ARCH(q)与 GARCH(p)的阶数)。显然,即使序列迭代后收敛,错误的均值方程假设也会严重地影响估计的正确性。因此,在识别阶段运用 GARCH 模型应格外仔细。

在方差方程中添加解释变量

我们同样可以在 GARCH 模型的方差方程中添加解释变量,如：

$$h_t = \gamma_0 + \sum_{i=1}^{p} \delta_i h_{t-i} + \sum_{j=1}^{q} \gamma_j u_{t-j}^2 + \sum_{k=1}^{m} \mu_k X_k \qquad (14.34)$$

其中, x_k 是可以解释方差的一组变量。再次以 FTSE－100 回报率为对象,考察海湾战争(1994 年爆发)对 FTSE－100 波动的影响。在方程中加入 Gulf 的虚拟变量,1994 年取 1,其他时间取 0。在利用 EViews 估计 GARCH 时,除了可以输入均值方程以及方差方程的 q、p 阶数以外,还可以在方差回归量的方框中添加虚拟变量的名称。表 14.13 是 GARCH(1,1)模型在方差回归中添加虚拟变量后得到的结果。从表中可以看到,虚拟变量统计上不显著,因此拒绝海湾战争影响 FTSE－100 的假设。此外,我们在下一节中以一个添加虚拟变量与解释变量的例子,考察社会不稳定因素影响英国 GDP 的 GARCH 模型。

表 14.13　方差方程含一个解释变量的 GARCH(1,1)模型

Dependent variable: R_FTSE
Method: ML - ARCH
Date: 12/27/03　Time: 17:25
Sample: 1/01/1990　12/31/1999
Included observations: 2 610
Convergence achieved after 10 iterations

（续表）

	Coeffcient	Std. error	z-statistic	Prob.
C	0.000400	0.000160	2.503562	0.0123
R_FTSE(−1)	0.068514	0.021208	3.230557	0.0012
Variance equation				
C	2.22E−06	6.02E−07	3.687964	0.0002
ARCH(1)	0.083656	0.013516	6.189428	0.0000
GARCH(1)	0.891518	0.016476	54.110980	0.0000
GULF	−4.94E−07	5.96E−07	−0.829246	0.4070
R-squared	0.004964	Meandependent var		0.000391
Adjusted R-squared	0.003054	S. D. dependent var		0.009398
S. E. of regression	0.009384	Akaike info criterion		−6.644526
Sum squared resid	0.229291	Schwarz criterion		−6.631039
Log likelihood	8 677.107	F-statistic		2.598278
Durbin-Watson stat	1.989232	Prob(F-statistic)		0.023694

在 Stata 中估计 ARCH/GARCH 类型的模型

所有前述用 EViews 进行的分析都可以在 Stata 中通过以下命令执行。数据在文件 ARCH.dat 中给出。首先,获得 r_ftse 日时间序列对于相同序列的滞后项 r_ftse_{t-1} 回归的简单 OLS 估计结果,使用命令:

    regress r_ftse L.rftse

其中,L. 代表滞后算子。得到的结果与表 14.1 中的相同。

检验 ARCH 效应的命令为:

    estat archlm, lags(1)

结果与表 14.2 中报告的一样,这意味着序列中存在 ARCH 效应。为了检验更高阶的 ARCH 效应(表 14.3 中报告的是六阶),使用以下命令:

    astat archlm, lags(6)

估计 ARCH 模型的命令语句为:

    arch depvar indepvars , options

其中,将 depvar 替换为因变量的名称, indepvars 替换为想要包含在均值方程中的自变量的名称,逗号后面可以从选项中选择希望估计的 ARCH/GARCH 模型类型(也就是明确了方差方程)。由此对于 r_ftse 对 r_ftse_{t-1} 回归的简单 ARCH(1)模型,均值方程的命令为:

    arch r_ftse L.r_ftse , arch(1)

随后,获得该 ARCH(1)模型的 h_t 方差序列的命令为:

```
predict htgarch1 , variance
```

其中,*htgarch*1 是个变量名,帮助我们记忆这是来自 ARCH(1)模型的方差序列;读者也可以取任意名称,不影响其作用。输入以下命令:

```
tsline htgarch1
```

这给出方差序列的时距图。

接下来,ARCH(6)模型的命令为:

```
arch r_ftse L.r_ftse , arch(6)
predict htgarch6 , variance
tsline htgarch6
```

对于 ARCH-M(1)模型有:

```
arch r_ftse L.r_ftse , archm arch(1)
predict htgarchm1 , variance
tsline htgarchm1
```

对于 GARCH(1,1)模型有:

```
arch r_ftse L.r_ftse , arch(1) garch(1)
predict htgarch11 , variance
tsline htgarch11
```

对于更高阶的模型(如 GARCH(3,4)),只须改变括号中的值:

```
arch r_ftse L.rftse , arch(1/3) garch(1/4)
```

TGARCH(1,1,1)模型由以下命令给出:

```
arch r_ftse L.r_ftse , arch(1) garch(1) tarch(1)
```

最后,估计 EGARCH(1,1,1)模型:

```
arch r_ftse L.r_ftse , arch(1) garch(1) earch(1)
```

所有以上命令都留给读者作为练习。对于结果的分析和解释都与本章之前的一样。

在 Microfit 中估计 ARCH/GARCH 类型的模型

在 Microfit 中,除了 TGARCH 模型以外,所有 ARCH/GARCH 类型的模型都可以用 Microfit 自带菜单进行自动估计。数据在文件 ARCH.fit 中给出。首先点击 **Volatility** 进入波动性估计菜单。这个菜单和单方程菜单很相像,在这里定义想要估计的均值方程。在本例中,输入:

```
r_ftse c r_ftse(-1)
```

然后点击 **Run**,会跳出 **GARCH estimation** 菜单。该菜单提供一系列选项,对于每一次估计都需要从以下 6 个可选项中确定模型的形式。

GARCH
GARCH-M
AGARCH
AGARCH-M
EGARCH
EGARCH-M

除了第 3 和第 4 个绝对 GARCH 模型以外,其余模型都和本章之前论述的一样。于是,如果要估计 GARCH-M(1,1)模型,选中列表中的第 2 个选项,点击 **OK**。Microfit 要求指出基本分布并设为默认值,也就是 z 分布。点击 **OK** 后弹出新窗口,在其中设定 ARCH 模型和 GARCH 模型的阶数。先输入 GARCH 项的阶数,用";"分隔,再输入 ARCH 项的阶数。因此,对于 GARCH(1,1),输入:

1;1

最后,再次点击 **Run**,会出现新的窗口,在其中设定需要计入方差方程的额外变量的数量(本例中可以将其留空)。再一次点击 **Run** 之后,屏幕上会出现许多 Microfit 执行的迭代计算,之后就会得到结果。对于结果的分析和解释都与本章之前的一样。其余的 ARCH/GARCH 模型留给读者作为练习。

ARCH/GARCH 模型的实证举例

社会不稳定因素影响英国 GDP 的 GARCH 模型

Asteriou 和 Price(2001)利用 GARCH 模型研究了社会政治不稳定因素对英国 GDP 的影响。为了量化社会政治的不稳定性,他们根据英国 1960—1997 年的季度数据,构造了一个涵盖社会不安定因素的指数。这个指数主要由以下组成部分:*TERROR*,造成大规模动乱的恐怖袭击;*STRIKES*,政治原因导致的罢工;*ELECT*,选举的次数;*REGIME*,政府更换党派的虚拟变量;*FALKL* 虚拟变量,在福克兰群岛(阿根廷称马尔维纳斯群岛)战争(1982 年第一至第四季度)期间取 1,其余时间取 0;*GULF* 虚拟变量,在海湾战争(1991 年第一至第四季度)期间取 1,其余时间取 0。

GARCH 模型的结果

Asteriou 和 Price(2001)估计了下面的模型:

$$\Delta\ln(Y_t) = a_0 + a_{1i}\sum_{i=0}^{4}\Delta\ln(Y_{t-i}) + a_{2i}\sum_{i=0}^{4}\Delta\ln(I_{t-i}) + \sum_{j=1}^{6}d_j X_{jt} + u_t \quad (14.35)$$

$$u_t \sim N(0, h_t) \quad (14.36)$$

$$h_t = b_1 e_{t-1}^2 + b_2 h_{t-1} \quad (14.37)$$

GDP 增长率(记作 $\Delta\ln(Y_t)$)被假设为 AR(4) 过程,包括增长率、滞后四期的投资(记作 $\Delta\ln(I_t)$)以及政治不安定因素的代理变量(X_{jt}),并且方差取决于滞后一期的方差与残差平方项。

表 14.14 的模型 1 给出不包括政治虚拟变量的 GDP 增长 GARCH(1,1) 模型(先估计包含 4 个人均 GDP 滞后项与投资增长率滞后项的模型,然后为了满足简约性而逐个剔除不显著的回归量)。尽管 R^2 较低,但方差部分拟合得较好。

表 14.14 GDP 增长与政治不稳定因素代理变量的 GARCH 估计

Dependent variable: $\Delta\ln(Y_t)$; Sample: 1961q2 – 1997q4				
Parameter	1	2	3	4
Constant	0.003 (3.49)	0.005 (3.78)	0.004 (3.80)	0.006 (5.66)
$\Delta\ln(Y_{t-3})$	0.135 (1.36)	0.194 (1.99)	0.186 (1.87)	0.270 (3.42)
$\Delta\ln(Y_{t-4})$	0.131 (1.23)	0.129 (1.22)	0.122 (1.48)	0.131 (1.29)
$\Delta\ln(I_{t-2})$	0.180 (2.25)	0.132 (1.48)	0.162 (1.92)	
REGIME		−0.012 (−4.91)		−0.012 (−5.63)
TERROR		−0.004 (−2.72)		−0.005 (−2.66)
STRIKES		−0.011 (−2.58)		−0.015 (−3.44)
PC1			−0.005 (−4.33)	
PC2			−0.003 (−2.02)	
Variance equation				
Constant	0.00001 (1.83)	0.00001 (1.66)	0.000006 (1.16)	0.00006 (1.71)
ARCH(1)	0.387 (3.27)	0.314 (2.44)	0.491 (4.18)	0.491 (4.46)
GARCH(1)	0.485 (2.95)	0.543 (3.14)	0.566 (6.21)	0.566 (3.36)
R^2	0.006	0.099	0.030	0.104
S.E. of d.v.	0.010	0.010	0.010	0.010
S.E. of Reg.	0.010	0.010	0.010	0.010

接下来,Asteriou 和 Price 将方程(14.35)的政治虚拟变量加入模型中。所有进入方程的虚拟变量都预计为负,并且其中的三个通过了显著性检验。简约模型见表 14.14 中的模型 2,我们可以观察到,REGIME、TERROR 与 STRIKE 都显著为负。虽然方差方程的 R^2 很小,但较之前的模型已经有了一定的提高。

接下来,将 PC 代替政治因素变量(表 14.14 的模型 3),第 1 组与第 3 组变量的系数显著为负。

Asteriou 和 Price(2001)进一步估计剔除了投资项的模型,结果见表 14.14 的模型 4,政治因素仍然显示明显的负面影响。因此,政治不稳定因素似乎不是通过投资来影响经济增长的,并且政治不确定因素对投资水平的影响程度在这个模型中未能得到答案。

GARCH-M 模型的结果

Asteriou 和 Price(2001)认为,政治不稳定因素会影响不确定性进而影响增长,因此不确定性直接影响了经济增长。为了检验这个猜想,他们利用 GARCH-M 模型首先检验 GDP 中的不确定性(以 GARCH-M 模型的均值反映)是否影响 GDP 增长,然后检验政治不稳定因素(以方差方程中的政治虚拟变量与 PC 反映)是否影响 GDP 增长。

GARCH-M 模型的表达如下:

$$\Delta\ln(Y_t) = a_0 + \sum_{i=0}^{4} a_{1i}\Delta\ln(Y_{t-i}) + \sum_{i=0}^{4} a_{2i}\Delta\ln(I_{t-i}) + \gamma h_t + u_t \quad (14.38)$$

$$u_t \sim N(0, h_t) \quad (14.39)$$

$$h_t = b_1 u_{t-1}^2 + b_2 h_{t-1} + \sum_{i=1}^{6} b_{3i} X_{it} \quad (14.40)$$

GDP 增长率被假设为 AR 过程,包括投资增长率的 4 个滞后项与误差项的方差。方程(14.39)将 h_t 定义为方程(14.38)误差项的方差,方程(14.40)假设误差项的方差是滞后的方差、滞后的残差平方以及政治不稳定因素的代理变量 X_{it} 的函数。第一种假设成立的情况下有 γ 非零,第二种假设成立则要求政治不稳定因素代理变量的系数 b_{3i} 统计上显著为正。

表 14.15 给出了不包含政治不稳定因素代理变量的 GARCH-M(1,1) 的结果(见表 14.15 的模型 1)。我们看到,参数 (b_1, b_2) 十分显著,并且 γ 不显著,表明加入的均值是多余的,也就是说 GDP 的不确定性本身并不影响其增长;然而,模型中没有包括政治因素可能产生误导(这里的模型都满足简约性的结果)。

表 14.15 政治不确定因素代理变量的 GARCH-M(1,1) 估计

Parameter	1	2	3
\multicolumn{4}{c}{Dependent variable: $\Delta\ln(Y_t)$; Sample: 1961q2—1997q4}			
Constant	0.008 (2.67)	0.009 (4.22)	0.007 (4.33)
$\Delta\ln(Y_{t-3})$	0.154 (1.59)	0.175 (1.15)	0.161 (2.10)
$\Delta\ln(Y_{t-4})$	0.128 (1.24)	0.089 (0.81)	0.141 (1.84)
$\Delta\ln(Iv_{t-2})$	0.136 (1.69)	0.132 (1.33)	0.126 (1.84)
SQR(GARCH)	−0.498 (−1.40)	−0.674 (−3.07)	−0.444 (−2.42)
Variance equation			
Constant	0.00001 (1.68)	0.00005 (1.21)	0.000002 (0.80)
ARCH(1)	0.335 (3.07)	0.133 (1.33)	0.460 (4.05)
GARCH(1)	0.554 (3.53)	0.650 (4.00)	0.580 (6.64)
ELECT		0.007 (3.11)	
REGIME		0.006 (2.84)	
FAUKL		0.002 (5.11)	
STRIKES		0.066 (2.91)	
PC1			0.000047 (1.45)
PC2			0.000002 (0.09)
PC3			0.000031 (3.20)
R^2	0.054	0.053000	0.064000
S.E. of d.v.	0.010	0.010600	0.010600
S.E. of Reg.	0.010	0.010800	0.010700

将政治虚拟变量放入方差方程后,GARCH-M(1,1) 的结果如表 14.15 的模型 2 所示。Asteriou 和 Price 发现所有的政治不稳定因素变量(除 REGIME 以外)在方程中都符合符号为正的预期,表明政治的不确定性确实增加了 GDP 增长的方差。所有的变量

在统计上都通过了显著性检验。这个例子中的均值项十分显著地为负。另一种情况下,我们将 PC 代替政治不稳定因素的变量(见表 14.15 的模型 3)得到与前者类似的结果,除了第 5 个因素的系数显著为正以外。

Asteriou 和 Price 接下来估计了更一般的 GARCH-M(1,1) 模型,首先将政治虚拟变量和 PC 引入增长方程中,其次将两者同时引入增长与方差的方程中。

在前一种模型中,我们想要检验增长方程在加入虚拟变量后是否影响反映 GDP 不确定性的均值。结果见表 14.16,从虚拟变量与 PC 两类变量中看到,GDP 仅受政治不确定性的明确影响,说明决定增长的是政治因素而非 GARCH 过程(这里我们只给出包含政治虚拟变量的模型,没有给出包含 PC 的结果,如有需要可向作者索要)。

表 14.16 政治代理变量的 GARCH-M(1,1) 估计

Dependent variable: $\Delta\ln(Y_t)$; Sample: 1961q2—1997q4			
Parameter	Estimate	Std. error	t-statistic
Constant	0.009	0.003	2.964
$\Delta\ln(Y_{t-3})$	0.206	0.093	2.203
$\Delta\ln(Y_{t-4})$	0.123	0.102	1.213
$\Delta\ln(I_{t-4})$	0.109	0.088	1.241
SQR(GARCH)	−0.447	0.365	−1.304
REGIME	−0.012	0.002	−5.084
TERROR	−0.005	0.001	−3.018
STRIKES	−0.012	0.004	−2.753
Variance equation			
Constant	0.000010	0.000008	1.648
ARCH(1)	0.285000	0.120000	2.380
GARCH(1)	0.575000	0.161000	3.553
R^2	0.124000		
S. E. of d. v.	0.010600		
S. E. of Reg.	0.010300		

最后,我们假设政治不确定性同时影响 GDP 增长的不确定性与方差。Asteriou 和 Price 得到的结果见表 14.17。在方差方程中加入政治虚拟变量后,模型表现得更好(政治虚拟变量显著地改变了 GDP 的方差),但对 GDP 增长率的影响只来自增长方程中的政治不稳定因素代理变量,而均值一项为负且不显著。

表 14.17 政治代理变量的 GARCH-M(1,1) 估计

Dependent variable: $\Delta\ln(Y_t)$; Sample: 1961q2—1997q4			
Parameter	Estimate	Std. error	t-statistic
Constant	0.005	0.001	3.611
$\Delta\ln(Y_{t-3})$	0.172	0.095	1.799
$\Delta\ln(Y_{t-4})$	0.123	0.090	1.353
$\Delta\ln(I_{t-4})$	0.181	0.089	2.023
SQR(GARCH)	−0.169	0.254	−0.667

(续表)

Parameter	Estimate	Std. error	t-statistic
REGIME	−0.013	0.006	−1.925
GULF	−0.007	0.003	−1.899
STRIKES	−0.020	0.006	−3.356
Variance equation			
Constant	0.000020	0.000010	2.013
ARCH(1)	0.265000	0.126000	2.091
GARCH(1)	0.527000	0.171000	3.076
ELECT	0.000040	0.000010	2.608
REGIME	0.000100	0.000100	1.131
FALKL	0.000020	0.000020	1.326
R^2	0.141000		
S. E. of d. v.	0.010600		
S. E. of Reg.	0.010300		

Asteriou 和 Price(2001)最终得到的结论是,政治的不稳定性存在两种效应。在一些估计方法下表现出影响 GDP 增长的方差,而在另一些估计方法下则影响 GDP 增长率。不稳定性不是通过增长的条件方差产生影响,而是对增长本身有着直接的影响。

问题与练习

问题

1. 解释 ARCH 和 GARCH 模型异方差的形式。
2. 如何在简单 OLS 估计框架下检验 ARCH(q)效应的存在性?
3. 如何检验 ARCH 与 GARCH 效应的存在性?
4. 解释"GARCH(1,1)是无限 ARCH(q)过程的简约过程",并用数学方法证明。
5. 解释不对称性的含义,并指出 GARCH 模型是如何表达这种效应的。
6. 为什么在估计 ARCH/GARCH 模型时应格外仔细?
7. 写出 GARCH-M(p,q)模型并解释其背后的经济学直觉。
8. 阐述 TGARCH 模型中的虚拟变量效应。解释它进入方差方程的几种形式及其背后的原理。

练习 14.1

文件 arch. wf1 包含 FTSE −100(文件中的 r_ftse)回报率对数的日数据以及 3 只英国证券市场上的股票(文件中的 r_stock1、r_stock2 和 r_stock3)。对每只股票序列进行下列操作:

(a)估计 AR(1)至 AR(15),检验估计系数的显著性与联合显著性。

(b)比较上述模型的 AIC 与 SBC,并结合系数的显著性确定最恰当的模型。

(c)用 OLS 方法定义重新检验 ARCH(p)效应(选择 p 的几个备选值)。

(d)对于定义良好的均值方程,估计 ARCH(p)模型并将其与 OLS 的结果作比较。

(e)得到条件方差与条件标准差序列,将其命名为我们所估计的方程(例如,将 ARCH(6)过程的条件标准差命名为 SD_ARCH6)。

(f)估计 GARCH(q,p)模型,得到条件方差与标准差序列(同样重新命名),将它们与前面得到的序列画在一张图中加以观察。你得到什么结论?

(g)估计 TGARCH(q,p)模型并检验 TGARCH 系数的显著性。是否存在系统性效应呢?

(h)估计 EGARCH(q,p)模型。它怎样影响你的结果?

(i)将所有的模型归纳在一张表中,并对结果加以讨论。

练习 14.2

如果你在一家金融机构工作,老板要求你改善公司的风险管理方法。针对 FTSE - 100 指数,他特别提出使用 ARCH(1)过程估计,而你却认为 GARCH(1,1)过程更适合。

(a)解释为什么 GARCH(1,1)过程比 ARCH(1)过程能更好地拟合 FTSE - 100 指数。(提示:需要借助证券指数的一些特征。)

(b)用数学方法证明你的观点。(提示:需要用到 ARCH(q)过程。)

(c)估计这两个模型并解释以说服上司。考察标准差与条件方差序列。(提示:解释迭代的次数以及相关计算的效率。)

第15章 向量自回归模型与因果检验

本章内容

向量自回归模型

因果检验

计算机实例：金融发展与经济增长的因果关系

EViews、Stata 和 Microfit 中的 VAR 模型估计和因果检验

学习目标

1. 区分单变量和多变量时间序列模型
2. 理解 VAR 模型及其优点
3. 掌握因果检验的概念及其在经济学应用中的重要性
4. 运用 Granger 因果检验
5. 运用 Sims 因果检验
6. 利用计量经济学软件估计 VAR 模型，进行 Granger 因果检验和 Sims 因果检验

向量自回归模型

在许多经济学模型中，一些变量不仅能够解释因变量，还能被它们决定。在这些情况下，我们需要联立方程组，并事先申明哪些是内生变量哪些是外生变量。

但这种方法遭到 Sims(1980) 的质疑。Sims(1980) 认为，假如在变量间存在共同的作用关系，那么这些变量应该采用相同的方法进行处理；或者说，应该不区别内生变量与外生变量，将所有变量视作内生的。因此，每个方程都拥有相同的回归量，这就是本章要介绍的向量自回归(VAR)模型。

VAR 模型

当我们确信一个变量是外生时,可以将其对称地加以处理。例如,时间序列 y_t 既受 x_t 当前值与过去值的影响,同时还受 y_t 过去值的影响,有下列两变量模型:

$$y_t = \beta_{10} - \beta_{12}x_t + \gamma_{11}y_{t-1} + \gamma_{12}x_{t-1} + u_{yt} \tag{15.1}$$

$$x_t = \beta_{20} - \beta_{21}y_t + \gamma_{21}y_{t-1} + \gamma_{22}x_{t-1} + u_{xt} \tag{15.2}$$

假设 y_t 与 x_t 都是平稳的序列,且 u_{yt} 与 u_{xt} 是不相关的白噪声误差项。方程(15.1)与方程(15.2)构成一阶 VAR 模型,最长的滞后期数为一单位。在上述方程中, y_t 对 x_t 产生影响(通过 $-\beta_{21}$),同时 x_t 反作用于 y_t (通过 $-\beta_{12}$)。将系统写成下列矩阵的形式:

$$\begin{bmatrix} 1 & \beta_{12} \\ \beta_{21} & 1 \end{bmatrix} \begin{bmatrix} y_t \\ x_t \end{bmatrix} = \begin{bmatrix} \beta_{10} \\ \beta_{20} \end{bmatrix} + \begin{bmatrix} \gamma_{11} & \gamma_{12} \\ \gamma_{21} & \gamma_{22} \end{bmatrix} \begin{bmatrix} y_{t-1} \\ x_{t-1} \end{bmatrix} + \begin{bmatrix} u_{yt} \\ u_{xt} \end{bmatrix} \tag{15.3}$$

或者

$$\mathbf{B}\mathbf{z}_t = \mathbf{\Gamma}_0 + \mathbf{\Gamma}_1 \mathbf{z}_{t-1} + \mathbf{u}_t \tag{15.4}$$

其中,

$$\mathbf{B} = \begin{bmatrix} 1 & \beta_{12} \\ \beta_{21} & 1 \end{bmatrix}, \quad \mathbf{z}_t = \begin{bmatrix} y_t \\ x_t \end{bmatrix}, \quad \mathbf{\Gamma}_0 = \begin{bmatrix} \beta_{10} \\ \beta_{20} \end{bmatrix}$$

$$\mathbf{\Gamma}_1 = \begin{bmatrix} \gamma_{11} & \gamma_{12} \\ \gamma_{21} & \gamma_{22} \end{bmatrix}, \quad \mathbf{u}_t = \begin{bmatrix} u_{yt} \\ u_{xt} \end{bmatrix}$$

等式两边同乘以 $\mathbf{B}^{-1}$,得到:

$$\mathbf{z}_t = \mathbf{A}_0 + \mathbf{A}_1 \mathbf{z}_{t-1} + \mathbf{e}_t \tag{15.5}$$

其中, $\mathbf{A}_0 = \mathbf{B}^{-1}\mathbf{\Gamma}_0$, $\mathbf{A}_1 = \mathbf{B}^{-1}\mathbf{\Gamma}_1$ 并且 $\mathbf{e}_t = \mathbf{B}^{-1}\mathbf{u}_t$。

我们将 a_{i0} 定义为 $\mathbf{A}_0$ 的第 i 个元素, a_{ij} 表示矩阵 $\mathbf{A}_1$ 第 i 行的第 j 个元素, e_{it} 表示向量 $\mathbf{e}_t$ 的第 i 个元素。VAR 模型可以重新写为:

$$y_t = a_{10} + a_{11}y_{t-1} + a_{12}x_{t-1} + e_{1t} \tag{15.6}$$

$$x_t = a_{20} + a_{21}y_{t-1} + a_{22}x_{t-1} + e_{2t} \tag{15.7}$$

为了将上面的式子与原始的 VAR 模型加以区别,我们将式(15.3)称为结构或原始 VAR 系统,将式(15.6)和式(15.7)称为 VAR 的标准(简化)形式。注意,新的误差项 e_{1t} 与 e_{2t} 是由两个冲击 u_{yt} 和 u_{xt} 组成。由 $\mathbf{e}_t = \mathbf{B}^{-1}\mathbf{u}_t$,我们可以得到 e_{1t} 和 e_{2t}:

$$e_{1t} = (u_{yt} + \beta_{12}u_{xt})/(1 - \beta_{12}\beta_{21}) \tag{15.8}$$

$$e_{2t} = (u_{xt} + \beta_{21}u_{yt})/(1 - \beta_{12}\beta_{21}) \tag{15.9}$$

由于 u_{yt} 和 u_{xt} 是白噪声过程,因此 e_{1t} 与 e_{2t} 也满足白噪声过程。

VAR 模型的优势与不足

VAR 模型具有一些良好的性质。首先,计量工作者不需要区分外生变量与内生变量;其次,估计方法非常简单,只要对每个方程运用一般的 OLS 估计即可;最后,VAR 模型的预测结果在绝大多数的情况下都优于更为复杂的联立方程组模型（Mahmoud，1984；McNees，1986）。

但 VAR 模型也受到质疑。第一，因为 VAR 模型没有任何经济理论作为基础，所以常被认为是缺乏理论支撑的。由于参数没有被施加任何约束条件，因此可以说"任一事件都是另一事件的成因"。统计上，我们可以根据显著性结果剔除某些系数，使模型能够与其理论相吻合。在下一节中介绍的因果检验将能帮助我们做更好的判断。

第二，自由度发生损失。假设 VAR 模型中有 3 个变量，并且在每个方程中包含每个变量的 12 阶滞后项，这将导致总共 36 个参数（包括常数项）。若样本容量不能保证足够大，会产生参数消耗过多自由度的问题，进而导致错误的估计。

第三，由 VAR 模型得到的参数因为缺少理论基础，很难加以解释。VAR 模型的支持者为此提出脉冲响应函数理论，检验 VAR 误差项的冲击对因变量的影响。如何定义这里的冲击呢？普遍的做法是将式（15.1）或式（15.2）中的误差项视作结构模型中的冲击；但实际上，我们只能观察到式（15.6）与式（15.7）中简化了的误差项，它们是由一系列的结构误差构成。我们将解出结构误差的过程称为识别过程（不同于之前的 Box-Jenkins 识别）。识别的方法多种多样，我们不做过多的介绍，只强调一点——并不存在客观的区别不同方法的统计变量。

因果检验

VAR 模型的优势之一是可以检验出因果关系的方向。计量中的因果关系与日常提到的概念有些微的差别，是指一个变量预测（即导致）另一个变量的能力。假设两变量 y_t 与 x_t 互相间存在影响，可以用 VAR 模型表示两者可能存在的以下关系：（a）y_t 造成 x_t；（b）x_t 造成 y_t；（c）存在双向的反馈效应（变量间存在因果关系）；（d）两变量相互独立。我们要寻找一种可以检验两者因果关系的方法。

Granger（1969）提出一种简单的检验方法：相比不使用 y_t 过去值作为解释变量的情况，如果将 y_t 的过去值作为解释变量（其他项保持不变），可以更好地预测 x_t，则称 y_t 是 x_t 的 Granger 原因。

下一节将介绍 Granger 因果检验以及 Sims（1972）的另一种因果检验方法。

Granger 因果检验

对于平稳变量 y_t 与 x_t，Granger 因果检验的第一步是估计下面的 VAR 模型：

$$y_t = a_1 + \sum_{i=1}^{n} \beta_i x_{t-i} + \sum_{j=1}^{m} \gamma_j y_{t-j} + e_{1t} \tag{15.10}$$

$$x_t = a_2 + \sum_{i=1}^{n} \theta_i x_{t-i} + \sum_{j=1}^{m} \delta_j y_{t-j} + e_{2t} \tag{15.11}$$

假设 ε_{yt} 与 ε_{xt} 是不相关的白噪声误差项,则可能存在以下几种情况:

情况 1 方程(15.10)中的 x 滞后项在统计意义上显著异于零,以及方程(15.11)中的 y 滞后项在统计上不等于零的说法并不成立。在这种情况下,我们可以说 x_t 导致 y_t。

情况 2 方程(15.11)中的 y 滞后项在统计上不等于零,而方程(15.10)中的 x 滞后项在统计上不等于零不成立。这样我们可以说 y_t 导致 x_t。

情况 3 方程(15.10)与方程(15.11)中 x 与 y 的滞后项在统计上都不等于零,说明存在两者双向影响的因果关系。

情况 4 方程(15.10)与方程(15.11)中 x 与 y 的滞后项在统计上都不等于零的说法不成立,说明两者相互独立。

Granger 因果检验包括以下步骤:首先根据方程(15.10)与方程(15.11)估计 VAR 模型;然后检验系数的显著性,先后在方程(15.10)的 x 滞后项与方程(15.11)的 y 滞后项中进行变量剔除检验;最后根据剔除检验的结果得到上述四种情况中的一种因果关系。

对于其中的某个方程(我们将检验方程(15.10),方程(15.11)可用相同的方法得出),进行下面的操作:

步骤 1 以 y_t 对 y 的滞后项进行回归:

$$y_t = a_1 + \sum_{j=1}^{m} \gamma_j y_{t-j} + e_{1t} \tag{15.12}$$

得到回归的 RSS(有约束条件),将其记为 RSS_R。

步骤 2 以 y_t 对 y 的滞后项及 x 的滞后项进行回归:

$$y_t = a_1 + \sum_{i=1}^{n} \beta_i x_{t-i} + \sum_{j=1}^{m} \gamma_j y_{t-j} + e_{1t} \tag{15.13}$$

得到回归的 RSS(无约束条件),记为 RSS_U。

步骤 3 原假设与备择假设:

$$H_0: \sum_{i=1}^{n} \beta_i = 0 \quad \text{或者说 } x_t \text{ 并不导致 } y_t$$

$$H_1: \sum_{i=1}^{n} \beta_i \neq 0 \quad \text{或者说 } x_t \text{ 导致 } y_t$$

步骤 4 计算约束条件 Wald 检验的 F 统计量:

$$F = \frac{(RSS_R - RSS_U)/m}{RSS_U/(n-k)}$$

上式满足 $F_{m,n-k}$ 分布,其中 $k = m + n + 1$。

步骤 5 若计算得到的 F 统计量大于 F 临界值,则拒绝原假设(即 x_t 导致 y_t 的发生)。

Sims 因果检验

Sims(1980)基于在任何的因果关系下未来都不可能影响现在的事实上,提出另一种检验因果关系的方法。假设我们想要检验是否变量 y_t 导致 x_t,先检验下面的 VAR

模型：

$$y_t = a_1 + \sum_{i=1}^{n} \beta_i x_{t-i} + \sum_{j=1}^{m} \gamma_j y_{t-j} + \sum_{\rho=1}^{k} \zeta_\rho x_{t+\rho} + e_{1t} \qquad (15.14)$$

$$x_t = a_2 + \sum_{i=1}^{n} \theta_i x_{t-i} + \sum_{j=1}^{m} \delta_j y_{t-j} + \sum_{\rho=1}^{k} \xi_\rho y_{t+\rho} + e_{2t} \qquad (15.15)$$

这种方法除了加入 x 与 y 的滞后项外,还在第一个方程中加入 x 的超前值(同样,在第二个方程中加入 y 的超前值)。

对于第一个方程,如果 y_t 导致 x_t,那么在 y 与 x 的超前值之间一定存在某些关系。因此,我们以检验 $\sum_{\rho=1}^{k} \zeta_\rho = 0$ 代替检验 x_t 的滞后项。如果我们拒绝这个约束条件,就可以得出因果关系的方向是从 y_t 至 x_t,因为当前的事件不可能由未来导致。

我们先检验一个不含超前值(即有约束的情形下)的模型,接着检验方程(15.14)(无约束模型),最后得到和 Granger 检验一样的 F 值。

上述两种检验方法被大多数研究者同时使用,但 Sims 检验用到更多的回归量(加入了超前值),从而消耗了较多的自由度。

计算机实例:金融发展与经济增长的因果关系

现在我们想要检验英国金融市场与证券市场的发展对经济增长的影响(这一节的内容以 Asteriou 和 Price(2000a)的研究为基础,很多学者对两者的关系进行了深入的研究,参见 Gurley 和 Shaw(1995)、Goldsmith(1969)等)。然而,金融市场(特别是证券市场)对经济增长的作用尚不是很明确。有些学者认为金融系统能够调动储蓄、配置资本,有助公司治理以及风险控制,而另一些学者则认为上述的金融运行对经济增长毫无贡献。我们将利用 Granger 因果检验回答该问题。

根据标准的实证方法(Roubini 和 Sala-i-Martin,1992;King 和 Levine,1993a,b),我们采取真实人均 GDP 作为度量经济增长的指标。

现有文献都采用 M2 与名义 GDP(或 GNP)的比值反映金融发展。这个比值相比金融深化,更能反映货币化的程度,因此该指标的上升可能由货币化加速而非金融中介发展导致。另一种做法是扣除 M2 中的流通货币,或者使用国内银行的信贷额与名义 GDP 的比值。我们在分析中基于两种不同的货币定义,同时使用上述两种度量金融发展的指标。第一个为流通比,以流通货币与狭义货币(M0,流通货币与储蓄的总和)的比值表示。第二个为货币化的比值,以广义货币(M4)与名义 GDP 的比值,是流通速率的反比。第一个变量度量金融市场的复杂程度;流通比的下降将伴随着经济体的实际增长,特别是早期阶段存在多样化的金融资产、负债并且许多交易以非流通货币的方式进行。货币化的变量能够反映金融部门的实际规模。如果金融部门的发展速度高于(低于)实际生产部门,该比值将相应地上升(下降)。

第三种度量金融发展的方法直接反映金融中介的活跃程度,以银行对私人部门的赔付额与名义 GDP 的比值(赔付率)表示。根据 McKinnon/Shaw 的模型,私人部门的贷款直接导致投资的数量与质量,反过来可以影响真实人均 GDP,促进经济增长(Demetriades 和 Hussein,1996)。

为了检验经济增长与证券市场的关系,首先建立一个反映证券市场发展程度的指标。一个重要的方面是证券市场的流动性(Bencivenga,Smith 和 Starr,1996;Holmstrom 和 Tirole,1993),可用两种方法计算:一是计算资本市场的总交易额与名义 GDP 的比值;二是计算"周转率",即资本市场的交易总额与市场资本化的比值,其中市场资本化为资本市场中上市股票的总价值。

最后,我们需要搜集劳动力与资本存量的数据以得到 Cobb-Douglas 生产函数中的资本/劳动比。由于英国的资本存量都是年度数据,因此我们假设资本每年的固定折旧率为 δ,并以 1970 年第一季度资本存量作为初始值,利用固定资本形成的季度数据加以计算得到资本存量的季度时间序列。

我们采用的样本是英国 1970 年第一季度至 1997 年第一季度的季度数据,但周转率是 1983 年第一季度至 1997 年第一季度。数据来自英国国民收入与支出账户。

传统的 Granger 因果检验中的原假设是,x_t 不能导致 y_t,回归下面两个方程:

$$y_t = \sum_{i=1}^{m} a_i y_{t-i} + \sum_{j=1}^{n} b_j x_{t-j} + e_t \tag{15.16}$$

$$y = \sum_{i=1}^{m} a_i y_{t-i} + e_t \tag{15.17}$$

并对每个 i 检验 $b_i = 0$。

识别因果方向的检验更为复杂,因为宏观时间序列变量都存在单位根的问题。在这个例子中,若证明了协整的存在性,就将其重新写成 ECM 的等价形式,这样更加便于处理(Hendry 等,1984;Hohansen,1988):

$$\Delta y_t = \alpha_0 + \alpha_{1i} \sum_{i}^{m} \Delta x_{t-i} + \alpha_{2k} \sum_{k}^{n} \Delta z_{t-k} + \alpha_3 v_{t-1} + u_t \tag{15.18}$$

其中,$v_{t-1} = y_{t-1} - \alpha_1 x_{t-1} - \alpha_2 z_{t-1}$ 是协整方程的残差。

在给定 z 的情况下,x 不是 y 的 Granger 原因所表示的原假设为 H_0($\alpha_1 = \alpha_3 = 0$)。这说明存在两种导致 y 的原因,即 Δx 的滞后项或者协整向量的滞后项,但后者并不能由标准 Granger 因果检验得出。其中任意一个因素影响 y,都可以拒绝原假设(即参数不等于零)。我们应采用标准的 F 检验方法。根据 Granger 和 Lin(1995),在传统的 Granger 因果检验中,除非两序列协整,否则两个单整序列在长期并不能相互影响。因此,当变量被证明为协整时,就可以采取 VECM 检验其因果性。因果检验的结果见表 15.1。

表 15.1 长期 Granger 因果检验

Model: $\Delta y_t = \alpha_0 + a_{1i} \sum_{i}^{m} \Delta x_{t-i} + \alpha_{2k} \sum_{k}^{n} \Delta z_{t-k} + \alpha_3 v_{t-1} + u_t$

where y = (GDP per capita); x = (turnover, monetization); z = (K/L ratio)

（续表）

x-variable		F-statistic	Lags	Causality relationship
turnover (ΔT)	$a_3 = 0$	$F(1, 71) = 20.26^*$	1	$cv_{t-1} \to \Delta Y$
	$a_{2k} = 0$	$F(1, 71) = 3.73^*$	1	$\Delta T \to \Delta Y$
monetization (ΔM)	$a_3 = 0$	$F(1, 74) = 23.60^*$	6	$cv_{t-1} \to \Delta Y$
	$a_{2k} = 0$	$F(6, 74) = 7.30^*$	6	$\Delta M \to \Delta Y$

Model: $\Delta y_t = \alpha_0 + \alpha_1 i \sum_i^m \Delta x_{t-i} + \alpha_{2k} \sum_k^n \Delta z_{t-k} + \alpha_3 v_{t-1} + u_t$

where $y = $ (turnover, monetization); $x = $ (GDP per capita); $z = $ (K/L ratio)

y-variable		F-statistic	Lags	Causality relationship
turnover (ΔT)	$a_3 = 0$	$F(1, 71) = 5.88^*$	1	$cv_{t-1} \to \Delta Y$
	$a_{2k} = 0$	$F(1, 71) = 1.07$	1	$\Delta T -\!/\!\to \Delta Y$
monetization (ΔM)	$a_3 = 0$	$F(1, 74) = 12.81^*$	6	$cv_{t-1} \to \Delta Y$
	$a_{2k} = 0$	$F(6, 74) = 0.836$	6	$\Delta M -\!/\!\to \Delta Y$

注：*表示拒绝无因果性的原假设。

长期的因果性仅存在于协整向量的系数统计上显著异于零时（Granger 和 Lin，1995）。我们针对协整向量、金融代理变量的滞后项以及 VECM 人均 GDP，分别采取变量剔除（F-type）的检验；反之亦然（即各自检验供给—超前与需求—滞后的假说）。表 15.1 的结果表明，支持供给—超前的假说。在两种情况下（周转率与货币化比率），因果方向都是由金融代理变量导致人均 GDP，而相反的假说——人均 GDP 导致金融市场的发展——被拒绝。同时注意，在两种情况下，协整向量的系数都非常显著，F 检验拒绝系数等于零的假设，说明在长期存在双向影响的因果关系。

EViews、Stata 和 Microfit 中的 VAR 模型估计和因果检验

EViews 中的 VAR 模型估计

在 EViews 中，使用 **Quick\Estimate VAR** 估计 VAR 模型，在弹出的新窗口中将模型具体化。首先，定义不受约束的 VAR 模型（默认情况，不做任何更改，即选择不受约束的 VAR 模型）或者协整的 VAR 模型（这将在第 17 章进行讨论）。然后，在方框中键入 VAR 模型的内生变量的名称；输入起始和终止的数字来定义时滞的长度（默认为 12）；若有需要，再输入外生变量（注意常数项已经包含在外生变量列表中）。

例如，使用文件 VAR.wf1 中的数据。若定义变量序列 r_ftse、r_stock1、r_stock2 和 r_stock3 为内生变量，估计二阶之后的 VAR 模型，可得到表 15.2 的结果。EViews 可以快速计算出 VAR 模型中所有序列的 Granger 因果检验。

表 15.2　VAR 模型结果

Vector autoregression estimates
Date：04/21/10 Time：13：54
Sample：1/01/1990 – 12/31/1999
Included observations：2 610
Standard errors in ( ) & t-statistics in [ ]

（续表）

	R_FTSE	R_STOCK1	R_STOCK2	R_STOCK3
R_FTSE(−1)	0.073909	0.026654	0.052065	0.061738
	(0.019590)	(0.031750)	(0.033660)	(0.038200)
	[3.773690]	[0.839390]	[1.546820]	[1.616340]
R_FTSE(−2)	−0.043335	−0.019181	−0.055069	−0.005584
	(0.019590)	(0.031760)	(0.033670)	(0.038210)
	[−2.212130]	[−0.603910]	[−1.635670]	[−0.146150]
R_STOCK1(−1)	0.002804	0.036453	0.000610	0.022188
	(0.012890)	(0.020910)	(0.022160)	(0.025150)
	[0.217480]	[1.743740]	[0.027510]	[0.882340]
R_STOCK1(−2)	−0.026765	−0.028422	0.056227	0.009408
	(0.012900)	(0.020910)	(0.022160)	(0.025150)
	[−2.075440]	[−1.359360]	[2.536910]	[0.374040]
R_STOCK2(−1)	0.003126	0.022653	0.001967	−0.030041
	(0.012250)	(0.019860)	(0.021060)	(0.023900)
	[0.255140]	[1.140340]	[0.093440]	[−1.257190]
R_STOCK2(−2)	0.008136	0.035131	−0.015181	−0.006935
	(0.012260)	(0.019880)	(0.021080)	(0.023920)
	[0.663440]	[1.766910]	[−0.720310]	[−0.289980]
R_STOCK3(−1)	0.004981	0.009964	0.031874	0.145937
	(0.010880)	(0.017630)	(0.018690)	(0.021210)
	[0.457990]	[0.565030]	[1.705190]	[6.879940]
R_STOCK3(−2)	0.012926	−0.021913	−0.073698	−0.071633
	(0.010870)	(0.017620)	(0.018680)	(0.021200)
	[1.189310]	[−1.243560]	[−3.945440]	[−3.379440]
C	0.000368	3.46E−05	0.000172	0.000504
	(0.000180)	(0.000300)	(0.000320)	(0.000360)
	[1.999180]	[0.116020]	[0.545200]	[1.405630]
R-squared	0.009126	0.005269	0.010114	0.024353
Adj. R-squared	0.006078	0.002209	0.007069	0.021352
Sum sq. resids	0.228332	0.600202	0.674418	0.868468
S. E. equation	0.009369	0.015191	0.016103	0.018273
F-statistic	2.994316	1.722159	3.321798	8.115318
Log likelihood	8 490.567	7 229.332	7 077.190	6 747.180
Akaike AIC	−6.499285	−5.532821	−5.416238	−5.163356
Schwarz SC	−6.479054	−5.512590	−5.396006	−5.143125
Mean dependent	0.000391	3.99E−05	0.000148	0.000565
S. D. dependent	0.009398	0.015208	0.016160	0.018471
Determinant resid covariance (dof adj.)	1.38E−15			
Determinant resid covariance	1.36E−15			
Log likelihood	29 857.440000			
Akaike information criterion	−22.851680			
Schwarz criterion	−22.770750			

从 VAR 窗口中选择 **View/Lag Structure/Granger Causality-Block Exogeneity Tests**。该 Granger 因果检验的结果如表 15.3 所示,表中给出 VAR 模型中每个方程的 Granger 因果检验。首先是依次排除一个滞后回归项,然后排除所有滞后项。EViews 同样能快速地计算出不同的成对变量之间的 Granger 因果检验。这个检验和前述的不同,它假设只有被检验的两个自变量是内生的。进行成对变量的 Granger 因果检验,选择 **Quick/Group Statistics/Granger Causality Test**,在弹出的窗口中定义被检验的变量(同样使用 r_ftse、r_stock1、r_stock2 和 r_stock3)及滞后阶数(默认为 2)。点击 **OK** 后得到,见表 15.4 的结果。表中报告了所有成对变量的原假设、F 统计量和概率极限。从概率极限可以看出,在 95% 置信水平上,唯一能拒绝原假设(概率 < 0.05)的是 "r_stock3 并不导致 r_stock2",结论为 r_stock2 确实是 r_stock3 的 Granger 原因;而在其他情况下,不能拒绝原假设。

表 15.3　VAR 模型的 Granger 因果检验

VAR Granger causality/block exogeneity wald tests
Date: 04/21/10　Time: 14:54
Sample: 1/01/1990—12/31/1999
Included observations: 2 610

Dependent variable: R_FTSE			
Excluded	Chi-sq	df	Prob.
R_STOCK1	4.330362	2	0.1147
R_STOCK2	0.506590	2	0.7762
R_STOCK3	1.792883	2	0.4080
All	5.798882	6	0.4461
Dependent variable: R_STOCK1			
Excluded	Chi-sq	df	Prob.
R_FTSE	1.002366	2	0.6058
R_STOCK2	4.438242	2	0.1087
R_STOCK3	1.713987	2	0.4244
All	6.547766	6	0.3647
Dependent variable: R_STOCK2			
Excluded	Chi-sq	df	Prob.
R_FTSE	4.732726	2	0.0938
R_STOCK1	6.447668	2	0.0398
R_STOCK3	17.031700	2	0.0002
All	24.440920	6	0.0004
Dependent variable: R_STOCK3			
Excluded	Chi-sq	df	Prob.
R_FTSE	2.613544	2	0.2707
R_STOCK1	0.940452	2	0.6249
R_STOCK2	1.667499	2	0.4344
All	4.908218	6	0.5556

表 15.4　EViews 的成对 Granger 因果检验

Pairwise Granger causality tests
Date：*04/21/10 Time*：*13*：*56*
Sample：*1/01/1990 – 12/31/1999*
Lags：*2*

Null hypothesis：	Obs	F-statistic	Prob.
R_STOCK1 does not Granger Cause R_FTSE	2 610	1.39644	0.2477
R_FTSE does not Granger Cause R_STOCK1		0.44484	0.6410
R_STOCK2 does not Granger Cause R_FTSE	2 610	0.28495	0.7521
R_FTSE does not Granger Cause R_STOCK2		2.03291	0.1312
R_STOCK3 does not Granger Cause R_FTSE	2 610	0.65007	0.5221
R_FTSE does not Granger Cause R_STOCK3		1.35525	0.2581
R_STOCK2 does not Granger Cause R_STOCK1	2 610	1.95921	0.1412
R_STOCK1 does not Granger Cause R_STOCK2		1.63311	0.1955
R_STOCK3 does not Granger Cause R_STOCK1	2 610	0.55979	0.5714
R_STOCK1 does not Granger Cause R_STOCK3		0.28489	0.7521
R_STOCK3 does not Granger Cause R_STOCK2	2 610	6.66531	0.0013
R_STOCK2 does not Granger Cause R_STOCK3		0.64888	0.5227

Stata 中的 VAR 模型估计

在 Stata 中，估计 VAR 模型的命令为：

```
varbasic endvariables , lags(#/#)
```

其中，*endvariables* 就是模型中内生变量的名称，lags 之后的括号中定义起始和终止的滞后数字。例如，使用文件 VAR.dta 中的数据，我们可以使用下列命令估计 *r_ftse*、*r_stock*1、*r_stock*2 和 *r_stock*3 的二阶 VAR 模型：

```
varbasic r_ftse, r_stock1, r_stock2 r_stock3 , lags(1/2)
```

结果如表 15.5 所示。为了进行 Granger 因果检验，在估计 VAR 模型之后输入：

```
vargranger
```

需要注意的是，该命令必须在得到 VAR 模型结果之后立即执行，以便让 Stata 知道在检验哪一个 VAR 模型。结果如表 15.6 所示，与表 15.3 中的相似。如果想要获得成对变量的检验结果，首先要估计每一个对应的 VAR 模型，随后进行 Granger 因果检验。因此，对 *r_stock*1 和 *r_stock*2 进行成对的 Granger 因果检验的命令为：

```
var r_stock1 r_stock2 , lags(1/2)
vargranger
```

其余情况留给读者作为练习。

表 15.5 Stata 的 VAR 模型结果

Vector autoregression					
Sample: 03jan1990 – 22feb1997			No. of obs =		2 608
Log likelihood = 29831.28			AIC =		-22.84914
FPE = 1.40e-15			HQIC =		-22.81980
Det(sigma_ml) = 1.36e-15			SBIC =		-22.76816
Equation	parms	RMSE	R-sq	chi2	P > chi2
r_ftse	9	0.009373	0.0091	23.97894	0.0023
r_stock1	9	0.015196	0.0053	13.86606	0.0853
r_stock2	9	0.016105	0.0101	26.72685	0.0008
r_stock3	9	0.018280	0.0244	65.13587	0.0000
	Coef.	Std. err.	z	P > |z|	[95% conf. interval]
r_ftse					
r_ftse					
L1.	0.0738846	0.0195608	3.78	0.000	0.0355461 0.1122230
L2.	0.0432814	0.0195748	-2.21	0.027	-0.0816474 -0.0049154
r_stock1					
L1.	0.0027893	0.0128777	0.22	0.829	-0.0224505 0.0280290
L2.	-0.0267589	0.0128802	-2.08	0.038	-0.0520036 -0.0015143
r_stock2					
L1.	0.0031296	0.0122359	0.26	0.798	-0.0208523 0.0271115
L2.	0.0081335	0.0122470	0.66	0.507	-0.0158701 0.0321371
r_stock3					
L1.	0.0049709	0.0108626	0.46	0.647	-0.0163194 0.0262611
L2.	0.0129320	0.0108549	1.19	0.234	-0.0083432 0.0342071
_cons	0.0003672	0.0001837	2.00	0.046	7.19e-06 0.0007272
r_stock1					
r_ftse					
L1.	0.0266341	0.0317120	0.84	0.401	-0.0355204 0.0887885
L2.	-0.0194667	0.0317349	-0.61	0.540	-0.0816659 0.0427325
r_stock1					
L1.	0.0364797	0.0208774	1.75	0.081	-0.0044392 0.0773985
L2.	-0.0285876	0.0208814	-1.37	0.171	-0.0695144 0.0123392
r_stock2					
L1.	0.0226448	0.0198369	1.14	0.254	-0.0162348 0.0615244
L2.	0.0351782	0.0198549	1.77	0.076	-0.0037367 0.0740930
r_stock3					
L1.	0.0100071	0.0176105	0.57	0.570	-0.0245088 0.0445229
L2.	-0.0220191	0.0175980	-1.25	0.211	-0.0565105 0.0124723
_cons	0.0000320	0.0002978	0.11	0.914	-0.0005517 0.0006157
r_stock2					
r_ftse					
L1.	0.0519944	0.0336099	1.55	0.122	-0.0138797 0.1178685
L2.	-0.0555804	0.0336340	-1.65	0.098	-0.1215019 0.0103410

（续表）

	Coef.	Std. err.	z	$P>|z|$	[95% conf. interval]	
r_stock1						
L1.	0.0006448	0.0221268	0.03	0.977	−0.0427229	0.0440125
L2.	0.0558988	0.0221310	2.53	0.012	0.0125228	0.0992749
r_stock2						
L1.	0.0019564	0.0210240	0.09	0.926	−0.0392499	0.0431628
L2.	−0.0150885	0.0210431	−0.72	0.473	−0.0563322	0.0261552
r_stock3						
L1.	0.0319489	0.0186644	1.71	0.087	−0.0046325	0.0685304
L2.	−0.0739052	0.0186511	−3.96	0.000	−0.1104608	−0.0373497
_cons	0.0001665	0.0003156	0.53	0.598	−0.0004521	0.0007851
r_stock3						
r_ftse						
L1.	0.0618163	0.0381484	1.62	0.105	−0.0129532	0.1365858
L2.	−0.0058455	0.0381758	−0.15	0.878	−0.0806688	0.0689778
r_stock1						
L1.	0.0222462	0.0251147	0.89	0.376	−0.0269777	0.0714701
L2.	0.0093423	0.0251195	0.37	0.710	−0.0398910	0.0585757
r_stock2						
L1.	−0.0300552	0.0238631	−1.26	0.208	−0.0768259	0.0167155
L2.	−0.0069142	0.0238847	−0.29	0.772	−0.0537273	0.0398989
r_stock3						
L1.	0.1459849	0.0211847	6.89	0.000	0.1044636	0.1875062
L2.	−0.0716811	0.0211697	−3.39	0.001	−0.1131730	−0.0301893
_cons	0.0005046	0.0003582	1.41	0.159	−0.0001975	0.0012068

表 15.6　Stata 的 Granger 因果检验结果

Equation	Excluded	chi2	df	Prob > chi2
r_ftse	r_stock1	4.33870	2	0.114
r_ftse	r_stock2	0.50782	2	0.776
r_ftse	r_stock3	1.79770	2	0.407
r_ftse	ALL	5.81090	6	0.445
r_stock1	r_ftse	1.01330	2	0.603
r_stock1	r_stock2	4.45830	2	0.108
r_stock1	r_stock3	1.73490	1	0.420
r_stock1	ALL	6.59140	6	0.360
r_stock2	r_ftse	4.78360	2	0.091
r_stock2	r_stock1	6.39180	2	0.041
r_stock2	r_stock3	17.17700	2	0.000
r_stock2	ALL	24.57800	6	0.000
r_stock3	r_ftse	2.62720	2	0.269
r_stock3	r_stock1	0.94498	2	0.623
r_stock3	r_stock2	1.67300	2	0.433
r_stock3	ALL	4.93000	2	0.553

Microfit 中的 VAR 模型估计

在 Microfit 中估计 VAR 模型，首先按下 **multi** 按钮，选择 **Multiple Equation Estimation** 菜单，然后在方框中选择滞后的阶数和需要估计的变量。如果想在模型中包含外生变量，就在编辑窗口中用"&"将内生变量和外生变量隔开。使用文件 VAR.fit 中的数据，输入的内生变量为：

```
r
_ftse r
_stock1 r
_stock2 r
_stock3
```

然后按下 **Run**，进入 **Unrestricted VAR Post Estimation** 菜单。在这个菜单中，选择 **1. Display Single Equation Estimation Results** 来查看估计结果。Microfit 会逐个方程地给出结果，因此在接下来的窗口中先选择需要观测的变量再按 **OK**。如果想看下一个方程的结果，在结果中按 **Close** 并选择 **0. Choose another equation to inspect**，再选择 **1. Display Single Equation Estimation Results**，这次选中第二个变量，以此类推。

对于 Granger 因果检验，Microfit 并不自动提供检验结果，但对每一个变量和方程的检验可以通过先选择 **2. Hypothesis Testing Menu** 再选择 **5. Variable Deletion Test** 来获得。在每一种情况下，我们都必须根据本章的理论指出需要检验的变量。

第 16 章　非平稳性与单位根检验

本章内容
引言
单位根与伪回归
单位根检验
EViews、Microfit 和 Stata 中的单位根检验
计算机实例：不同宏观经济变量的单位根检验
计算机实例：金融发展与经济增长的单位根检验
问题与练习

学习目标
1. 理解平稳性的概念
2. 解释平稳和非平稳时间序列过程的差别
3. 理解平稳性的重要性和伪回归的概念
4. 理解时间序列中单位根的概念
5. 理解"序列是一阶或 $I(1)$ 单整的"的表述的意义
6. 学习单位根的 DF 检验步骤
7. 区分单位根检验中的三种 DF 模型
8. 学习 ADF 检验
9. 学习 PP 检验
10. 运用合适的软件估计 DF、ADF、PP 检验

引言

在第 13 章中，我们介绍过平稳与非平稳数据的重要区别。对于平稳的时间序列，冲击只是暂时的，它们的影响会逐渐消除直至回归长期均值水平；相反地，非平稳时间

序列必然包含许多持久性的因素。因此,非平稳时间序列的均值和/或方差取决于时间,从而非平稳时间序列:(a)不存在长期回复的均值;(b)方差与时间有关,并且当时间趋向于无穷大时方差也趋向于无穷。

我们还讨论了识别非平稳序列的问题。一般而言,平稳序列理论上的相关曲线图会随着滞后阶数的上升而迅速衰减,非平稳序列的相关曲线图则不会随着滞后阶数的上升而衰减(减小或趋近于零)。然而,单位根过程的存在使这种方法变得不精确,因为真实单位根过程有着类似的自相关函数(ACF)。所以,研究者可能无法对单位根过程与平稳数据加以区别。

综上所述,我们有必要找到一种可以识别非平稳数据(或者单位根过程)的正规方法。在下一节中,我们将介绍单位根的概念以及在回归模型中单位根的存在性问题;然后给出单位根的检验方法并讨论其在 EViews、Microfit 和 Stata 中如何加以处理;最后将给出几个具体的分析宏观经济变量的例子。

单位根与伪回归

什么是单位根

考虑 AR(1)模型:

$$y_t = \phi y_{t-1} + e_t \tag{16.1}$$

其中,e_t 是白噪声过程且满足平稳条件 $|\phi| < 1$。

可能得到的结果有以下三种:

情况 1　$|\phi| < 1$,序列平稳。$\phi = 0.67$ 时的平稳序列如图 16.1 所示。

情况 2　$|\phi| > 1$,序列发散。$\phi = 1.26$ 时的序列如图 16.2 所示。

情况 3　$\phi = 1$,序列包含单位根且非平稳。$\phi = 1$ 时的序列如图 16.3 所示。

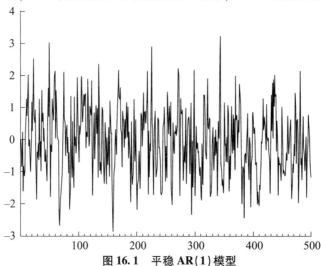

图 16.1　平稳 AR(1)模型

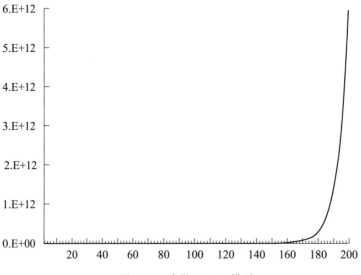

图 16.2 发散 AR(1) 模型

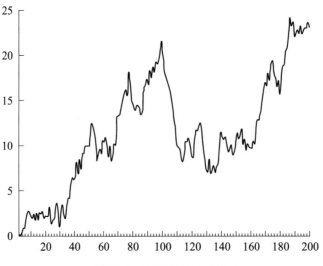

图 16.3 非平稳 AR(1) 模型

我们可以在 EViews 中输入下列命令(或在程序文件中输入并运行):

```
smpl @ first @ first +1
genr y = 0
genr x = 0
genr z = 0
smpl @ first +1 @ last
genr z = 0.67 * z( -1) + nrnd
genr y = 1.16 * y( -1) + nrnd
genr x = x( -1) + nrnd
```

```
plot y
plot x
plot z
```

因此,若 $\phi = 1$,说明 y_t 包含单位根。当 $\phi = 1$ 时,从方程(16.1)两边同时减去 y_{t-1},得到:

$$y_t - y_{t-1} = y_{t-1} - y_{t-1} + e_t$$
$$\Delta y_t = e_t \tag{16.2}$$

由于 e_t 是白噪声过程,故 Δy_t 是一个平稳序列,即 y_t 的差分是平稳的。

定义 1 如果序列 y_t 非平稳,但 Δy_t 平稳,则称 y_t 是一阶单整序列,记为 $y_t \sim I(1)$。

一般非平稳时间序列都要通过多次差分后才能变得平稳。若序列 y_t 在差分 d 次后变得平稳,则称其为 d 阶单整。

定义 2 如果序列 y_t 非平稳,但 $\Delta^d y_t$ 平稳,则称 y_t 是 d 阶单整序列,记为 $y_t \sim I(d)$;其中,$\Delta y_t = y_t - y_{t-1}$,$\Delta^2 y_t = \Delta(\Delta y_t) = \Delta y_t - \Delta y_{t-1}$,以此类推。

可以将上面的信息归纳为:

(序列单整的阶数) ≡ (序列经过差分后变得平稳的次数) ≡ (单位根的数量)

伪回归

大多数的宏观经济时间序列都存在趋势,且大多为非平稳的(可以参见英国经济 GDP、货币供给与 CPI 的散点图)。非平稳或存在趋势的数据在标准 OLS 回归方法中会导致错误的结果。得到一个非常高的 R^2(有时甚至高于 0.95)及一个非常高的 t 值(大于 4)是错误估计的常态,但实际上这些变量之间根本不存在内在的联系。

许多经济数据(如 GDP、价格或者货币供给)都存在可变的增长率。这些序列的均值始终上升,并且在经过多次差分后仍无法变得平稳。这时,我们可对其做对数处理,那些具有平均增长率的序列在取对数后呈线性趋势并且单整。假设序列 x 在每一阶段以 10% 的速率增长:

$$x_t = 1.1 x_{t-1}$$

取对数后得:

$$\log(x_t) = \log(1.1) + \log(x_{t-1})$$

上式滞后项的系数为 1 单位,并且每一阶段的增加量为常数 $\log(1.1)$,因此该序列为 $I(1)$。

接下来考虑模型:

$$y_t = \beta_1 + \beta_2 x_t + u_t \tag{16.3}$$

其中,u_t 为误差项。CLRM 假定 y_t 与 x_t 的方差是常数(即平稳)。若序列自身是非平稳的,那么从上述回归得到的结果是虚假的(Granger 和 Newbold,1974),也称伪回归。

这背后的原因并不复杂。一列如图 16.3 所示的非平稳数据随意游走,在合理的样本大小里,序列将上行或下行。假如我们考虑两列完全无关的非平稳序列,并且同时上行或下行,或者其中一列上行另一列下行。对其中一组做回归时,若两者同向发展,则得到显著的正相关关系;反之,两者反向发展,则得到显著的负相关关系。这就是伪回归的形成原因。

伪回归的 R^2 和 t 值通常很高,但实际的结果毫无经济学含义。由于 OLS 估计不满足一致性,因此统计检验也是无效的。

Granger 和 Newbold(1974)建立了 Monte Carlo 模型,可以生成拥有单位根的大样本 y_t 和 x_t:

$$y_t = y_{t-1} + e_{yt} \tag{16.4}$$

$$x_t = x_{t-1} + e_{xt} \tag{16.5}$$

其中,e_{yt} 和 e_{xt} 是人为生成的正态随机量。

由于 e_{yt} 和 e_{xt} 相互独立,两者间的回归将得出不显著的结果。然而把它们放入方程(16.3)后却发现 75% 的水平下都无法拒绝原假设 $\beta_2 = 0$;同样,回归方程拥有很高的 R^2 和较小的 DW 统计量。

我们在 EViews 中输入下列命令(或输入程序文件并运行几次),并记录拒绝原假设 $\beta_2 = 0$ 的次数:

```
smpl @ first @ first +1
genr y = 0
genr x = 0
smpl @ first +1 @ last
genr y = y(-1) + nrnd
genr x = x(-1) + nrnd
scat(r) y x
smpl @ first @ last
ls y c x
```

图 16.4 给出 y 对 x 的散点图。估计得到的方程为:

$$y_t = -1.042 - 0.576 x_t; \ R^2 = 0.316; \ DW = 0.118$$
$$(-1.743)(-9.572)$$

Granger 和 Newbold(1974)提出检测伪回归的简单法则:假如 $R^2 > DW$ 统计量 或者 $R^2 \simeq 1$,那么可以断定回归"一定"是虚假的。

为了更好地理解伪回归的问题,考虑实际 GDP(y)的对数对实际货币供给(m)与一个常数项的回归。结果如下:

$$y_t = 0.042 + 0.453 m_t; \ R^2 = 0.945; \ DW = 0.221$$
$$(4.743)(8.572)$$

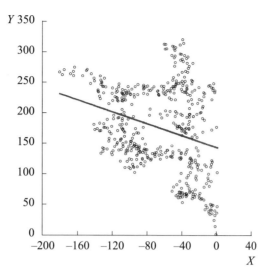

图 16.4 伪回归的散点图

我们看到,上式拥有良好的 t 值,系数的符号满足条件,振幅也看似合理,决定系数非常高($R^2 = 0.945$),但自回归程度也很高($DW = 0.221$)。这表明可能存在伪回归。实际上,这个回归毫无意义,式中的货币供给数据来自英国,而 GDP 则是美国数据。因此,尽管两者没有内在联系,但回归方程却拟合得很好,仅仅是因为两个变量都包含时间趋势(非平稳)。

综上所述,我们在处理趋势变量时应该格外仔细。

对伪回归问题的解释

如果两变量 x 和 y 都平稳,那么它们的线性组合也一定是平稳的。由于误差项也进行了线性组合,如果两变量是平稳的,那么方程的误差项也将是平稳的且拥有表现良好的分布。但是,当数据非平稳时,无法保证误差项是平稳的。一般而言(并非所有情况下),误差项都不平稳,这一点违背了 OLS 的基本假设;此时可以预计,不平稳的误差项将游走并不断扩大。但因为 OLS 估计是参数误差平方和最小化的结果,所以得到的估计仍有一定的参考价值。

最简便的检验 u_t 的方法是将方程(16.3)重新写成:

$$u_t = y_t - \beta_1 - \beta_2 x_t \tag{16.6}$$

或者剔除常数项 β_1(只调节 u_t 的大小):

$$u_t = y_t - \beta_2 x_t \tag{16.7}$$

通过方程(16.4)及方程(16.5)生成 y_t 与 x_t,假设初始条件为 $y_0 = x_0 = 0$,得到:

$$u_t = \sum_{i=1}^{t} e_{yi} - \beta_2 \sum_{i=1}^{t} e_{xi} \tag{16.8}$$

> **方程(16.8)的解释**
>
> 这个结果由方程(16.4)和方程(16.5)得到。考虑 y 的解,由于
> $$y_1 = y_0 + e_{y1}$$
> 因此对 y_2 有:
> $$y_2 = y_1 + e_{y2} = y_0 + e_{y1} + e_{y2}$$
> 对 y_3 有:
> $$y_3 = y_2 + e_{y3} = y_0 + e_{y1} + e_{y2} + e_{y3}$$
> 如果重复 t 次上述的操作,就得到:
> $$y_t = y_0 + \sum_{i=1}^{t} e_{yi}$$
> 对 x_t 同理可得。

从方程(16.8)可以得出,误差项的方差将随 t 的增大趋向无穷;并且误差项对所有的 $i > 0$ 满足 $E_t e_{t+1} = e_t$。因此,CLRM 的假定被违反,所有的 t 检验、F 检验或者 R^2 都无效。

方程(16.3)可能存在以下 4 种不同的情况:

情况 1 y_t 与 x_t 都是平稳的,CLRM 满足条件,OLS 估计是最优线性无偏的。

情况 2 y_t 与 x_t 是不同阶单整序列,回归方程无意义。当 x_t 满足 $|\phi|<1$,则有平稳过程 $x_t = \phi x_{t-1} + e_{xt}$。方程(16.8)转化为 $u_t = \sum e_{yi} - \beta_2 \sum \phi^i e_{xt-i}$。尽管 $\sum_{i=1}^{t} \phi^i e_{xt-i}$ 收敛,e_t 项仍包含趋势因素。

情况 3 y_t 与 x_t 是同阶单整序列,且 u_t 包含随机趋势。这种情况下的回归是虚假的,可以通过一阶差分或者新建方程重新估计。

情况 4 y_t 与 x_t 是同阶单整序列,且 u_t 平稳。这种情况下的 y_t 与 x_t 被称为协整。我们将在下一章中介绍协整问题;在这里,我们应明白方程(16.3)在情况 2 与情况 3 下无意义,因此检验非平稳性极其重要。

单位根检验

检验单整阶数

检验单整的阶数等价于计算单位根的个数,操作步骤如下:

步骤 1 检验 y_t 是否平稳。若是则 $y_t \sim I(0)$;若否则 $y_t \sim I(n); n > 0$。

步骤 2 对 y_t 做一阶差分 $\Delta y_t = y_t - y_{t-1}$,检验 Δy_t 是否平稳。若是则 $y_t \sim I(1)$;

若否则 $y_t \sim I(n); n > 0$。

步骤 3 对 y_t 做二阶差分 $\Delta^2 y_t = \Delta y_t - \Delta y_{t-1}$，检验 $\Delta^2 y_t$ 是否平稳。若是则 $y_t \sim I(2)$；若否则 $y_t \sim I(n); n > 0$。以此类推，直到找到平稳序列为止。例如，$\Delta^3 y_t \sim I(0)$，则 $\Delta^2 y_t \sim I(1)$，$\Delta y_t \sim I(2)$，$y_t \sim I(3)$；这说明 y_t 需要经过三次差分后才变得平稳。

单位根的 Dickey-Fuller(DF) 检验

Dickey 和 Fuller(1979,1981)提出一种检验非平稳性的方法，其核心是检验非平稳性等价于检验单位根。以 AR(1) 模型为例：

$$y_t = \phi y_{t-1} + u_t \qquad (16.9)$$

我们想要检验 ϕ 是否等于 1（即存在单位根）。显然原假设是 $H_0: \phi = 1$，备择假设为 $H_1: \phi < 1$。

另一种更简便的方法是从式(16.9)两边减去 y_{t-1}：

$$\begin{aligned} y_t - y_{t-1} &= (\phi - 1) y_{t-1} + u_t \\ \Delta y_t &= (\phi - 1) y_{t-1} + u_t \\ \Delta y_t &= \gamma y_{t-1} + u_t \end{aligned} \qquad (16.10)$$

其中，$\gamma = \phi - 1$。现在，原假设为 $H_0: \gamma = 0$，备择假设为 $H_a: \gamma < 0$；若 $\gamma = 0$ 则 y_t 服从随机游走模型。

Dickey 和 Fuller(1979)同时提出另外两种检验单位根的方法。第一种方法在随机游走过程中包含一个常数项：

$$\Delta y_t = \alpha_0 + \gamma y_{t-1} + u_t \qquad (16.11)$$

这是一种非常重要的情况，因为当 $\gamma = 0$ 时上述过程呈现有限的趋势，而这在宏观变量中普遍存在。

第二种方法是在模型中加入非随机时间趋势：

$$\Delta y_t = \alpha_0 + a_2 t + \gamma y_{t-1} + u_t \qquad (16.12)$$

Dickey-Fuller 对平稳性的检验是三个方程（方程(16.10)、方程(16.11)、方程(16.12)）之一的滞后变量 y_{t-1} 系数的"t"检验。然而，这有别于以往的 t 检验，我们需要使用 Diceky 和 Fuller 计算出的特殊的临界值。

MacKinnon(1991)计算出上面三个方程的临界值（见表 16.1）。

表 16.1 DF 检验的临界值

模型	1%	5%	10%
$\Delta y_{t-1} = \gamma y_{t-1} + u_t$	−2.56	−1.94	−1.62
$\Delta y_{t-1} = \alpha_0 + \gamma y_{t-1} + u_t$	−3.43	−2.86	−2.57
$\Delta y_{t-1} = \alpha_0 + a_2 t + \gamma y_{t-1} + u_t$	−3.96	−3.41	−3.13
标准临界值	−2.33	−1.65	−1.28

注：临界值摘自 MacKinnon(1991)。

所有的检验都是为了证明 $\gamma = 0$ 是否成立。DF 检验得到滞后因变量的 t 统计量。若 DF 统计量小于临界值,则拒绝存在单位根的原假设,说明 y_t 是平稳过程。

单位根的增强 Dickey-Fuller(ADF)检验

由于误差项很有可能不满足白噪声,Dickey 和 Fuller 进一步提出增强的检验方法,加入因变量的滞后项以消除自相关。由 Akaike 信息准则(AIC)或者 Schwartz Bayesian 准则(SBC)得到滞后的阶数,或者取可以使残差项变为白噪声的长度(在每种情况下,我们都需要考察残差的 ADF 回归是否自相关,而不是通过 LM 检验或者 DW 检验得到)。

ADF 的三种可能形式如下:

$$\Delta y_t = \gamma_y y_{t-1} + \sum_{i=1}^{p} \beta_i \Delta y_{t-i} + u_t \qquad (16.13)$$

$$\Delta y_t = \alpha_0 + \gamma y_{t-1} + \sum_{i=1}^{p} \beta_i \Delta y_{t-i} + u_t \qquad (16.14)$$

$$\Delta y_t = a_0 + \gamma y_{t-1} + a_2 t + \sum_{i=1}^{p} \beta_i \Delta y_{t-i} + u_t \qquad (16.15)$$

三种回归的区别在于 a_0 和 $a_2 t$。ADF 检验临界值与表 16.1 给出的 DF 检验临界值是相同的。

除非研究者已经了解数据的真实生成过程,否则很难在式(16.13)、式(16.14)与式(16.15)之间做出决定。Doldada、Jenkinson 和 Sosvilla-Rivero(1990)提出的方法从估计最普遍的模型(16.15)入手,并回答了关于每个模型适用性的问题。具体过程见图 16.5。值得强调的一点是,尽管这种方法非常实用,但这种做法缺乏机制上的解释。观察数据的散点图有时不失为发现决定性回归量的一种好方法,这种操作是在不知道数据生成过程的情况下的最合理的检验单位根的方法。

Phillips-Perron(PP)检验

DF 检验基于误差项统计上独立分布且方差项为常数的假设上,因此使用 ADF 方法时要以误差项不相关为前提,且方差项是常数。Phillips 和 Perron(1998)提出广义的 ADF 检验,放松对误差项分布的要求。Phillips-Perron(PP)检验的回归方程为 AR(1)过程:

$$\Delta y_{t-1} = \alpha_0 + \gamma y_{t-1} + e_t \qquad (16.16)$$

ADF 检验可以通过增加等式右边滞后项的差分来纠正序列的自相关问题,而 PP 检验通过计算 AR(1)中 γ 系数的 t 统计量来纠正 e_t 的自相关性。因此,PP 统计量考虑误差项较少的约束条件,实际上是 ADF t 统计量的调整。由于 PP t 统计量的渐近分布与 ADF t 统计量相同,因此 MacKinnon(1991)提出的临界值仍然是适用的。与 ADF 检验一样,PP 检验可以在回归中加入常数项、常数或线性的趋势项。

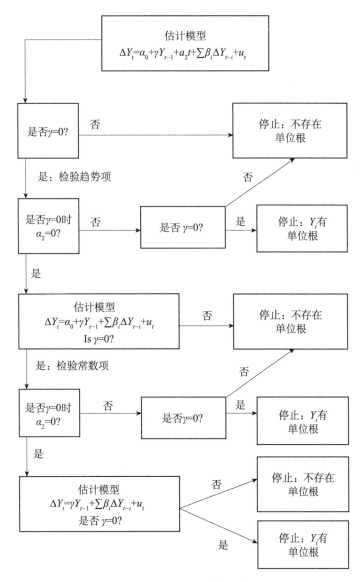

图 16.5 单位根的检验步骤

资料来源：Enders(1995)。

EViews、Microfit 和 Stata 中的单位根检验

EViews 中的单位根检验

DF 检验与 ADF 检验

步骤1 点击菜单 **File/Open/Workfile** 选择路径与文件名，打开文件 gdp_uk.wf1。

步骤2 假设我们想检验 GDP 序列是否包含单位根。双击 **gdp** 打开窗口，选

择 **View/Unit Root Test**... 跳出单位根检验的对话框,从 **Test Type** 下拉菜单中选择检验的类型(**Augmented Dickey-Fuller** 检验)。

步骤 3 明确要检验序列的一阶差分还是二阶差分的单位根,以此判断单位根的个数。从前面的理论部分我们知道,应该首先检验原序列,如拒绝则做一阶差分;以此类推。点击对话框中的 **level** 查看原序列的情况,再考察一阶差分、二阶差分,等等。

步骤 4 从 ADF 三个模型中选择其一(即是否包含常数项、常数或线性趋势,或者都不包括)。方程(16.13)对应点击对话框中的 **none**;方程(16.14)对应 **intercept**;方程(16.15)则对应 **intercept and trend**。三个模型的原假设与检验统计量各不相同,因此模型的选择至关重要。

步骤 5 确定模型中滞后因变量的数量,以纠正序列的自相关性。

步骤 6 确定了上述选项后,点击 **OK**。EViews 同时给出估计的回归方程与检验统计量。

步骤 7 如果 ADF 统计量小于临界值,则拒绝存在单位根的原假设,序列是平稳的。

步骤 8 最后,我们应该检验 EViews 给出的估计回归式,特别是当不能确定序列的滞后项结构与趋势时。重新对右边含有不同变量(增加或剔除常数项、趋势项或者滞后差分)或者不同滞后阶数的方程进行估计。

PP 检验

步骤 1 点击 **File/Open/Workfile** 选择文件名称和路径,打开文件 pp.wf1。

步骤 2 假设我们想检验 GDP 序列是否包含单位根。双击 **gdp** 打开窗口,选择 **View/Unit Root Test**... 跳出单位根检验的对话框,从 **Test Type** 下拉菜单中选择检验的类型(**Pillips-Perron** 检验)。

步骤 3 明确要检验原序列、一阶差分还是二阶差分的单位根,以此判断单位根的个数。从前面的理论部分我们知道,应该首先检验原序列,如拒绝则做一阶差分;以此类推。点击对话框中的 **level** 查看原序列的情况,再考察一阶差分、二阶差分,等等。

步骤 4 从三个模型中选择其一(即是否包含常数项、常数或线性趋势,或者都不包括)。对于随机游走模型选择对话框中的 **none**,对于有漂移项的随机游走模型选择 **intercept**,对于同时含有漂移项与确定趋势的则选择 **intercept and trend**。

步骤 5 最后,指定滞后截距来计算零频率下的 Newey-West 异方差性和自相关(HAC)的一致性估计的范围。

步骤 6 确定了上述选项后,点击 **OK**。EViews 同时给出估计的回归方程与检验统计量。

步骤 7 如果 ADF 统计量小于临界值,则拒绝存在单位根的原假设,序列是平稳的。

Microfit 中的单位根检验

DF 检验与 ADF 检验

步骤 1 点击 **File/Open** 选择文件名与路径,打开文件 exdaily.fit。

步骤 2 假设我们想要检验 EUS(美元对英镑的汇率)是否存在单位根,在 **process** 编辑器中输入:

```
ADF EUS(12)
```

括号中的数字表示模型因变量的最大滞后阶数。点击 **GO**。

步骤 3 Microfit 给出两种结果的选项。第一种包括截距项但不包括趋势项,即方程(16.14);第二种则同时包括截距项与趋势项,即方程(16.15)。Microfit 无法得出第一种模型中不含截距项及趋势项的结果。

步骤 4 报告的结果包括0,1,2,…,12 阶滞后项的 DF 统计量与 ADF 统计量,分别代表13 种不同滞后项情况下的统计量。除了 DF 与 ADF 的统计量,还有 AIC 与 SBC。我们可以利用这两个指标最小化的原则,找到最适合的滞后阶数。如果两者相悖,一般以 SBC 为准。

步骤 5 在确定模型的滞后阶数后,如果 DF/ADF 统计量小于临界值,就拒绝存在单位根的原假设。

尽管 Microfit 提供了 13 种因变量滞后阶数的不同结果(在 EViews 中,我们需要重复 13 次操作,每次明确一个不同的滞后阶数),但 Microfit 并没有给出更详细的关于回归方程的结果。这就像一个关于方程信息的黑匣子,我们在有些情况下会质疑一个接近单位根的模型,此时应该人为地在 **single** 编辑器中逐一检验每个模型。

首先定义新的变量 Δeus_t,在 **process** 编辑器中输入:

```
deus = eus-eus(-1)
```

然后在 **single** 编辑器中输入回归方程:

```
dues c eus(-1) dues{1-4}
```

得到 eus(-1)的 t 值,这与前面检验的 ADF(4)的值是等价的。

在 Microfit 中并没有标准的 PP 检验。

Stata 中的单位根检验

DF 检验和 ADF 检验

在 Stata 中,进行 DF 检验和 ADF 检验的命令语句为:

```
dfuller varname , options
```

其中,varname 的部分输入需要进行单整阶数检验的变量名。在 **option** 中可以指定要检验的 ADF 类型的模型以及增强阶数(注意,如果需要检验简单 DF 模型,就将阶数设为0)。我们通过一个例子来更好地理解这个方法。数据由文件 gdp_uk.dat 给出,其中包含了英国 GDP 对数序列的季度数据。

首先,估计方程(16.3)中的模型,它不含常数项和趋势项。命令为:

```
dfuller lgdp , regress noconstant lags(2)
```

nonconstant 选项将模型指定为方程(16.3)的形式,regress 选项让 Stata 同时报告回归结果和 ADF 统计量,lags(2)指定模型包含的滞后自变量的个数。如果想再次估计该模型,但具有 4 个滞后独立变量,则命令为:

```
dfuller lgdp , regress noconstant lags(4)
```

然后,假设滞后长度始终为 2,估计方程(16.4)的 ADF 统计量(含常数项但不含趋势项)的命令为:

```
dfuller lgdp , regress lags(2)
```

最后,对于方程(16.5)(既含常数项又含趋势项)的命令为:

```
dfuller lgdp , regress trend lags(2)
```

如果推断变量 *lgdp* 包含单位根,我们需要用其一阶差分重新进行所有检验。这在 Stata 中可以方便地利用差分算子(D)来进行。对于全部三个模型而言,各自的命令分别是:

```
dfuller D.lgdp , regress noconstant lags(2)
dfuller D.lgdp , regress lags(2)
dfuller D.lgdp , regress trend lags(2)
```

如果想对数据做进一步差分来获得稳定性,需要做二阶差分,命令变为:

```
dfuller D2.lgdp , regress noconstant lags(2)
dfuller D2.lgdp , regress lags(2)
dfuller D2.lgdp , regress trend lags(2)
```

以此类推。

PP 检验

PP 检验的步骤是相似的,命令为:

```
pperron varname , options
```

对于上述例子而言则为:

```
pperron lgdp , regress noconstant lags(2)
```

这是检验不含常数项和趋势项模型的命令。以下命令:

```
pperron lgdp , regress lags(2)
```

这是检验只含常数项但不含趋势项模型的命令。以下命令:

```
pperron lgdp , regress trend lags(2)
```

这是检验既含常数项又含趋势项模型的命令。可以利用差分算子进行一阶、二阶甚至更高阶的差分。

计算机实例：不同宏观经济变量的单位根检验

这个例子中的数据（见文件 unionization. wf1）主要来自 *International Historical Statistics*（Mitchell,1998），包括 1892—1997 年的工会成员贸易额、劳动力、失业率、人口、工资、价格、工业产出和 GDP。我们同样用到一些其他的数据（来自 *Employment Gazette*、*Labour Market Trends* 以及 OECD *Main Economic Indicators*）。资本存量由总的固定资本推算得到，假设每年 10% 的折旧率。资本存量序列对初始值比较敏感，并且 1950—1990 年与 Nehru 和 Dhareshwar（1993）推得的英国资本存量高度相关（$r = 0.9978$）。我们的目标是检验单整变量的阶数，用到渐近等价的两种方法：ADF 检验与 PP 检验。

在识别平稳性的阶数前，先利用 Akaike 最终误差预测（FPE）标准得到 ADF 检验中的最优滞后阶数。针对三种可选模型，所有变量的检验结果如表 16.2 所示。首先检验对数形式（失业率与工会化率是百分制形式，因此没有取对数），接着检验一阶差分形式（在序列存在单位根的情况下），以此类推。结果表明，各组变量在原有形式下都是非平稳的；而一阶差分后都消除了非平稳的因素，非平稳的假设在 5% 显著性水平上被拒绝，说明所有的变量与预期一样是一阶单整。其中不包括多约束模型以及工资、资本/劳动变量，检验结果表明它们是 $I(0)$；但前两个模型的稳健性允许我们将这两组数据视为 $I(1)$，并进行协整分析。

表 16.2 ADF 检验结果

Model: $\Delta y_t = c_1 + by_{t-1} + c_2 t + \sum_{k=1}^{p} d_k \Delta y_{t-k} + v_t; H_0: b = 0; H_a: b > 0$

Unit-root tests at logarithmic levels

Variables	Constant	Constant and trend	None	k
GDP per capita (y/l)	-0.905	-2.799	-0.789	4
Unionization rate (TUD)	-1.967	-1.246	-0.148	4
Unemployment (Un)	-2.435	-2.426	-1.220	4
Wages (w)	-1.600	-1.114	-3.087*	4
Employment (l)	-1.436	-2.050	-1.854	4
Capital/labour (k/l)	-0.474	-2.508	2.161*	4

（续表）

Unit-root tests at first differences				
Variables	Constant	Constant and trend	None	k
GDP per capita $(\Delta)(y/l)$	-6.163*	-6.167*	-6.088*	4
Unionization rate (ΔTUD)	-3.102*	-3.425*	-3.086*	4
Unemployment (Un)	-4.283	-4.223	-4.305*	4
Wages (Δw)	-3.294*	-3.854*	—	4
Employment (Δl)	-4.572*	-4.598*	-4.115*	4
Capital/labour $(\Delta(k/l))$	-3.814*	-3.787*	—	4

注：* 表示在5%显著性水平下,拒绝非平稳的原假设。临界值取自 Fuller(1976),对于第一、第二、第三个模型分别为 -2.88、-3.45 和 -1.94。最优滞后阶数 k 选取基于 Akaike 的 FPE 检验。

PP 检验的结果见表 16.3,与 ADF 检验的结果无多大出入。根据 Newey 和 West (1987)提出的 Bartlett 核选择滞后截断,对于所有变量的原有形式都显示存在单位根;一阶差分后的序列稳健地解决了存在单位根的原假设,表明这些序列都是一阶单整。

表 16.3 PP 检验结果

Model: $\Delta y_t = \mu + \rho y_{t-1} + \varepsilon_t; H_0: \rho = 0; H_a: \rho > 0$

Unit-root tests at logarithmic levels			
Variables	Constant	Constant and trend	k
GDP per capita (y, l)	-2.410	-2.851	4
Unionization rate (TUD)	-1.770	-0.605	4
Unemployment (Un)	-2.537	-2.548	4
Wages (w)	2.310	-0.987	4
Employment (l)	-1.779	-2.257	4
Capital/labour (k/l)	-0.199	-2.451	4
Unit-root tests at frst differences			
Variables	Constant	Constant and trend	k
GDP per capita $(\Delta(y/l))$	-11.107*	-11.050*	4
Unionization rate (ΔTUD)	-5.476*	-5.637*	4
Unemployment (ΔUn)	-8.863*	-8.824*	4
Wages (Δw)	-4.621*	-5.071*	4
Employment (Δl)	-7.958*	-7.996*	4
Capital/labour $(\Delta(k/l))$	-10.887*	-10.849*	4

注：* 表示在5%显著性水平下,拒绝非平稳的原假设。临界值取自 Fuller(1976),对于第一、第二、第三个模型分别为 -2.88、-3.45 和 -1.94。最优滞后阶数 k 选取基于 Akaike 的 FPE 检验。

计算机实例:金融发展与经济增长的单位根检验

这里再次用到 Granger 因果检验实例中的数据。我们给出单位根检验的结果以及所有变量的单整阶数(见文件 finance.wf1)。

首先使用 Akaike 的 FPE 标准确定 ADF 检验的最优滞后阶数;然后识别平稳序列的阶数。表 16.4 给出所有变量在三种模型中的估计结果。首先检验其对数形式,接着检验一阶差分形式(在序列存在单位根的情况下),以此类推。结果表明,每种序列的原有形式都是非平稳的;而一阶差分都清除了非平稳因素,并在5%显著性水平上拒绝非平稳的原假设,说明所有变量都是一阶单整。

表 16.4 ADF 检验结果

Model: $\Delta y_t = c_1 + by_{t-1} + c_2 t + \sum_{k=1}^{p} d_k \Delta y_{t-k} + v_t$; $H_0: b = 0; H_a: b > 0$

Unit-root tests at logarithmic levels				
Variables	Constant	Constant and trend	None	k
GDP per capita (Y)	-0.379	-2.435	-3.281*	1
Monetization ratio (M)	-0.063	-1.726	1.405	4
Currency ratio (CUR)	-1.992	1.237	1.412	9
Claims ratio (CL)	-2.829	-2.758	1.111	7
Turnover ratio (T)	-1.160	-2.049	-1.84	2
Capital/labour (K)	-0.705	-2.503	-2.539*	2
Unit-root tests at first differences				
Variables	Constant	Constant and trend	None	k
GDP per capita (ΔY)	-6.493*	-6.462*	—	1
Monetization ratio (ΔM)	-3.025*	-4.100*	-2.671*	4
Currency ratio (ΔCUR)	-3.833*	-4.582*	2.585*	5
Claims ratio (ΔCL)	-6.549*	-6.591*	-6.596*	3
Turnover ratio (ΔT)	-6.196*	-6.148*	-5.452*	2
Capital/labour (ΔK)	-2.908*	-3.940*	—	2

注:* 表示在5%显著性水平下,拒绝非平稳的原假设。临界值取自 Fuller(1976),对于第一、第二、第三个模型分别为 -2.88、-3.45 和 -1.94。最优滞后阶数 k 选取基于 Akaike 的 FPE 检验。

PP 检验的结果如表 16.5 所示,与 ADF 检验的结果并无很大的出入。根据 Newey 和 West(1987)提出的 Bartlett 核选择滞后截断,除赔付率外,所有数据原有形式的检验结果都表明单位根的存在,赔付率表现为零阶单整;一阶差分后的序列都稳健地拒绝了存在单位根的原假设,说明这些序列都是一阶单整。

表 16.5 PP 检验结果

Model: $\Delta y_t = \mu + \rho y_{t-1} + \varepsilon_t$; $H_0: \rho = 0; H_a: \rho > 0$

Unit-root tests at logarithmic levels			
Variables	Constant	Constant and trend	k
GDP per capita (Y)	-0.524	-2.535	4
Monetization ratio (M)	-0.345	-1.180	4
Currency ratio (CUR)	-2.511	-0.690	4
Claims ratio (CL)	-4.808*	-4.968*	4
Turnover ratio (T)	-0.550	-3.265	3
Capital/labour (K)	-1.528	-2.130	4

(续表)

Unit-root tests at first differences			
Variables	Constant	Constant and trend	k
GDP per capita (ΔY)	-8.649^*	-8.606^*	4
Monetization ratio (ΔM)	-7.316^*	-7.377^*	4
Currency ratio (ΔCUR)	-11.269^*	-11.886^*	4
Claims ratio (ΔCL)	—	—	—
Turnover ratio (ΔT)	-11.941^*	-11.875^*	3
Capital/labour (ΔK)	-4.380^*	-4.301^*	4

注：* 表示在 5% 显著性水平下，拒绝非平稳的原假设。临界值取自 Fuller(1976)，对于第一、第二、第三个模型分别为 -2.88、-3.45 和 -1.94。最优滞后阶数 k 选取基于 Akaike 的 FPE 检验。

问题与练习

问题

1. 解释检验平稳性的重要性。
2. 说明检验平稳性的方法。
3. 解释伪回归，举例加以说明。

练习 16.1

文件 gdp_uk.wf1 包含英国 1955—1998 年所有的 GDP 季度数据。利用 ADF 检验以及图 16.5 中的 PP 检验，考察 GDP 可能存在的单整阶数。

练习 16.2

文件 Korea.wf1 包含韩国的各种宏观经济数据。利用 ADF 检验与 PP 检验考察所有变量的单整阶数。将结果整理在表中并加以说明。

练习 16.3

文件 Nelson_Ploser.wf1 包含美国的各种宏观经济数据。利用 ADF 检验与 PP 检验考察所有变量的单整阶数。将结果整理在表中并加以说明。

第 17 章 协整与误差修正模型

本章内容

引言:什么是协整
协整与误差修正机制(ECM):一般方法
协整与误差修正机制:更数学的方法
协整检验
协整的计算机实例
问题与练习

学习目标

1. 理解时间序列中协整的概念
2. 理解在计量经济学应用中协整的重要性和在长期时间序列中的解决方法
3. 掌握误差修正机制及其优势
4. 利用 Engle-Granger 方法检验协整
5. 利用 Johansen 方法检验协整
6. 运用合适的计量经济学软件获得协整检验结果
7. 运用合适的计量经济学软件估计误差修正模型

引言:什么是协整

协整:一般性表述

在第 16 章中我们了解到,具有趋势的时间序列在实证中会产生伪回归的问题。此外我们知道,大多数宏观经济变量都具有时间趋势,因此在许多宏观模型中可能存在伪回归。其解决办法之一是,对序列做差分直至平稳,然后对平稳数据做回归分析;然而,这种办法并不理想。一阶差分可能引起两类问题。模型是描述 y 与 x 两者间的关系，在一阶差分后，回归中的误差项也被差分了，这将导致误差产生不可逆的移动平均过程从而错误估计。第二类问题是，当我们对变量差分后，模型将无法给出唯一的长期解。也就是说，当我们对 x 取特定值后，无论 y 的初始值是什么，y 的动态解最后都将收敛到唯一值。例如，若 $y = 0.5x$，令 $x = 10$，$y = 5$。如果对模型做差分 $y_t - y_{t-1} = 0.5(x_t - x_{t-1})$，此时已知 $x = 10$，但没有 y 和 x 的历史值并不能得到 y 的解，因此在给定 x 的情况下，y 的解并不唯一。综合上述考虑，我们对模型提出结合短期与长期两种性质的要求，并且包含的所有变量都应该满足平稳性。

本章的基本思想是对第 16 章中伪回归的内容进一步分析，尤其是当方程(16.8)中的两变量都是非平稳时，可以将误差表示为两个累积误差过程的结合。累积误差过程被称作随机趋势，我们通常认为它们结合后将产生另一种非平稳过程。但在特殊情况下，X 和 Y 之间确实存在相互关系，可以认为两种随机趋势非常接近，我们有可能找到一种减少非平稳性的结合方法。此时，我们称这两个变量有协整关系。理论上，当两个变量之间确实相互联系时一定包含上述关系，因此协整分析是检验经济结构的一种重要工具。

由此，协整成为使用非平稳时间序列进行任何建模的首要条件。一方面，变量不满足协整可能产生伪回归的问题，接下去的工作就变得毫无意义。另一方面，去除随机趋势将得到协整数据，剩下的工作将非常容易展开。

这里的关键点在于，如果 Y_t 与 X_t 之间确实存在长期的关系，那么尽管两者会随时间增长（因为它们具有趋势），在它们之间仍将存在一种共同的趋势。均衡中或者长期里，我们要求 Y_t 与 X_t 能组合成一种平稳的变量（$I(0)$ 变量）。Y_t 与 X_t 的线性组合可以直接从估计的回归方程中得到：

$$Y_t = \beta_1 + \beta_2 X_t + u_t \tag{17.1}$$

残差为：

$$\hat{u}_t = Y_t - \hat{\beta}_1 - \hat{\beta}_2 X_t \tag{17.2}$$

若 $\hat{u}_t \sim I(0)$，则 Y_t 与 X_t 是协整的。

协整：一个严格的数学性表述

考虑满足一阶单整的变量 $\{Y, X\}$（$\{Y, X\} \sim I(1)$）。假设向量 $\{\theta_1, \theta_2\}$ 是能够使 $\{Y, X\}$ 变平稳的线性组合：

$$\theta_1 Y_t + \theta_2 X_t = u_t \sim I(0) \tag{17.3}$$

于是，变量集 $\{Y, X\}$ 成为协整集，系数向量 $\{\theta_1, \theta_2\}$ 成为协整向量。我们关心的长期关系为：

$$Y_t^* = \beta X_t \tag{17.4}$$

标准化方程(17.3)中的 Y_t：

$$Y_t = \frac{\theta_2}{\theta_1} X_t + e_t \tag{17.5}$$

其中，$Y^* = -(\theta_2/\theta_1)X_t$，可以视为长期 Y_t 的均衡值（由 X_t 决定）。在本章介绍误差修正机制时，我们将对此加以解释。

对于两变量 $I(1)$ 时间序列协整，在图像上通常表现为相互平行。前面已经提到我们最关心的是长期的或均衡的关系，这是协整问题的核心。

Grange(1981) 首先提出协整的概念，Engle 和 Granger(1987)、Engle 和 Yoo(1987)、Phillips 和 Ouliaris(1990)、Stock 和 Watson(1998)、Phillips(1986,1987)、Johansen(1988,1991,1995a) 等进一步发展了协整理论。Engle 和 Granger(1987) 给出两变量间协整关系的一般定义如下：

定义 1　时间序列 Y_t 与 X_t 如果满足：(a) 两序列都是 d 阶单整，(b) 存在两变量的线性组合 $\beta_1 Y_t + \beta_2 X_t$ 且为 $d-b$ 阶单整，则称 Y_t 与 X_t 是 d,b 阶协整（$d \geq b \geq 0$），记作 $Y_t, X_t \sim CI(d,b)$。向量 $\{\beta_1, \beta_2\}$ 被称为协整向量。

上述定义可以拓展为 n 个向量的一般形式：

定义 2　假如 Z_t 定义为 $n \times 1$ 的 $Z_{1t}, Z_{2t}, Z_{3t}, \cdots, Z_{nt}$ 向量，并且 (a) 每个 Z_{it} 是 $I(d)$ 的，(b) 存在 $n \times 1$ 的向量 β 使得 $Z_t'\beta \sim I(d-b)$，那么 $Z_t \sim CI(d,b)$。

实证中最有意思的情况是，两序列通过协整向量变得平稳，且 $d = b$，且协整系数可被识别为两变量长期相关的参数。下一节中将介绍这种情况。

协整与误差修正机制（ECM）：一般方法

问题

在回归方程中，非平稳变量会引起伪回归。因此，若 Y_t 与 X_t 都是 $I(1)$ 的，做回归：

$$Y_t = \beta_1 + \beta_2 X_t + u_t \tag{17.6}$$

但我们无法得到令人满意的估计量 $\hat{\beta}_1$ 与 $\hat{\beta}_2$。

解决方法之一是对数据做差分以保证平稳性。这样得到 $\Delta Y_t \sim I(0)$ 与 $\Delta X_t \sim I(0)$，回归模型变为：

$$\Delta Y_t = a_1 + a_2 \Delta X_t + \Delta u_t \tag{17.7}$$

此时，伪回归问题迎刃而解，得到正确的估计量 $\hat{a}_1$ 与 $\hat{a}_2$；然而，方程(17.7) 只是两个变量之间的短期关系。长期有：

$$Y_t^* = \beta_1 + \beta_2 X_t \tag{17.8}$$

ΔY_t 并没有给我们提供关于模型长期行为的任何信息，而协整与 ECM 能帮助我们更好地处理长期问题。

协整（续）

若 Y_t 与 X_t 都是 $I(1)$ 的，且存在线性组合满足 $I(0)$，则 Y_t 与 X_t 协整。此时方程(17.6)不再是伪回归，而且我们得到线性组合：

$$\hat{u}_t = Y_t - \hat{\beta}_1 - \hat{\beta}_2 X_t \tag{17.9}$$

方程(17.9)将长期的 Y_t 与 X_t 联系起来。

误差修正模型(ECM)

若 Y_t 与 X_t 协整,那么根据定义有 $\hat{u}_t \sim I(0)$。利用 ECM 表示 Y_t 与 X_t 之间的关系如下:

$$\Delta Y_t = a_0 + b_1 \Delta X_t - \pi \hat{u}_{t-1} + e_t \tag{17.10}$$

方程(17.10)同时提供了长期与短期的信息。在这个模型中,b_1 是反映 X_t 作用于 Y_t 的即时影响的乘子(短期效应);而 π 表示反馈效应,或者称为调节效应,表示非均衡被纠正的程度,即先前的非均衡状态影响 Y_t 的程度。显然,$\hat{u}_{t-1} = Y_{t-1} - \hat{\beta}_1 - \hat{\beta}_2 X_{t-1}$,该式中的 β_2 表示长期的反馈(由式(17.7)估计得到)。

方程(17.10)强调了协整与误差修正模型的基本思想。若我们直接使用非平稳数据,则伪回归问题将会出现,但方程(7.10)中每个变量都是平稳的,因为 X 与 Y 被假设为 $I(1)$ 的,所以两者的变化是平稳的。另外,根据协整性的假设,回归方程(17.9)中的残差也是平稳的。基于此,方程(17.10)充分符合经典线性回归的基本假定,可以使用 OLS 方法。

ECM 的优势

ECM 格外重要的原因如下:

(1) 模型提供了一种简便的方法来度量相对于前期非均衡状态的纠正程度,具有很好的经济学含义。

(2) 经一阶差分消除趋势后所得到的协整 ECM 模型,能够较好地解决伪回归问题。

(3) ECM 提供了一种普遍适用的计量建模方法,而最简约的 ECM 模型能够最好地拟合数据。

(4) ECM 最重要的性质,即其非均衡的误差项是平稳变量(根据协整的定义得到)。鉴于此,当两变量为协整时,一定存在某种抑制误差在长期变得越来越大的调整过程。

协整与误差修正机制:更数学的方法

一个只包含 X 和 Y 一阶滞后项的模型

协整与误差修正机制(ECM)的概念非常接近。为了便于理解,我们先将 ECM 视为普通线性自回归分布滞后(ADRL)模型的重新参数化。

考虑如下动态 ARDL 模型:

$$Y_t = a_0 + a_1 Y_{t-1} + \gamma_0 X_t + \gamma_1 X_{t-1} + u_t \tag{17.11}$$

其中，$u_t \sim iid(0,\sigma^2)$。

此模型中，参数 γ_0 被定义为 Y_t 对 X_t 的短期反应。长期效应在如下均衡方程中：

$$Y_t^* = \beta_0 + \beta_1 X_t^* \tag{17.12}$$

不妨设：

$$X_t^* = X_t = X_{t-1} = \cdots = X_{t-p} \tag{17.13}$$

因此，

$$Y_t^* = a_0 + a_1 Y_t^* + \gamma_0 X_t^* + \gamma_1 X_t^* + u_t$$

$$Y_t^*(1-a_1) = a_0 + (\gamma_0 + \gamma_1) X_t^* + u_t$$

$$Y_t^* = \frac{a_0}{1-a_1} + \frac{\gamma_0 + \gamma_1}{1-a_1} X_t^* + u_t$$

$$Y_t^* = \beta_0 + \beta_1 X_t^* + u_t \tag{17.14}$$

Y 与 X 之间的长期弹性为 $\beta_1 = (\gamma_0 + \gamma_1)/(1-a_1)$。为了保证短期模型(17.11)能够收敛到长期解，假设 $a_1 < 1$。

ECM 是原始模型(17.11)的重新参数化：

$$\Delta Y_t = \gamma_0 \Delta X_t - (1-a)[Y_{t-1} - \beta_0 - \beta_1 X_{t-1}] + u_t \tag{17.15}$$

$$\Delta Y_t = \gamma_0 \Delta X_t - \pi[Y_{t-1} - \beta_0 - \beta_1 X_{t-1}] + u_t \tag{17.16}$$

证明 ECM 是 ARDL 的重新参数化

为了证明 ECM 等价于原始模型(17.11)，在长期解中代入 $\beta_0 = a_0/(1-a_1)$ 以及 $\beta_1 = (\gamma_0 + \gamma_1)/(1-a_1)$：

$$\Delta Y_t = \gamma_0 \Delta X_t - (1-a)\left[Y_{t-1} - \frac{a_0}{1-a_1} - \frac{\gamma_0 + \gamma_1}{1-a_1} X_{t-1}\right] + u_t \tag{17.17}$$

$$\Delta Y_t = \gamma_0 \Delta X_t - (1-a) Y_{t-1} - a_0 + (\gamma_0 + \gamma_1) X_{t-1} + u_t \tag{17.18}$$

$$Y_t - Y_{t-1} = \gamma_0 X_t - \gamma_0 X_{t-1} - Y_{t-1} + a Y_{t-1} - a_0 - \gamma_0 X_{t-1} - \gamma_1 X_{t-1} + u_t \tag{17.19}$$

整理得：

$$Y_t = a_0 + a_1 Y_{t-1} + \gamma_0 X_t + \gamma_1 X_{t-1} + u_t \tag{17.20}$$

与原始模型一致。

一方面，当 Y 与 X 为协整时，ECM 同时囊括了短期与长期效应。长期均衡体现在模型中的 $Y_{t-1} - \beta_0 - \beta_1 X_{t-1}$ 一项，而短期均衡则体现为差分项。另一方面，由于所有 ECM 模型中的变量都是平稳的，因此标准的 OLS 方法有效。如果 Y 和 X 都是 $I(1)$ 的，那么 ΔY 与 ΔX 就是 $I(0)$ 的；并且根据定义，若 Y 和 X 协整，则线性组合 $(Y_{t-1} - \beta_0 - \beta_1 X_{t-1}) \sim I(0)$。

系数 $\pi = (1-a_1)$ 表明了非均衡的调整速度。在长期条件下，达到均衡水平时有 $Y_{t-1} - \beta_0 - \beta_1 X_{t-1} = 0$；然而在非均衡下，这一项不等于零，却能反映偏离系统均衡的距离。

例如,经济体受到负面影响的冲击(由误差项 u_t 反映), Y_t 与方程(17.14)相比迅速地放慢增长。由于 Y_{t-1} 在长期均衡增长路径下移动,从而 $(Y_{t-1} - \beta_0 - \beta_1 X_{t-1})$ 变为负数。但因为 $\pi = (1 - a_1)$ 是正的(π 前的负号), ΔY_t 会回复到由方程(17.14)中 X_t 决定的长期水平上,回复到均衡的调节速度取决于 $(1 - a_1)$。我们将在下一节中进一步讨论 π。

涉及多个高阶滞后项的一般模型

考虑下列两变量 Y_t 和 X_t 的 ARDL 模型:

$$Y_t = \mu + \sum_{i=1}^{n} a_i Y_{t-i} + \sum_{i=0}^{m} \gamma_i X_{t-i} + u_t \qquad (17.21)$$

$$Y_t = \mu + a_1 Y_{t-1} + \cdots + a_n Y_{t-n} + \gamma_0 X_t + \gamma_1 X_{t-1} + \cdots + \gamma_m X_{t-m} + u_t \qquad (17.22)$$

可以定义模型的长期解为 Y_t 和 X_t 都稳定到常数 Y^* 与 X^* 水平的点:

$$Y^* = \beta_0 + \beta_1 X^* \qquad (17.23)$$

假设 X^* 为常数:

$$X^* = X_t = X_{t-1} = \cdots = X_{t-m}$$

代入方程(17.21)得到长期解:

$$Y^* = \frac{\mu}{1 - \sum a_i} + \frac{\sum \gamma_i}{1 - \sum a_i} X^*$$

$$Y^* = \frac{\mu}{1 - a_1 - a_2 - \cdots - a_n} + \frac{(\gamma_1 + \gamma_2 + \cdots + \gamma_m)}{1 - a_1 - a_2 - \cdots - a_n} X^* \qquad (17.24)$$

或者

$$Y^* = B_0 + B_1 X^* \qquad (17.25)$$

在 t 阶段, Y^* 取决于 X 的常数值:

$$Y^* = B_0 + B_1 X_t \qquad (17.26)$$

将以上内容与前一节中的协整联系起来。e_t 被定义为方程(17.4)的均衡误差:

$$e_t \equiv Y_t - Y^* = Y_t - B_0 - B_1 X_t \qquad (17.27)$$

我们需要估计参数 B_0 和 B_1。显然从方程(17.21)中可以用 OLS 方法估计出 B_0 和 B_1,然后计算 $A = \mu/(1 - \sum a_i)$ 及 $B = \sum \gamma_i/(1 - \sum a_i)$。然而,这种方法的结果并非一目了然而且无法得到标准差。ECM 能够解决这些问题。

利用下面的模型对方程(17.21)重新参数化(尽管看上去差异巨大):

$$\Delta Y_t = \mu + \sum_{i=1}^{n-1} a_i \Delta Y_{t-i} + \sum_{i=0}^{m-1} \gamma_i \Delta X_{t-i} + \theta_1 Y_{t-1} + \theta_2 X_{t-1} + u_t \qquad (17.28)$$

注意:对于 $n = 1$,方程(17.28)左边的第二项消失了。可以看到:

$$\theta_2 = \sum_{i=1}^{m} \gamma_i \qquad (17.29)$$

这是长期参数 B_1 的分子;且有:

$$\theta_1 = -\left(1 - \sum_{i=1}^{n} a_i\right) \tag{17.30}$$

因此,长期参数 $B_0 = 1/\theta_1$,$B_1 = -\theta_2/\theta_1$。ECM 中的 Y_t 和 X_t 仅给出长期的参数,应该将其改写成下列的形式:

$$\Delta Y_t = \mu + \sum_{i=1}^{n-1} a_i \Delta Y_{t-i} + \sum_{i=0}^{m-1} \gamma_i \Delta X_{t-i} + \theta_1\left(Y_{t-1} - \frac{1}{\theta_1} - \frac{\theta_2}{\theta_1}X_{t-1}\right) + u_t \tag{17.31}$$

$$\Delta Y_t = \mu + \sum_{i=1}^{n-1} a_i \Delta Y_{t-i} + \sum_{i=0}^{m-1} \gamma_i \Delta X_{t-i} - \theta_1(Y_{t-1} - \hat{\beta}_0 - \hat{\beta}_1 x_t - 1) + u_t \tag{17.32}$$

其中,$\pi = 0$。进一步地,已知均衡误差 $Y_{t-1} - \hat{\beta}_0 - \hat{\beta}_1 x_{t-1} = e_t$,方程(17.31)可以整理成:

$$\Delta Y_t = \mu + \sum_{i=1}^{n-1} a_i \Delta Y_{t-i} + \sum_{i=0}^{m-1} \gamma_i \Delta X_{t-i} - \pi \hat{e}_{t-1} + \varepsilon_t \tag{17.33}$$

这里,π 的表示至关重要。π 是误差修正系数,或者称为调整系数。π 告诉我们每一期中针对均衡的调整程度,或者均衡误差被纠正的程度。考虑下列情况:

(a) 如果 $\pi = 1$,那么该阶段将有 100% 的调整,或者说调整是及时且充分的。
(b) 如果 $\pi = 0.5$,那么每阶段将有 50% 的调整。
(c) 如果 $\pi = 0$,那么调整将不会发生,称 Y_t^* 是 Y_t 的长期值就毫无意义。

我们需要将此与协整联系起来。由于协整性 $\hat{e}_t \sim I(0)$,因此同样有 $\hat{e}_{t-1} \sim I(0)$。ECM 新的方程式(17.33)仅包含 $I(0)$ 变量,并且我们能够得到长期的信息与短期的非均衡动态变化。这一点是 ECM 最重要的性质。

协整检验

单个方程的协整:Engle-Granger 方法

Granger(1981) 提出,协整关系将非平稳过程与长期均衡概念联系在一起。Engle 和 Granger(1987) 进一步地提出检验协整(即长期均衡)关系存在的方法。

为了更好地理解这种方法(通常称为 EG 方法),考虑下列 X_t 与 Y_t 的情况。

(a) 若 $Y_t \sim I(0)$ 且 $X_t \sim I(1)$,则两者的线性组合为:

$$\theta_1 Y_t + \theta_2 X_t \tag{17.34}$$

将产生 $I(1)$ 或者非平稳的序列,这是因为非平稳 $I(1)$ 序列的行为影响 $I(0)$ 的行为。

(b) 如果 X_t 和 Y_t 都是 $I(1)$ 的,那么两者任意的线性组合为:

$$\theta_1 Y_t + \theta_2 X_t \tag{17.35}$$

同样是 $I(1)$;但也存在例外,在个别的情况下可能只存在唯一的如式(17.35)的线性组合满足 $I(0)$。在这种情况下,我们可以说 X_t 和 Y_t 是 (1,1) 阶协整。

接下来,我们将回答如何估计长期均衡关系中的参数,以判断是否存在协整。

Engle 和 Granger 提出了一种包含四个步骤的方法：

步骤 1　检验变量的单整阶数

根据定义，协整的必要条件是变量有相同的单整阶数。因此，第一步应该检验每个变量的单整阶数。DF 检验及 ADF 检验可以得到每种变量单位根的个数，然后根据可能存在的下面三种情况决定继续下一步骤或者停止：

(a) 如果两个变量都是平稳的 $I(0)$，那么此时就可以直接运用标准的时间序列方法于平稳变量（或者可以运用经典的回归分析），因此没有必要继续进行；

(b) 如果两变量单整的阶数不同，那么它们之间可能不是协整关系；

(c) 如果两变量的单整阶数相同，那么继续步骤 2。

步骤 2　估计长期(可能的协整)关系

如果步骤 1 表明 X_t 与 Y_t 拥有相同的单整阶数（在经济学中通常是 $I(1)$），则应该估计其长期均衡关系：

$$Y_t = \beta_1 + \beta_2 X_t + e_t \tag{17.36}$$

并得到这个方程的残差项。

如果不存在协整关系，那么得到的结果就是虚假的。如果变量间协整，那么 OLS 回归对协整参数 $\hat{\beta}_2$ 将得到"超级一致"的估计量。

步骤 3　检验残差的(协整)单整阶数

为了判断变量是否为协整，将该式的残差记为 $\hat{e}_t$，表示长期关系的估计残差。如果长期均衡的偏离被证明是平稳的，就说明 X_t 与 Y_t 协整。

我们对残差序列做 DF 检验得到单整的阶数。DF 检验如下：

$$\Delta \hat{e}_t = a_1 \hat{e}_{t-1} + \sum_{i=1}^{n} \delta_i \Delta \hat{e}_{t-i} + v_t \tag{17.37}$$

$\hat{e}_t$ 是残差项且不包含常数项及时间趋势。临界值与标准 ADF 有所不同，更偏向负数（一般位于 -3.5 附近）。临界值见表 17.1。

表 17.1　不存在协整的临界值

	1%	5%	10%
无滞后	−4.07	−3.37	−3.30
有滞后	−3.73	−3.17	−2.91

显然，如果 $\hat{e}_t \sim I(0)$，我们应该拒绝 X_t 与 Y_t 非协整的原假设。对多于一个解释变量的情况进行类似处理。

步骤 4　估计误差修正模型

如果变量不是协整的，那么均衡回归中的残差就可以用来估计误差修正模型，分析变量的长期和短期效应，并且通过步骤 2 中的长期关系的滞后残差项系数得到调整系数。最后，我们还需要运用诊断检验来考察模型的适用性。

注意，协整检验的临界值（残差的 ADF 检验）与平稳性 ADF 检验的标准临界值不同。事实上，为了从协整中获得更为稳健的结论，与标准 ADF 相比，该临界值更偏向负数。Engle 和 Granger(1987)在他们的重要文献中提出 Monte Carlo 模拟,以此得到协整检验的临界值,这些结果见表 17.1。这里存在两类临界值:第一类在增强项中不包含滞后的因变量(即简单 DF 检验);第二类则包含了滞后因变量(即 ADF 检验)。MacKinnon(1991)提出更复杂的临界值,这是当下研究者的主要参考资源。

EG 方法的缺陷

EG 方法的特征之一是便于理解又便于操作;然而这种方法的主要缺陷如下:

(1)变量的阶数。在估计长期关系时,我们需要将一个变量置于方程的左边,其他的作为右边的回归变量;但检验并不能给出变量应该作为回归变量的原因。例如,存在两个变量 X_t 与 Y_t,我们可以以 X_t 对 Y_t 做回归($Y_t = a + \beta X_t + u_{1t}$)或者以 Y_t 对 X_t 做回归($X_t = a + \beta Y_t + u_{2t}$)。由渐近理论我们知道,当样本量趋向无穷时,上述两个回归中残差的协整检验是等价的(即检验 u_{1t} 或 u_{2t} 的单位根无差异)。然而在现实中,我们很少能得到大样本进而发现一个回归满足协整而另一个不满足。这显然是 EG 方法的一个缺陷。当我们有两个以上的变量要检验时,问题就变得更为复杂。

(2)多于两个变量会产生多重协整关系,Engle-Granger 方法利用单个方程的残差并不能解决这个问题。最重要的是它并没有给出协整向量的数量。

(3)EG 方法依赖于一个两步骤估计量。第一步产生残差序列,第二步对该序列做回归分析并检验平稳性。第一步骤中的任何差错都会对后面的工作造成影响。

上述的这些问题在后面介绍的 Johansen 方法中将一一得到解决。

EViews、Microfit 和 Stata 中的 EG 方法

EViews 中的 EG 方法

EG 检验的操作非常简单,并不需要用到 EViews 的其他知识。第一步,对所有的变量做 ADF 检验及 PP 检验,确定各自的单整阶数。若变量(不妨设为 X 和 Y)是同阶单整,就用简单 OLS 估计两者的长期关系。命令为:

    ls X c Y

或者

    ls Y c X

这取决于变量间的关系(见以上 EG 方法的缺陷)。第二步,由下面的命令得到残差:

    genr res_000 = resid

也可以用字母代替 000 表示残差。第三步(协整检验),检验残差的单位根,命令为:

    adf res_000

这表示没有滞后项;反之为:

```
adf(4) res_000
```

这表示存在 4 阶滞后项，以此类推。注意，临界值并非 EViews 中报告的数值，而应参考表 17.1。

Microfit 中的 EG 方法

在 Microfit 中，检验了变量的单整阶数后，在 **single** 编辑器中（点击 **single**）输入要估计的方程，点击 **Start** 得到 **results** 窗口中的估计结果。关闭这些结果，在 **Post RegressionMenu** 窗口中选择 **2. Move to Hypothesis Testing**，然后选择 **3. Unit-Root Test on the Residuals**。Microfit 会要求我们输入滞后项的阶数，然后给出单位根的 ADF 检验结果。最后将结果与表 17.1 中的临界值做比较。

Stata 中的 EG 方法

Stata 中的命令：

```
regress y x
predict res_000 , residuals
dfuller res_000 , noconstant
```

这是对于不含滞后项，也就是简单 DF 检验；反之为：

```
dfuller res_000 , noconstant lags(4)
```

这是对于含 4 阶滞后的增强形式，以此类推。

多方程的协整问题及 Johansen 方法

如果模型中存在两个以上的变量，就可能有多个协整向量。也就是说，变量间可能存在多重的均衡关系。一般地，n 个变量至多有 $n-1$ 个协整向量。因此当 $n=2$ 时，若协整向量存在，则该向量一定是唯一的。

当 $n>2$ 时，我们只能假设存在一种协整关系，因为多于一种时无法用 EG 单方程方法解得。所以，迫切需要替代 EG 检验的方法，这就是 Johansen 多方程的方法。

首先将单方程的误差修正模型拓展至多方程。假设存在三个外生变量 Y_t、X_t 及 W_t，有（令 $\mathbf{Z}_t = [Y_t, X_t, W_t]$）：

$$\mathbf{Z}_t = \mathbf{A}_1 \mathbf{Z}_{t-1} + \mathbf{A}_2 \mathbf{Z}_{t-2} + \cdots + \mathbf{A}_k \mathbf{Z}_{t-k} + \mathbf{u}_t \tag{17.38}$$

可将其与式（17.21）Y_t 与 X_t 的单方程动态模型作比较，将其写成向量误差修正模型（VECM）的形式：

$$\Delta \mathbf{Z}_t = \mathbf{\Gamma}_1 \Delta \mathbf{Z}_{t-1} + \mathbf{\Gamma}_2 \Delta \mathbf{Z}_{t-2} + \cdots + \mathbf{\Gamma}_{k-1} \Delta \mathbf{Z}_{t-k-1} + \mathbf{\Pi} \mathbf{Z}_{t-1} + \mathbf{u}_t \tag{17.39}$$

其中，$\mathbf{\Gamma}_i = (\mathbf{I} - \mathbf{A}_1 - \mathbf{A}_2 - \cdots - \mathbf{A}_k)(i=1,2,\cdots,k-1)$，且 $\mathbf{\Pi} = -(\mathbf{I} - \mathbf{A}_1 - \mathbf{A}_2 - \cdots - \mathbf{A}_k)$，$\mathbf{\Pi}$ 是 3×3 的矩阵（因为我们假设 $\mathbf{Z}_t = [Y_t, X_t, W_t]$）。$\mathbf{\Pi}$ 中囊括了长期信息，将其分解成 $\mathbf{\Pi} = \alpha \beta'$，其中的 α 表示均衡系数的调整速度，β' 则表示系数的长期矩阵。

因此，$\beta' \mathbf{Z}_{t-1}$ 等价于单方程中的误差修正量 $(Y_{t-1} - \beta_0 - \beta_1 X_{t-1})$，除了 $\beta' \mathbf{Z}_{t-1}$ 包含

$n-1$ 个向量。

为了简单起见,假设 $k=2$,因此我们只有两个滞后项,模型为:

$$\begin{pmatrix} \Delta Y_t \\ \Delta X_t \\ \Delta W_t \end{pmatrix} = \Gamma_1 \begin{pmatrix} \Delta Y_{t-1} \\ \Delta X_{t-1} \\ \Delta W_{t-1} \end{pmatrix} + \Pi \begin{pmatrix} Y_{t-1} \\ X_{t-1} \\ W_{t-1} \end{pmatrix} + \mathbf{e}_t \quad (17.40)$$

或者

$$\begin{pmatrix} \Delta Y_t \\ \Delta X_t \\ \Delta W_t \end{pmatrix} = \Gamma_1 \begin{pmatrix} \Delta Y_{t-1} \\ \Delta X_{t-1} \\ \Delta W_{t-1} \end{pmatrix} + \begin{pmatrix} a_{11} & a_{12} \\ a_{21} & a_{22} \\ a_{31} & a_{32} \end{pmatrix} \begin{pmatrix} \beta_{11} & \beta_{21} & \beta_{31} \\ \beta_{12} & \beta_{22} & \beta_{32} \end{pmatrix} \begin{pmatrix} Y_{t-1} \\ X_{t-1} \\ W_{t-1} \end{pmatrix} + \mathbf{e}_t \quad (17.41)$$

分析第一个方程的误差修正部分(即左边的 ΔY_t):

$$\Pi_1 \mathbf{Z}_{t-1} = \left([a_{11}\beta_{11} + a_{12}\beta_{12}] \ [a_{11}\beta_{21} + a_{12}\beta_{22}] \ [a_{11}\beta_{31} + a_{12}\beta_{32}] \right) \begin{pmatrix} Y_{t-1} \\ X_{t-1} \\ W_{t-1} \end{pmatrix}$$

(17.42)

其中,Π_1 表示矩阵 Π 的第一行。

方程(17.42)可以重新写成:

$$\Pi_1 \mathbf{Z}_{t-1} = a_{11}(\beta_{11} Y_{t-1} + \beta_{21} X_{t-1} + \beta_{31} W_{t-1}) + a_{12}(\beta_{12} Y_{t-1} + \beta_{22} X_{t-1} + \beta_{32} W_{t-1})$$

(17.43)

方程(17.43)表明,有两个协整向量,调整速度分别为 a_{11} 与 a_{12}。

多方程方法的优势

由多方程方法,我们可以得到协整向量(17.43)的估计量,而单方程方法只能得到两个长期关系的线性组合。

即使只存在一种协整关系(不妨设为第一个方程),多方程方法仍可算出调整系数的三种速度(a_{11}、a_{21}、a_{31})。

只有当 $a_{21} = a_{31} = 0$ 时才存在唯一的协整关系,此时可以说多方程方法等价于(降为)单方程方法,模型中不涵盖 ΔX_t 与 ΔW_t 且不造成损失。$a_{21} = a_{31} = 0$ 时也等价于 X_t 与 W_t 有弱外生性。

综上所述,只有当方程的右侧变量弱外生时,才能得到与多方程方法相同的结果。

Johansen 方法(续)

我们再次考察矩阵 Π 在不同情况下的表现。假设 $\mathbf{Z}_t$ 是非平稳 $I(1)$ 变量,那么 $\Delta \mathbf{Z}_{t-1}$ 为 $I(0)$ 且 $\Pi \mathbf{Z}_{t-1}$ 也是 $I(0)$ 的,从而使 $u_t \sim I(0)$ 并保证系统表现良好。

针对 $\Pi \mathbf{Z}_{t-1}$ 是 $I(0)$ 的情况,可以分三类讨论:

情况 1 $\mathbf{Z}_t$ 中所有的变量都平稳。显然这种情况非常易于理解,不会产生任何伪回归的问题,应采取原始数据的简单 VAR 模型。

情况 2 当不存在协整关系时,由于 $\mathbf{Z}_t$ 的元素间没有相关性,矩阵 $\mathbf{\Pi}$ 表现为 $n \times n$ 的零矩阵。在这种情况下,因为没有长期关系,所以一阶差分也不包含长期因素,可以使用 VAR 模型。

情况 3 当 $\beta' \mathbf{Z}_{t-1} \sim I(0)$,且至多存在 $n-1$ 重协整关系。在 β 中含有 $r \leq (n-1)$ 个协整向量,说明 β 中的 r 列元素组成了 $\mathbf{Z}_t$ 的 r 种线性无关组合,每一种都是平稳的。当然,$\mathbf{Z}_t$ 还有 $n-r$ 种共有的随机趋势。

由于 $\mathbf{\Pi} = \alpha\beta'$,在情况 3 中 α 和 β 都是 $n \times r$ 维,$\mathbf{\Pi}$ 矩阵为 $n \times n$ 维,因此 $\mathbf{\Pi}$ 的秩为 r,即只存在 r 个线性无关的行向量。这样,$\mathbf{\Pi}$ 矩阵只包含由 $\beta' \mathbf{Z}_{t-1}$ 给出的 r 个协整向量。降阶回归已在统计文献中运用了很多年,Johansen(1988) 通过引入非平稳的分析,将其与现代计量经济学联系起来。

回到上面考虑的矩阵 $\mathbf{\Pi}$ 的三种情况中:

情况 1 如果 $\mathbf{\Pi}$ 满秩(即有 $r=n$ 组线性无关的列向量),那么 $\mathbf{Z}_t$ 中的变量是 $I(0)$ 的。

情况 2 如果 $\mathbf{\Pi}$ 的秩为零(即不存在线性无关的列向量),那么不存在协整关系。

情况 3 如果 $\mathbf{\Pi}$ 降阶(即 $r \leq n-1$ 组线性无关的列向量),那么存在 $r \leq n-1$ 种协整关系。

Johansen(1988) 提出了一种方法,能够检验 $\mathbf{\Pi}$ 的秩,并通过降阶回归估计 α 与 β,但过程太过复杂,已超出本书的范围(详见 Cuthbertson,Hall 和 Taylor(1992))。

实际中 Johansen 方法的步骤

步骤 1 检验变量的单整阶数

和 EG 方法一样,Johansen 方法的第一步是检验各变量的单整阶数。大多数的经济时间序列都是非平稳的且存在单整的关系,我们应处理这些非平稳变量以获得平稳的协整关系以避免伪回归。显然,最理想的情况是所有变量的单整阶数相同,然后进行协整检验。但事实并非如此,有些情况下即使模型中同时存在 $I(0)$、$I(1)$ 与 $I(2)$ 变量,仍可能有协整关系。因此这些变量会严重影响结果,处理时须格外仔细。

假设含有 $I(0)$ 变量。在每个包含 $I(0)$ 的多变量模型中,协整关系的数量将随之上升。Johansen 方法能够计算 $\mathbf{\Pi}$ 的秩(即 $\mathbf{\Pi}$ 中线性无关列向量的个数),由于 $I(0)$ 变量本身平稳,其自身就构成了协整关系以及 $\mathbf{\Pi}$ 中的线性无关向量。

当含有 $I(2)$ 变量时,情况变得更为复杂。例如,一个模型中同时拥有 $I(1)$ 与 $I(2)$ 变量。此时,存在两个 $I(2)$ 变量与 $I(1)$ 变量协整的可能,而这种关系可能进一步地与两个 $I(1)$ 变量之一发生协整进而产生另一个协整向量。一般而言,不同单整阶数变量的问题非常复杂,而宏观经济数据中的绝大多数都是 $I(1)$ 变量。如果读者对含有 $I(2)$ 变量的模型感兴趣,可以参考 Johansen(1995b),该论文介绍了处理 $I(2)$ 模型的方法。

步骤 2 为模型设置恰当的滞后阶数

获得最恰当的(最优的)滞后阶数能够帮助我们得到高斯误差项(即标准正态误差

项),而不是非正态的、自相关的或异方差等。对模型产生短期效应的遗漏变量也会影响滞后阶数。因为遗漏变量会成为误差项的一部分,所以在决定是否添加变量前,考察数据间的关系是非常必要的。我们通常会在系统中加入反映短期"冲击"的虚拟变量,如对宏观经济运行产生重要影响的政策等。

在决定最优滞后阶数时,最普遍的做法是对变量的原始数据(没有差分过)估计 VAR 模型。这里的 VAR 模型应先估计很高的滞后长度,然后逐渐降阶重新估计直至滞后零阶(即先估计 12 阶滞后模型,然后 11 阶、10 阶直到 0 阶)。

每个模型都以 AIC 与 SBC 为判断准则,此外还要诊断其自相关性、异方差性、可能存在的 ARCH 效应以及残差的正态性。AIC 和 SBC 最小的模型是最优的滞后长度。

步骤 3 根据多参数系统中的确定性因素选择恰当的模型

动态模型另一个重要的因素是,长期或短期模型中是否应该包括截距项和/或趋势项。一般的 VECM 涵盖了所有的选项,如下:

$$\Delta \mathbf{Z}_t = \mathbf{\Gamma}_1 \Delta \mathbf{Z}_{t-1} + \cdots + \mathbf{\Gamma}_{k-1} \Delta \mathbf{Z}_{t-k-1} + \alpha(\beta \mathbf{Z}_{t-1} \mu_1 1 \delta_1 t) + \mu_2 + \delta_2 t + \mathbf{u}_t \quad (17.44)$$

这个方程包括了所有可能的情况。我们可以在长期模型(协整方程 CE)中加入常数项(系数为 μ_1)和/或趋势项(系数为 δ_1),在短期方程(VAR 模型)中加入常数项(系数为 μ_2)和/或趋势项(系数为 δ_2)。

总共有五个可以考虑的模型。尽管第一个与最后一个是不切实际的,但为了完整起见,我们仍列出这两种情况。

模型 1 CE 或者 VAR 中不含有截距项或者趋势项($\delta_1 = \delta_2 = \mu_1 = \mu_2 = 0$)。此时数据中没有确定性因素或者协整关系,然而这在现实中几乎不可能存在,特别是截距项通常可以解释($\mathbf{Z}_{t-1}1t$)中变量的调整。

模型 2 CE 中含有截距项(不含趋势项),VAR 中不含截距项或者趋势项($\delta_1 = \delta_2 = \mu_2 = 0$)。在这种情况下,数据中不含线性趋势,因此一阶差分的均值为零。长期模型(即协整方程)中的截距项解释了($\mathbf{Z}_{t-1}1t$)中变量的调整。

模型 3 CE 与 VAR 中都含有截距项,CE 与 VAR 中都没有线性趋势($\delta_1 = \delta_2 = 0$)。在这种情况下,原始数据都没有线性趋势,但允许在截距项附近浮动。此外,假定 CE 中的截距项被 VAR 中的截距项消去,在短期模型中只剩下一个截距项。

模型 4 CE 与 VAR 中含有截距项,CE 中含有线性趋势,VAR 中没有($\delta_2 = 0$)。我们将 CE 中的趋势项作为趋势平稳的变量解释外生的增长(技术进步),还令两者都有截距项而短期关系中没有趋势项。

模型 5 CE 中含有截距项与二次趋势,VAR 中有截距项与线性趋势。也就是在短期模型中包含线性趋势,而在 CE 中有二次趋势,因此模型每一项都是不受约束的。然而,这很难从经济学的角度加以解释,特别是变量以对数形式加入模型中,这是因为这类模型经常隐含不合情理的持续增长或下降。

因此，我们要从五个不同的模型中选出最恰当的进行协整检验。第一个与最后一个模型几乎不可能发生，在经济理论中这两种情况是不切实际的，问题就被化解为在剩下的三个模型中做出选择（模型2、模型3和模型4）。Johansen(1992)认为，我们需要运用 Pantula 法则对秩与确定性因素做联合检验。Pantula 法则包括上述三个模型的检验，并得到从受约束程度最高的假设检验结果（r = 协整关系数量 = 0，即模型2）至条件最宽松的假设检验结果（r = 进入 VAR 的变量数量 $-1 = n-1$，即模型4）。比较时，从受约束程度最高的模型开始，在每一阶段考察临界值，在第一次无法拒绝不存在协整关系的原假设时停止。

步骤4 判断 Π 的秩以及协整向量的数量

根据 Johansen(1988)、Johansen 和 Juselius(1990)，存在两种方法（以及对应的检验）计算协整关系的数量，两者都包含矩阵 Π 的估计量，这个 $k \times k$ 矩阵的秩为 r。具体的操作是以特征根的一些性质为基础的。

(a) 第一种方法检验 $Rank(\Pi) = r$ 的原假设，备择假设是秩为 $r+1$。因此，原假设等价于存在协整向量且有 r 种协整关系，备择假设则是存在 $r+1$ 个向量。

统计检验基于估计操作得到的特征根，检验中包含降序排列的最大特征根并考虑其是否显著异于零。假设有 n 个特征根 $\lambda_1 > \lambda_2 > \lambda_3 > \cdots > \lambda_n$。若变量间没有协整关系，则 Π 的秩为零，所有的特征根等于零。一方面，由于 $\ln(1) = 0$，而且不存在协整关系，每个表达式都等于零，因此 $(1 - \hat{\lambda}_i)$ 等于1。另一方面，由于 Π 的秩等于1，$0 < \lambda_1 < 1$，因此 $(1 - \hat{\lambda}_i) < 0$，其余都等于零。利用下面的统计量考察显著异于零的特征根的个数：

$$\lambda_{\max}(r, r+1) = -T\ln(1 - \hat{\lambda}_{r+1}) \tag{17.45}$$

由于统计检验量是基于最大的特征根展开的，因此也被称为最大特征根统计量（记为 $\lambda_{\max}$）。

(b) 第二种方法基于矩阵迹的似然比检验（被称为迹统计量）。迹统计量考察的是在加入超过 r 个特征根后迹是否增加。原假设为协整向量的个数小于或者等于 r。显然，若 $\hat{\lambda}_i = 0$，则迹统计量也等于零。或者说特征根越接近于1，$\ln(1 - \hat{\lambda}_i)$ 的负数值越大，迹统计量也越大。该统计量可以由下式计算：

$$\lambda_{trace}(r) = -T\sum_{i=r+1}^{n}\ln(1 - \hat{\lambda}_{r+1}) \tag{17.46}$$

一直计算至得到超过临界值的统计量为止，这就是我们需要的 r。Johansen 和 Juselius(1990)给出两种方法的临界值（这些临界值在使用 Johansen 方法后，会直接在 EViews 与 Microfit 中给出）。

步骤5 检验弱外生性

在得到协整向量的个数之后，需检验弱外生性。前面已证明 Π 中包含了长期关系且 $\Pi = \alpha\beta'$，α 表示系数的调整速度，β 则是长期系数的矩阵。显然，当 β 中有 $r \leq n-1$ 个协整向量，说明 α 中至少有 $n-1$ 列等于零。因此，在确定了协整向量的数量后，应对变量的弱外生性进行检验。

Johansen 方法的一个重要性质是能够检验协整向量的受约束形式。例如方程(17.40)以及下列方程：

$$\begin{pmatrix} \Delta Y_t \\ \Delta X_t \\ \Delta W_t \end{pmatrix} = \mathbf{\Gamma}_1 \begin{pmatrix} \Delta Y_{t-1} \\ \Delta X_{t-1} \\ \Delta W_{t-1} \end{pmatrix} + \begin{pmatrix} a_{11} & a_{12} \\ a_{21} & a_{22} \\ a_{31} & a_{32} \end{pmatrix} \begin{pmatrix} \beta_{11} & \beta_{21} & \beta_{31} \\ \beta_{12} & \beta_{22} & \beta_{32} \end{pmatrix} \begin{pmatrix} Y_{t-1} \\ X_{t-1} \\ W_{t-1} \end{pmatrix} + \mathbf{e}_t \quad (17.47)$$

在这个方程中，检验长期参数的弱外生性等价于检验 α 是否等于零。若 Z 的函数中只含有滞后变量，并且产生 Z 方程的参数与系统中产生其他变量的参数相互独立，说明 Z 具有弱外生性。方程(17.47)中的 Y 变量只含有滞后项，但一般而言，上述方程中的协整向量参数 β 对每一个方程都适用，因此产生 Y 的参数并不独立于同样产生 X 和 W 的参数。然而，如果矩阵 α 的第一行都是零元素，那么 β 就会从 Y 方程中消去，变得具有弱外生性。因此，我们需对 α 特定行的元素与对应的变量做联合弱外生性检验。如果发现弱外生变量，就在系统中将其视为内生变量并舍弃；尽管该变量仍在其他方程的右侧，但这个方程已被舍弃。

步骤6　检验协整向量的线性约束

通过 Johansen 方法，可以得到矩阵 α 与矩阵 β 的估计系数，然后检验可能存在的线性约束。矩阵 β 包含了长期的参数，据此能够进行假设检验。例如，检验货币需求关系，我们能够检验货币与价格的长期约束关系或者收入与货币需求的利率弹性的关系等。更多 Johansen 框架下线性约束的检验问题见 Enders(1995) 与 Harris(1997)。

EViews、Microfit 和 Stata 中的 Johansen 方法

EViews 中的 Johansen 方法

EViews 中有针对 Johansen 协整检验方法的特定命令。以文件 money_ita.wf1 为例，其中包含从 1975 年第一季度至 1997 年第四季度的意大利经济数据，变量定义如下：

  lm2_p = 由经居民价格指数平减过后的 M2 的对数值来度量实际货币供给
  lgdp_p = (仍由居民价格指数平减后)的实际收入的对数值
  r = 利率，表示持有现金后的机会成本

首先，确定变量的单整阶数。对我们想要检验协整性的三个变量进行单位根检验，利用 Doldado、Jenkinson 和 Sosvilla-Rivero(1990) 的方法选择适合的模型，并根据 SBC 法则得到最优的滞后长度。例如，M2 模型含有常数项与趋势项，但放入趋势项并不恰当(系数不显著)，因此我们只估计含有常数项的模型。当序列中存在一个单位根(ADF 统计量在 5% 的显著性水平上大于临界值)，意味着我们得到了满意的结果。所有原数据与一阶差分的结果见表 17.2。

表 17.2 单位根检验结果

Variables	Model	ADF-stat.	No. of lags
	ADF tests in the levels		
lm3_p	Constant no trend	-2.43	2
lgdp_p	Constant and trend	-2.12	4
r	Constant and trend	-2.97	2
	ADF tests in first differences		
lm3_p	Constant no trend	-4.45	2
lgdp_p	Constant no trend	-4.37	4
R	Constant and trend	-4.91	2

然后,确定最优的滞后长度。EViews 并不能自动地检测模型最优的滞后阶数(Microfit 中可以做到),因此要估计最大滞后长度的模型,然后逐次降阶,直至 AIC 与 SBC 最小时(如 Johansen 方法的第一步)。最终,我们得到的最优滞后长度为四阶(这对于季度数据并不奇怪)。

最后,利用 Pantula 原理在三个模型中选出进行协整检验的那一个。在 Microfit 中打开 **Quick/Group Statistics/Cointergration Test**,检验每个模型的协整性。在 **series list** 窗口中输入序列的名称,如:

```
lgdp_p lm2_p r
```

点击 **OK**。五个前面介绍的可选模型分别编号为 1、2、3、4 及 5。另一个选项(EViews 中的选项 6)比较了所有的模型。我们想要估计模型 2、模型 3 和模型 4(由于模型 1 和模型 5 极少可能存在)。我们选择估计模型 2,在右下角的方框中(EViews 默认"1 2"表示二阶滞后)输入滞后阶数。我们将"1 2"改为"1 4"四阶,点击 **OK** 得到结果。注意,在另一个对话框中可以输入(变量名称)我们处理为外生的变量,此处我们经常输入 $I(0)$ 变量或者可能对模型产生影响的虚拟变量。

结果如表 17.3 所示(我们只给出 Pantula 原理用到的迹统计量;后面我们将考察所有的结果)。

表 17.3 协整检验结果(模型 2)

Date: 04/07/04   Time: 17:14
Sample(adjusted): 1976:2 1997:4
Included observations: 87 after adjusting endpoints
Trend assumption: No deterministic trend (restricted constant)
Series: LGDP_P LM2_P R
Lags interval (in first differences): 1 to 4
Unrestricted Cointegration Rank Test

Hypothesized No. of CE(s)	Eigenvalue	Trace statistic	5% critical value	1% critical value
None**	0.286013	51.380160	34.91	41.07
At most 1*	0.139113	22.070700	19.96	24.60
At most 2	0.098679	9.038752	9.24	12.97

注:*(**)表示在 5%(1%)的水平上拒绝假设。迹检验表示 5% 水平与 1% 水平上的 2 个协整方程。

对模型 3 和模型 4 做相同的处理(在 **untitled group window** 中选择 **View/Cointegration Test**,将模型改为 3 或者 4),得到表 17.4 与表 17.5 两个结果。

表 17.4 协整检验结果(模型 3)

Date: 04/07/04 Time: 17:27
Sample(adjusted): 1976:2 1997:4
Included observations: 87 after adjusting endpoints
Trend assumption: Linear deterministic trend
Series: LGDP_P LM2_P R
Lags interval (in first differences): 1 to 4
Unrestricted Cointegration Rank Test

Hypothesized No. of CE(s)	Eigenvalue	Trace statistic	5% critical value	1% critical value
None	0.166219	25.790930	29.68	35.65
At most 1	0.108092	9.975705	15.41	20.04
At most 2	0.000271	0.023559	3.76	6.65

注:*(**)表示在5%(1%)的水平上拒绝假设。迹检验表示5%水平与1%水平上不存在协整方程。

表 17.5 协整检验结果(模型 4)

Date: 04/07/04 Time: 17:27
Sample(adjusted): 1976:2 1997:4
Included observations: 87 after adjusting endpoints
Trend assumption: Linear deterministic trend (restricted)
Series: LGDP_P LM2_P R
Lags interval (in first differences): 1 to 4
Unrestricted Cointegration Rank Test

Hypothesized No. of CE(s)	Eigenvalue	Trace statistic	5% critical value	1% critical value
None**	0.319369	52.026660	42.44	48.45
At most 1	0.137657	18.554700	25.32	30.45
At most 2	0.063092	5.669843	12.25	16.26

注:*(**)表示在5%(1%)的水平上拒绝假设。迹检验表示5%水平与1%水平上的1个协整方程。

将所有三个模型得到的迹统计量列在表 17.6 中进行比较。从协整向量个数最少($r=0$)的模型开始,模型 2 的迹统计量拒绝原假设,若接受则考察模型 3 是否拒绝原假设。在我们的检验中,模型 3 的迹统计量在5%水平上小于临界值,因此模型并没有反映协整性,停止分析。

表 17.6 Pantula 检验结果

r	$n-r$	Model 2	Model 3	Model 4
0	3	51.380160	25.790930*	52.026660
1	2	22.070700	9.975705	18.554700
2	1	9.038752	0.023559	5.669843

注:第一次原假设被拒绝时。

为了更详细地说明 EViews 的用法,我们考虑只存在两个协整向量的模型 2 的结果。从结果(表 17.7)中我们发现,矩阵的迹与最大特征根都表明存在 2 个协整向量。EViews 报告了矩阵 α 与矩阵 β 的系数,起先没有正态化而后进行正态化处理。在确定了协整向量的个数后,通过 **Procs/Make Vector Autoregression** 菜单估计 ECM。EViews 提供了两种 VAR 类型:若没有协整性存在的证据,就可以估计无约束的 VAR(点击相应的按钮);如果存在协整,就估计 VECM。在 VECM(通过 **Cointegration** 菜单)中输入我们想要估计的模型、协整向量的个数(从上一步得知),并在 **VEC restrictions** 菜单输入对 α 与 β 元素的约束。例如,约束 $\beta_{11}=0$,输入 $b(1,1)=0$。多于一个约束条件时用逗号隔开。

表 17.7 协整检验的完整结果(模型 2)

Date: 04/07/04 Time: 17:41
Sample(adjusted): 1975:4 1997:4
Included observations: 89 after adjusting endpoints
Trend assumption: No deterministic trend (restricted constant)
Series: LGDP_P LM2_P R
Lags interval (in first differences): 1 to 2
Unrestricted Cointegration Rank Test

Hypothesized No. of CE(s)	Eigenvalue	Trace statistic	5% critical value	1% critical value
None**	0.219568	48.200030	34.91	41.07
At most 1**	0.193704	26.136260	19.96	24.60
At most 2	0.075370	6.974182	9.24	12.97

注:*(**)表示在5%(1%)的水平上拒绝假设。迹检验表示5%水平与1%水平上的2个协整方程。

Hypothesized No. of CE(s)	Eigenvalue	Max-Eigen statistic	5% critical value	1% critical value
None*	0.219568	22.063770	22.00	26.81
At most 1*	0.193704	19.162080	15.67	20.20
At most 2	0.075370	6.974182	9.24	12.97

注:*(**)表示在5%(1%)的水平上拒绝原假设。最大特征值检验表明2个方程在5%水平上协整,在1%水平上不协整。

Unrestricted Cointegrating Coefficients (normalized by b'*S11*b=1):

LGDP_P	LM2_P	R	C
-5.932728	4.322724	-0.226210	10.33096
4.415826	-0.328139	0.158258	-11.15663
0.991551	-17.058150	0.113204	27.97470

Unrestricted Adjustment Coefficients (alpha):

D(LGDP_P)	0.004203	0.001775	3.68E-05
D(LM2_P)	0.001834	-0.001155	0.003556
D(R)	0.228149	-0.399488	-0.139878

(续表)

1 Cointegrating Equation(s):		Log likelihood	415.4267
Normalized cointegrating coefficients (std. err. in parentheses)			
LGDP_P	LM2_P	R	C
1.000000	-0.728623	0.038129	-1.741351
	(0.61937)	(0.01093)	(1.17467)
Adjustment coefficients (std. err. in parentheses)			
D(LGDP_P)	-0.024938		
	(0.005830)		
D(LM2_P)	-0.010881		
	(0.008950)		
D(R)	-1.353545		
	(0.737890)		
2 Cointegrating Equation(s):		Log likelihood	425.0077
Normalized cointegrating coefficients (std. err. in parentheses)			
LGDP_P	LM2_P	R	C
1.000000	0.000000	0.035579	-2.615680
		(0.017650)	(0.243400)
0.000000	1.000000	-0.003500	-1.199974
		(0.029330)	(0.404460)
Adjustment coefficients (std. err. in parentheses)			
D(LGDP_P)	-0.017100	0.017588	
	(0.007120)	(0.004170)	
D(LM2_P)	-0.015981	0.008307	
	(0.011120)	(0.006520)	
D(R)	-3.117614	1.117312	
	(0.860050)	(0.504130)	

Microfit 中的 Johansen 方法

首先通过 **multi** 按钮打开 **multi** 窗口；然后通过 **Multivariate Menu** 菜单选择 **Unrestricted VAR**，并在对应的对话框中输入方程。输入我们想要检验协整的变量名称，以确定无约束 VAR 的最优滞后长度。输入变量名后点击 **Start**，来到 Unrestricted VAR post estimation menu，选择选项 **4. Hypothesis testing and lag order delection in the VAR**；再选择 **1. Testing and selection criteria for order (lag-length) of the VAR**，得到表 17.8 的结果。

表 17.8 确定 VAR 模型时的统计检验量

Based on 258 observations from 1974M1 to 1995M6. Order of VAR = 12
List of variables included in the unrestricted VAR：
FF   ITL

Order	LL	AIC	SBC	LR test		Adjusted LR test	
12	-1 326.9	-1 354.9	-1 460.2				
11	-1 327.1	-1 351.1	-1 349.3	CHSQ (4) =	0.4430 [0.979]	0.4018 [0.982]	
10	-1 328.1	-1 348.1	-1 339.2	CHSQ (8) =	2.4182 [0.965]	2.1932 [0.975]	
9	-1 328.5	-1 344.5	-1 328.4	CHSQ (12) =	3.0913 [0.995]	2.8037 [0.997]	
8	-1 332.1	-1 354.1	-1 320.9	CHSQ (16) =	10.2877 [0.851]	9.3307 [0.899]	
7	-1 334.4	-1 352.4	-1 312.1	CHSQ (20) =	14.8836 [0.783]	13.4991 [0.855]	
6	-1 335.7	**-1 359.7**	**-1 402.4**	CHSQ (24) =	17.6463 [0.820]	16.0048 [0.888]	
5	-1 336.9	-1 356.9	-1 392.5	CHSQ (28) =	20.0586 [0.862]	18.1927 [0.921]	
4	-1 337.2	-1 353.2	-1 381.6	CHSQ (32) =	20.5527 [0.941]	18.6409 [0.971]	
3	-1 338.3	-1 350.3	-1 371.6	CHSQ (36) =	22.8243 [0.957]	20.7011 [0.981]	
2	-1 341.0	-1 349.0	-1 363.2	CHSQ (40) =	28.1570 [0.920]	25.5377 [0.963]	
1	-1 345.4	-1 349.4	-1 356.5	CHSQ (44) =	36.9251 [0.766]	33.4902 [0.875]	
0	-2 836.3	-1 336.3	-1 336.3	CHSQ (48) =	3 018.8 [0.000]	2 738.0 [0.000]	

注：AIC 表示 Akaike 信息标准；SBC 表示 Schwarz Bayesian 标准。

表中有 13 种不同滞后结构(从滞后 12 阶至滞后 0 阶)的 AIC、SBC 及其他的统计量，我们要选择最小 AIC 与 SBC 的模型。在这个例子中，两个统计量的结果都指向滞后长度 6 阶为最优(表中的粗体字)。

为了检验变量的协整性，在 **Multivariate Menu** 菜单中选择 **Cointegrating VAR Menu**。5 个选项分别对应 Johansen 方法中不同确定性因素的模型。在使用 Pantula 原理前仍要估计三个模型(模型 2、模型 3 和模型 4；略去模型 1 和模型 5)。点击 **Start** 得到结果。如果统计量大于临界值，就拒绝不存在协整性的原假设，接受备择假设。关闭结果后，选择 **Cointegrating VAR post estimation menu**，在选项 2 中输入协整关系的数量(由前面的迹与最大值得到)，在选项 3 中设置协整向量等，选项 6 为 **Long Run Structural Modelling Menu**，我们可以在此输入协整向量系数的约束条件。

Stata 中的 Johansen 方法

在 Stata 中，Johansen 协整检验的命令语句为：

```
vecrank varnames , options
```

其中，varname 对应被检验的变量名。在给出的选项中，指定理论存在的不同模型。因此，对于每一个模型而言(从模型 1 到模型 5)分别有：

```
Model 1: trend(none)
Model 2: trend(rconstant)
Model 3: trend(constant)
Model 4: trend(rtrend)
Model 5: trend(trend)
```

如果想要检验第三个模型中两个变量(将其命名为 x 和 y)间的协整性,命令为:

```
vecrank y x,max trend(constant) lags(2)
```

在 Stata 中,max 命令用于同时输出最大和迹统计量(如果省略 max,Stata 将仅报告迹统计量),lags(#)指定所使用的滞后阶数(本例中为2)。

如果存在协整性,命令为:

```
vec varnames , options
```

这给出 VECM 估计结果。选项和上述一样。因此,下列命令:

```
vec y x, trend(trend) lags(3)
```

将从第五个模型的协整方程中,得到短期内 y 和 x 的三阶滞后的 VECM 结果。

协整的计算机实例

我们将再次检验 Asteriou 和 Price(2000a)的结果,他们得到的变量单整阶数已经在第 16 章中给出。建立了平稳的数据后,我们可以接下去进行协整检验。

表 17.9 的结果报告了利用 Engle-Granger(1987)方法进行的协整检验。首先将资本/劳动比与金融发展代理变量对人均 GDP 做回归。表 17.9 中的统计量由 ADF 检验得到,原假设为协整回归的残差存在单位根。第一种方法表明人均 GDP 与每种金融代理变量间存在协整关系的假设都被拒绝了(临界值是 −3.37,见表 17.1)。

表 17.9　Enger-Granger 协整检验

协整向量中的变量	ADF-statistic	k	n
Y, K, M	−2.6386	4	109
Y, K, CUR	−2.1290	6	109
Y, K, CL	−2.0463	4	104
Y, K, T	−3.3999	4	85

注:k 表示由 FPE 检验确定的增强 ADF 的维度;n 表示 Engle-Granger 方法第一步中的观察值数量。

然而,Engle-Granger 方法存在不少缺陷。一是依赖于两步法的估计量:第一步生成误差序列,第二步考察序列是否平稳。在第一步中产生的任何误差都将代入第二步中,特别是短期动态的偏误表达形式。Johansen(1988)极大似然法避开了两步法且估计了多重的协整向量,还检验了有约束的协整向量以及参数的调整速度。

利用 Johansen 方法继续检验协整性。首先在每种情况中引入一种金融发展代理变量,检验协整向量的存在性;然后将四种金融代理变量全部包含进来。

货币化比率

我们想要检验人均 GDP 与金融发展代理变量间是否存在协整关系。第一个金融代理变量是货币化比率。Johansen 方法对滞后长度非常敏感(Banerjee 等,1993),因此我们估计包含货币化比率、资本/劳动比以及各种滞后阶数的人均 GDP 的 VAR 系统,并且计算各自的 AIC 与 SBC 以确定协整检验最优的滞后长度。基于 1972 年第一季度至 1997 年第一季度的样本,我们一共估计了 9 种 VAR(p)模型,$p=1,2,\cdots,9$,并且如预期一样,对数似然(LL)最大值随着 p 增加。两种法则都表明,最优的滞后阶数是二阶。表 17.10 的结果中,对数似然比给出 7 阶的 VAR 结果。与此构成对比的是,AIC、SBC 都显示滞后长度为 2。因此,我们先检验 VAR 系统中含有二阶滞后项的协整性。

表 17.10　VAR 的统计检验量

Based on 101 obs. from 1972q1 to 1997q1
Variables included in the unrestricted VAR: Y, K, M

Order	LL	AIC	SBC	LR test	Adjusted LR test
8	1 092.2	1 014.2	912.1	—	—
7	1 089.4	1 020.4	930.1	$\chi^2(9) = 5.62\ [0.777]$	4.17 [0.900]
6	1 068.0	1 008.0	929.5	$\chi^2(18) = 48.33\ [0.000]$	35.89 [0.007]
5	1 064.1	1 013.1	946.3	$\chi^2(27) = 56.21\ [0.001]$	41.74 [0.035]
4	1 060.7	1 018.7	963.7	$\chi^2(36) = 62.97\ [0.004]$	46.76 [0.0108]
3	1 051.1	101 8.1	974.9	$\chi^2(45) = 82.15\ [0.001]$	61.00 [0.056]
2	1 045.1	102 1.1	989.7	$\chi^2(54) = 94.13\ [0.001]$	69.90 [0.072]
1	938.8	968.8	949.2	$\chi^2(63) = 216.58\ [0.000]$	160.82 [0.000]
0	284.5	275.5	270.7	$\chi^2(72) = 1\ 615.10\ [0.000]$	1 199.40 [0.000]

注:AIC 表示 Akaike 信息标准;SBC 表示 Schwarz Bayesian 标准。

我们还需要确定短期及长期模型中截距项与趋势项的约束条件。再次利用 Pantula 原理,即估计所有三个模型,由繁至简,逐次比较迹或者最大特征根检验的临界值,当第一次原假设无法被拒绝时停止(选择该模型)。三个模型的估计结果见表 17.11。第一次无法拒绝原假设的是模型 1(受约束的截距项,原始数据中不含趋势),并且迹与最大特征根检验的统计量都表明存在协整关系。

表 17.11　货币化比率代理变量的 Pantula 原理($k=2$)

H_0	r	n-r	Model 1	Model 2	Model 3
λ max test					
	0	3	40.68	19.96	31.21
	1	2	13.13*	4.56	13.65
	2	1	3.69	0.07	4.17
λ trace test					
	0	3	57.50	29.60	42.03
	1	2	4.56*	4.46	17.82
	2	1	0.07	0.07	4.17

注:* 表示第一次原假设在 90% 水平上被拒绝。

表 17.12 给出协整检验的结果。协整向量位于表中最后一列,货币化比率与资本/劳动比也如预期一样显示为正;然而协整向量中不含有常数项,这可能是因为生产函数

中的技术进步参数不是很显著。所有的技术创新都是由货币化比率推动的,这显然不符合实际。另外,对应的 VECM 的残差存在序列相关以及非正态分布的问题。这表明我们可能选择了过小的滞后长度。

表 17.12　基于 Johansen 极大似然法的协整检验($k=2$)

原假设	备择假设		临界值	
			95%	90%
$\lambda_{\max}$ rank tests		$\lambda_{\max}$ rank value		
$H_0: r = 0$	$H_a: r > 0$	40.68*	22.04	19.86
$H_0: r \leq 1$	$H_a: r > 1$	13.13	15.87	13.81
$H_0: r \leq 2$	$H_a: r > 2$	3.69	9.16	7.53
λ_{trace} rank tests		λ_{trace} rank value		
$H_0: r = 0$	$H_a: r = 1$	57.50*	34.87	31.39
$H_0: r = 1$	$H_a: r = 2$	16.82	20.18	17.78
$H_0: r = 2$	$H_a: r = 3$	3.69	9.16	7.53
Normalized ecm: $Y = 0.408^* K + 0.286^* M + 8.392$				

注:从 1970 年第三季度至 1997 年第一季度的 107 个观察值;*、** 表示在 5%、10% 显著性水平上拒绝原假设;临界值摘自 Ostervald-Lenum(1992)。

因此,我们重新估计一个滞后 7 阶的模型(加入残差极端值的虚拟变量,解决非正态分布的问题)。表 17.13 的结果显示,合理的模型中含有无约束截距项与趋势项,这与经济学理论相符;换句话说,技术进步中存在随机的趋势(Greenslade、Hall 和 Henry, 1999)。

表 17.13　货币化比率代理变量的 Pantula 原理($k=7$)

H_0	r	n-r	Model 1	Model 2	Model 3
λ max test					
	0	3	32.29	29.20	42.60
	1	2	27.27	8.76*	12.80
	2	1	8.58	0.19	8.61
λ trace test					
	0	3	69.32	38.17	64.02
	1	2	36.35	8.96*	21.41
	2	1	8.58	0.13	8.61

注:* 表示第一次在 90% 水平上无法拒绝原假设。

协整检验的结果见表 17.14,在最后一行中给出协整关系(滞后 2 阶)。货币化比率与人均 GDP 间存在很强的正相关性,支持金融发展与经济增长相互作用的假设。

表 17.14　基于 Johansen 极大似然法的协整检验（$k=7$）

原假设	备择假设		临界值	
			95%	90%
λ_{max} rank tests		λ_{max} rank value		
$H_0: r = 0$	$H_a: r > 0$	29.20*	21.12	19.02
$H_0: r \leq 1$	$H_a: r > 1$	8.76	14.88	12.98
$H_0: r \leq 2$	$H_a: r > 2$	0.19	8.07	6.50
λ_{trace} rank tests		λ_{trace} rank value		
$H_0: r = 0$	$H_a: r = 1$	38.17*	31.54	28.78
$H_0: r = 1$	$H_a: r = 2$	8.96	17.86	15.75
$H_0: r = 2$	$H_a: r = 3$	0.19	8.07	6.50
Normalized ecm: $Y = 0.376^* K + 0.335^* M$				

注：从1971年第三季度至1997年第一季度的102个观察值；*、**表示在5%、10%显著性水平上拒绝原假设；临界值摘自 Ostervald-Lenum(1992)。

表 17.15 总结了 VECM 模型的结果以及每个误差修正方程残差的基本诊断。我们给出系数以及 ecm_{t-1} 的 t 统计量，符号都与预计的相一致并且在统计上显著。ECM 中不显著的资本/劳动比变量显示了弱外生性；χ^2 诊断检验了是否存在序列相关，残差是否服从正态分布，是否存在异方差以及自回归条件异方差。所有方程的诊断检验都显示，参数满足 Johansen 方法要求的高斯过程。

表 17.15　VECM 结果归纳及诊断检验

	ΔY	ΔK	ΔM
constant	0.904 (4.507)	−0.141 (−1.488)	−0.908 (−2.775)
ecm(−1)	−0.208 (−4.490)	0.004 (1.540)	0.280 (2.780)
R^2	0.790	0.750	0.790
S.E. of regression	0.006	0.002	0.010
$\chi^2_{S.C.}(4)$	0.639	2.748	8.195
$\chi^2_{Norm}(2)$	0.776	5.995	5.585
$\chi^2_{Het}(1)$	2.511	0.067	2.993
$\chi^2_{Arch}(4)$	1.445	4.781	3.239

注：*表示在5%显著性水平上拒绝原假设；括号中的数值为 t 统计量。

周转率

第二个金融发展代理变量是周转率，其滞后长度的检验结果（包括人均 GDP、周转率、资本/劳动比、截距项与各种结构虚拟变量）见表 17.16。从中可以看到，滞后长度为二阶，所有三种度量滞后长度的方法都支持这个结果。选择的模型含无约束截距项，但原始数据不含趋势项，这与期望一致（见表 17.17）。协整检验的结果如表 17.18 所示，其存在一种协整向量，符号与预期一致，说明人均 GDP 与周转率长期内存在相互关系。表 17.19 的诊断结果显示，误差项满足高斯过程。ECM 的系数符号与预期一致，并且统计上显著异于零；然而资本的系数非常小，这一点难以解释。

表 17.16　确定 VAR 阶数的统计检验量

Based on 77 obs. from 1978q1 to 1997q1
List of variables included in the unrestricted VAR: Y, K, T

Order	LL	AIC	SBC	LR test	Adjusted LR test
8	692.6	614.6	523.2	—	—
7	685.3	616.3	535.4	$\chi^2(9) = 14.54\ [0.104]$	9.63 [0.381]
6	679.9	619.9	549.6	$\chi^2(18) = 25.24\ [0.118]$	16.72 [0.542]
5	672.0	621.0	561.2	$\chi^2(27) = 41.17\ [0.040]$	27.26 [0.449]
4	667.2	625.2	576.0	$\chi^2(36) = 50.80\ [0.052]$	33.64 [0.581]
3	664.4	631.4	592.7	$\chi^2(45) = 56.42\ [0.118]$	37.37 [0.783]
2	649.4	625.3	597.2	$\chi^2(54) = 86.55\ [0.003]$	57.32 [0.353]
1	606.8	591.8	574.3	$\chi^2(63) = 171.48\ [0.000]$	113.58 [0.000]
0	170.4	164.4	157.3	$\chi^2(72) = 1044.4\ [0.000]$	691.75 [0.000]

注：AIC 表示 Akaike 信息标准；SBC 表示 Schwarz Bayesian 标准。

表 17.17　周转率代理变量的 Pantula 原理

H_0	r	$n-r$	Model 1	Model 2	Model 3
λ max test					
	0	3	49.86	24.11	27.76
	1	2	23.74	8.67*	17.96
	2	1	7.34	0.55	0.43
λ trace test					
	0	3	49.86	33.43	54.19
	1	2	23.74	9.23*	26.43
	2	1	7.34	0.55	8.46

注：* 表示第一次在 90% 水平上无法拒绝原假设。

表 17.18　基于 Johansen 极大似然法的协整检验

原假设	备择假设		临界值	
			95%	90%
$\lambda_{\max}$ rank tests		$\lambda_{\max}$ rank value		
$H_0: r = 0$	$H_a: r > 0$	24.11*	21.12	19.02
$H_0: r \leq 1$	$H_a: r > 1$	8.67	14.88	12.98
$H_0: r \leq 2$	$H_a: r > 2$	0.55	8.07	6.50
λ_{trace} rank tests		λ_{trace} rank value		
$H_0: r = 0$	$H_a: r = 1$	33.43*	31.54	28.78
$H_0: r = 1$	$H_a: r = 2$	9.23	17.86	15.75
$H_0: r = 2$	$H_a: r = 3$	0.55	8.07	6.50
Normalized ecm: $Y = 0.376^* K + 0.335^* M$				

注：从 1976 年第三季度至 1997 年第一季度的 82 个观察值；*、** 表示在 5%、10% 显著性水平上拒绝原假设；临界值摘自 Ostervald-Lenum(1992)。

表 17.19　VECM 与诊断检验的结果归纳

	ΔY	ΔK	ΔT
ecm(-1)	-0.025 (-4.290)	0.006 (2.283)	0.440 (2.610)
R^2	0.590	0.770	0.420
S. E. of Regression	0.005	0.0027	0.171
$\chi^2_{S.C.}(4)$	6.480	5.560	3.030
$\chi^2_{Norm}(2)$	0.180	3.010	4.400
$\chi^2_{Het}(1)$	0.930	0.060	1.040
$\chi^2_{Arch}(4)$	3.890	11.450	1.880

注：* 表示在 5% 显著性水平上拒绝原假设；括号中的数值为 t 统计量。

赔付率与流通率

现在将分析延伸至另两个金融发展代理变量（赔付率与流通率）。在这两种情况下，我们认为第二种模型较为适合（无约束截距项，无趋势），但这些变量与人均 GDP 间都没有协整关系（见表 17.20 与表 17.21）。

表 17.20　赔付率代理变量的 Pantula 原理

H_0	r	$n-r$	Model 1	Model 2	Model 3
λ max test					
	0	3	39.60	13.27*	31.73
	1	2	11.04	9.60	12.88
	2	1	7.60	0.24	9.34
λ trace test					
	0	3	58.25	23.12*	53.96
	1	2	18.65	9.58	22.22
	2	1	0.06	0.24	9.34

注：* 表示第一次在 90% 水平上无法拒绝原假设。

表 17.21　流通率代理变量的 Pantula 原理

H_0	r	$n-r$	Model 1	Model 2	Model 3
λ max test					
	0	3	39.11	11.20*	32.00
	1	2	7.70	7.51	10.87
	2	1	6.13	0.09	7.37
λ trace test					
	0	3	52.95	18.81*	50.25
	1	2	13.84	7.60	18.25
	2	1	6.13	0.09	7.37

注：* 表示第一次在 90% 水平上无法拒绝原假设。

因此，通过 Johansen 方法，我们得出 4 个金融发展代理变量中的 2 个（货币化与周转率）与人均 GDP 间存在很强的协整关系。

多于一个金融发展代理变量的模型

在这一节中,我们将考察多于一个金融发展代理变量的模型。首先我们估计包括4个代理变量的模型;选择的滞后长度为2阶(见表17.22),模型中包含了无约束的截距项,在VECM中不含趋势项(见表17.23)。

表17.22 确定VAR阶数的统计检验量

Based on 77 obs. from 1978q1 to 1997q1
List of variables included in the unrestricted VAR: Y, K, T, M, CL, CUR

Order	LL	AIC	SBC	LR test	Adjusted LR test
8	1421.40	1121.4	769.8	—	—
7	1363.10	1099.1	789.7	$\chi^2(36) = 16.67 [0.000]$	40.91 [0.264]
6	1312.60	1084.6	817.4	$\chi^2(72) = 17.67 [0.000]$	76.32 [0.341]
5	1287.00	1095.0	869.9	$\chi^2(108) = 268.94 [0.000]$	94.30 [0.823]
4	1254.70	1098.7	915.8	$\chi^2(144) = 333.54 [0.000]$	116.95 [0.952]
3	1225.30	1105.3	964.6	$\chi^2(180) = 392.33 [0.000]$	137.57 [0.992]
2	1190.30	1106.3	1007.9	$\chi^2(216) = 462.23 [0.000]$	162.08 [0.998]
1	1129.50	1081.5	1025.2	$\chi^2(252) = 583.96 [0.000]$	204.76 [0.987]
0	90.47	378.4	364.4	$\chi^2(288) = 2061.90 [0.000]$	723.01 [0.000]

注:AIC表示Akaike信息标准;SBC表示Schwarz Bayesian标准。

表17.23 所有金融发展代理变量的Pantula原理

H_0	r	$n-r$	Model 1	Model 2	Model 3
λ max test					
	0	6	51.37	51.12	56.60
	1	5	41.90	34.65	47.95
	2	4	29.81	18.37*	24.86
	3	3	17.37	10.80	17.20
	4	2	7.50	5.79	10.80
	5	1	5.70	0.86	5.76
λ trace test					
	0	6	153.68	121.99	163.23
	1	5	102.31	70.86	106.23
	2	4	60.40	36.20*	58.67
	3	3	30.58	17.46	33.80
	4	2	13.21	6.66	16.60
	5	1	5.70	0.86	5.79

注:*表示第一次在90%水平上无法拒绝原假设。

协整检验的结果见表17.24。现在我们得到两个协整向量,这与先前货币化与人均GDP间、周转率与人均GDP间存在协整的结果相符。所有变量的VECM结果见表17.25,结果表明赔付率与流通率在协整模型中应被处理为弱外生变量。因此,我们将这两个代理变量作为外生变量重新估计。然而,尽管得到一个协整向量,资本/劳动比以及金融代理变量的符号也与预计的相一致,我们在所有情况下都无法接受外生性的检验。

表 17.24 基于 Johansen 极大似然法的协整检验

原假设	备择假设		临界值	
			95%	90%
λ_{max} rank tests		λ_{max} rank value		
$H_0: r = 0$	$H_a: r > 0$	51.12*	39.83	36.84
$H_0: r \leq 1$	$H_a: r > 1$	34.65*	33.64	31.02
$H_0: r \leq 2$	$H_a: r > 2$	18.37	27.42	24.99
$H_0: r \leq 3$	$H_a: r > 3$	10.80	21.12	19.02
$H_0: r \leq 4$	$H_a: r > 4$	5.79	14.88	12.98
$H_0: r \leq 5$	$H_a: r > 5$	0.86	8.07	6.50
λ_{trace} rank tests		λ_{trace} rank value		
$H_0: r = 0$	$H_a: r = 1$	121.99*	95.87	91.40
$H_0: r = 1$	$H_a: r = 2$	70.86*	70.49	66.23
$H_0: r = 2$	$H_a: r = 3$	36.20	48.88	45.70
$H_0: r = 3$	$H_a: r = 4$	17.46	31.54	28.78
$H_0: r = 4$	$H_a: r = 5$	6.66	17.86	15.75
$H_0: r = 5$	$H_a: r = 6$	0.86	8.07	6.50

Normalized ecm1: $Y = 0.138 * K + 0.130 * M + 0.252 * CUR + 0.098 * CL + 0.058 * T$
Normalized ecm2: $Y = 0.231 * K + 0.200 * M + 0.279 * CUR + 0.007 * CL + 0.089 * T$

注:从 1976 年第三季度至 1997 年第一季度的 83 个观察值;*、**表示在 5%、10% 显著性水平上拒绝原假设;临界值摘自 Ostervald-Lenum(1992)。

表 17.25 VECM 模型与诊断检验的结果归纳

	ΔY	ΔK	ΔM	ΔCUR	ΔCL	ΔT
constant	1.27	-0.26	-0.01	-0.14	-0.01	-29.30
	(4.88)	(-1.93)	(-0.32)	(-0.35)	(-1.14)	(-2.57)
ecm1(-1)	0.007	-0.007	0.010	-0.010	-1.520	0.030
	(1.200)	(-0.200)	(1.79)	(-1.14)	(-5.91)	(0.18)
ecm2(-1)	-0.030	0.007	0.010	-0.004	-0.330	0.350
	(-5.18)	(2.27)	(1.80)	(-0.44)	(-1.31)	(1.78)
R^2	0.590	0.700	0.520	0.400	0.520	0.230
S.E. of Regression	0.005	0.003	0.100	0.009	0.250	0.190
$\chi^2_{S.C.}(4)$	3.95	8.69	13.95*	3.43	15.18*	22.29*
$\chi^2_{Norm}(2)$	0.52	3.32	15.53*	7.31*	69.74*	1.49
$\chi^2_{Het}(1)$	0.85	0.08	0.0001	0.62	0.004	0.64
$\chi^2_{Arch}(4)$	5.43	1.71	3.16	2.32	2.54	0.89

注:*表示在 5% 显著性水平上拒绝原假设;括号中的数值为 t 统计量。

最后,我们估计包含人均 GDP 协整的金融发展代理变量(周转率与货币化比率)。协整检验的结果见表 17.26。结果表明,存在一个协整向量,人均 GDP 与资本/劳动比正相关,并且与前面的结果相比系数更大;另外,自变量与两个金融发展比值间也存在正相关的关系。对于这个模型的结果,我们不做过多的解释,但它体现出一定的经济学含义,而且与之前每个变量各自反映金融发展的模型结果一致。

表 17.26 基于 Johansen 极大似然法的协整检验

原假设	备择假设		临界值	
			95%	90%
λ_{max} rank tests		λ_{max} rank value		
$H_0: r = 0$	$H_a: r > 0$	30.24*	27.42	24.99
$H_0: r \leq 1$	$H_a: r > 1$	14.29	21.12	19.02
$H_0: r \leq 2$	$H_a: r > 2$	5.07	14.88	12.98
$H_0: r \leq 3$	$H_a: r > 3$	0.02	8.07	6.50
λ_{trace} rank tests		λ_{trace} rank value		
$H_0: r = 0$	$H_a: r = 1$	49.63*	48.88	45.70
$H_0: r = 1$	$H_a: r = 2$	19.39	31.54	28.78
$H_0: r = 2$	$H_a: r = 3$	5.09	17.86	15.75
$H_0: r = 3$	$H_a: r = 4$	0.02	8.07	6.50
Normalized ecm: $Y = 0.122 * K + 0.110 * M + 0.073 * T$				

注:从 1976 年第三季度至 1997 年第一季度的 83 个观察值;*、** 表示在 5%、10% 显著性水平上拒绝原假设;临界值摘自 Ostervald-Lenum(1992)。

问题与练习

问题

1. 解释协整的含义。为什么协整对经济学分析是不可或缺的?
2. 为什么同阶单整的序列有可能协整?试着举出一些例子。
3. 什么是误差修正模型?证明 ECM 是 ARDL 模型的重新参数化。
4. 列出 ECM 能在计量经济学中广泛运用的原因及其优势。
5. 写出采用 EG 方法检验协整性的步骤。
6. 给出 EG 方法的缺陷,并与其他方法(Johansen 方法)作比较。
7. 是否存在下面的可能性,即两个 $I(1)$ 变量、两个 $I(2)$ 变量,用 Johansen 检验协整,得到 $I(2)$ 变量与 $I(1)$ 变量协整的结果。请加以解释。

练习 17.1

文件 korea_phillips.wf1 包含韩国经济中工资与失业率的数据。运用 EG 方法检验两变量的协整性,并回答韩国经济是否满足菲利普斯曲线。

练习 17.2

文件 cointegration.wf1 包含三个变量（x、y 和 z）。检验单整的阶数，并用 EG 方法对三组变量做检验。在哪一组中发现了协整呢？

练习 17.3

利用练习 17.2 中的文件，运用 Johansen 方法证明得到的结果。在多变量 Johansen 协整检验中放入所有的三个变量。得到的结果是什么？写出协整向量。

练习 17.4

文件 Norway.wf1、Sweden.wf1 与 Finland.wf1 中包含了本章英国实例中的国内生产总值以及各种金融代理变量。模仿本章的例子，运用 EG 方法与 Johansen 方法检验每个国家变量间的协整关系。回答了是否存在协整后估计各自的 ECM。

第 18 章 标准和协整情形下的模型识别

本章内容

引言
标准情形下的模型识别
阶条件
秩条件
结论

学习目标

1. 理解模型识别的概念并知道如何使用阶条件和秩条件
2. 区分标准和协整情形下的模型识别
3. 掌握如何定义协整情形下的方程

引言

在前面的章节中,我们讨论了在多于两个协整向量的情形下估计和检验协整性。但有一个很重要的问题我们并没有提出,那就是当存在不止一个协整向量时如何对其进行解释。Johansen 在描述其方法时谨慎地将其称为"估计一个由协整向量张成的空间"。这是一个让人困惑的表述,但实际上非常重要。理解这个问题的关键在于,如果存在两个协整向量,那么采用不同的方式对其进行合并,我们将可以构造无数个新的向量。例如,将两个向量的系数相加能得到第三个协整的向量,或者将两个向量的系数相减同样能得到新向量。因此,当存在两个或更多个向量时,我们实际上只能得到一个包含所有可能计算出的向量空间。这样,模型识别的问题也就转变为,如何从经济学的观点出发在这个空间中确定单一的向量集合。这就是识别问题。[①]

这个基本议题并不是第一次出现在协整模型中;实际上,只要研究者们需要处理多于一个的方程,它就是所有计量经济学中的基本问题。20 世纪 50 年代,一群重要的被称为 Cowles Commission 的计量经济学家们在联立方程系统中定义了这个问题,协整是对于该系统的延伸,也是他们的理论的一个相对直观的拓展。

本章给出在标准情形和协整情形下模型识别问题的定义。我们将用一个基于美国收益率曲线的例子来加以说明。

标准情形下的模型识别

本节考察自 20 世纪 60 年代以来形成的对标准情形下模型识别问题的理解,暂不考虑协整问题。从一个结构化的双方程系统入手,如下:

$$\begin{aligned} y_1 &= \alpha_1 y_2 + \beta_1 x_1 + \beta_2 x_2 + u_1 \\ y_2 &= \alpha_2 y_1 + \beta_3 x_1 + \beta_4 x_2 + u_2 \end{aligned} \tag{18.1}$$

其中,y_1 和 y_2 是内生变量,x_1 和 x_2 是外生变量,u_1 和 u_2 是误差项。该方程是联立方程,因为 y_1 是当下 y_2 的方程,而 y_2 又是当下 y_1 的方程。我们也将其称为一对结构化关系,这是对两个方程的一个更清楚的计量表述。该系统可以写成矩阵形式,形如:

$$AY = BX + U \tag{18.2}$$

其中,

$$A = \begin{pmatrix} 1 & -\alpha_1 \\ -\alpha_2 & 1 \end{pmatrix}, \quad B = \begin{pmatrix} \beta_1 & \beta_2 \\ \beta_3 & \beta_4 \end{pmatrix}, \quad Y = \begin{pmatrix} y_1 \\ y_2 \end{pmatrix}, \quad X = \begin{pmatrix} x_1 \\ x_2 \end{pmatrix}, \quad U = \begin{pmatrix} u_1 \\ u_2 \end{pmatrix}$$

方程(18.1)中存在的识别问题可以从多个角度进行理解。

(1)可以看到,方程组(18.1)的两个方程中存在相同的变量。因此,除了我们选择将 y_1 写在第一个方程的左边,而 y_2 写在第二个方程的左边之外,两个方程并无区别。如果我们要估计这两个方程,从数据上将无法对其进行区分。

(2)假设知道模型的参数,那么对于任意两个 **X** 的变量值,我们都能解出 **Y** 变量。这代表了 Y_1 和 Y_2 图表上的一个点,但我们无法估计经过这个点的曲线,因为很多条曲线都会经过该点。即使我们能得到很多的点也没有用,因为经过任意一点的曲线有无数条。

(3)最后可以考察对结构化模型的简化形式。简化形式其实就是通过解出外生变量来消除所有联立因素的影响:

$$Y = A^{-1}BX + A^{-1}U = DX + E \tag{18.3}$$

在这个形式中,**D** 矩阵有 4 个元素,我们能很容易地估计出这 4 个元素;但问题在于,我们能否将其还原为结构化形式下的参数 **A** 和参数 **B**。**A** 和 **B** 包含 6 个未知参

[①] 在计量经济学中,"识别"(identification)一词有多重含义。例如,在时间序列中,"识别"有时指选择正确的模型形式;但在此处,"识别"指的是能够确定数据集背后的经济学系统。

数,因此通常是无法运用单一解法从简化形式估计得到的4个参数解出来的。

识别问题其实就是要了解关于这个方程系统我们需要知道些什么,从而可以得到该系统的唯一估计。要么直接解结构化方程,要么估计出简化方程并计算出结构化参数。从本质上来说,除非我们能从理论上了解一个系统,否则系统都是无法识别的。为了确定一个联立结构的形式,我们必须从理论上对其有所了解。例如,如果我们将一个方程定义为需求方程而另一个方程定义为供给方程,从经济理论上,我们就可以知道人们的收入影响需求但不影响供给;类似地,厂商资本存量影响供给但不影响需求。这一类的理论预期能使我们对联立方程进行一些约束,比如以下的形式:

$$
\begin{aligned}
y_1 &= \alpha_1 y_2 + \beta_1 x_1 + u_1 \\
y_2 &= \alpha_2 y_1 + \beta_4 x_2 + u_2
\end{aligned}
\tag{18.4}
$$

在这里,正如供给方程和需求方程的例子,我们假设已知 x_2 不进入第一个方程而 x_1 不进入第二个方程。现在可以说方程被精确识别,这可以从以下三点看出:

(1)两个方程之间存在明显差别,因此可以对方程组(18.4)中的两个方程进行估计。

(2)可以在图中画出唯一的曲线。假设我们有 x_1 和 x_2 的值,就可以得到 y 变量的两个值。现在仅改变 x_2 的值,这并不会改变第一条直线的位置,因为 x_2 不在第一个方程中;但是我们能得到两个 y 变量的新解。因此,第一条直线并不移动,并且我们能得到该直线上的两个点。连接两点就能画出第一组关系。类似地,如果仅改变 x_1 的值,我们就能连接两点做出第二组关系。因此,通过从关系式中排除一个变量,可以对关系式进行定义。

(3)现在简化形式仍然只有4个能估计出的参数,但结构化形式的参数也只有4个。这意味着,通常我们可以从简化形式的参数解出结构化形式的参数的单一解。

从这个简单的例子可以明显地看出,通过从每一个方程中排除一个变量能实现模型的识别,但在更复杂的模型中并不能如此简单地决定。然而,通过判断两个条件是否成立,我们可以评估特定的方程是否被识别,这两个条件被称为阶条件和秩条件。阶条件相对容易计算,它是必要非充分条件。这就意味着,如果一个方程被正确识别,阶条件必然成立;但即使阶条件成立也并不保证方程被正确地识别。秩条件在计算上更复杂,但它是充分必要条件。也就是说,如果方程被正确识别,秩条件必然成立;而如果秩条件成立,方程必然被正确识别。

阶条件

令 G 表示模型中所有内生变量的个数,则 G_1 表示特定方程中内生变量的个数,K 表示模型中所有外生变量的个数,则 K_1 表示特定方程中外生变量的个数。一个方程被识别的条件为:

$$
K - K_1 = G_1 - 1 \tag{18.5}
$$

(1) 如果 $K - K_1 < G_1 - 1$ 则方程识别不足；

(2) 如果 $K - K_1 > G_1 - 1$ 则方程被过度识别，该情形将在下面讨论。

秩条件

如果一个模型包含 G 个内生变量和 G 个方程，那么根据秩条件，一个特定方程就是正确识别的，当且仅当被排除变量的系数能构造出至少一个 $(G-1) \times (G-1)$ 阶非零行列式。

阶条件仅仅检验了在方程识别中是否排除了足够多的变量；然而阶条件的问题在于，它并未检验剩下的系统。因此，我们可能认为通过排除一个特定的变量已经实现了方程的识别，但如果这个变量并没有出现在系统的其他地方，我们的判断就是错误的。秩条件不仅检验是否排除了足够多的限制，还检验了排除的变量确实影响到模型中的其他部分，以此来保证正确识别。

如果一个模型是：

识别不足 这意味着模型的结构化形式不能被唯一地确定，并且关于模型的理论说明是不足的。

精确识别 这意味着在结构化形式的参数和简化形式的参数之间存在唯一的对应关系；但是，大量合理的被识别模型有着同样的简化形式。因此，要检验这些理论模型之间的差别是不可能的。在这种情形下，可以对简化形式模型的参数求导，得到一系列不同的结构化形式，所有的结果都同等地符合数据，因而不能检验它们之间的差别。

过度识别 这意味着约束条件比识别所需的合适数量更多，因此当我们从简化形式推导结构化形式时，要降低结构化形式的解释能力。在这种情形下，如果有了很多不同的结构化模型，就可以对其进行检验并得到最优模型。只有在这种情形下，才可以检验不同经济理论之间的优劣。

以上概述了在标准情形下的模型识别的基本思想；现在转向它的延伸部分，也就是协整情形。

协整情形下的模型识别

在协整情形下的模型识别，尽管存在明显的区别，但其基本思想与标准情形下的模型识别在很多方面都是相似的。再一次地，从联立结构化系统入手，但现在是在协整的 ECM 框架下。写出方程 (17.41) 的结构化模型的矩阵形式：

$$\mathbf{A}_0 \Delta \mathbf{Y}_t = \sum_{j=1}^{p} \mathbf{A}_j \Delta \mathbf{Y}_{t-j} + \alpha^s \beta^{s'} \mathbf{Y}_{t-1} + \mathbf{u}_t \tag{18.6}$$

有两种方法将其指定为结构化模型：第一种方法，$\mathbf{\Gamma}_0$ 矩阵意味着目前各项是相互关联的；第二种方法，α 和 β 矩阵有 s 上标，意味着它们是结构化的，并且是有经济学意义的协整向量，是我们真正想知道的东西。但是，在应用上一章的 Johansen 方法时，这并不是我们要估计的模型；作为替代，我们实际上估计的是下面的简化形式：

$$\Delta \mathbf{Y}_t = \sum_{j=1}^{p} \mathbf{A}_0^{-1} \mathbf{A}_j \Delta \mathbf{Y}_{t-j} + \mathbf{A}_0^{-1} \alpha^s \beta^{s'} \mathbf{Y}_{t-1} + \mathbf{A}_0^{-1} u_t \quad (18.7)$$

或者

$$\Delta \mathbf{Y}_t = \sum_{j=1}^{p} \Gamma_j \Delta \mathbf{Y}_{t-j} + \alpha \beta' \mathbf{Y}_{t-1} + \boldsymbol{\varepsilon}_t \quad (18.8)$$

关于识别存在两个问题：关于动态项的问题（是否能解出 $\mathbf{A}_0$ 矩阵的元素）；关于协整向量的问题（是否能从估计的 α 和 β 矩阵反推回真正感兴趣的结构化形式）。这两个问题是完全独立的；解决其中一个对于解决另一个毫无帮助，因此即使我们知道 $\mathbf{A}_0$ 也无法解出结构化的 α 和 β。从下列表述可以很清楚地看到这一点：

$$\mathbf{A}_0^{-1} \alpha^s \beta^{s'} = \alpha \beta' = \alpha \mathbf{P} \mathbf{P}^{-1} \beta' = \alpha^+ \beta^+$$

其中，$\mathbf{P}$ 是任意正的半正定矩阵。上式表明，有解释意义并协整的简化形式并不是唯一的，这是对协整空间的正式表述。

然而，这种将问题分成两个部分的方法是有积极意义的，因为通常情形下我们只对识别长期模型感兴趣，也就是结构化的 α 和 β。因此，我们可以仅关注问题的这一部分。

关于如何识别长期内协整向量的关键是由 Pesaran 和 Shin（2002）提出的。正如在标准情形下的模型识别一样，我们需要理论约束来识别系统的结构。但是，在协整情形下，我们并不需要对于每一个方程的约束，而需要对于每一个协整向量的约束。识别协整向量的第一步是要弄清楚究竟有几个向量，也就是检验协整秩 r（之前的章节已经介绍了检验方法）。在知道了 r 之后，还需要对协整向量的 k 个约束，这里 $k = r^2$。这是识别长期协整向量的阶条件，是必要非充分条件。与之前一样，存在三种情形：

(1) $k < r^2$，模型是识别不足的，不能从简化形式得到结构化向量的唯一估计。

(2) $k = r^2$，模型是精确识别的，但在统计上无法与其他精确识别的模型相区分。

(3) $k > r^2$，模型是过度识别的，可以将其对于数据和其他过度识别的模型进行检验。

举例来说，假设有两个协整向量（$r = 2$）、三个变量，则我们需要 $r^2 = 4$ 个约束来进行精确识别。一个可能的约束集是：

$$\begin{aligned} 0 &= \alpha_1 x_1 + \alpha_2 x_2 + \alpha_3 x_3 \\ 0 &= \beta_1 x_1 + \beta_2 x_2 + \beta_3 x_3 \\ \alpha_1 &= -1, \alpha_2 = 0, \beta_2 = -1, \beta_3 = 0 \end{aligned} \quad (18.9)$$

这意味着，第一个向量中的 x_1 和第二个向量中的 x_2 是标准化的，第一个向量中不含 x_2，第二个向量中不含 x_3。这四个约束条件能精确识别两个向量。但是，识别协整向量和标准向量的区别是，我们将约束条件加在向量上而非方程上。尽管方程（18.8）中的每一个方程都包含全部的协整向量，但实际的方程并没有排除任何项。

一个有用的例子

通过一个简单的例子来观察以上是如何运作的，同时帮助我们理解在协整空间中移动的含义。考虑一个简单的系统：

$$X_{1t} = 1 + X_{2t} + 0.8X_{1t-1} + u_{1t}$$
$$X_{2t} = 1 + X_{3t} + u_{2t}$$
$$\Delta X_{3t} = u_{3t}$$
$$u_{it} \sim NID(0,1) \tag{18.10}$$

本例中有三个变量。X_3 是随机游走的,因而是非平稳的;在第二个方程中,X_2 和 X_3 是协整的,向量为 $(0,-1,1)$;在第一个方程中,X_1 和 X_2 是协整的,向量为 $(-1,5,0)$。① X_3 不在第一个向量中,X_1 不在第二个向量中,加上两个标准化约束一共有 $k=4$ 个约束条件,对应 $r=2$ 的协整向量数量,因此协整向量可以被识别。

我们从这个系统中生成了一些人工数据,利用这些数据估计这个三变量系统并检验其协整性。以下是从最大特征值和迹检验得到的结果。

表 18.1 的结论表明,在两个检验中都存在两个协整向量,这是正确的结果。但是,两个估计出的协整向量和从数据得到的理论值有差别。表 18.2 给出估计的协整向量。

表 18.1　检验协整秩 r

	Statistic	95% critical value
Max eigenvalue		
$r=0$	114.30	22.0
$r=1$	44.60	15.6
$r=2$	1.26	9.2
Trace		
$r=0$	160.20	34.9
$r=1$	45.80	19.9
$r=2$	1.26	9.2

表 18.2　协整向量的估计

	Vector 1	Vector 2
X_1	$-0.014(-1)$	$0.013(-1)$
X_2	$0.085(5.9)$	$0.056(-4.3)$
X_3	$0.013(0.95)$	$-0.190(14.7)$

括号中的数字是协整向量在第一个变量上任意标准化的结果,它们与实际数据中得到的数字有区别,也就是 $(-1,5,0)$ 和 $(0,-1,1)$;但这些并非识别的结果,我们只是很简单地在协整空间上选取了任意一点。现在要做的是,在这个空间中来回移动,以便加上我们的识别约束。在第一个向量中,第一个变量系数是 -1,第三个变量系数是 0。如何实现这一点?主要思想是构造两个向量的线性组合来得到这个结果。第一个向量对第三个变量的系数是 0.013;如果第二个向量的系数是 -0.013,将两个向量相加就会得到 0。因此,我们需要在其中构建一个具有 -0.013 系数的第二个向量。如果我们将整个第二个向量乘以 0.06842,就能得到想要的结果。进行以下步骤:

---

① 我们可以推断出长期状态。由于静态解 $X_{1t} = X_{1t-1} = X_1$,因此 $X_1 = 1 + X_2 + 0.8X_1$,进而 $X_1 = 1 + 5X_2$。

CV2	0.013	0.056	−0.190
CV2 * 0.06842 =	0.00089	0.00383	−0.013
+ CV1 =	−0.013	0.088	0
除以 0.013 使其标准化	−1	6.800	0

在协整空间中移动来构造一个向量，使第一个协整向量符合我们的两个约束。对原始真实结构化向量(−1,5,0)的估计就是(−1,6.8,0)；这显然不是一个差的估计，但和原始的 Johansen 结果相比有明显偏差。现在我们转向对第二个向量(0,−1,1)的识别。在这里，我们要先构造一个零向量再将其标准化。如果将第一个向量乘以 0.9285，我们首先会得到 −0.13，然后再将两个向量相加得到零向量，如下表所示：

CV1	−0.014	0.085	0.013
CV1 * 0.9285	−0.013	0.079	0.012
+ CV2	0	0.135	−0.178
除以 −0.135 使其标准化	0	−1	1.300

因此，我们对于真实向量(0,−1,1)的估计是(0,−1,1.3)，考虑到最初的结果，这个结果再一次非常接近于真实值。

本章探讨了在方程系统中的识别问题的基本思想，从标准方程出发再到协整方程。虽然识别问题一直很重要，但在协整方程中它具有了新的且更重要的意义。其中的原因在于除非完全解决了识别问题，否则标准 Johansen 检验得到的结果并不能简单地得到解释。

识别问题的计算机实例

作为实例，我们考虑美国国债收益率曲线上的三个点，分别是美国国债 4 周、3 个月和 6 个月的收益率；基于 2001 年 7 月 31 日到 2009 年 12 月 31 日的日度数据，大约有 2 100 个观察值。该数据如图 18.1 所示。

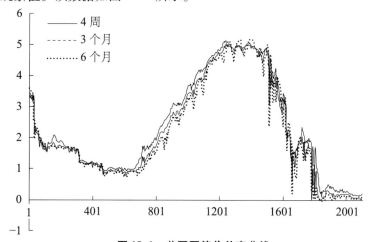

图 18.1 美国国债收益率曲线

收益率曲线的预期理论表明,3 个月利率应该为后 3 个月内预期的 4 周利率的平均值;类似地,6 个月利率应该为后 6 个月内预期的 4 周利率的平均值。图 18.1 表明,这三种利率的变动趋势是接近的。我们预计三种利率之间存在两个协整向量,一个将 3 个月利率与 4 周利率相联系,另一个将 6 个月利率与 4 周利率相联系,因此分别是 (1,-1,0) 和 (1,0,-1)。如果我们检验其协整性,就会得到两个协整向量;但与之前一样,结果与上述假定有差别。

在 EViews 中检验这两个向量,我们选择 **VAR specification** 窗口并为变量数为 3、滞后长度为 2 的模型选择向量误差修正模型。在协整性下选择 2 作为协整向量的数量,然后点击 **VEC RESTRICTIONS** 并在方框中勾定约束条件,每一个约束条件都可以在其下面的窗口中输入。为了将第一个向量中的第二个系数限制为 -1,输入 $B(1,2) = -1$,约束条件间用逗号隔开。需要输入 4 个约束条件来精确识别模型,在约束条件方框输入下列语句:

$$B(1,2) = -1, B(1,3) = 0, B(2,3) = -1, B(2,2) = 0$$

得到的向量结果如下:

4 周	1.007	0.998	
3 个月	-1	0	
6 个月	0	-1	
每一个方程的标准误	EQ1 = 0.086	EQ2 = 0.0621	EQ3 = 0.0479

这看起来和理论值非常接近。然而,我们目前仅仅加入了精确检验需要的约束,尽管这些结果有意义,但在模型中加入不合理的约束同样能得到一样的结果。假设输入以下约束集:

$$B(1,2) = -1, B(1,3) = 3, B(2,3) = -1, B(2,2) = 4$$

得到如下结果:

4 周	-1.99	-3.03	
3 个月	-1	4	
6 个月	3	-1	
每一个方程的标准误	EQ1 = 0.086	EQ2 = 0.0621	EQ3 = 0.0479

需要注意的是,每一个方程的标准误并未改变,所以我们并没有改变每一个方程的匹配程度,而仅仅将其按另一种方式重新排列。从统计上来说,我们无法辨别这个不合理的模型和之前的模型。

但是,如果我们现在加入过度识别的约束条件,就可以在两个模型之间进行检验。理论说明有大于 4 个的约束条件;在这 4 个约束之外,我们认为对每一个向量而言,4 周利率的系数都为 1。因此完整的约束应该为:

$$B(1,1) = 1, B(1,2) = -1, B(1,3) = 0,$$
$$B(2,1) = 1, B(2,3) = -1, B(2,2) = 0$$

将这些条件加入模型得到以下结果:

4 周	1	1	
3 个月	−1	0	
6 个月	0	−1	
每一个方程的标准误	EQ1 = 0.086	EQ2 = 0.0621	EQ3 = 0.0479

每一个方程的标准误几乎没有改变(在这个小数位上完全没有改变),意味着新增加的两个约束并没有让模型拟合变得更糟;并且在结果的一开始 EViews 就生成了对这些约束条件的似然比检验,$\chi^2(2)$ 检验值为 4.34,概率为 0.11。因此,我们不能在 10% 和 5% 的显著性水平上拒绝这些约束条件,数据接受了这个合理的假定模型。

回到我们无意义的模型如下:
$$B(1,1) = 1, B(1,2) = -1, B(1,3) = 3,$$
$$B(2,1) = 1, B(2,3) = -1, B(2,2) = 4$$

得到如下结果:

4 周	1	1	
3 个月	−1	4	
6 个月	3	−1	
每一个方程的标准误	EQ1 = 0.088	EQ2 = 0.0622	EQ3 = 0.048

每一个方程的标准误都增大了,表明拟合度下降了;但更重要的,这些约束条件的似然比为 125.2,概率值在 6 位小数上都为 0,意味着我们可以直接拒绝"数据接受了这些约束条件"的假设。因此,一旦有了过度识别的约束条件,就能进行两个理论之间的检验;但仅在此例中可以如此进行

结论

本章概述了联立方程中的识别问题,既包含标准情形也包含协整情形。模型识别在运用 Johansen 方法来估计大量协整向量时尤为重要,鉴于该方法本身只是简单地估计了协整的空间,因此对于结构化向量的识别是至关重要的。

第 19 章 求解模型

本章内容
引言
求解步骤
模型增加因子
模拟和脉冲响应
随机模型分析
在 EViews 中构建模型
结论

学习目标
1. 理解计量经济学中模型求解的概念
2. 理解经济模型中模拟的概念
3. 求出并解释经济模型的脉冲响应方程
4. 运用 EViews 解出和评估经济模型

引言

许多经济模型都是非线性的;即使相对简单的模型也多是对数线性方程和线性等式的结合,因此也是非线性的。这意味着,通常而言,这样的模型是不能通过分析解出的,我们必须寻求一系列的数值技巧以求解和分析。EViews 拥有强大的模型解集和模拟程序用于进行相当复杂的预测和模拟。本章将概述部分模型求解的原则、模拟和预测,并说明这些理论如何在 EViews 中实现。

求解步骤

考虑一个一般形式的非线性模型,含 n 个内生变量 $Y_i, i=1,\cdots,n$,以及 m 个外生变量 $X_j, j=1,\cdots,m$:

$$\begin{aligned} Y_1 &= f_1(Y,X) \\ &\vdots \\ Y_n &= f_n(Y,X) \end{aligned} \quad (19.1)$$

总的来说,对于这样的方程是无法求出一个解析结果的;作为替代,需要一类数值技巧来获得数值的解。最常用的技巧是 Gauss-Seidel 算法,该算法已经被证实是既稳健又有效的。这个算法的主要思想是为内生变量赋初值 Y^1,然后依次估计集合中的每一个方程,接下来更新内生变量的值,如下:

$$Y_i^2 = f_i(Y_k^2, Y_l^1, X) \quad i=1,\cdots,n,\ k=1,\cdots,i-1,\ l=i+1,\cdots,n \quad (19.2)$$

重复该步骤直至每次迭代中内生变量的初始值充分接近终值,以符合所有过程均已收敛的假定。也就是说,对所有的 i 都有 $Y_i^2 - Y_i^1 < \varepsilon$。这个步骤在理论上并不能保证收敛,即使模型确实有解;但在多年的实践中,该理论都证明了自身是高度可信的。Gauss-Seidel 技术在经济模型中最早的应用是由 Norman(1967)进行的,更多细节能在 Hall 和 Henry(1988)中找到。

Gauss-Seidel 技术的替代性方法是基于梯度的求解方法。这些方法本质上都是对模型进行线性近似,然后对线性化的模型进行线性求解直至收敛。EViews 提供了两种算法:牛顿法(Newton's Method)和拟牛顿法(Broyden's Method)。牛顿法是最基本的;将方程(19.1)改写为以下形式:

$$0 = F(Y,X) \quad (19.3)$$

在任意一点 Y^1 附近进行线性化:

$$F(Y,X) = F(Y^1,X) + \frac{\partial F(Y^1,X)}{\partial Y}\Delta Y \quad (19.4)$$

然后对最初设想的 Y^1 进行更新:

$$Y^2 = Y^1 + \left(\frac{\partial F(Y^1,X)}{\partial Y}\right)^{-1} F(Y^1,X) \quad (19.5)$$

假设解是存在的,这就保证了其收敛;但比起 Gauss-Seidel 技术,这要花费更多的计算时间和计算机内存,因为导数是一个 $n \times n$ 矩阵,随着模型的增大,需要计算的矩阵将会非常大。拟牛顿法是牛顿法的延伸,但不需要计算全部的导数矩阵,而是在迭代中简单地连续取近似值并更新矩阵。

以上方法在包含 Y 变量或 X 变量的过去值的情形下也不需要改写,只要在求解阶段之前的阶段存入最初的数据,以保证模型的滞后项。但是,如果模型包含内生变量的未来值,则需要对传统方法进行重大拓展。考虑方程(19.3)的一个扩展模型,其中含有 Y 的滞后值和未来值:

$$0 = F(Y_t, Y_{t-1}, Y_{t+1}, X) \quad t = 1, \cdots, T \qquad (19.6)$$

当得到模型在第 t 期的解之后,就可以知道 Y 在第 $t-1$ 期的值,但不能得到 Y 在第 $t+1$ 期的值,因此传统的序贯解法无效。方程(19.6)中的模型形式在期望效应下是非常普遍的,通常的步骤是用变量的现实值取代预期值,这被称为一致模型方法,需要对前述方法进行扩展。尽管在文献中提出了大量方法,但一种基于实践的方法逐渐成为主流,这就是 Hall(1985)首先提出的堆栈算法。其基本思想相当直观,类似方程(19.3)的传统模型,由 n 个方程组成,能在许多的时段内进行求解,例如,从 1 到 T,通常一次解出一个时段内的模型。但是,我们还可以将类似方程(19.6)的模型看作一个更大的方程集合:

$$\begin{aligned} 0 &= F(Y_1, Y_0, Y_2, X_1) \\ 0 &= F(Y_2, Y_1, Y_3, X_2) \\ &\vdots \\ 0 &= F(Y_T, Y_{T-1}, Y_{T+1}, X_T) \end{aligned} \qquad (19.7)$$

其中,将 T 时段内每个时间段的 n 个方程叠加,就得到 nT 个方程的集合。现在可以用任何一种标准方法,如 Gauss-Seidel 技术来解出这个大的方程集合。剩下的唯一困扰是,在方程集合(19.7)的第一个方程中存在 Y_0,最后一个方程中存在 Y_{T+1};两者都在方程解的时间段之外,要求对其提供额外的信息。Y_0 通常很好解决,可以从历史数据中得到;但 Y_{T+1} 非常复杂,它是未知的,需要从叫做界限条件的特殊方程集合中得到。它们可能是简单的常数,也可能是任意需要具体化的公式集合(例如固定增长率或固定增加值)。

模型增加因子

在处理模型时,增加因子(或残差)具有重要作用。正如下面将看到的,增加因子能让我们在预测中推断模型的解,能冲击模型,能研究模型随机本质的含义,能对模型进行模拟。增加因子最基本的形式是采用不同的形式为方程增加值。在 EViews 中,能生成两种类型的增加因子。将方程(19.3)具体化为稍微不同的形式:

$$f(Y_i) = f_i(Y, X) \quad i = 1, \cdots, n \qquad (19.8)$$

我们简单地将每一个方程的因变量分离出来都放在方程左边,方程右边是任何可能的生成因变量的非线性转换,则增加因子的两种方式为:

$$f(Y_i) = f_i(Y, X) + a_i^1 \quad i = 1, \cdots, n \qquad (19.9)$$

或者

$$f(Y_i - a_i^2) = f_i(Y, X) \quad i = 1, \cdots, n \qquad (19.10)$$

这两种方式由于方程 f 的非线性性质,结果是不一样的。两者的残差在很多方面具有不同的含义。方程(19.10)通常叫做加法残差或加法因子,因为它仅仅是对变量加上一个固定值。方程(19.9)会根据 f 形式的不同而产生不同的影响。最常见的例子

为 f 要么是对数方程要么是 Y_i 对数的变化率,则方程(19.9)可以被看作乘法残差,其中 a 增加 0.1 会导致 Y 增加 10%。在对数方程中使用形如方程(19.9)的残差,还保持了方程的弹性不变。

模拟和脉冲响应

政策分析中主要使用模拟分析或脉冲响应分析。两者的区别在于,模拟分析考察外生变量的变动对内生变量的影响,而脉冲响应考察对模型实施一组冲击所产生的影响。最主要的差别是模拟分析中改变的是外生变量,但一些模型可能不含外生变量(例如标准的 VAR 模型),因此无法使用模拟分析。如果我们将一个内生变量看成外生变量并对其进行固定的改变,模拟分析就不存在明确意义,这是因为我们任意去掉了模型反馈结构中的一部分。当然,如果对一个外生变量实施冲击,鉴于模型对外生变量没有反馈,其实际效果就等同于模拟分析。无论是模拟分析还是脉冲响应,都是内生变量关于外生变量或外生冲击的导数。

模拟分析的基本过程是首先解出模型的基准解;然后变动模型,或者变动模型中的增加因子,或者实施冲击,或者变动外生变量;最后再次求出模型的解,两次求解的差就是冲击的影响。同样还须注意,在非线性模型中,通常而言,模拟性质会随着模型基准解的不同而不同,因为模拟是对非线性方程的偏导,会随着模型中变量的改变而改变。解出模型的基准解并不总是简单的过程,并且可以采用许多选择。

(1)可以解出模型在稳定状态下的解,方法是将所有的外生变量设为常数,然后求出模型在长期内的解。如果能求出常数解,那么就可以将这个稳定状态下的解作为模拟的基准解。

(2)如果模型的模拟性质依赖于基准的选择,我们可以认为历史数据或相关预测可以作为合适的选取基准;但是,缺少必要的推断,仅凭历史数据是无法精确地解出模型的。我们可以通过定义一个恰当的增加因子的集合来解决。令 Y 是用于模拟分析中基准解的内生变量的向量值,定义为:

$$f(Y_i^*) = f_i(\bar{Y}, X) \qquad (19.11)$$

也就是说,当把所需的所有内生变量置于方程右边时,Y^* 是每一个方程的解。接下来定义:

$$a_i^1 = f(\bar{Y_i}) - f(Y_i^*) \qquad (19.12)$$

或者

$$a_i^2 = \bar{Y_i} - Y_i^* \qquad (19.13)$$

将这些残差加到模型中,模型将能精确地重复出所需的基准解。两个残差之间的差别非常重要;方程(19.13)中的加法残差能保持线性方程的性质不变,但会改变对数方程的弹性。方程(19.12)中的非线性残差通常能保持与原方程一致的弹性,因此更接近模拟要求的零残差性质。

(3)一些研究者考虑构造合理的平滑模拟基准,并且生成上述的残差集合来复制基准。这是出于如下考虑:对基准解中的数据发生突然的变动会产生奇怪的模拟性质,而这可以通过构造平滑基准来避免。当然,在只使用如方程(19.13)中的加法增加因子时确实会存在这个问题,但正确使用非线性增加因子能消除这一影响。

随机模型分析

计量模型本质上都是随机的;参数是不确定的,方程形式有可能是错的。由于不能完美地匹配数据,因此总会存在残差。分析模型的解和进行模拟却并不属于上述情形,我们把这些处理方法称为确定性技术,因为它们并不允许模型存在随机性。还有一类方法,称为随机模拟,能让我们研究模型随机性的结果。一般地说,一旦我们知道模型是随机的,就必须意识到方程的解完全由所有内生变量的联合密度函数决定。通常来说,如果模型是非线性的,即使所有模型中不确定性的来源是正态的,其内生变量的联合密度函数也是非正态的。也就是说,确定性模型的解并不总是简单地落在联合密度函数上;它并不是分布的形式,也与向量的边缘平均数不同。① 在对非线性类别进行了一些相当弱的假设后,Hall(1988)证明,确定性的解相当于内生变量的联合密度函数中向量的边缘中位数。所以,广义上,确定性解在联合分布的中心。在中心点附近的分布则衡量由预测或模拟造成的不确定性,而这通常是非对称的。

我们可以通过以下的分解来刻画模型中不确定性的来源,将模型写成下述通式:

$$Y = f(X, A, u)$$

其中,A 是模型估计出的参数,X 是能被误差估计出的外生变量,u 是残差的集合,让模型能精确匹配数据 Y。现在定义:

$$Y^1 = f(X, A, 0) \tag{19.14}$$

$$Y^2 = \bar{f}(X, \bar{A}, 0) \tag{19.15}$$

$$Y^3 = \bar{f}(\bar{X}, \bar{A}, 0) \tag{19.16}$$

其中,方程(19.14)是残差为零时模型的解,方程(19.15)是具有正确的方程形式和参数下模型的解,方程(19.16)使用了正确的外生变量,则:

$$Y^1 - Y = (Y^1 - Y^2) + (Y^2 - Y^3) + (Y^3 - Y) \tag{19.17}$$

也就是说,模型总的误差由残差的误差项、设定错误的误差项和外生变量的误差项组成。因此,对模型不确定性的理解应该同时考虑所有的三个因素。

随机模拟是一种计算机技术,能观测以上所有的问题。从本质上说,随机模拟就是从残差项、参数项和外生变量中抽取出一个数据集合,再解出模型。储存一个方程的解并重复抽取数据以解出另一个方程的解,同样将其储存。多次重复该过程,在大数定律

---

① 均值本质上是个单变量。在处理联合分布时,每一个变量的均值都可以被其他变量取所有可能的值来进行定义,这就是边缘平均数。

下,方程解的集合将渐近地等同于内生变量的密度函数。主要的问题在于,如何生成这些数据? 如何精确决定模型的哪一部分受到冲击?

冲击可以由抽取参数的分布来生成,或者可以来自历史观察值。例如,在通常的估计假设下,每一个方程的误差项都是正态分布的,其方差由对方程的估计给出。因而,对模型残差的冲击可以是在相同方差下对正态分布进行抽取而生成的随机数。类似地,对方程参数的冲击可以是在估计方程时得到的协方差矩阵下,通过抽取多元正态分布来获得。另一个方法是不对残差分布进行特定假设,而是简单地利用从估计中得到的残差历史数据。这些残差可以被重复利用,在估计每一个复制模型时随机抽取。第二种方法也被称为自助方法,更多细节可参见 Hall 和 Henry(1988)。

在 EViews 中构建模型

本节中,我们将构建一个小型的 Dornbusch 类型的宏观模型,通过反向预期或模型一致预期来求解。

第一步是按常规方法利用所需的历史数据创建工作文件。第二步是在工作文件内部创建一个特别的模型对象,其包含了模型中的全部方程。在工作文件中点击 **object** 标签,然后点击 **new object**,选择 **model** 并为其命名作为它在工作文件中的永久名称。这样就创建了一个空的模型对象,现在可以往其中加入方程。往模型中加入方程有两种方法,即简单地将其输入模型或者创建链接。进入模型窗口,在主窗口中的任意位置单击右键并选中 **insert**,然后在弹出的方框中输入所需方程:

$$\log(exr) = \log(exre) + sti/100 - stiw/100 \quad (19.18)$$

其中,exr 是名义汇率,$exre$ 是下一期的预期汇率,sti 是短期利率,$stiw$ 是全球短期利率。现在定义产出缺口,通过对以下非线性最小二乘模型进行回归来得到趋势产量:

$$\log(yfr) = c(1) + c(2)*t \quad (19.19)$$

其中,yfr 是实际 GDP,t 是时间趋势,得到 $c(1) = 12.8$ 和 $c(2) = 0.029$。然后将趋势产出方程加入模型,得到:

$$\log(yfrt) = 12.18 + 0.029*t \quad (19.20)$$

产出缺口为:

$$ogap = \log(yfr) - \log(yfrt) \quad (19.21)$$

实际汇率为:

$$rexr = exr * cxud / yfd \quad (19.22)$$

其中,$rexr$ 是实际汇率,$cxud$ 是美元价格,yfd 是 GDP 平减指数。

现在可以对 GDP 的 IS 关系简化形式进行估计:

$$\log(yfr) = 12.11 + 0.07*\log(rexr) - 0.2*(sti - (\log(yfd) - \log(yfd(-1)))*100) + 0.03*t + shock \quad (19.23)$$

其中,$shock$ 是人为变量,当期为 0,在接下来的模拟阶段会用到它。由于这是一个估计的方程,可以直接把它加入模型对象;在方程上右键选择复制并粘贴到模型工作文件中。

令价格成为产出缺口的方程,产出缺口增加时价格随之上升:

$$\log(yfd) = -0.003 + 0.85*\log(yfd(-1)) + 0.135*ogap \quad (19.24)$$

对利率使用泰勒规则方程:

$$sti = 8.7 + 1.5*(\log(yfd) - \log(yfd(-1)))*400 \quad (19.25)$$

其中,400 将季度通货膨胀转化为年度通货膨胀,其单位和短期利率一样。模型已经差不多完成了,剩下的就是确定预期汇率的形成方法。这里我们尝试两种方法,首先是反向预期机制:

$$exre = exr(-1) \quad (19.26)$$

其次是模型一致预期,预期汇率等于下一期的实际汇率:

$$exre = exr(+1) \quad (19.27)$$

从方程(19.26)的反向预期机制开始。通常,这一类模型并不能在合理间隔的时间段内求解,因为每一个单独方程的拟合并不好。求解模型的第一步是为每一个方程加入增加因子,让其在历史基准阶段得到精确的解。首先,进入模型工作文件,在 **equation view** 中一个个地突出显示每一个方程。然后,在每一个方程上右键选择 **properties**,会得到关于所选方程的新窗口;顶部有三个标签,其中一个是 **Add factors**。在 **factor type** 下选择如上所述的第二个或第三个选项。EViews 会在主工作文件中创建一个增加因子序列。最后,在 **modify add factor** 下选择第二个选项(从而这个方程实际上不含残差),能得到一个完全复刻历史依据的增加因子集合。对模型中所有的方程重复这一过程。开始求解模型。在主模型窗口中选择 **Proc** 然后是 **solve model**。不必更改默认选项,直接点击 **OK**。在主工作文件中,模型中每一个内生变量会存在第二个变量,增加了后缀_0,也就是存在 yfr 和 yfr_0;第二个变量包含对 yfr 的解,如果正确使用了增加因子,这两个变量应该是相同的。因此,模型被内生地求解并符合历史依据。

为了进行模拟,需要建立一个新的场景,通过部分地变动场景来解出模型。首先创建新的场景。在模型窗口中选择 **view** 然后是 **scenario**,点击 **creat new scenario**,默认名称为 scenario2。然后回到主变量窗口并变动模型中的外生变量之一。在本例中,我们想要对 yfr 实施 5% 的直接冲击,可以将其解释为短期需求冲击。在 yfr 方程中已经加入冲击变量,初值为 0。为了改变冲击值,点击 **shock_2** 然后是 **1980**,右键选择 **edit** 并将 0 改成 0.05。其结果是仅仅对 1980 年的 yfr 增加了 5% 的冲击。

下一步是对模型进行简单的再次求解。模型中的每一个变量自身会有一个新的变量,后缀为_2,其中包含了新的解。现在有几种选择。我们可以简单地观测新的变量解及其基准解,它们之间的差就是模拟效应。但是,通常而言,更为方便的是,观测新的变量解和基准解之间的绝对变化或百分比变化。为此,生成一个新的变量;例如,为了观测 exr 的变动,定义下式:

$$exrd = (exr\_2 - exr)/exr \quad (19.28)$$

可以观察 exrd 的值或其图表(见图 19.1)。该图说明,在经历了突然的一次性需求冲击之后,汇率产生 1% 左右的稳定的贬值。

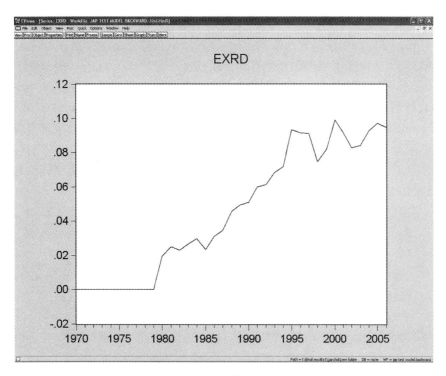

图 19.1　反向预期下的汇率变动

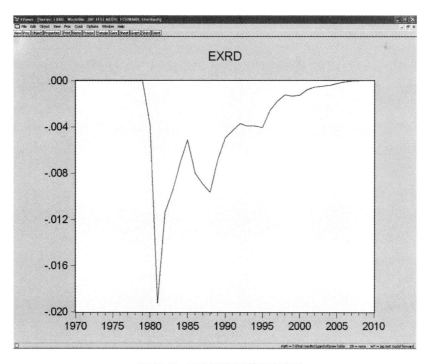

图 19.2　正向预期下的汇率变动

现在转向基于方程(19.27)的模型一致预期的方法。全部过程的步骤是完全一样的。首先创建增加因子来完全复刻历史基准;然后创建新的场景并按照完全一样的方式调整 $shock\_2$ 变量。唯一的区别在于求解模型本身。EViews 的设定包含了类似方程(19.27)那样的正向预期,因此只需确定终止条件。在模型窗口中进入 **proc** 和 **solve model**;然后选中 **solver** 标签,在 **forward solution** 下选择 **user supplied in actual**,在 **solve model in both direction** 方框中打勾;回到 **basic options** 标签并求解模型。再次观察通过定义 $exrd$ 变量而显示的模拟效应(见如 19.2)。

在这里,需求的增加引起利率的增加从而导致汇率的增加,然后缓慢恢复到长期水平,这正如 Dornbusch 模型所描述的一样。

结论

本章概述了求解和评估模型的基本步骤,并在 EViews 中运用反向预期和模型一致预期对一个相对简单的模型进行了求解和评估。

第六部分 面板数据计量经济学

第 20 章　传统面板数据模型
第 21 章　动态异质性面板
第 22 章　非平稳面板

第 20 章 传统面板数据模型

本章内容
引言:面板数据的优势
线性面板数据模型
不同的估计方法
面板数据的计算机实例
把面板数据导入 Stata

学习目标
1. 理解面板数据与截面数据和时间序列数据的不同
2. 理解对于所有截面数据都有一个共同常数的简单线性面板模型
3. 理解固定效应模型,它考虑了在一个面板数据集中每个截面数据的差异
4. 理解随机效应模型,它认为截面数据中的个体差异是随机的
5. 比较固定效应模型和随机效应模型
6. 用 Hausman 检验协助判断该选择固定效应模型还是随机效应模型
7. 用合适的计量经济软件估计面板数据模型

引言:面板数据的优势

在处理计量经济数据中,面板数据估计通常被认为是一种有效率的估计方法。面板数据分析在社会科学家中变得很流行,因为它允许同时包括 N 个截面数据(例如国家、家庭、公司、个人等)和 T 个时期(例如年度、季度、月度等)。这个联合的面板数据矩阵包括每个时间段的每个截面数据,并且有各种估计方法。在这种情形下,有效的观察数就可以通过将随着时间更新的截面数据包括进来而增加。

一个仅包括在一个时间点的 N 个个体观察值的数据集就是截面数据集。一些截面数据也随时间的延续而存续,所以就可能有一系列的在不同时间点的截面数据样本。

这些数据并不组成一个面板数据,因为它们通常不太可能总是在不同的时间保留同一个个体。类似这样的数据集例子就是家庭调查,它每年都开展但调查的却是不同的家庭,因此不可能随着时间去跟踪同一个家庭的数据。一个真正的面板数据应该是对面板中的每个个体进行跟踪调查并存续一段时间而形成的。

如果面板中对每个变量和每个个体都有相同时间的观察数量,它就被称为平衡面板。调查者通常会面对不平衡面板,即有些个体的数据与另一些个体的数据在存续时间上不同。不平衡面板并不引起主要的概念性问题,但从计算机的角度来说,处理这类问题可能会有些复杂。

面板数据分析的基本观点源自个体之间的关系总有相同的参数,有时这被称为混合假设。也就是说,实际上,所有个体都混合为一个数据集,并且有一个共同的参数集来约束它们。如果混合假设是正确的,那么面板数据估计就能提供相当的好处:(a)通过使用面板能使样本量增大,能获得更好的估计;(b)在某些特定的情形下,遗漏变量问题在单一个体回归中可能造成有偏估计,但在面板估计中可能不存在。当然,面板估计也有坏处:如果混合假设不成立,就可能存在问题,这通常被称为异质性面板(因为参数对于不同的个体是不同的)。通常面板数据估计量可能给出每个个体参数估计的平均水平;然而,在某些特定情形下(虽然通常不会发生),面板技术可能导致有偏的估计。

时间序列估计的一个通常的问题是,当遇到估计观察值非常少的样本时,分析结果很难得到显著的 t 值或 F 统计量。这个问题在年度数据估计时也很普遍,因为很少有年度数据的跨度超过 50 年。一个有效的解决方法是,把时间序列数据从不同的截面单元中"汇聚"到"面板"里。汇聚数据在不同的截面或者时间序列观察值之间产生的差异能通过设置虚拟变量来识别。用虚拟变量来捕获面板数据间的系统性差异就是固定效应模型,这是处理混合面板的最简单的方法。另一种方法为随机效应模型。

线性面板数据模型

一个面板数据集由在 T 个时段观测的 N 个截面数据单元(如国家)组成的样本形成。例如,考虑一个含有一个解释变量的简单线性模型:

$$Y_{it} = a + \beta X_{it} + u_{it} \tag{20.1}$$

变量 Y 和 X 都有 i 和 t 的下标;$i = 1, 2, \cdots, N$,表示第 i 个截面;$t = 1, 2, \cdots, T$,表示 t 个时段。如果对于所有的截面数据单元有共同的 T,或者说一个数据集完整地包含了国家和时间的数据,那么这个数据集就是平衡的。否则,当存在某些时段的截面单元的数据丢失,那么这个面板就是不平衡的。

在这个简单面板中,系数 α 和 β 没有下标,表明它们对所有的截面单位和所有的年份都一样。我们能放松 α 对所有的截面都一样的假设,对面板引入一定程度的异质性。要更好地理解这一点,考虑国家有不同的子集(例如,高收入国家和低收入国家,OECD 国家和非 OECD 国家,等等),它们的行为可能就有所不同,我们的模型就变为:

$$Y_{it} = a_i + \beta X_{it} + u_{it} \tag{20.2}$$

这里，α_i 随着不同的国家而变。我们也应该考虑 β 是否也在不同的国家间变动，但这需要对 N 个截面单元中的每一个进行单独分析，而混合假设是面板数据估计的基础。

不同的估计方法

通常，简单线性面板模型能通过三种不同方法来估计：(a)共同常数项方法，如方程(20.1)；(b)固定效应方法；(c)随机效应方法。

共同常数项方法

共同常数项方法(或者叫混合 OLS 方法)是建立在数据集的截面维度(N)没有差异的假设上的。换句话说，对所有的截面，模型估计了一个共同的常数 α(对于所有的国家，常数项是一样的)。共同常数项方法暗含了估计的截面数据之间没有差异的假设，所以在数据是先验的同质时，这种方法很有用(例如，我们只有高收入国家或欧盟国家的样本)。然而，这种情形的要求非常苛刻，更多的情形是考虑固定效应模型和随机效应模型。

固定效应方法

在固定效应模型中，常数项随不同的组别而不同。这意味着，模型允许不同的组别有不同的常数，所以这个模型和方程(20.1)很像。固定效应估计量也被称为最小二乘虚拟变量估计(LSDV)。因为要对每个组别考虑不同的常数，所以就要把虚拟变量加入每个组别中。要更好地理解这一点，考虑下面的模型：

$$Y_{it} = a_i + \beta_1 X_{1it} + \beta_2 X_{2it} + \cdots + \beta_k X_{kit} + u_{it} \tag{20.3}$$

用矩阵表示：

$$\mathbf{Y} = \mathbf{D}\alpha + \mathbf{X}\beta' + \mathbf{u} \tag{20.4}$$

其中，

$$\mathbf{Y} = \begin{pmatrix} Y_1 \\ Y_2 \\ \vdots \\ Y_N \end{pmatrix}_{NT \times 1} \quad \mathbf{D} = \begin{pmatrix} i_T & 0 & \cdots & 0 \\ 0 & i_T & \cdots & 0 \\ \vdots & \vdots & & \vdots \\ 0 & 0 & \cdots & i_T \end{pmatrix}_{NT \times N}$$

$$\mathbf{X} = \begin{pmatrix} x_{11} & x_{12} & \cdots & x_{1k} \\ x_{21} & x_{22} & \cdots & x_{2k} \\ \vdots & \vdots & & \vdots \\ x_{N1} & x_{N2} & \cdots & x_{NK} \end{pmatrix}_{NT \times k} \tag{20.5}$$

$$\alpha = \begin{pmatrix} a_1 \\ a_2 \\ \vdots \\ a_N \end{pmatrix}_{N \times 1} \quad \beta' = \begin{pmatrix} \beta_1 \\ \beta_2 \\ \vdots \\ \beta_k \end{pmatrix}_{k \times 1} \tag{20.6}$$

其中，虚拟变量允许我们对不同组别的不同常数做出估计。

在评估固定效应模型的有效性前，我们要检验固定效应（不同的组别有不同常数）是否应该被包括在模型中。要做到这一点，标准的 F 检验能检测固定效应和同常数项的 OLS 方法。原假设是所有的常数是一样的（同质），这样，同常数项方法就能被应用：

$$H_0: \quad a_1 = a_2 = \cdots = a_N \tag{20.7}$$

F 统计量是：

$$F = \frac{(R_{FE}^2 - R_{CC}^2)/(N-1)}{(1 - R_{FE}^2)/(NT - N - k)} \sim F(N-1, NT - N - k) \tag{20.8}$$

其中，R_{FE}^2 是固定效应模型的决定系数，R_{CC}^2 是同常数项模型的决定系数。如果 F 统计量大于 F 临界值，就拒绝原假设。

固定效应模型具有下列性质：

（1）它实际上捕获了那些只随个体而变化的效应，并不随时间而改变。所以，如果我们有国家的面板数据，固定效应模型就会考虑如地理因素、自然禀赋，以及其他基本的在国家间不同但不随时间变化的因素。当然，这意味着我们不能增加不随时间变化的额外变量（如国家面积大小），因为这个变量与固定效应有完全多重共线性。

（2）在有些情形下，固定效应可能包括大量的虚拟变量，因为一些面板可能有数千个个体（例如，大型调查面板）。在这种情形下，固定效应模型会用尽 N 个自由度。这在模型本身并不成为一个问题，因为样本数据可能远大于 N；然而，从计算上来讲，计算数千个不同的常数也许是不可能的。此时，许多调查者会对变量做差分，或者对其均值取离差来转换模型。这可以去除虚拟常数项，避免估计如此多参数的问题。然而，差分模型可能并不是受欢迎的方法，因为它可能扭曲参数值，消除长期效应。

还可以通过加入一系列事件虚拟变量来拓展固定效应模型，这就是双边固定效应模型。它有另一层好处，即可以捕获随时间变化但对于截面而言是不变的效应。例如，如果我们考虑英国的公司，它们就可能被共同的汇率影响，事件虚拟变量就能捕获这一点。

固定效应模型是一个很有用、很基础的模型，通常，面板数据估计主要被应用在 N 很大的数据集上。在这种情形下，假设就可能要进行简化，于是就需要随机效应模型。

随机效应方法

另一种估计方法就是随机效应模型。固定效应模型和随机效应模型的区别在于，后者设定的每个截面常数项不是固定的，而是随机参数。因此，每部分常数项的可变性

来自

$$a_i = a + v_i \tag{20.9}$$

其中, v_i 是零均值标准随机变量。随机效应模型由此采用下面的形式:

$$Y_{it} = (a + v_i) + \beta_1 X_{1it} + \beta_2 X_{2it} + \cdots + \beta_k X_{kit} + u_{it} \tag{20.10}$$

$$Y_{it} = a + \beta_1 X_{1it} + \beta_2 X_{2it} + \cdots + \beta_k X_{kit} + (v_i + u_{it}) \tag{20.11}$$

随机效应方法的一个明显缺陷是,我们需要特别假设随机部分的分布;同时,如果这个无法观测的组间效应与解释变量相关,那么估计就是有偏且不一致的。然而,随机效应模型有下列好处:

(1)相对于固定效应方法,它要估计的参数更少。

(2)它允许对组内所有观察值取同值的额外解释变量(即随机效应允许采用虚拟变量)。

在估计模型时使用随机效应模型还需要慎重考虑,与固定效应模型相比较是否存在种种暗示。考虑这两种模型,有人可能觉得随机效应模型比固定效应模型更好,因为随机效应模型是 GLS 估计量,而固定效应模型其实是随机效应模型的一种有限应用(对应个体间差异相对较大的情形)。但是,随机效应模型建立在固定效应与解释变量不相关的假设上,这个假设在实际应用中会对面板数据的处理产生严格的限制。

一般地,这两种检验面板数据模型的可能方法的差异在于,固定效应模型假定每个国家的截距不同,而随机效应模型假设每个国家的误差项不同。通常,当面板是平衡的(即包括所有现存的截面数据),固定效应模型可能更好;在其他情形下,当样本仅包括截面数据单元的有限观察值时,随机效应模型可能更适合。

Hausman 检验

Hausman 检验被用来协助判断该选择固定效应模型还是随机效应模型。在不相关的假设下,OLS 和 GLS 是一致的,但 OLS 是无效的;在相关的假设下,OLS 是一致的,但 GLS 又是不一致的。基于这个想法,Hausman(1978)提出一种检验形式。更具体地,Hausman 假定参数向量 β 有两个估计量($\hat{\beta}_0$ 和 $\hat{\beta}_1$),并增加两个假设去检验程序。在 H_0 下,估计量都是一致的,但 $\hat{\beta}_0$ 是无效的;在 H_1 下,$\hat{\beta}_0$ 一致且有效,但 $\hat{\beta}_1$ 是无效的。

对于面板数据,在固定效应模型和随机效应模型之间进行合适的选择需要调查回归元是否与个体效应相关(在大多数情形下是不可观测的)。应用固定效应估计量的好处在于,即使估计量与个体效应相关,估计量也是一致的。换句话说,一般给定固定效应是合适的面板数据模型,Hausman 检验的是随机效应估计是否也同样好。根据 Ahn 和 Moon(2001),Hausman 统计量可被看作固定效应和随机效应估计量之间的距离。因此,我们实际上要检验 H_0(随机效应是一致的和有效的)和 H_1(因为固定效应总是一致的,随机效应是不一致的)。Hausman 检验采用下面的统计量:

$$H = (\hat{\beta}^{FE} - \hat{\beta}^{RE})'[Var(\hat{\beta}^{FE}) - Var(\hat{\beta}^{RE})]^{-1}(\hat{\beta}^{FE} - \hat{\beta}^{RE}) \sim \chi^2(k) \tag{20.12}$$

如果统计量的值很大，那么估计量之间的差异就是显著的，我们拒绝原假设——随机效应模型是一致的，应使用固定效应估计量。相反，Hausman 统计量较小，则意味着随机效应估计量更加适合。

面板数据的计算机实例

在 EViews 中导入面板数据

一个处理面板数据的难题是，它和我们到目前为止所应用的 EViews 方式非常不一样。应用面板数据，要求进行特定数据操作来把数据导入 EViews，使得我们能够应用不同的面板数据估计方法从数据中得到结果。

考虑下面的情形：假定有一个三变量(Y、X 和 E)组成的数据集，并且有对于这三个变量在 40 个不同时期的 8 个不同部分的观察值。例如，1960—1999 年的年度数据。我们想把这些数据导入 EViews，估计下面形式的面板回归：

$$Y_{it} = a_i + \beta_1 X_{it} + \beta_2 E_{it} + u_{it} \tag{20.13}$$

我们采取以下步骤：

步骤1 创建文件。我们需要创建一个新的 EViews 文件，打开 **File/New/Workfile**，设定数据集的起止时点（本例中，从 1960 年到 1999 年）。

步骤2 创建混合对象。接下来建立混合对象，打开 **Object/New Object**，在对象列表中单击 **Pool**，在 **Name for the object** 窗口右上角输入混合对象的名称（比如 basic），单击 **OK**，混合对象窗口会跳出一行文字：

```
Cross-Section Identifiers: (Enter identifiers below this
line)
```

在这个窗口中，我们必须输入截面维度的名称。例如，我们可以输入不同国家名，并为每个国家定义一个缩略版的描述（最多三个字母），最好让每个描述都有相同个数的字母。如果有不同的个体，我们需要输入个体的编号而不是名称，并且在 Excel 中记录下这些名称及其对应的编号。同样，在设定编号作为标示符的过程中，我们应该确保每个组别编号的数字个数相同。

步骤3 输入标示符。在我们的例子中有 8 个不同的组别，所以我们能输入带有名称或者编号的标示符。由于我们不需要任何关于截面维度性质的信息，可以仅仅输入编号：

```
Cross-Section Identifiers: (Enter identifiers below this
line)
    01
    02
```

```
03
04
05
06
07
08
```

步骤 4　生成变量。我们现在可以生成在 EViews 中作为面板数据的变量了。要做到这一点,在 Pool Object 窗口中单击 **PoolGenr**,打开生成序列,并且在方程窗口中设定方程。假定我们想首先输入 Y 变量:

```
y_? = 0
```

单击 **OK**,这会在 Workfile 窗口中创建 8 个不同的变量,即变量 $y\_01, y\_02, y\_03, \cdots,$ y_08。稍微对此做些解释,问号(?)指示 EViews 用截面数据的标示符代替;下划线(_)是为了让变量的名称更容易看见。

步骤 5　从 Excel 中复制并粘贴数据。我们首先要解释面板数据在 Excel 中是什么样的。如果我们让以上步骤创建出来的 8 个变量($y\_01, y\_02, y\_03, \cdots, y\_08$)以组的形式打开(选择这 8 个变量,双击选择 **group**),就会得到一个 40×8 的矩阵,其中的数字都是 0;40 是文件中的 40 年,8 是截面的个数。这个矩阵就以"年份为列—截面为行"的形式呈现出来,看起来是这样的:

```
     section 1   section 2   section 3 … section 8
1960
1961
1962
…
…
1999
```

因此,在 Excel 中,数据也呈现这样的形式是很重要的。例如,如果在 Excel 中,数据是以"截面为列—年份为行"出现,我们就先把它转置,然后再导入 EViews。简单的做法是选中所有数据,复制(**Edit/Copy**),用 **Paste Special** 命令把它粘贴到另一个工作表,单击 **transpose**,把数据转置成我们需要的形式。

当 Excel 中的数据已经按我们的要求处理(即以年份为列—截面为行),复制所有数据(仅仅是数据,不包括年份或变量/截面名称)并粘贴在 EViews 的 Group 窗口中。编辑 Group 窗口,粘贴需要的数据,单击 **edit +/−** 激活这个窗口;然后,单击 **Edit/ Paste**;最后,再次单击 **edit +/−** 取消激活这个窗口。

```
BEL     for Belgium
DEN     for Denmark
DEU     for Germany
```

ELL	for Greece
ESP	for Spain
FRA	for France
IRE	for Ireland
ITA	for Italy
LUX	for Luxembourg
NET	for Netherlands
OST	for Austria
POR	for Portugal
RFI	for Finland
SWE	for Sweden
UKA	for United Kingdom

对于余下的变量(X 和 E),也采用相同的程序。文件 panel_test.xls 包含 Excel 中的原始数据,文件 panel_test.wf1 包含转换到 EViews 中的同样的数据。

另一个例子,考虑文件 panel_eu.xls,包含 15 个欧盟国家在 1960—1999 年的 3 个变量的数据,包括 GDP 增长率、毛固定资产形成占 GDP 比重、外国直接投资占 GDP 比重。请读者试着把这个数据从 Excel 中转换到 EViews 中。结果在文件 panel.test.wf1 中,我们采用了下面的截面标示符。

注意,在混合对象中,只有三个字母能被作为截面数据标示符的名称。我们也可以使用下面的变量名称:$GDPGR95\_?$、$FDITOGDP\_?$ 和 $GFCFTOGDP\_?$(见文件 panel_eu.wf1)。

表 20.1、表 20.2 和表 20.3 分别是三种面板数据模型的类型

表 20.1 共同常数项模型

Dependent variable:$Y\_?$
Method:*pooled least squares*
Date:*04/03/04 Time*:*22*:*22*
Sample:*1960 1999*
Included observations:*40*
Number of cross-sections used:*8*
Total panel (balanced) observations:*320*

Variable	Coefficient	Std. error	t-statistic	Prob.
C	50.271990	2.040134	24.64151	0.0000
$X\_?$	0.496646	0.018320	27.10964	0.0000
$E\_?$	1.940393	0.153886	12.60930	0.0000
R-squared	0.739693	Mean dependent var.		105.2594
Adjusted R-squared	0.738051	S.D. dependent var.		5.254932
S.E. of regression	2.689525	Sum squared resid.		2 293.034
Log likelihood	−769.150	F-statistic		450.3965
Durbin-Watson stat.	1.061920	Prob(F-statistic)		0.000000

表 20.2　固定效应模型

Dependent variable：Y_?
Method：pooled least squares
Date：04/03/04　Time：22：23
Sample：1960 1999
Included observations：40
Number of cross-sections used：8
Total panel (balanced) observations：320

Variable	Coefficient	Std. error	t-statistic	Prob.
$X\_?$	0.473709	0.021889	21.64181	0.0000
$E\_?$	1.845824	0.157163	11.74465	0.0000
Fixed effects				
01 – C	53.243910			
02 – C	53.359220			
03 – C	52.374160			
04 – C	52.895430			
05 – C	52.649170			
06 – C	53.343080			
07 – C	52.766670			
08 – C	51.857190			
R-squared	0.746742	Mean dependent var.		105.2594
Adjusted R-squared	0.739389	S. D. dependent var.		5.254932
S. E. of regression	2.682644	Sum squared resid.		2 230.940
Log likelihood	– 764.7575	F-statistic		914.0485
Durbin-Watson stat.	1.030970	Prob(F-statistic)		0.000000

表 20.3　随机效应模型

Dependent variable：Y_?
Method：GLS (variance components)
Date：04/03/04　Time：22：24
Sample：1960 1999
Included observations：40
Number of cross-sections used：8
Total panel (balanced) observations：320

Variable	Coefficient	Std. error	t-statistic	Prob.
C	47.307720	1.340279	35.29692	0.0000
$X\_?$	0.523554	0.012030	43.52132	0.0000
$E\_?$	2.220745	0.149031	14.90118	0.0000
Random Effects				
01 – C	0.258081			

（续表）

Variable	Coefficient	Std. error	t-statistic	Prob.
02 – C	– 2.415602			
03 – C	0.848119			
04 – C	– 1.775884			
05 – C	1.190163			
06 – C	– 1.573142			
07 – C	0.472518			
08 – C	2.995747			
GLS transformed regression				
R-squared	0.716534	Mean dependent var.		105.2594
Adjusted R-squared	0.714746	S. D. dependent var.		5.254932
S. E. of regression	2.806617	Sum squared resid.		2 497.041
Durbin-Watson stat.	1.140686			
Unweighted statistics including random effects				
R-squared	0.594095	Mean dependent var.		105.2594
Adjusted R-squared	0.591534	S. D. dependent var.		5.254932
S. E. of regression	3.358497	Sum squared resid.		3 575.601
Durbin-Watson stat.	0.796605			

在 EViews 中估计面板数据回归

把数据导入 EViews 后,通过 **pool object** 估计面板数据。估计总是从双击 **pool object**(标签为 **basic**)开始。假定我们打开文件 panel_test,并估计下面的模型:

$$Y_{it} = a_i + \beta_1 X_{it} + \beta_2 E_{it} + u_{it} \tag{20.14}$$

从 **basic**(**pool object**)开始。首先单击 **Estimate**,打开混合估计窗口,设定因变量和回归元的名称。对于上面的模型,插入因变量 $Y\_?$ (?表示计算机会包括从第一到第八的所有截面数据);在 **common coefficient**(共同系数)中插入回归元,共同系数包括常数 C 以及 $X\_?$ 和 $E\_?$ 变量。我们同样可以选择转换样本(在相应窗口中输入不同的起止时间),包含对某些截面的特定系数(引入异质性),或者针对时间的特定系数,这些都可以通过在对应窗口中输入变量名称做到(目前,这些窗口都是空的);我们也可以在下拉菜单中选择不同的估计方法(固定效应或随机效应)。如果把所有设定都设为默认值(None),我们会得到共同常数项的估计结果(见表 20.4)。结果的解释如前所述。

表 20.4 共同常数项

Dependent variable: *Y_?*
Method: *pooled least squares*
Date: *04/30/10 Time*: *12*:*11*
Sample: *1960 1999*
Included observations: *40*
Cross-sections included: *8*
Total pool (*balanced*) *observations*: *320*

(续表)

Variable	Coefficient	Std. error	t-statistic	Prob.
C	50.271990	2.040134	24.64151	0.0000
X_?	0.496646	0.018320	27.10964	0.0000
E_?	1.940393	0.153886	12.60930	0.0000
R-squared	0.739693	Mean dependent var.		105.2594
Adjusted R-squared	0.738051	S. D. dependent var.		5.254932
S. E. of regression	2.689525	Akaike info criterion		4.825937
Sum squared resid.	2 293.034	Schwarz criterion		4.861265
Log likelihood	−769.150	Hannan-Quinn criter.		4.840044
F-statistic	450.3965	Durbin-Watson stat.		1.061920
Prob(F-statistic)	0.000000			

要选择固定效应估计量,同样单击 **estimate**,忽略方程设定的设置,在 **estimation method** 选择框的截面数据下拉菜单中选择 **Fixed**。结果由表 20.5 给出。类似地,我们也能在截面数据下拉菜单中选择 **Random** 得到随机效应估计结果(注意,在上述所有情形中,期限的下拉菜单都设为 None)。随机效应估计结果如表 20.6 所示。

表 20.5 固定效应

Dependent variable: Y_?
Method: pooled least squares
Date: 04/30/10 Time: 12:14
Sample: 1960 1999
Included observations: 40
Cross-sections included: 8
Total pool (balanced) observations: 320

Variable	Coefficient	Std. error	t-statistic	Prob.
C	52.811110	2.434349	21.69414	0.0000
X_?	0.473709	0.021889	21.64181	0.0000
E_?	1.845824	0.157163	11.74465	0.0000
Fixed effects (cross)				
01 − C	0.432805			
02 − C	0.548114			
03 − C	−0.436944			
04 − C	0.084326			
05 − C	−0.161931			
06 − C	0.531979			
07 − C	−0.044436			
08 − C	−0.953913			
Effects specification				
Cross-section fixed (dummy variables)				
R-squared	0.746742	Mean dependent var.		105.2594
Adjusted R-squared	0.739389	S. D. dependent var.		5.254932
S. E. of regression	2.682644	Akaike info criterion		4.842234
Sum squared resid.	2 230.940	Schwarz criterion		4.959994
Log likelihood	−764.7575	Hannan-Quinn criter.		4.889258
F-statistic	101.5609	Durbin-Watson stat.		1.030970
Prob(F-statistic)	0.000000			

表 20.6　随机效应

Dependent variable: Y_?
Method: pooled EGLS (cross-section random effects)
Date: 04/30/10　Time: 12:21
Sample: 1960 1999
Included observations: 40
Cross-sections included: 8
Total pool (balanced) observations: 320
Swamy and Arora estimator of component variances

Variable	Coefficient	Std. error	t-statistic	Prob.
C	50.271990	2.034914	24.70472	0.0000
X_?	0.496646	0.018273	27.17917	0.0000
E_?	1.940393	0.153492	12.64165	0.0000
Random effects (cross)				
01 – C	0.000000			
02 – C	0.000000			
03 – C	0.000000			
04 – C	0.000000			
05 – C	0.000000			
06 – C	0.000000			
07 – C	0.000000			
08 – C	0.000000			

Effects specification		
	S.D.	Rho
Cross-section random	0.000000	0.0000
Idiosyncratic random	2.682644	1.0000

Weighted statistics			
R-squared	0.739693	Mean dependent var.	105.2594
Adjusted R-squared	0.738051	S.D. dependent var.	5.254932
S.E. of regression	2.689525	Sum squared resid.	2 293.034
F-statistic	450.3965	Durbin-Watson stat.	1.061920
Prob(F-statistic)	0.000000		

Unweighted statistics			
R-squared	0.739693	Mean dependent var.	105.2594
Sum squared resid.	2 293.034	Durbin-Watson stat.	1.061920

我们留给读者去估计一个模型(用文件 panel_eu.wf1 的数据),检验在欧盟 15 个国家中,毛固定资产形成与对外直接投资流入对 GDP 增长率的影响效果。

EViews 中的 Hausman 检验

用随机效应估计方程后,就可以在 EViews 中进行 Hausman 检验,从固定效应估计量和随机效应估计量中选出较合适的。在 EViews 中,我们可以单击 **View/Fixed-Ran-**

dom Effects Testing/Correlated Random Effects-Hausman Test,结果报告在表 20.7 中。我们看到,chi-squared 的值为 7.868,远大于临界值。因此,我们拒绝随机效应估计量,改为使用固定效应估计量。

表 20.7 Hausman 检验

Correlated random effects—Hausman test
Pool: BASIC
Test cross-section random effects

Test summary	Chi-sq. statistic	Chi-sq. d. f.	Prob.
Cross-section random	7.868021	2	0.0196

* * WARNING: estimated cross – section random effects variance is zero.

Cross-section random effects test comparisons:

Variable	Fixed	Random	Var(Diff.)	Prob.
X_?	0.473709	0.496646	0.000145	0.0570
E_?	1.845824	1.940393	0.001140	0.0051

Cross-section random effects test equation:
Dependent variable: Y_?
Method: panel least squares
Date: 04/30/10 Time: 12:25
Sample: 1960 1999
Included observations: 40
Cross-sections included: 8
Total pool (balanced) observations: 320

Variable	Coefficient	Std. error	t-statistic	Prob.
C	52.811110	2.434349	21.69414	0.0000
X_?	0.473709	0.021889	21.64181	0.0000
E_?	1.845824	0.157163	11.74465	0.0000

Effects specification			
Cross-section fixed (dummy variables)			
R-squared	0.746742	Mean dependent var.	105.2594
Adjusted R-squared	0.739389	S. D. dependent var.	5.254932
S. E. of regression	2.682644	Akaike info criterion	4.842234
Sum squared resid.	2 230.940	Schwarz criterion	4.959994
Log likelihood	-764.7575	Hannan-Quinn criter.	4.889258
F-statistic	101.5609	Durbin-Watson stat.	1.030970
Prob(F-statistic)	0.000000		

Stata 中的 Hausman 检验

要在 Stata 中进行 Hausman 检验,首先要得到固定效应和随机效应的估计量,保存这些值,然后用 Hausman 命令计算统计量。命令如下:

```
xtreg y x e , fe
```

```
estimates store fe
xtreg y x e , re
estimates store re
hausman fe re
```

结果及其解释类似表 20.7 的报告。

把面板数据导入 Stata

在 Stata 中导入数据的方法与在 EViews 中的不同。Stata 要求把数据定义为面板数据，命令如下：

```
xtset panelvar timevar
```

其中，*panelvar* 是包含面板中截面部分元素的变量名称，*timevar* 是包含面板中期间部分元素的变量名称。

这样，我们需要定义这两个变量，以长序列的形式获得数据。考虑下面例子中的数据（与前面 EViews 例子中的数据相同）。表 20.8 是数据呈现在 Stata 中的样子。我们看到，第一个序列（本例中叫做 id）包含编号为 1 的一个数据集，接下去是编号为 2 的数据集、编号为 3 的数据集，等等。这些是面板标示符（1 代表第一个部分，2 代表第二个部分，以此类推）。紧挨着 *id* 变量的时间变量依次取年份值 1960，1961，…，1999；然后在下一个 *id* 值（第二个界面，*id* = 2）又再次从头取年份值 1960，1961，…，1999；接着在第三个截面又重复这一取值，以此类推。这两个变量为 Stata 提供了面板数据的特征。变量 Y, X 和 E 依次根据每个截面和每个年份取值。

表 20.8 Stata 中的数据

id	time	Y	X	E
1	1960	100.00000	100.00000	−0.860900
1	1961	102.50000	103.63340	1.251923
1	1962	104.77340	105.79950	1.705449
1	1963	107.20760	106.51280	0.583854
1	1964	107.88800	107.66930	0.440685
⋮	⋮	⋮	⋮	⋮
1	1999	115.55580	125.89870	1.175648
2	1960	100.00000	100.00000	1.368522
2	1961	102.45800	100.22640	−0.162290
2	1962	98.62976	96.24845	−0.744560
2	1963	96.27536	99.09063	−0.152790
2	1964	97.53818	99.18853	−0.026190
⋮	⋮	⋮	⋮	⋮
3	1960	100.00000	100.00000	−0.572290

（续表）

id	time	Y	X	E
3	1961	101.56000	101.80930	1.954698
3	1962	98.93489	102.06470	-1.143200
3	1963	99.70796	100.44860	0.096794
3	1964	98.81096	99.48605	-0.374990
⋮	⋮	⋮	⋮	⋮

在 Stata 中把数据定义为面板数据的命令是：

```
xtset id time
```

Stata 的回应为：

```
panel variable: id (strongly balanced)
time variable: time,1960 to 1999
delta: 1 unit
```

这可以在面板平衡时使用（数据对所有的截面和时间都是可用的）。当我们得到 Stata 的回应（或者类似的提醒我们数据已经被定义成面板数据的回应，即我们未得到错误信息），就能继续用 Stata 命令估计面板数据。

在 Stata 中估计面板数据回归

要估计简单形式的面板回归，命令是：

```
regress depvar indepvars ,options
```

命令的意思是我们想列出因变量并在因变量后列出自变量，在 option 中明确估计的方法。由于我们想采用共同常数项方法，把 option 设为空白，使用命令：

```
xtreg y x e
```

估计的结果类似表 20.4 中得到的。对于固定效应估计量（option 设为 fe），命令是：

```
xtreg y x e, fe
```

类似地，对于随机效应估计量（option 设为 re），命令是：

```
xtreg y x e, re
```

这两个估计的结果各自类似表 20.5 和表 20.6 的结果。

第 21 章 动态异质性面板

本章内容

引言
动态面板中的偏误
有偏性问题的解决(由面板的动态性导致)
异质性斜率参数的偏误
解决异质性偏误的方法:另一种估计方法
应用:经济增长和投资中的不确定效应

学习目标

1. 理解动态面板模型的偏误
2. 理解偏误问题的解决方法
3. 知道动态异质性面板模型的组均值估计量和混合组均值估计量

引言

动态面板模型以回归元中出现滞后因变量为特征,其基本模型是:
$$Y_{i,t} = a_i + \beta'_i X_{i,t} + \gamma Y_{i,t-1} + u_{i,t} \tag{21.1}$$
其中,γ 是标量,β 和 $X_{i,t}$ 分别是 $k \times 1$ 的矩阵。动态模型很重要(尤其是在经济学中),因为许多经济关系本质上是动态的,应该采用这种模型来建模。面板数据的时间维度(不像截面数据研究)能让我们捕捉到动态的调整。

在这个简单的动态模型中,唯一的异质性来自个别截距 a_i,它被允许在不同的截面中变化;然而,有时在经济学中,有必要为了不同组别找到特定的系数而引进异质性。稍后,我们会考虑组均值和混合组均值的估计量,这两个估计量在面板数据模型中可以有更大的异质性。

动态面板的问题在于,传统的 OLS 估计量是有偏的,因此要引入不同的估计方法。本章将对这些问题进行分析。

动态面板中的偏误

简单 OLS 估计量的有偏性

简单静态面板的 OLS 估计量在 n 或 $T \to \infty$、所有解释变量是外生的且与个体异质性不相关时是一致的。但由于 OLS 估计量忽略了模型的误差组成结构,它并不有效;并且,当模型中含有滞后因变量时,事情就完全不一样了。

考虑式(21.1)的基本模型,重写为(简单起见,省略 $X_{i,t}$ 回归元):

$$Y_{i,t} = a_i + \gamma Y_{i,t-1} + u_{i,t} \tag{21.2}$$

容易看到,OLS 估计量是严重有偏的,因为滞后因变量和个体异质效应(a_i)相关,所以 a_i 可以是随机的也可以是固定的。由于 $Y_{i,t}$ 是 a_i 的函数,那么 $Y_{i,t-1}$ 也是 a_i 的函数,因此 $Y_{i,t-1}$ 作为模型的回归元与误差项相关。这显然导致 OLS 估计量有偏且不一致,即使在误差项非序列相关时也如此。对它的证明很复杂,要用到矩阵代数,已超出本书范围。想进一步了解动态面板的读者可以阅读 Baltagi(1995,第 8 章)或 Hsiao(1986,第 6 章)。

固定效应模型的偏误

OLS 估计量的有偏性和不一致源自滞后因变量与个体异质效应的相关性,因此可以对固定效应模型做组内转换:

$$Y_{i,t} - \overline{Y}_i = \gamma(Y_{i,t-1} - \overline{Y}_{i,t-1}) + (u_{i,t} - \overline{u}_i) \tag{21.3}$$

该转换可以解决这个问题,因为现在个体效应 a_i 被消除了。然而,问题的解决并不那么简单。

再次考虑模型(21.1),可以重写为:

$$Y_{i,t} = \mu_i + \gamma Y_{i,t-1} + u_{i,t} \tag{21.4}$$

其中,μ_i 是固定效应,令 $\overline{Y}_i = 1/T \sum_{t=1}^{T} Y_{i,t}$,$\overline{Y}_{i,t-1} = 1/T \sum_{t=1}^{T-1} Y_{i,t-1}$,并且 $\overline{u}_i = 1/T \sum_{t=1}^{T} u_{i,t}$。可以看到,因为"固定的" T 较小,固定效应估计量是有偏的。由于我们要从每个观察值中消除未知的个体效应(常数项),导致在组内转换模型中解释变量与误差项之间的偏误 $1/T$。因为从建模上 $Y_{i,t}$ 就与 $\overline{u}_i$ 相关(考虑到 $\overline{u}_i$ 是一个包含 $u_{i,t-1}$ 的平均值,它显然与 $Y_{i,t-1}$ 相关),所以 $(Y_{i,t-1} - \overline{Y}_{i,t-1})$ 也会与 $(u_{i,t} - \overline{u}_i)$ 相关,即使 u_{it} 不是序列相关的。

随机效应模型的偏误

估计随机效应模型广义最小二乘方法(GLS)的问题和估计固定效应最小二乘虚拟变

量(LSDV)的问题类似。要用 GLS,就必须对数据拟去均值化,去均值化过程不可避免地导致拟去均值化的因变量和拟去均值化的残差项相关,导致 GLS 估计量有偏且不一致。

有偏性问题的解决(由面板的动态性导致)

有两种解决有偏性问题的方法。一种方法是在模型中引入外生变量。如果加入外生变量(对于一阶自回归过程),OLS 估计量的偏误就会减少,但仍然存在。外生变量的系数是趋向零偏误的。但对于 LSDV 估计量,在 T 较小的情况下,即使加入外生变量,依然是有偏的。另一种方法是工具变量,由 Anderson 和 Hsiao(1981,1982)及 Arellano 和 Bond(1991)提出。工具变量方法很复杂,已超出本书范围,但需要提醒的是,对于 T 较小的面板数据,工具变量方法的运用很广泛。工具变量估计量有时被称为 GMM 估计量。

异质性斜率参数的偏误

所有的面板数据模型都假设,至少有一些参数对于所有的截面是不变的,这有时被称为混合假设。如果假设被违反,问题就会变得很复杂,比如在特定情形下,静态面板和动态面板会是有偏的。混合假设不成立时,面板被称为异质性面板,这表示某些参数在面板中是不同的。如果固定参数假设不正确,那么就会产生严重的问题。考虑下面的异质性静态面板:

$$Y_{i,t} = \mu_i + \beta'_i X_i + u_{i,t} \tag{21.5}$$

这里有异质性,例如,截面数据是许多国家在经济发展的不同阶段,或者有不同的制度、习俗等。简单起见,假设只有一个解释变量 X_{it},则异质性系数 β_i 是:

$$\beta_i = \beta + v_i \tag{21.6}$$

在这种情形下,Pesaran 和 Smith(1995)证明固定效应(FE)和随机效应(RE)的估计量可能是不一致的。

考虑动态自回归滞后(ARDL)模型:

$$Y_{i,t} = a_i + \gamma_i Y_{i,t-1} + \beta_i X_{i,t} + e_{i,t} \tag{21.7}$$

这里,在不同的截面中允许不同的系数。如果我们要考虑长期解:

$$\theta_i = \frac{\beta_i}{1 - \gamma_i} \tag{21.8}$$

式(21.8)是 X_{it} 第 i 个截面单元的长期系数,用这个值改写模型(21.7):

$$\Delta Y_{i,t} = a_i - (1 - \gamma_i)(Y_{i,t-1} - \theta_i X_{i,t}) + e_{i,t} \tag{21.9}$$

或用 ϕ_i 代替 $1 - \gamma_i$:

$$\Delta Y_{i,t} = a_i - \phi_i(Y_{i,t-1} - \theta_i X_{i,t}) + e_{i,t} \tag{21.10}$$

现在考虑随机系数模型,意味着:

$$\phi_i = \phi + v_i \tag{21.11}$$
$$\theta_i = \theta + w_i \tag{21.12}$$

其中，v_i 和 w_i 是独立同分布误差项。从此项我们可以得出模型(21.7)的原始系数：

$$\beta_i = \theta_i \phi_i = \theta\phi + \phi w_i + \theta v_i + w_i v_i \tag{21.13}$$

因为 $\gamma = 1 - \phi, \beta = \theta\phi$，代入模型(21.7)：

$$Y_{i,t} = a_i + \gamma_i Y_{i,t-1} + \beta_i X_{i,t} + v_{i,t} \tag{21.14}$$
$$v_{i,t} = e_{i,t} - v_i Y_{i,t-1} + (\phi w_i + \theta v_i + w_i v_i) X_{i,t} \tag{21.15}$$

从分析过程可以清晰地看出，$v_{i,t}$ 和 $Y_{i,t-1}$ 是相关的，所以 FE 和 RE 的系数都是不一致的。考虑到 FE 和 RE 的系数在 T 较小和 N 无穷大时是不一致的，这成为一个可以预期的结果。这里最大的问题是，即使 $T \to \infty$ 且 $N \to \infty$，FE 和 RE 的系数都是不一致的。

解决异质性偏误的方法：另一种估计方法

Pesaran 等(1999)(以下简称"PSS")建议，采用两个不同的估计量来解决动态面板中异质性斜率的偏误问题。这便是组均值估计量和混合组均值估计量，以下简要叙述。

组均值估计量

组均值(MG)估计量从单个国家 ARDL 模型的长期系数均值中得出面板的长期系数。例如，如果 ARDL 模型如下所示：

$$Y_{i,t} = a_i + \gamma_i Y_{i,t-1} + \beta_i X_{i,t} + e_{i,t} \tag{21.16}$$

其中，i 表示国家，$i = 1, 2, \cdots, N$。对于国家 i 的长期系数 θ_i 就是：

$$\theta_i = \frac{\beta_i}{1 - \gamma_i} \tag{21.17}$$

整个面板的 MG 估计量就是：

$$\hat{\theta} = \frac{1}{N} \sum_{i=1}^{N} \theta_i \tag{21.18}$$

$$\hat{a} = \frac{1}{N} \sum_{i=1}^{N} a_i \tag{21.19}$$

可以证明，有高阶滞后项的 MG 估计量会带来高度一致性的长期系数估计量，即使回归元是 $I(1)$ (Pesaran 等,1999)。MG 估计量是一致的，对于大的 N 和 T 有渐近的正态分布；然而，当 T 很小时，动态面板的 MG 估计量是有偏的，能产生有误导性的结果，因此要小心使用。

混合组均值估计量

Pesaran 和 Smith(1995)指出，与静态面板的情形不同，即使在大样本时，混合动态异质性模型也会产生不一致的估计（这个问题不能通过加大样本量来解决，因为它来自异质性，而增大截面维度会加重这个问题）。Baltagi 和 Griffin(1997)解释，混合数据引致的有效性增加的好处超过异质性带来的损失。他们用两个步骤支持这个论证。第一步，他们通过一个石油需求模型，用不同的方法非正式地评估估计的可信程度。这很难评估，因为它依赖于对"可信度"标准的判断。Monte Carlo 模拟会使这个比较更加清晰。第二步，他们比较了预测的表现；然而，这对于平均估计方法而言是一个很弱的检验，因为平均估计方法是用来估计长期系数而不是短期机制的。Baltagi 和 Griffin 并不考虑下面要讨论的方法——混合组均值(PMG)。在我们考虑的数据中，T 很大，足够进行单个国家的估计；即便如此，我们还是要在某种程度上利用数据的截面维度。Pesaran 和 Smith(1995)观察到，虽然对于所有国家进行共同的动态识别是不可信的，但至少可以得到共同模型的长期系数。他们建议，如果数据允许的话，可以通过对每个国家的估计量取均值或混合长期系数来估计，并且把模型作为一个系统。PSS 把这种方法叫做混合组均值估计量。它拥有混合估计的有效性，同时避免了混合异质性动态关系产生的不一致问题。

PMG 估计方法在允许斜率和截距都随国家不同而变动的 MG 方法和斜率固定截距可以变动的固定效应方法之间取得一个中间位置。在 PMG 估计中，只有长期系数在国家间是相同的，而短期系数可以不同。

更详细地说，对于因变量 Y 中，时间 $t = 1,2,\cdots,T$，国家 $i = 1,2,\cdots,N$，方程 ARDL 系统的非约束设定为：

$$Y_{it} = \sum_{j=1}^{p} \lambda_{ij} Y_{i,t-j} + \sum_{j=1}^{q} \delta'_{ij} X_{i,t-j} + \mu_i + \varepsilon_{it} \quad (21.20)$$

其中，$X_{i,t-j}$ 是对于第 i 组的 $k \times 1$ 矩阵解释变量，μ_i 代表固定效应。原则上，面板可以是非平衡的，p 和 q 在不同国家间也可以不同。模型可以再参数化为 VECM 系统：

$$\Delta Y_{it} = \theta_i (Y_{i,t-1} - \beta'_i X_{i,t-1}) + \sum_{j=1}^{p-1} \gamma_{ij} \Delta Y_{i,t-j} + \sum_{j=1}^{q-1} \gamma'_{ij} \Delta X_{i,t-j} + \mu_i + \varepsilon_{it} \quad (21.21)$$

其中，β_i 是长期系数，θ_i 是均衡（或误差）修正参数。混合组均值约束 β 对不同国家是一样的：

$$\Delta Y_{it} = \theta_i (Y_{i,t-1} - \beta' x_{i,t-1}) + \sum_{j=1}^{p-1} \gamma_{ij} \Delta y_{i,t-j} + \sum_{j=1}^{q-1} \gamma'_{ij} \Delta X_{i,t-j} + \mu_i + \varepsilon_{i,t} \quad (21.22)$$

可以通过 OLS 继续估计，对 β 施加不同国家间的约束并检验；但这是无效的，因为它忽略了同期残差相关。一个自然的估计量是 Zellner 的 SUR 方法，这是一种可行 GLS；但是，SUR 估计只有在 $N < T$ 时成立。因此，PSS 建议采用极大似然估计，所有的动态项和 ECM 项都可以自由变动。PSS 还证明，在一些正则性假设下，这个模型的估计系数对于静态和非静态 $I(1)$ 回归元是一致和渐近正态的。MG 估计量和 PMG 估计量对于个体国家方程需要选择合适的滞后长度，可以通过 Schwarz Bayesian 标准选择。

这里同样存在推断问题。PSS 指出，在面板估计中，忽略特定的组因素或测量误差可能导致国家估计的严重偏离。在经验面板数据检验中,由于组系数受限制而经常发生混合可行性(poolability)检验失败报告。例如,Baltagi 和 Griffin(1997)表明,尽管混合可行性检验大量失败($F(102,396) = 10.99$;临界值大约是 1.3),"就像大多数研究者那样,我们还是继续估计混合模型"。所以,PSS 提出 Hausman 检验,它的依据是模型的长期系数估计能从国家的组均值回归中得出。这在异质性的情形下也是一致的。然而,如果系数是同质的,PMG 估计就更有效。因此我们建立以下检验统计量:

$$H = \hat{q}'[Var(\hat{q})]^{-1}\hat{q} \sim \chi_k^2$$

其中,$\hat{q}$ 是 $k \times 1$ 向量,表示组均值和 PMG 估计量的差异;$Var(\hat{q})$ 是对应的协方差矩阵。在原假设下,这两个估计量是一致的但只有一个是有效的,$Var(\hat{q})$ 作为两个估计系数矩阵的协方差矩阵的差异很容易计算。如果混合可行性假设是无效的,那么 PMG 估计就不再一致,则检验是失败的。

应用:经济增长和投资中的不确定效应

Asteriou 和 Price(2000)检验投资、经济发展和不确定性之间的相互作用,利用 59 个工业化和发展中国家在 1966—1992 年的数据估计下面简约形式的方程:

$$\Delta \hat{y}_{i,t} = a_{0,i} + a_{1,i}h_{i,t} + \alpha_i \Delta \hat{k}_{i,t} + \varepsilon_{i,t} \qquad (21.23)$$

式(21.23)检验不确定性对经济发展和投资的可能效果。他们分析所用的数据是劳均 GDP(每个工人)y_{it} 和从宾大世界表中得到的劳均资本 k_{it}。在估计主模型之前,他们对劳均 GDP 增长估计 GARCH(1,1)模型来获得方差序列,以此作为下面分析中不确定性的代表 $h_{i,t}$。

来自传统面板数据估计的证明

Asteriou 和 Price 采用传统面板数据技术估计主模型,即固定效应和随机效应。他们承认这些模型的估计是不恰当的,意图说明这些估计的不恰当程度。结果呈现在表 21.1 中,其报告了式(21.23)的三种可能情形:情形一,假定模型中所有国家的常数项是一样的,这是一个非常严格的假定;情形二,假定固定效应;情形三,假定存在随机效应(表 21.1 中省略了国家的特定参数)。在所有的情形下(表 21.1 中的(a)、(c)、(d)列),报告的系数是相似的且都显著。当加入资本增长率时,不确定性的效果就是负的,即高度的不确定性与低的增长率相关。资本增长预期有正的符号;然而,若将劳均资本增长从方程中拿掉后,不确定性系数就是正的且显著(表 21.1 中的(b)、(d)、(f)列)。这表明投资随着不确定性而增长;但是,资本增长率对不确定性的回归(没有报告出来)表明不确定性有负的效果。这些结果很难予以解释。

表 21.1　传统面板估计的结果

变量	共同常数项		固定效应		随机效应	
	(a)	(b)	(c)	(d)	(e)	(f)
Constant	0.01	0.01			0.01	0.02
	(12.60)	(5.13)			(8.50)	(9.70)
$h_{i,t}$	−0.10	0.63	−0.06	0.92	−0.08	0.48
	(−5.70)	(13.50)	(−2.60)	(13.50)	(−4.10)	(14.00)
$\Delta \hat{k}_{i,t}$	0.12		0.10		0.11	
	(7.20)		(6.40)		(6.70)	
R^2	0.05	0.08	0.14	0.11	0.13	0.05

组均值和混合组均值的估计

Asteriou 和 Price 用 MG 和 PMG 估计并得出结果。表 21.2 在三种情形下展示了不确定性对劳均 GDP 增长率的影响:仅仅混合不确定的影响;仅混合资本;混合资本和不确定性。结果显示,Hausman 检验拒绝长期方差项的混合,但接受资本存量混合的效果。(c)列的联合检验被接受,但个别检验被拒绝,因此关键的结果在(b)列中(无效的 MG 结果用来作为比较;Δk 项符号错误且不显著)。Δk 的 PMG 系数很小但显著(在通常的增长率研究中,解释这些结果可能有困难,因为方程是在一阶差分的情形下设定的,得到的结果是边际效果)。不确定性的影响明显很大,但方差项很小。(平均)误差调整系数表明,调整很快且93%的调整发生在 1 年之内。与传统的估计方法对比,方差效应高出 2 个数量级。

表 21.2 展示了不确定性的影响(除投资外),而表 21.3 展示了对投资的直接影响。PMG 设定很容易通过 Hausman 检验。如前面所讨论的,不确定性的影响是模糊的;但我们预期有个负的系数,这正是本例的情形。因此,这个应用的结论为,MG 和 PMG 应当是估计动态异质性面板的合适方法;从估计中得出的结果表明,不确定性对于经济增长率和投资都有负的影响(不确定性由劳均 GDP 的 GARCH(1,1)模型方差序列代表)。

表 21.2　MG 和 PMG 估计(产出增长作为因变量)

Variable	PMG estimates		MG estimates		h-test
	Coef.	t-ratio	Coef.	t-ratio	
A. Common parameter on h					
Common long-run coefficients					
h	−0.061	−1.891	−26.618	−1.967	3.85[0.05]
Unrestricted long-run coefficients					
Δk	0.086	1.323	−0.214	−0.487	—
Error-correction coefficients					
ϕ	−0.952	−32.988	−0.926	−22.300	—

(续表)

Variable	PMG estimates		MG estimates		h-test
	Coef.	t-ratio	Coef.	t-ratio	
B. Common parameter on Δk					
Common long-run coefficients					
Δk	0.061	3.324	−0.214	−0.487	1.19[0.27]
Unrestricted long-run coefficients					
h	−10.325	−1.762	−26.618	−1.967	—
Errorvcorrection coefficients					
ϕ	−0.929	−25.798	−0.926	−22.300	—
C. Common parameter on Δk and h					
Common long-run coefficients					
Δk	0.160	7.949	−0.214	−0.487	2.21[0.14]
h	−0.027	−1.019	−26.618	−1.967	3.86[0.05]
Joint Hausman test: 3.89[0.14]					
Error-correction coefficients					
ϕ	−0.945	−35.920	−0.926	−22.300	—

表 21.3　MG 和 PMG 估计(资本增长作为因变量)

Variable	PMG estimates		MG estimates		h-test
	Coef.	t-ratio	Coef.	t-ratio	
h	−5.956	−4.310	−316.000	−1.003	0.97[0.33]
Error-correction coefficients					
ϕ	−0.345	−5.972	−0.414	−7.409	—

第 22 章 非平稳面板

本章内容
引言
面板单位根检验
面板协整检验
面板协整检验的计算机实例

学习目标
1. 领会面板数据框架下平稳性的概念
2. 理解不同的面板单位根检验过程
3. 应用 EViews 进行面板单位根检验
4. 理解面板数据框架下协整的概念
5. 理解不同的面板协整检验过程
6. 应用 EViews 进行面板协整检验

引言

直到最近所学的内容,面板数据研究都忽略了关键的平稳性(ADF 和 PP)和协整(Engle-Granger 和 Johansen)检验。然而,随着面板数据不断地被应用于宏观经济分析,而类似的分析在相当长的时间内包含截面维度的大量样本国家,平稳性和协整的问题就出现了。这主要是因为不像微观面板中 N 很大但 T 很小,宏观面板有很大的 N 和很大的 T。例如,考虑宾大世界表中的国家数据(可以从 NBER 网站上获得,http://www.nber.org),其中至少有一些变量是单位根的(比如 GDP)。这就使得我们要考虑以往面板数据分析中被忽略的一些问题。

在时间序列研究中,我们已经就平稳性问题作了相关的阐述;在面板数据中,我们也要进行类似的检验,不过要稍加调整。这么做主要是因为稍后的面板分析中大的

N 和 T 带来的复杂性。我们把时间序列和面板数据的单位根检验的主要区别概括如下：

（1）面板数据允许对个体之间不同程度的异质性进行检验。

（2）到目前为止的面板数据分析中，我们仍无法确认拒绝单位根的有效性。

（3）面板单位根检验的功效随 N 增加而增加。这个检验功效的增加要远比小样本低功效的标准 DF 和 ADF 检验更加稳健。

（4）相比时间序列样本低功效的标准 ADF 检验，面板模型中额外的截面部分提供了性质更好的面板单位根检验。

面板单位根检验

DF 和 ADF 的单位根检验都可以扩展到面板数据估计中，考虑可能存在单位根的例子。大部分面板单位根检验是通过把 ADF 检验扩展到面板中，即把它加入回归方程；然而，当处理面板数据时，估计过程比在时间序列中更加复杂。面板数据估计的关键因素是异质性的程度。特别地，我们必须意识到并不是面板中所有个体都有相同的性质；即它们不都是平稳的或非平稳的（或协整的/非协整的）。所以，当面板单位根检验用于那些部分面板有单位根而部分面板没有单位根的情形时，事情就变得非常复杂。

自一系列的方法被开发出来，其基本思想是把时间序列维度的信息和截面维度的信息结合起来，通过截面维度的信息把对单位根的判断更精确、更简单、更直接地表达出来。

然而，也存在许多问题。一个问题是有些检验要求平衡面板（对于 i 或 t 没有缺失数据），但有些检验不要求平衡面板。另一个问题来自原假设。通常原假设是标准 DF 检验的概括（即面板中所有序列都是非平稳的），拒绝原假设意味着有些序列是平稳的；然而我们能从反方向构造原假设，即假定所有序列都是平稳的，拒绝原假设意味着有明确的不平稳性证据。在这两种情形下，考虑时间序列导致"技术统计"（Box-Score）概念，即人们根据更占优势的证据推断序列的设定是平稳的还是非平稳的。

面板单位根文献中另一个重要的理论考虑的是面板 N 和 T 维度的渐近表现，关于这些参数趋于无穷的速率可以做出许多假设。例如，可以固定 N，让 T 趋于无穷，之后再让 N 趋于无穷；或者，让两个指标各自以规定的速率趋于无穷，即 $T = T(N)$；再者，让 N 和 T 同时趋于无穷（Phillips 和 Moon，2000）。这些问题都很复杂，已超出本书范围。下一节中，我们的主要目标是尽可能简单地描述面板中单位根和协整的检验，并对如何在应用计量经济工作中使用这些检验提供指导。

Levin 和 Lin（LL）检验

最早的面板单位根检验由 Levin 和 Lin（1992）提出。这个检验最开始由 Levin 和

Lin 发表在 1992 年的一篇工作论文中,最终他们的工作却在 2002 年和 Chu 共同公开发表(Levin 等,2002),但检验还是以最初的两位作者的名字命名为 LL 检验。Levin 和 Lin 提出的检验可以看成 DF 检验的扩展。他们的模型如下:

$$\Delta Y_{i,t} = a_i + \rho Y_{i,t-1} + \sum_{k=1}^{n} \phi_k \Delta Y_{i,t-k} + \delta_i t + \theta_t + u_{it} \tag{22.1}$$

模型考虑双因素固定效应,一个来自 a_i,另一个来自 θ_t。这样,单位根特定的固定效应和单位根特定的时间效应都包含其中。单位根特定的固定效应是一个很重要的组成部分,因为其允许异质性,而滞后 Y_i 的系数对于面板的所有单元都是同质的。

检验的原假设和备择假设是:

$$H_0: \quad \rho = 0$$
$$H_a: \quad \rho < 0$$

像文献中介绍的大多数单位根检验一样,LL 检验也假设个体过程在截面间相互独立。基于这个假设,检验推出一个条件,即混合 OLS 估计量 ρ 在原假设下服从标准正态分布。

因此,LL 检验可以看作混合的 DF 检验或 ADF 检验,可能在面板中的不同截面上有不同的滞后长度。

Im、Pesaran 和 Shin(IPS)检验

LL 检验主要的缺陷在于,它把 ρ 对所有 i 限制为同质的。Im 等(1997)拓展了 LL 检验,允许 $Y_{i,t-1}$ 的系数出现异质性,提出基于个别单位根检验统计量的基本检验程序。

IPS 检验提供对于每个 i 截面的独自分别估计,允许参数值、残差方差和滞后长度的不同设定。模型如下:

$$\Delta Y_{i,t} = a_i + \rho_i Y_{i,t-1} + \sum_{k=1}^{n} \phi_{ik} \Delta Y_{i,t-k} + \delta_i t + u_{it} \tag{22.2}$$

原假设和备择假设定义如下:

$$H_0: \quad \rho_i = 0 \quad \text{对于所有的 } i$$
$$H_a: \quad \rho < 0 \quad \text{对于至少一个 } i$$

该检验的原假设是,所有的序列是非平稳的;备择假设是,至少有一个序列是平稳的。这和 LL 检验有明显的区别,LL 检验的备择假设是所有的序列都是平稳的。

Im 等(1997)对他们的模型做出约束:对于所有的截面,T 必须是相同的,这就要求采用平衡面板计算 $\bar{t}$ 统计量。它们的 $\bar{t}$ 统计量就是检验:对所有的 i,$\rho_i = 0$ 的个别 ADF t 统计量的均值(记为 t_{ρ_i}):

$$\bar{t} = \frac{1}{N} \sum_{i=1}^{N} t_{\rho_i} \tag{22.3}$$

Im 等(1997)同时指出,在特定的假设下,t_{ρ_i} 收敛于一个具有有限均值和方差的独立同分布统计量(记为 t_{iT})。接下来,他们对方程(22.1)中包含不同的 N 和滞后期的求和项,计算了 t_{iT} 统计量的均值($E[t_{iT}|\rho_i=1]$)和方差($Var[t_{iT}|\rho_i=1]$)。基于这

些值,他们为检验面板单位根建立了 IPS 统计量,即:

$$t_{IPS} = \frac{\sqrt{N}(\bar{t} - 1/N \sum_{i=1}^{N} E[t_{iT} \mid p_i = 0])}{\sqrt{Var[t_{iT} \mid \rho_i = 0]}} \tag{22.4}$$

他们已经证明,式(22.4)随着 $T \to \infty$、$N \to \infty$ 的情形下服从标准正态分布。在他们的论文中也给出 $E[t_{iT} \mid \rho_i = 0]$ 和 $Var[t_{iT} \mid \rho_i = 0]$ 的值。最后,他们建议对面板单位根进行组均值拉格朗日乘子检验。通过进行 Monte Carlo 模拟,他们证明 LM 和 t 统计量都比 LL 检验有更好的有限样本性质。

Maddala 和 Wu(MW)检验

Maddala 和 Wu(1999)尝试着在一定程度上补足前述检验的缺陷,他们提出一个可以用不平衡面板进行估计的模型。基本上,Maddala 和 Wu 认同异质性假设是更好的,但不认可采用 ADF 统计量的均值,认为这不是评估平稳性的最有效方法。有 N 个单位根的检验,MW 检验采用下面的形式:

$$\Pi = -2 \sum_{i=1}^{N} \ln \pi_i \tag{22.5}$$

其中,π_i 是对每个截面 i 进行常规 DF(或 ADF)单位根检验的概率极限值。因为 $-2\ln \pi_i$ 服从自由度为 2 的 χ^2 分布,所以对于有限的 N,$T_i \to \infty$ 时的 Π 统计量服从自由度为 $2N$ 的 χ^2 分布。考虑到截面之间的独立性,Maddala 和 Wu 提出用自助方式获得 π_i,因为组间的相关性能导致检验中严重的扭曲。(自助估计法很复杂,不在这里讨论。出于下一节中 MW 检验的描述性目的,我们采用标准 OLS 方法的 DF(或 ADF)检验给出 π 值。)

面板单位根检验的计算机实例

考虑文件 panel_unit_root.wf1 中 14 个欧盟国家的 1970—1999 年的数据(因为数据的有效性问题,卢森堡被剔除)。有两个变量,即人均 GDP(GDPPC)和 FDI 流入。首先,一定要计算 Im 等(1997)中提到的 $\bar{t}$ 统计量。为此,我们要估计 14 个标准 ADF 单位根检验的回归方程,开始是只有常数项,然后是常数项加上确定性部分的趋势。从这些检验中,我们对每个截面提取 ADF 检验统计量,结果在表 22.1 中报告。这个 $\bar{t}$ 统计量就是个别 ADF 统计量的均值,这样我们就能够把数据输入 Excel 并计算 $N = 14$ 的 ADF 统计量的均值。这个 $\bar{t}$ 统计量也在表 22.1 中报告。最后,我们计算方程(22.4)给出的 t_{IPS} 统计量。这些计算的 Excel 命令很简单,在表 22.1 中,前两种情形已经表示出来,而 $E[t_{iT} \mid \rho_i = 0] = -1.968$,$Var[t_{iT} \mid \rho_i = 0] = 0.913$ 来自 IPS 的文章,此时 $N = 25$,滞后期为 4。简单起见,我们对所有的 ADF 模型的滞后期都取 4。如果滞后长度对每种情形都不一样,那么公式就要复杂一些,因为要用 $E[t_{iT} \mid \rho_i = 0] = -1.968$,$Var[t_{iT} \mid \rho_i = 0] = 0.913$ 的均值替代(我们把这留给读者作为练习)。从结果中可以看到,首先,对每个截面(除了法国)的简单 ADF 检验,在所有的情形下都出现单位根,因为法国的人均 GDP 含有趋势,并且截距项似乎是平稳的。依据 t_{IPS} 我们可以下结论:整个面板是平稳的,因为统计量显著大于判断临界值(在标准正态分布下)。

表 22.1　IPS 面板单位根检验

	Intercept		Intercept and trend	
	FDIINFL	GDPPC	FDIINFL	GDPPC
Belgium	2.141	0.963	1.304	-1.797
Denmark	5.873	1.872	3.381	-1.981
Germany	2.852	0.603	2.561	-2.900
Greece	-2.008	2.466	-2.768	-0.156
Spain	-1.099	1.169	-2.958	-1.917
France	1.991	-0.189	0.558	-4.038
Ireland	2.718	2.726	2.465	1.357
Italy	-0.478	0.620	-2.392	-2.211
Netherlands	2.104	1.804	1.271	-0.990
Austria	-0.140	1.061	-0.577	-2.886
Portugal	-1.257	1.810	-2.250	-0.443
Finland	1.448	-0.008	0.809	-2.303
Sweden	3.921	-0.013	4.900	-2.361
United Kingdom	1.010	2.088	-0.996	-1.420
t-bar	1.362*	1.212	0.379	-1.718
IPS – stat	10.172**	9.612	9.191	0.980
ADF critical	-2.985	-2.959	-3.603	-3.561
IPS critical 5%	-1.960	-1.960	-1.960	-1.960

注: * = AVERAGE(B4:B17); ** = (SQRT(14) * (B19 - (-1.968)))/((SQRT(0.913)))。

对于 MW 检验,结果呈现在表 22.2 中。表第一列报告了关于 14 个截面的每个 p 值(π),第二列计算了每个截面的 $-2\ln\pi_i$ 值,最后对这些值求和来构造式(22.5)给出的 MW 统计量。Excel 中的基本命令列在表 22.2 的下面。

表 22.2　Maddala 和 Wu 单位根检验

	Intercept				Intercept and Trend			
	FDIINFL		GDPPC		FDIINFL		GDPPC	
	π	$-2\ln(\pi)$	π	$-2\ln(\pi)$	π	$-2\ln(\pi)$	π	$-2\ln(\pi)$
Belgium	0.045	2.685*	0.345	0.925	0.209	1.361	0.085	2.142
Denmark	0.000	9.858	0.073	2.275	0.003	4.955	0.059	2.457
Germany	0.010	3.984	0.552	0.516	0.020	3.413	0.008	4.209
Greece	0.061	2.433	0.021	3.360	0.014	3.725	0.877	0.114
Spain	0.286	1.089	0.253	1.193	0.008	4.149	0.067	2.346
France	0.061	2.428	0.852	0.140	0.583	0.468	0.000	6.639
Ireland	0.014	3.731	0.012	3.876	0.024	3.241	0.187	1.455
Italy	0.638	0.390	0.541	0.533	0.028	3.110	0.037	2.869
Netherlands	0.049	2.621	0.083	2.159	0.220	1.315	0.332	0.958

（续表）

	Intercept				Intercept and Trend			
	FDIINFL		GDPPC		FDIINFL		GDPPC	
	π	$-2\ln(\pi)$	π	$-2\ln(\pi)$	π	$-2\ln(\pi)$	π	$-2\ln(\pi)$
Austria	0.890	0.101	0.299	1.049	0.571	0.487	0.008	4.180
Portugal	0.226	1.293	0.082	2.169	0.039	2.821	0.662	0.359
Finland	0.164	1.570	0.994	0.005	0.429	0.735	0.030	3.038
Sweden	0.001	6.074	0.990	0.009	0.000	7.875	0.027	3.148
United Kingdom	0.325	0.976	0.047	2.653	0.332	0.957	0.169	1.547
MW stat		39.233**		20.862		38.611		35.461
MW critical	41.330							

注：* = −2*log(C5)；** = Sum(C5:C19)。

EViews 设计了面板单位根检验的 LL 和 IPS 的算法。要得到这些结果,从基本混合对象中选择 **View/Unit Root test**,设置想要检验的变量名(包括检验的所有截面数据),如 regular_?。检验类型需要特别从 **Test type** 下拉菜单中指定(除了 LL 检验和 IPS 检验还有其他的选项,本书中不讨论),并且还要选择方程的类型(无、截距、截距和趋势)以及数据处理的程度(原始水平、一阶差分、二阶差分)。对每种情形,点击 **OK**,就可以非常快速有效地获得结果,结果的解释和前面的一样。

面板协整检验

引言

协整检验的动机主要与伪回归问题的调查相关,而这只存在于非平稳性问题中。双变量间的协整检验是一种伪回归的正式调查方法：

（1）X_{it} 和 Y_{it} 是同阶单整的, Y_{it} 对 X_{it} 回归的残差项(即这一面板数据模型的 u_{it} 序列)包含时间趋势,因此而存在伪回归;

（2）X_{it} 和 Y_{it} 是同阶单整的,但 u_{it} 序列是平稳的。

通常,在第一种情形下,一阶差分可以对回归方程做重新的估计;但在第二种情形下,我们可以推断 X_{it} 和 Y_{it} 是协整的。因此,为了检验协整,就必须确保回归变量是先验同阶单整的。

有几种不同的可能方法对面板数据进行协整检验,最著名的是基于 Engle 和 Granger 的协整关系。在时间序列中,著名的 Engle-Granger(1987)过程结果是：如果变量集是协整的,就总是存在对动态模型的误差修正形式;反之亦然。他们的分析包括：对于残差项 u_t 的标准 ADF 检验;原假设 H_0 为变量是非协整的,备择假设 H_a 为变量是协整的。如果观察到 ADF 统计量小于合适的临界值,就拒绝原假设,即变量间没有协整关系,继续进行 ECM 的估计。Engle-Granger 程序也能在单一协整向量的假设下被用来估计异质面板或同质面板,下面对这一点进行说明。

Kao 检验

Kao(1999)提出对面板数据的协整进行 DF 和 ADF 类型的检验。考虑下面的模型:

$$Y_{it} = a_i + \beta X_{it} + \hat{u}_{it} \tag{22.6}$$

根据 Kao,基于残差的协整检验能用于下面的方程:

$$\hat{u}_{it} = e\hat{u}_{it-1} + v_{it} \tag{22.7}$$

其中,$\hat{u}_{it}$ 是方程(22.6)的估计残差。ρ 的 OLS 估计是:

$$\hat{\rho} = \frac{\sum_{i=1}^{N}\sum_{t=2}^{T} \hat{u}_{it}\hat{u}_{it-1}}{\sum_{i=1}^{N}\sum_{t=2}^{T} \hat{u}_{it}^2} \tag{22.8}$$

相应的 t 统计量是:

$$t_\rho = \frac{(\hat{\rho}-1)\sqrt{\sum_{i=1}^{N}\sum_{t=2}^{T}\hat{u}_{it}^2}}{1/(NT)\sum_{i=1}^{N}\sum_{t=2}^{T}(\hat{u}_{it}-\hat{\rho}\hat{u}_{it-1})^2} \tag{22.9}$$

Kao 提出四个不同的 DF 类型的检验。如下所示:

$$DF_\rho = \frac{\sqrt{N}T(\hat{\rho}-1)+3\sqrt{N}}{\sqrt{10.2}} \tag{22.10}$$

$$DF_t = \sqrt{1.25}\, t_\rho + \sqrt{1.875N} \tag{22.11}$$

$$DF_\rho^* = \frac{\sqrt{N}T(\hat{\rho}-1)+3\sqrt{N}\hat{\sigma}_v^2/\hat{\sigma}_{0v}^2}{\sqrt{3+36\hat{\sigma}_v^4/(5\hat{\sigma}_{0v}^4)}} \tag{22.12}$$

$$DF_t^* = \frac{t_\rho + \sqrt{6N}\hat{\sigma}_v/(2\hat{\sigma}_{0v})}{\sqrt{\hat{\sigma}_{0v}^2/(2\hat{\sigma}_v^2)+3\hat{\sigma}_v^2/(10\hat{\sigma}_{0v}^2)}} \tag{22.13}$$

其中,前两个检验(DF_ρ 和 DF_t)适用于回归元和误差项的关系是严格外生的情形;后两个检验(DF_ρ^* 和 DF_t^*)适用于回归元和误差项的关系是内生的情形。

Kao(1999)还提出 ADF 检验,可以进行下面的回归:

$$u_{i,t} = \rho u_{i,t-1} + \sum_{j=1}^{n}\phi_j\Delta u_{i,t-j} + v_{it} \tag{22.14}$$

这个检验的原假设和 DF 检验的原假设一样,都是非协整的,而 ADF 检验统计量是:

$$ADF = \frac{t_{ADF} + \sqrt{6N}\hat{\sigma}_v/(2\hat{\sigma}_{0v})}{\sqrt{\hat{\sigma}_{0v}^2/(2\hat{\sigma}_v^2)+3\hat{\sigma}_v^2/(10\hat{\sigma}_{0v}^2)}} \tag{22.15}$$

其中,t_{ADF} 是方程(22.14)回归的 ADF 统计量。五个检验统计量都服从标准正态分布。

Kao 检验加上了同质协整向量和 AR 系数,但不考虑协整向量中的多元外生变量。此外,它无法解决协整向量的识别问题以及不止一个协整向量存在的情形。

McCoskey 和 Kao 检验

McCoskey 和 Kao(1998)用拉格朗日乘子检验残差项。这个方法的主要贡献在于,它的原假设是协整而不是非协整。模型是:

$$Y_{it} = a_i + \beta_i X_{it} + u_{it} \tag{22.16}$$

其中,

$$u_{it} = \theta \sum_{j=1}^{t} = e_{ij} + e_{it} \tag{22.17}$$

这个检验和移动平均单位根的局部最佳无偏不变性类似,并且没有过多的参数。原假设为 $H_0:\theta = 0$,表明面板中存在协整;因为如果 $\theta = 0$,则 $e_{it} = u_{it}$。备择假设为 $H_a:\theta \neq 0$,表明面板中不存在协整。检验统计量由下式给出:

$$LM = \frac{1/N \sum_{i=1}^{N} 1/T^2 \sum_{t=2}^{T} S_{it}^2}{s^*} \tag{22.18}$$

其中,S_{it} 是部分求和过程,定义为 $S_{it}^2 = \sum_{j=1}^{t} u_{ij}$,$s^*$ 定义为 $s^* = 1/NT \sum_{i=1}^{N} \sum_{t=2}^{T} u_{it}^2$。

残差的估计能通过 OLS 估计量得出,也就是 FMOLS(完全修正的 OLS)或 DOLS(动态 OLS)估计量。

Pedroni 检验

Pedroni(1997,1999,2000)提出面板数据模型的几种协整检验方法,允许相当的异质性存在。Pedroni 的方法与 McCoskey 和 Kao 的检验方法有所不同,主要在于对截面部分的趋势假设和把原假设作为非协整来考虑。Pedroni 检验的好处是,它允许多个回归元,无论是对于面板不同截面的协整向量还是对于截面单元误差项的异质性。

Pedroni 提出的面板回归模型采取下面的形式:

$$Y_{i,t} = a_i + \delta_t + \sum_{m=1}^{M} \beta_{mi} X_{mi,t} + u_{i,t} \tag{22.19}$$

采用七个不同的统计量来捕获面板的组间效应和组内效应。他的检验分为两类:第一类包含四个基于组内层面混合的检验(混合面板中不同截面的 AR 系数来对残差进行单位根检验)。这些检验和前面讨论的很相似,包括计算不同截面的时间序列框架中的检验协整统计量的均值。这些统计量由下列式子给出:

(1)面板 v 统计量

$$T^2 N^{3/2} Z_{\hat{v}NT} = \frac{T^2 N^{3/2}}{\left(\sum_{i=1}^{N} \sum_{t=1}^{T} \hat{L}_{11i}^{-2} \hat{u}_{it}^2 \right)} \tag{22.20}$$

(2)面板 ρ 统计量

$$T \sqrt{N} Z_{\hat{\rho}NT} = \frac{T \sqrt{N} \left(\sum_{i=1}^{N} \sum_{t=1}^{T} \hat{L}_{11i}^{-2} (\hat{u}_{it-1}^2 \Delta \hat{u}_{it}^2 - \hat{\lambda}_i) \right)}{\left(\sum_{i=1}^{N} \sum_{t=1}^{T} \hat{L}_{11i}^{-2} \hat{u}_{it}^2 \right)} \tag{22.21}$$

(3) 面板 t 统计量（非参数化）

$$Z_{tNT} = \sqrt{\tilde{\sigma}_{NT}^2 \sum_{i=1}^{N} \sum_{t=1}^{T} \hat{L}_{11i}^{-2} \hat{u}_{it-1}^2} \left(\sum_{i=1}^{N} \sum_{t=1}^{T} \hat{L}_{11i}^{-2} (\hat{u}_{it-1}^2 \Delta \hat{u}_{it}^2 - \hat{\lambda}_i) \right) \quad (22.22)$$

(4) 面板 t 统计量（参数化）

$$Z_{tNT}^* = \sqrt{\hat{\sigma}_{NT}^{*2} \sum_{i=1}^{N} \sum_{t=1}^{T} \hat{L}_{11i}^{-2} \hat{u}_{it-1}^{*2}} \left(\sum_{i=1}^{N} \sum_{t=1}^{T} \hat{L}_{11i}^{-2} (\hat{u}_{it-1}^2 \Delta \hat{u}_{it}^{*2} - \hat{\lambda}_i) \right) \quad (22.23)$$

第二类包含三个检验，基于组间维度的混合（对面板中每个组分的 AR 系数做平均来对残差进行单位根检验）。对于这些检验，都是分段进行平均的，有限分布都是基于分段的分子和分母项。这些检验统计量由下列式子给出：

(5) 组间 ρ 统计量（参数化）

$$T\sqrt{N}\,\tilde{Z}_{\tilde{\rho}NT} = T\sqrt{N} \frac{\sum_{t=1}^{T} (\hat{u}_{it-1}^2 \Delta \hat{u}_{it}^2 - \hat{\lambda}_i)}{\sum_{i=1}^{N} \left(\sum_{t=1}^{T} \hat{u}_{it-1}^2 \right)} \quad (22.24)$$

(6) 组间 t 统计量（非参数化）

$$\sqrt{N}\,\tilde{Z}_{tNT-1} = \sqrt{N} \sum_{i=1}^{N} \left(\sqrt{\hat{\sigma}_i^2 \sum_{t=1}^{T} \hat{u}_{it-1}^2} \right) \sum_{t=1}^{T} (\hat{u}_{it-1}^2 \Delta \hat{u}_{it}^2 - \hat{\lambda}_i) \quad (22.25)$$

(7) 组间 t 统计量（参数化）

$$\sqrt{N}\,\tilde{Z}_{tNT-1}^* = \sqrt{N} \sum_{i=1}^{N} \left(\sqrt{\tilde{s}_i^{*2} \sum_{t=1}^{T} \hat{u}_{it-1}^{*2}} \right) \sum_{t=1}^{T} (\hat{u}_{it-1}^{*2} \Delta \hat{u}_{it}^{*2}) \quad (22.26)$$

上述过程的主要缺点是存在限制性假设，即只有一个协整向量。

Larsson 等检验

Larsson 等（2001）的检验和上面介绍的检验形成对比，它根据 Johansen（1988）的极大似然估计量，避免对残差进行单位根检验，同时放松只有一个协整向量的假设（因此，这个方法允许对多个协整向量进行检验）。Larsson 等提出的模型假设每个截面的数据生成过程都能由一个 ECM 设定描述。所以，我们有下面的模型：

$$\Delta Y_{i,t} = \Pi_i Y_{i,t-1} + \sum_{k=1}^{n} \Gamma_{ik} \Delta Y_{i,t-k} + u_{i,t} \quad (22.27)$$

Larsson 等对模型（22.27）的每个截面进行单独的估计，采用极大似然法计算每个截面单元协整检验的迹统计量 LR_{iT}。这个面板的迹统计量 LR_{NT} 能通过对 N 个截面的迹统计量求均值得到。这个检验的原假设和备择假设分别是：

$$H_0: \quad \text{rank}(\Pi_i) = r_i \leq r \quad i = 1, \cdots, N \quad (22.28)$$

$$H_a: \quad \text{rank}(\Pi_i) = p \quad i = 1, \cdots, N \quad (22.29)$$

其中，p 是用来检验可能的协整的变量个数。

标准面板协整检验的迹统计量（记为 Y_{LR}）是：

$$Y_{LR} = \frac{\sqrt{N}(LR_{NT} - E[Z_k])}{\sqrt{Var(Z_k)}} \quad (22.30)$$

LR_{NT} 是每个截面单元迹统计量的均值,$E[Z_k]$ 和 $Var[Z_k]$ 是 Larsson 等(2001)报告的渐近迹统计量的均值和方差。

面板协整检验的计算机实例

EViews 对面板协整性自动进行 Kao 检验和 Pedroni 检验。为了得到这些结果,我们需要从基本混合对象开始。选择 **View/Cointegration tests**,然后在面板协整检验窗口中输入要检验协整性的变量名称(通常,变量输入形式为 y_?,? 代表包含在基本对象中的所有截面),从下拉菜单中选择方法(除了 Pedroni 检验和 Kao 检验,还有 Fisher 检验的选项,我们这里不讨论)。举例说明。我们使用文件 panel_test.wf1 的数据,其包含三个变量 Y、X 和 E 的 8 个截面(01,02,…,08)的年度数据。假设我们想检验 Y 和 X 的面板协整性。首先双击基本对象并在独立窗口中打开,然后选择 **View/Cointegration tests** 定义变量结构:

Y_? X_?

我们选择 Pedroni 检验,在 **Deterministic trend specification** 框架中设定,我们想得到 **Individual intercept** 的结果。单击 **OK**,我们获得表 22.3 的结果。对于可以得到的所有可能检验统计量(除了组间 ρ 统计量),我们得出拒绝原假设的结论并推断存在协整。更具体地说,所有的检验统计量都是正态分布的(临界值是 ± 1.64),面板 v 统计量是右侧单边检验(意味着如果要拒绝原假设,统计量就要高于 $+1.64$ 的临界值),其他的所有统计量都是左侧单边检验(意味着如果要拒绝原假设,统计量就要低于 -1.64 的临界值)。

表 22.3 Pedroni 面板协整检验结果

Pedroni residual cointegration test
Series:Y_? X_?
Date: 04/30/10 *Time*: 17:34
Sample: 1960 1999
Included observations: 40
Cross-sections included: 8
Null Hypothesis: No cointegration
Trend assumption: No deterministic trend
User-specified lag length: 1
Newey-West automatic bandwidth selection and Bartlett kernel

Alternative hypothesis: common AR coefs. (within-dimension)				
	Statistic	Prob.	Weighted Statistic	Prob.
Panel v-statistic	3.470135	0.0003	2.658131	0.0039
Panel rho-statistic	-2.861077	0.0021	-2.989879	0.0014
Panel PP-statistic	-2.804523	0.0025	-2.878230	0.0020
Panel ADF-statistic	-7.003347	0.0000	-6.473866	0.0000

(续表)

Alternative hypothesis: individual AR coefs. (between-dimension)		
	Statistic	Prob.
Group rho-statistic	-1.561884	0.0592
Group PP-statistic	-3.478301	0.0003
Group ADF-statistic	-6.864051	0.0000

Cross-section specific results

Phillips-Perron results (non-parametric)

Cross ID	AR(1)	Variance	HAC	Bandwidth	Obs
01	0.778	3.339948	3.667992	4.00	39
02	0.691	3.889055	4.267406	3.00	39
03	0.501	3.874576	4.048139	2.00	39
04	0.340	7.545930	0.663966	38.00	39
05	0.655	4.785681	4.054810	6.00	39
06	0.774	6.910023	9.395697	3.00	39
07	0.591	7.255144	5.357614	6.00	39
08	0.600	9.926374	4.298425	6.00	39

Augmented Dickey-Fuller results (parametric)

Cross ID	AR(1)	Variance	Lag	Max lag	Obs
01	0.737	3.263971	1	—	38
02	0.592	3.480958	1	—	38
03	0.496	3.954906	1	—	38
04	0.047	6.318783	1	—	38
05	0.498	3.894017	1	—	38
06	0.544	4.650277	1	—	38
07	0.408	6.302087	1	—	38
08	0.388	7.295182	1	—	38

类似地,如果我们从 **Test Type** 下拉菜单中选择 Kao 检验,就得到表 22.4 的结果。从这些结果中,我们也能得出存在协整的结论,因为面板残差项的 ADF 统计量远大于临界值。

表 22.4 Kao 面板协整检验结果

Kao residual cointegration test
Series: Y_? X_?
Date: 04/30/10 Time: 17:41
Sample: 1960 1999
Included observations: 40
Null Hypothesis: No cointegration
Trend assumption: No deterministic trend
User-specified lag length: 1
Newey-West automatic bandwidth selection and Bartlett kernel

	t-statistic	Prob.
ADF	−7.870900	0.0000
Residual variance	6.564957	
HAC variance	5.545143	

Augmented Dickey-Fuller test equation
Dependent variable: D(RESID?)
Method: panel least squares
Date: 04/30/10 Time: 17:41
Sample (adjusted): 1962 1999
Included observations: 38 after adjustments
Cross-sections included: 8
Total pool (balanced) observations: 304

Variable	Coefficient	Std. error	*t*-statistic	Prob.
RESID?(−1)	−0.491419	0.046898	−10.47841	0.0000
D(RESID?(−1))	0.367147	0.055535	6.611065	0.0000
R-squared	0.273775	Mean dependent var.		−0.076695
Adjusted *R*-squared	0.271371	S. D. dependent var.		2.734351
S. E. of regression	2.334036	Akaike info criterion		4.539632
Sum squared resid.	1 645.213	Schwarz criterion		4.564087
Log likelihood	−688.0241	Hannan−Quinn criter.		4.549415
Durbin-Watson stat.	1.947289			

我们继续进行 Larsson 等(2001)的检验。要进行这个检验,我们利用 Johansen 方法对文件 panel_eu.wf1 中的三个变量(*FDITOGDP*、*GDPGR95* 和 *GFCFTOGDP*)进行协整性检验,这个文件包含 13 个欧盟国家的数据(因为数据不足,剔除卢森堡和荷兰)。从这个检验中,我们得到迹统计量,把它报告在 Excel 表格中,如表 20.8 所示。

对于比利时的情形(这就是我们为什么要用截面识别记号 bel 指代它),EViews 中检验协整的命令是:

```
coint gdpgr95_bel fditogdp_bel gfcftogdp_bel
```

对于其他的截面,把截面标示符换成其他的截面就可以了。这个检验的模型包含数据中的线性确定性趋势。简单起见,所有情形的滞后期都定为 1,获得这些统计量之后,就可以很简单地计算出 LR_{NT} (对每个截面的所有迹统计量取均值),用 Larsson 等(2001)得出的 $E[Z_k]$ 和 $Var[Z_k]$ 来计算下式:

$$Y_{LR} = \frac{\sqrt{N}(LR_{NT} - E[Z_k])}{\sqrt{Var(Z_k)}} \tag{22.31}$$

Excel 中的计算命令在表 22.4 中给出。从单独协整检验的结果中,我们可以拒绝无协整的原假设,接受除了 3 个国家(丹麦、法国、英国,假设它们的变量没有协整性)之外的其他情形都存在 1 个协整向量。拒绝只有 1 个协整向量的假设,支持 13 种情形中有 3 种(西班牙、葡萄牙和瑞典)存在 2 个协整向量的假设。并且,Y_{LR} 统计量假设面板中存在 2 个协整向量,因为统计量高于 1.96 的正态分布临界值。

第七部分 计量软件的使用

第 23 章　Microfit、EViews 和 Stata 应用实例

第 23 章 Microfit、EViews 和 Stata 应用实例

本章内容

关于 Microfit

关于 EViews

关于 Stata

Stata 中的截面数据和时间序列数据

保存数据

关于 Microfit

Microfit 入门

打开 Microfit 后看到的第一个屏幕是这样的：

Windows通用菜单 Microfit特有菜单 Microfit按钮

命令编辑器窗口

[Run]按钮功能与Enter类似——执行命令

可以看出，Microfit 和通常的 Windows 程序结构一样，都有 File、Edit、Options 和 Help 等菜单，但也有一些 Microfit 特有的菜单，如 **Univariate**、**Multivariable**、**Volatility Clustering** 菜单。菜单下面有一些按钮标示如 **Variables**、**Data**、**Process**、**Single**、**Multi** 和 **Volatility**。

Microfit 按钮的描述

从命令编辑窗口上面的一排按钮可以进入其他的应用部分。

Variables：这个按钮可以让你打开一个新的带有简单描述（如果有的话）的变量窗口，它可以让你编辑变量的名称和描述。

Data：这个按钮可以让你在一个新的工作表（类似于 Excel）中浏览数据。这个窗口也允许手动输入、编辑、复制/粘贴数据，从 Microfit 中把数据导入其他软件或反过来把其他软件中的数据导入 Microfit。

Process：这个按钮可以让你进入命令编辑窗口。当数据成功插入后，可以在命令编辑窗口输入合适的命令，执行数据转换和前期的数据分析工作。

Single：这个按钮可以让你进入单一方程估计窗口，在这里你可以通过不同的方法（默认是最小二乘（OLS））估计单一方程。如果你想变换估计方法，可以通过 Univariate 菜单实现。

Multi：这个按钮可以让你进入系统估计窗口，进行多项方程组或者向量自回归模型（VAR）的估计。默认是非约束 VAR 方法，如果你想变换估计方法，可以使用 Multivariate 菜单实现。

Volatility：这个按钮可以让你进入波动性估计窗口，估计 ARCH/GARCH 类型的模型。默认是多变量 GARCH 方法，如果你想变换方法，可以使用 Multivariate 菜单。

创建文件和导入数据

输入数据的最基本方式是直接从键盘中输入。首先确保你了解：
(1) 数据的频率（数据是无期限的、年度的、半年度的、季度的，还是月度的）；
(2) 数据集中的变量个数；
(3) 观察值的样本期间。

要插入新数据，点击 **File** 菜单，选择 **Input New Data from the Keyboard**。此时，一个新的窗口会跳出来，并且带有数据频率、起止日期、变量个数等选项。窗口看起来就像这样：

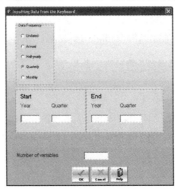

Data Frequency 有下列选项：

Undated：这个选项和截面数据有关。Microfit 假定观察值是无序的，并且询问有多少观察值。如果样本包含的变量类似于一些公司的就业人数、产出、投资，那么每个公司就代表一个观察值，观察值的数量就等于数据中公司的数量。如果你有 1990—2000 年的时间序列数据，想把它们以无期限的方式输入，观察值的数量就是 11。

Annually、**Half-yearly**、**Quarterly** 和 **Monthly**：这些选项都是有关时间序列数据的。程序提供这些数据，所以你并不需要输入它们。下一步就是定义你希望有的变量个数。

输入变量名称

变量窗口包含默认变量名称 $X1$、$X2$、$X3$ 等。你需要输入自己所选择的变量的名称，如果你愿意的话，也可以添加一个描述。当你输入变量名称时，记住以下几条：

(1) 有效的变量名称最多 9 个字符，必须以字母而不能以符号开头。
(2) Mfit 不区分大小写。无论大写字母还是小写字母都被认为是同样的。
(3) 允许下划线（_）。
(4) 变量描述允许最长 80 个字符。
(5) 你能返回变量窗口，单击 **Variables** 按钮输入数据。
(6) 输完观察值后，单击 **Close**。

复制/粘贴数据

从剪贴板中打开数据文件

从表格（如 Excel）中已有的数据创建一个新的文件，只需要复制就可以了。在 Microfit 菜单中，单击 **File**，选择 **Input New Data from Clipboard**。Microfit 会打开类似下面的窗口。这个窗口会问一些关于你想从表格（剪贴板）中粘贴数据的格式等问题。

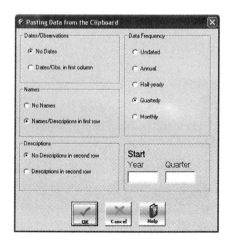

例如,如果你在第一列有数据,在 **Data/Observations** 框架中你就应该在第一列 **Dates/Obs** 的旁边单击。类似地,选择合适的选项定义变量的名称,对变量做出描述,选择数据频率等。完成之后,点击 **OK**,你就把数据导入 Microfit 中了。

把数据粘贴进 Microfit

在 Edit 菜单下,选择 **Paste Data** 把数据从剪贴板中粘贴入 **Data Editor**;点击合适的按钮选择数据的频率;完成信息输入后,点击 **OK**。计算机会询问,复制的数据是否包含变量名称(最多 9 个字符)或变量描述(最多 80 个字符)? 这关系到剪贴板中复制数据的格式。

从 MFit 复制数据到剪贴板

单击 **Data**,在 **Data Editor** 中选择想要复制的数据。现在你可以把数据复制到其他任何软件中了。

保存数据

在 **File** 菜单中选择 **Save as**…或点击 **Save** 按钮,可以保存现在的数据文件。接着在下拉列表中选择想保存的数据的文件类型。如果你正在处理以前保存的文件,就在 **File** 菜单中选择 **Save** 再次保存它。重要提示:一旦你把数据输入 Microfit,最好把数据保存为 Microfit 文件格式(文件名.fit)。这样你就可以省却一些关于数据的描述性步骤,仅仅在 Microfit 菜单中选择 **File/Open File** 就可以打开.fit 文件。一个好的习惯是,把你的初始文件保存为一个可以区别于其他文件的醒目的名称(如 Greek_Macro.fit),在每次修改后把文件依次保存为 Greek_Macro_01.fit、Greek_Macro_02.fit、Greek_Macro_03.fit 等。这样就保存了文件修改的过程,如果你不小心丢失或误删了某个文件,也不至于丢失整个文件。

建立常数项、时间趋势和季节虚拟变量

要建立常数项,在处理屏幕(单击 **Process**)上单击 **Constant**(在右下角)或者在 **Edit** 菜单中选择 **Constant(intercept)Term**。**Constant** 是一个所有元素为 1 的变量,然后 Microfit 要求你为这个变量命名(*C*、*CON*、*INT* 和 *ALPHA* 是最普遍使用的名称)。建立时间趋势和季节虚拟变量的过程与之类似。

Microfit 中的基本命令

Command Editor 是输入命令或公式的地方。不同的公式要以分号(;)分隔,允许输入标准的运算符号(如 +、−、*、√)和一些内置的函数。例如,要建立现有变量 X 的对数($LOGX$),你就要在 **Command Editor Process** 中输入:

$$LOGX = LOG(X) \tag{23.1}$$

然后点击 **Run**。这个运算把 X 的对数保存在 $LOGX$ 中,可以单击 **Variables** 和 **Data** 按钮查看这个新变量。在本例中,你也可以创建一阶差分序列。建立现有变量(X)的一阶差分序列($D1X$),在 **Command Editor** 中输入:

```
D1X = X - X(-1)      如果变量是日数据、年度数据或无期限
D1X = X - X(-4)      如果变量是季度数据
D1X = X - X(-12)     如果变量是月度数据
```

然后点击 **GO**。

关于 EViews

EViews 入门

你需要熟悉下图显示的 EViews 窗口的主要区域。

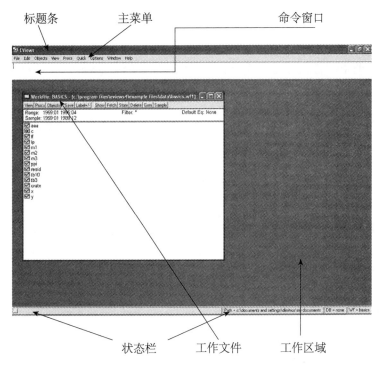

标题条

EViews 的标题条在主窗口的最上方。当 EViews 是 Windows 的活动程序时,标题条是以加亮形式突出显示的;当其他程序是活动程序时,标题条颜色就浅一些。可以通过点击 EViews 中的任何地方或者按 Alt + Tab 在应用程序中选择,激活 EViews 窗口。

主菜单

标题条下面就是主菜单。把鼠标移到主菜单的一个选项上,左键单击它,就会出现下拉菜单。主菜单包括 Windows 软件的常规选项(如 **File**、**Edit**、**Window** 和 **Help**)以及一些 EViews 软件特有的选项(如 **Objects**、**View Procs**、**Quick** 和 **Options**)。单击下拉

菜单中的选项就可以选中这个高亮的项目。下拉菜单中一些选项是黑的,另一些选项是灰的,灰的就说明这个选项现在不可使用。

命令窗口

菜单条下面是命令窗口。在这里输入 EViews 命令,然后按 **ENTER**,命令才会被执行。命令窗口中的垂直条被称为插入点,表明从键盘上输入的字母将在此处出现。与通常的文字处理软件一样,如果命令区域中已经输入一些文字,输入点就可以通过鼠标直接点击一个新的地方来移动。如果输入点不见了,就可能说明命令窗口未被激活,可以单击命令窗口中任何部分激活它。

现在把输入点移到先前执行的命令上,编辑现存命令,然后按 **ENTER** 去执行这个编辑过的命令。命令窗口支持 Windows 的剪切和粘贴,所以你能很轻松地在命令窗口、其他的 EViews 编辑窗口或者其他的 Windows 程序移动文本。命令区域的内容也可以直接保存为文本以备日后使用(确保命令窗口是激活的,并在主菜单下选择 **File/Save As**)。

如果输入的命令超过命令窗口的长度,EViews 就会把这个窗口变为标准的滚动式窗口,用滚动条或者上下箭头就可以查看以前执行的命令列表。

你也许发觉命令窗口的默认大小可能比你需要的过大或过小。这时,可以把光标移到命令窗口底部,按住鼠标向上或向下拖曳窗口:当命令窗口达到合适的大小时,松开鼠标。

状态栏

窗口的底部是状态栏,它分成几个部分。左边的部分有时会包含 EViews 发送给你的状态信息,这些信息能通过点击状态栏左边的方框来手动清除。紧挨着的部分是 EViews 查找数据和程序的默认指导。最后的两部分展示了默认数据和工作文件的名称。

工作区域

窗口中间区域是工作区域,EViews 在此展示它创建的不同的对象窗口。把这些窗口想象成你工作时摆在桌子上的工作文件。这些窗口会相互重叠,最上面的窗口是活动窗口(只有活动窗口的标题条是深色的)。当一个窗口被部分遮盖时,你能点击标题条或者窗口可见的部分,把它置于最上端;你也能按 **F6** 或 **CTRL + TAB**,在窗口之间进行切换。你还能单击窗口菜单项直接选择窗口以及一个想要的名称。点击窗口的标题条并按住来移动窗口,或者把它拖曳到新的地方;也可以点击窗口右下方,将其拖曳到一个新的位置来变换窗口的尺寸。

创建工作文件,导入数据

要创立工作文件并保存数据,选择 **File/New/Workfile** 打开一个提供数据信息的对话框。在这里你能定义数据集的频率(每天的数据或者每周 5 天的数据)、起止日期(如 01:01:85 和 12:31:99(格式月、日、年))。

在对话框中输入信息后,单击 **OK**。EViews 会创建一个未命名的工作文件并打开工作文件窗口。此时,工作文件窗口有两组日期:一组是文件中包含的时间范围,另一组是当前文件例子中的日期。注意,文件包含系数向量 *C* 和 *RESID* 序列,EViews 文件都包含这两个对象。

复制和粘贴数据

复制数据

接下来是复制和粘贴数据。注意,虽然下面的例子要用到 Excel 表格的数据,但这个基本原则也适用于其他的 Windows 应用程序。第一步是选定要引入 EViews 中的单元格。如果包括标题单元格,这些标题就会成为 EViews 变量的名称,所以不要在变量名称后留下空单元格,应直接从数据开始。由于 EViews 理解时间数据,我们可以直接创建日数据的工作文件而不用复制日期栏。单击列标签 B,把数据拖到相应的列标签下,选定表格的列就会高亮显示。选择 **Edit/Copy**,把高亮的数据粘贴到剪贴板中。

粘贴到新的序列

选择 **Quick/Empty Group**(**Edit Series**)(此时工作表以编辑模式打开,所以不需要单击 **Edit +/−** 按钮)。如果你在粘贴序列名称,就单击滚动条的上箭头为它们留出空间。把光标放在左上方的单元格(就在第二个观察值标签的右边),然后在主菜单中选择 **Edit/Paste**(不是工具条中的 **Edit +/−**)。这组工作表包含了剪贴板中的数据。

你现在可以关掉组窗口了,并可以在不丢失这两列数据的情形下删除这个未命名的组。注意,当把数据从剪贴板中引入时,EViews 遵循 Windows 的制表符分割的无格式数据标准——每行一个观察值。由于不同的程序采用不同的空格和分隔符,从非标准的程序中尝试剪切和粘贴可能造成意想不到的结果。

粘贴到现存序列

你能用同样的 **Edit/Paste** 方法,把数据从剪贴板中粘贴到现存 EViews 序列或组工作表中。这里只需多考虑一些问题:

(1)打开包含现存序列的组窗口粘贴几个序列。最简单的打开方法是单击 **Show**,按照序列名称在剪贴板中出现的顺序输入序列名称。或者,你也能通过选择起始序列来创建一个未命名组,然后按顺序选择之后的每个序列,双击打开它们。

(2)确保组窗口处于编辑模式。如果不是,按下 **Edit +/−** 按钮,在编辑模式和保护模式中切换。然后把光标移到目标单元格,选择 **Edit/Paste**。

(3)然后单击 **Edit +/−** 回到保护模式。

验证并保存数据

首先,验证数据读取是正确的。这里,组对象已经被创建,所有的序列可以被检查。

单击工作窗口的第一个变量名称,按下 **CTRL** 并单击余下的变量(不包括 *RESID* 和 *C*)。此时,所有的新序列都被高亮显示。现在把光标移到任何高亮的区域,双击鼠标左键,EViews 会跳出一个有不同选项的菜单。选择 **Open Group**,EViews 会创建一个未命名的包含所有四个序列的组对象。组对象的默认窗口展示序列的表格形式,你可以通过与Excel表格的顶端进行比较,确保数据的第一部分被正确地读取。使用窗口右边的滚动条和滚动箭头来确保余下的数据的正确性。

一旦你确认数据是正确的,就单击工作表窗口的 **Save** 来保存工作表。**Save** 对话框要求提供名称和地址,输入名称后单击 **OK**。EViews 会用设定的名称,在规定的地址保存文档。一个被保存的文件能在主菜单中通过选择 **File/Open/Workfile** 在稍后打开。一个非常好的习惯是,用一个很醒目的名称保存你的初稿(比如 Greek_Macro.wf1),每次做出修改后,就依次保存为 Greek_Macro_01.wf1、Greek_Macro_02.wf2、Greek_Macro_03.wf3 等。这种方式保存了你工作的进程,如果你不小心丢失了一个文档,不至于损失你的全部工作。

检查数据

你可以使用基本的 EViews 工具,以多种方式检查数据。例如,从组对象工具条选择 **View/Multiple Graphs/Line**,EViews 会展示各个序列的折线图。选择 **View/Descriptive Stats/Individual Samples**,计算各个序列的描述性统计量。单击 **View/Correlation**,可以展示选定(组)序列的相关系数矩阵。

你也可以检查各个序列的特征。由于下面的回归分析采用对数或增长率的形式(对数或回报的一阶差分),可以使用 genr 命令建立变量。

命令、运算符和函数

genr 命令

genr 命令会根据用户的设定,用一到两种方式来根据方程产生序列。第一种方式是在工作表区域中单击 genr,此时会跳出一个新的窗口,要求输入方程。你需要输入新的名称,并在名称旁边输入方程(在 = sign 之后)。例如,对序列 *X*01 取对数,输入:

$$LX01 = \text{LOG}(X01) \tag{23.2}$$

这会生成一个 *LX*01 的序列,是 *X*01 的对数(你可以在 = sign 之前按意愿取任何名称)。

第一种方式是采用命令行,输入:

$$\text{genr } lx01 = \log(x01) \tag{23.3}$$

可以得到之前的结果。这种方法有时很简便。比如,你想对多个序列求对数,这能通过创建一个变量 *x*??(? 表示 1—9 的数字)做到。对每种情形,你只需在命令行改变相应的数字即可。

显然，取对数是产生新序列的多种方式之一。下面的一系列表格展示了 genr 命令所使用的基本的运算符、数学函数和时间序列函数。

运算符

表 23.1 中所有的运算符能应用于序列和标量的表达式中。当把运算符用于序列时，会对当前样本中的每个观察值进行运算。运算的顺序会在下方列出，你可以使用合适的括号来强制决定运算的顺序。

表 23.1 运算符

符号	运算符	描述
+	加 $x+y$	x 与 y 相加
−	减 $x-y$	x 减去 y
*	乘 $x*y$	x 乘以 y
/	除 x/y	x 除以 y
^	乘方 $x\hat{}y$	x 的 y 次方

数学函数

函数在表 23.2 中列出，用来进行基本的函数运算。当函数运用于序列时，会对当前样本的每个观察值返回一个值。当函数运用于矩阵对象时，会对矩阵对象的每个元素返回一个值。当观察值不可用时（NA），函数会返回 NA（不可用）。例如，平方根函数（@sqrt）对于所有的负值都会返回为 NA。注意，对数函数是以 e 为底的自然对数。如果要把自然对数转换成 log10，就采用关系式 $\log_{10}(x) = \log_e(x)/\log_e 10$。

表 23.2 数学函数

函数	名称	例子/描述
@abs(x); abs(x)	绝对值	@abs(-3) = 3; abs(2) = 2
@ceiling(x)	最大取整	@ceiling(2.34) = 3; @ceiling(4) = 4
@exp(x); exp(x)	幂 e^x	@exp(1) = 2.71813
@fact(x)	阶乘 $x!$	@fact(3) = 6; @fact(0) = 1
@floor(x)	最小取整	@floor(1.23) = 1; @floor(3) = 3
@inv(x)	倒数 $1/x$	@inv(2) = 0.5
@log(x)	自然对数 $\ln(x)$	@log(2) = 0.693; log(2.71813) = 1
@sqrt(x)	平方根	@sqrt(9) = 3; sqrt(4) = 2

时间序列函数

表 23.3 中的函数能处理时间序列数据。对于滞后值不可用的观察值会返回 NA。例如，由于观察值不可用，$d(x)$ 对于文档中的第一个观察值就会返回为缺失数据。

表 23.3 时间序列函数

函数	名称及描述
$d(x)$	一阶差分;$(1-L)X = X - X(-1)$
$d(x,n)$	n 阶差分;$(1-L)^n$
$d(x,n,s)$	n 阶差分,季节差分长度为 s;$(1-L)^n(1-L^s)X$
$d\log(x)$	对数的一阶差分
$d\log(x,n)$	对数的 n 阶差分
$d\log(x,n,s)$	对数的 n 阶差分,季节差分长度为 s
@movav(x,n)	n 期向后移动平均;@movav$(x,3) = (X + X(-1) + X(-2))/3$
@movsum(x,n)	n 期向后移动求和;@movsum$(x,3) = X + X(-1) + X(-2)$
@pch(x)	一期百分比变化(十进制)
@pcha(x)	一期年化百分比变化(十进制)
@pchy(x)	一年百分比变化(十进制)
@seas(n)	季节虚拟变量;当季度或月度等于 n 时,返回 1;否则返回 0

关于 Stata

Stata 入门

首先,熟悉 Stata 窗口。一打开 Stata 就能看到下面的窗口:

回顾窗口 这个窗口记录你在 Stata 中输入的命令。如果想重新进行一项任务,这个窗口很有用,你就不需要重新在命令窗口中输入命令了,只需选中曾输入的命令,它就会自动地出现在命令窗口中。

结果窗口 这个窗口保存命令的运行结果和任何的错误信息。它显示你输入的命令和这些命令所产生的结果。

变量窗口 这个窗口在你创建一个 Stata 文件时，显示数据集中的所有变量。有时你可能要处理非常多的变量，一个有用的命令是 aorder，它可以对变量按照字母顺序排序。在命令窗口中输入：

```
aorder
```

可以看到，变量窗口中的变量是按照字母顺序列出的。

命令窗口 在这个窗口中，输入想执行的命令，然后按 **ENTER**，就能在结果窗口中得到结果。如果给 Stata 输入了错误的命令，结果窗口就会在命令下以红色字体报告错误信息；并且，在回顾窗口中的命令也会以红色字体显示，表明这不是一个正确的命令，不能产生任何有意义的结果。

Stata 菜单和按钮

Stata 菜单包含了所有 Windows 程序都有的选项(如 **File**、**Edit**、**Window** 和 **Help**)及 Stata 特有的选项(如 **Data**、**Graphics**、**Statistics** 和 **User**)。最重要的 **Statistics** 选项可以通过窗口执行大部分的估计(对于那些不知道 Stata 命令的人，这很有用)。**Help** 菜单对所有的 Stata 命令提供有用的帮助。

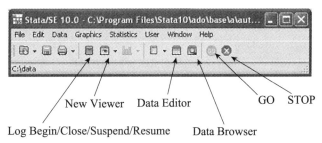

Log Begin/Close/Suspend/Resume：这个按钮允许你开始附加或者重写一份日志文件。日志文件是一种储存了所有在 Stata 会话的命令及结果(包括可能的错误信息)的文件。在日志里，你可以复制/粘贴在研究报告中想撰写的结果。要创建一个日志文件，可以单击 **Log Begin/Close/Suspend/Resume** 按钮，Stata 会要求定义名称。所取名称应能使你很容易回想起日志内容。文件有后缀 *.smcl，你需要选择所要存储日志的文件夹。在工作期间或完成后，你可以单击 **Log Begin/Close/Suspend/Resume** 按钮选择：(a)回顾你的日志文件；(b)暂停你的日志；(c)关闭你的日志。

New Viewer：这个按钮能给你提供一个"帮助"的搜索引擎。

Data Editor：这个按钮允许你查看，如果必要的话可改变数据的值。

Data Browser：这个按钮允许你查看数据(类似于 **Data Editor**)，但你无法做修改。

GO：这个按钮可以显示那些无法在一个窗口显示完整的结果。单击 **GO**，你能翻到下一页查看结果。

STOP：这个按钮可以让你在发现命令有误时停止运行该命令。

导入数据并创建文件

把数据导入 Stata 中的最简单的方法是键盘手动输入。在打开 Stata 后,单击 **Data Editor** 就打开了一个新的工作表。在这里,你能用键盘输入每个变量的数据。每个变量会被 **Stata** 设定标准化的名称,如 Var1、Var2 等。双击 Var1 单元格(第一个变量),在新出现的窗口中输入必要的信息,你可以改变这些名称并添加定义(描述)等。在手动输入数据后,建议以 Stata 格式(filename.dat)保存数据文件,这样你再次在 Stata 中打开文件时就不需要重复手动输入数据了。

复制/粘贴数据

你也可以从 Excel(或者其他工作表格)中复制数据,并粘贴到 **Data Editor** 中。

Stata 中的截面数据和时间序列数据

Stata 默认输入的是截面数据。如果需要,那么你可以添加一个非数值的变量(这在 Stata 中被称为字符串变量),它可以有标签(如国家名等)。然而,如果你想处理时间序列数据,Stata 就要求将数据定义为时间序列。有两种可能的方式:第一种方法是从 Excel/EViews 中复制和粘贴(但不包括时间变量),然后在 Stata 中根据数据定义时间变量。第二种方法是把时间变量和其他数据变量共同复制和粘贴到 Stata 中,然后尝试在 Stata 中定义数据为时间序列数据。第一种方法(下一节介绍)更简单,但有时(尤其是在数据集中缺失时间的情形下)第二种方法更好用。后面会介绍包含时间变量的第二种方法,在样本缺失时间时推荐使用。

第一种方法——没有时间变量的时间序列数据

有时,可以把含有时间变量的时间序列数据复制并粘贴到 Stata 中,只不过时间变量是以一种 Stata 无法识别的格式导入。在 Stata 中把数据定义为时间序列的最简单的方法仅需要起始时间及数据的频率。下面的命令在命令窗口中会被执行。

对于日数据,起始时间为 1970 年 1 月 30 日:

```
generate datevar=d(30Jan1973)+_n-1
format datevar %td
tsset datevar
```

对于周数据,起始时间为 1985 年的第一周:

```
generate datevar=w(1985w1)+_n-1
format datevar %tw
tsset datevar
```

对于月度数据,起始时间为 1971 年 7 月:

```
generate datevar = m(1971m7) + _n - 1
format datevar % tm
tsset datevar
```

对于季度数据,起始时间为 1966 年第一季度:

```
generate datevar = q(1966q1) + _n - 1
format datevar % tq
tsset datevar
```

对于年度数据,起始时间为 1984 年:

```
generate datevar = y(1984) + _n - 1
format datevar % ty
tsset datevar
```

第二种方法——有时间变量的时间序列数据

第一种方法的困难在于,你需要创建一个包含 Stata 所要求的日期格式的序列。大多数情形下,当你从某处复制并粘贴数据时,数据列具有类似下面的格式:

```
30 Jan 1973
30-Jan-1973
30/Jan/1973
```

以及其他的类似这种类型的变化形式。在 Stata 中,这些变量被称为字符串变量或者有字符串形式。一个字符串变量基本上包含除数字之外的任何东西,我们想要的是在 Stata 中把这个变量转换成日期变量;要做到这一点,我们需要在 Stata 中使用一系列命令。下面包含不同时间频率的例子可以让我们更好地理解这一点。

时间序列——日频率

我们从日频率开始。从 Excel 中把数据复制并粘贴到 Stata 并把变量标签设为"Time",像下面这样:

```
Time
30/01/1973
31/01/1973
01/02/1973
...
```

我们需要把这些数据转为日时间序列。首先,在 Stata 中创建一个新的变量,用 gen 命令命名为"datevar":

```
gen datevar = date(time,
```
''DMY'')

注意,在 gen 命令后,我们给新变量命名。在等号后把变量设为一个日期,在括号中设定想要转变成时间变量的字符串变量的名称(这里是 time),之后用逗号隔开,在'' ''中定义字符串变量 *time* 显示的时间顺序(起始是日(D),接下来是月(M),最后是年(Y))。

上面命令创建的新变量(我们称其为 *datevar*)看起来像这样:

```
   time         datevar
30/01/1973      4478
31/01/1973      4779
01/02/1973      4780
   ...             ...
```

这些数字(4478 代表 1973 年 1 月 30 日)可能看起来很怪,但它们是 Stata 中的日期的数值,从 1960 年 1 月 1 日开始(这个日期定为 0),所以 1973 年 1 月 30 日是自 1960 年 1 月 1 日的第 4 478 天。

我们需要的下一个命令,是格式化 datevar 变量,使得它能成为 Stata 的日时间变量。命令如下:

```
format datevar %td
```

在这里,百分号后面的 t 表示时间,d 表示每日。最后,我们用这个变量对数据进行分类,把数据设为日时间序列,通过下面的命令就可以做到:

```
sort datevar
tsset datevar
```

时间序列——月度频率

我们对月度数据做一个完整的联系。从 Excel 中复制并粘贴数据到 Stata,我们有标签为 *Time* 的变量,如下所示:

```
Time
01/1973
02/1973
03/1973
...
```

我们需要把它们转换成月度时间序列。首先,在 Stata 中创建一个新变量,命名为 *datevar*,使用 gen 命令:

```
gen datevar = monthly(time,''MY'')
```

注意,''　''是字符串变量 *time* 显示时间的顺序(第一个是月(M),第二个是年(Y))。下一个命令是格式化 *datevar* 变量,使它能成为 Stata 的月度时间变量。命令是:

```
format datevar %tm
```

这里,在百分号后的 *t* 表示时间,*m* 表示月。最后,我们用这个变量对数据进行分类,把数据设为月度时间序列,通过下面的命令就可以做到:

```
sort monthly
tsset monthly
```

所有频率

现在应该很容易理解所有其他频率的执行命令(见表 23.4)。

表 23.4　Stata 中把字符串变量转换成时间变量的命令

频率	生成时间变量的命令	格式命令
每日	gen datevar = date(time,"DMY")	format datevar %td
每周	gen datevar = weekly(time,"WY")	format datevar %tw
月度	gen datevar = monthly(time,"MY")	format datevar %tm
季度	gen datevar = quarterly(time,"QY")	format datevar %tq
半年度	gen datevar = halfyearly(time,"HY")	format datevar %th
年度	gen datevar = yearly(time,"Y")	format datevar %ty

保存数据

如果成功地进行了所有的转换,就可以使用通常的 Windows 方式(即 File/Save As 方式)保存 Stata 中的数据(*.dta),这样在下次打开时就不必再次重复转换过程。记住,随着工作的进展而保存数据的方式总是一个良好的习惯,你可以对随工作进展而产生的不同数据取不同的名称。例如,用一个很醒目的名称保存初稿(如 Greek_Macro.dta),然后每次做出修改就依次保存为 Greek_Macro_01.dta、Greek_Macro_02.dta、Greek_Macro_03.dta,等等。这种方式保存了工作的进程,即使不小心丢失了一个文档,你也不至于损失全部工作。

Stata 中的基本命令

概括性命令

Stata 的一个基本的描述性命令是:

```
summarize varname
```

这里,你可以把 *varname* 换成想概括的变量的名称。这个命令可以对特定的变量提供概括性统计(观察值的数量、均值、标准差、最大值和最小值)。你可以在结果窗口中对多个变量以一张表格的形式获得同样的信息,输入以下命令:

```
summarize var1 var2 var3 var4
```

这里,*var*1 是第一个变量,*var*2 是第二个变量,等等。获得一个或多个变量的概括性统计的另一种方法是 **Statistics** 菜单。选择 **Statistics/Summaries, Tables and Tests/Summary and Descriptive Statistics/Summary Statistics**,指定你想考察的变量以及你想获得的信息。

generate、gen 或 g 命令

Stata 中最基本的命令是 generate 命令(缩写为 gen 或者 g)。这个命令可以生成新序列,输入:

```
generate newvarname = expression
```

这里,*newvarname* 是你想创建的新变量的名称,*expression* 是新变量的描述。如果你想对一个变量(xx)进行平方,就输入命令:

```
generate xxsquared = xx*xx
```

或者

```
generate xxsquared = xx^2
```

运算符

Stata 有一系列的运算符,它们可以通过 generate 命令来创造新序列。最基本的 Stata 运算符列在表 23.5 中。这些运算符分成算法、逻辑和关系。一些时间序列的运算符列在表 23.6 中。这些逻辑和关系的运算符和 if 函数一起使用能产生很大作用。

表 23.5　Stata 的基本运算符

算法		逻辑		关系	
+	加	!	非	>	大于
−	减	|	或	<	小于
*	乘	&	且	> =	大于等于
/	除			< =	小于等于
^	乘方			= =	等于
				! =	不等于

表23.6 Stata 的时间序列运算符

运算符	含义
L.	滞后符号(使变量滞后一期) x_{t-1}
L2.	变量滞后两期 x_{t-2}
…	……更高的滞后阶数 x_{t-k}
F.	前推运算符 x_{t+1}
F2.	前推两期 x_{t+2}
…	……更高的前推阶数 x_{t+k}
D.	差分运算符 $\Delta x = x_t - x_{t-1}$
D2.	二阶差分(差分的差分) $\Delta^2 x = \Delta x_t - \Delta x_{t-1}$
…	更高阶的差分 $\Delta^k x = \Delta^{k-1} x_t - \Delta^{k-1} x_{t-1}$
S.	季度差分运算符 $x_t - x_{t-1}$
S2.	滞后两期(季度)差分 $x_t - x_{t-2}$
…	更高阶的滞后(季度)差分 $x_t - x_{t-k}$

例如,一个 500 个人的数据集,其中 230 人是男性,270 人是女性。这可以用虚拟变量 gender 来表示,取 1 作为男性,取 0 作为女性。如果使用描述性命令对变量 income 做基本描述性统计,我们可以得到下面的情形:

```
summarize income
summarize income if gender ==1
summarize income if gender ==0
```

在第一种情形下,概括性统计量包含所有样本;在第二种情形下,描述性统计量仅包含男性;在第三种情形下,描述性统计量仅包含女性。注意,此处使用的关系符号为 == ,而不是简单地使用 = 。

理解 Stata 命令的句法

Stata 是一个基于命令的程序,几乎每个统计和计量经济的运算中都执行了上千条的命令。对任何想熟练使用 Stata 的用户并且想用命令窗口做快速有效的运算,其最重要的事情是学习命令句法和使用。命令和 Stata 帮助菜单为用户提供了无穷的处理能力。我们来简单地看一个命令语句的例子。如果用 arch 命令(句法和其他大多数命令类似),就有:

```
arch depvar [indepvars] [if] [in] [weight] [, options]
```

首先,必须注意,无论括号中的项是否在命令窗口中输入,任何在括号中的项都是可选的。其次,如果使用了可选项,在输入命令行时去掉括号。所以,估计含有一个因变量 Y(即上式中的 depvar,只需把 depvar 替代为我们想要的变量名称即可)和自变量 $X1$、$X2$(即上式中的 indepvars)的 arch 模型,命令如下:

```
arch y x1 x2
```

如果想估计 GARCH(2,1)模型,就需要用到可选项(要查看所有可能的可选项,见 Help 菜单):

```
arch y x1 x2 , arch(1/2) garch(1)
```

其他命令的使用也类似。重要的是，Stata 通过 Statistics 菜单，使那些不懂命令的用户也能使用几乎所有的功能。

我们希望读者觉得这一章对理解本书其他章节的应用计量经济学知识有所帮助。

附录　统计表

表 A.1　右尾概率的 t 值表

df\p	0.4	0.25	0.1	0.05	0.025	0.01	0.005	0.0005
1	0.324920	1.000000	3.077684	6.313752	12.706200	31.820520	63.656740	636.619200
2	0.288675	0.816497	1.885618	2.919986	4.302650	6.964560	9.924840	31.599100
3	0.276671	0.764892	1.637744	2.353363	3.182450	4.540700	5.840910	12.924000
4	0.270722	0.740697	1.533206	2.131847	2.776450	3.746950	4.604090	8.610300
5	0.267181	0.726687	1.475884	2.015048	2.570580	3.364930	4.032140	6.868800
6	0.264835	0.717558	1.439756	1.943180	2.446910	3.142670	3.707430	5.958800
7	0.263167	0.711142	1.414924	1.894579	2.364620	2.997950	3.499480	5.407900
8	0.261921	0.706387	1.396815	1.859548	2.306000	2.896460	3.355390	5.041300
9	0.260955	0.702722	1.383029	1.833113	2.262160	2.821440	3.249840	4.780900
10	0.260185	0.699812	1.372184	1.812461	2.228140	2.763770	3.169270	4.586900
11	0.259556	0.697445	1.363430	1.795885	2.200990	2.718080	3.105810	4.437000
12	0.259033	0.695483	1.356217	1.782288	2.178810	2.681000	3.054540	4.317800
13	0.258591	0.693829	1.350171	1.770933	2.160370	2.650310	3.012280	4.220800
14	0.258213	0.692417	1.345030	1.761310	2.144790	2.624490	2.976840	4.140500
15	0.257885	0.691197	1.340606	1.753050	2.131450	2.602480	2.946710	4.072800
16	0.257599	0.690132	1.336757	1.745884	2.119910	2.583490	2.920780	4.015000
17	0.257347	0.689195	1.333379	1.739607	2.109820	2.566930	2.898230	3.965100
18	0.257123	0.688364	1.330391	1.734064	2.100920	2.552380	2.878440	3.921600
19	0.256923	0.687621	1.327728	1.729133	2.093020	2.539480	2.860930	3.883400
20	0.256743	0.686954	1.325341	1.724718	2.085960	2.527980	2.845340	3.849500
21	0.256580	0.686352	1.323188	1.720743	2.079610	2.517650	2.831360	3.819300
22	0.256432	0.685805	1.321237	1.717144	2.073870	2.508320	2.818760	3.792100
23	0.256297	0.685306	1.319460	1.713872	2.068660	2.499870	2.807340	3.767600
24	0.256173	0.684850	1.317836	1.710882	2.063900	2.492160	2.796940	3.745400
25	0.256060	0.684430	1.316345	1.708141	2.059540	2.485110	2.787440	3.725100
26	0.255955	0.684043	1.314972	1.705618	2.055530	2.478630	2.778710	3.706600
27	0.255858	0.683685	1.313703	1.703288	2.051830	2.472660	2.770680	3.689600
28	0.255768	0.683353	1.312527	1.701131	2.048410	2.467140	2.763260	3.673900
29	0.255684	0.683044	1.311434	1.699127	2.045230	2.462020	2.756390	3.659400
30	0.255605	0.682756	1.310415	1.697261	2.042270	2.457260	2.750000	3.646000
inf	0.253347	0.674490	1.281552	1.644854	1.959960	2.326350	2.575830	3.290500

表 A.2　标准正态分布表

	|				0 至 Z 的区域					
	0.00	0.01	0.02	0.03	0.04	0.05	0.06	0.07	0.08	0.09
0.0	0.0000	0.0040	0.0080	0.0120	0.0160	0.0199	0.0239	0.0279	0.0319	0.0359
0.1	0.0398	0.0438	0.0478	0.0517	0.0557	0.0596	0.0636	0.0675	0.0714	0.0753
0.2	0.0793	0.0832	0.0871	0.0910	0.0948	0.0987	0.1026	0.1064	0.1103	0.1141
0.3	0.1179	0.1217	0.1255	0.1293	0.1331	0.1368	0.1406	0.1443	0.1480	0.1517
0.4	0.1554	0.1591	0.1628	0.1664	0.1700	0.1736	0.1772	0.1808	0.1844	0.1879
0.5	0.1915	0.1950	0.1985	0.2019	0.2054	0.2088	0.2123	0.2157	0.2190	0.2224
0.6	0.2257	0.2291	0.2324	0.2357	0.2389	0.2422	0.2454	0.2486	0.2517	0.2549
0.7	0.2580	0.2611	0.2642	0.2673	0.2704	0.2734	0.2764	0.2794	0.2823	0.2852
0.8	0.2881	0.2910	0.2939	0.2967	0.2995	0.3023	0.3051	0.3078	0.3106	0.3133
0.9	0.3159	0.3186	0.3212	0.3238	0.3264	0.3289	0.3315	0.3340	0.3365	0.3389
1.0	0.3413	0.3438	0.3461	0.3485	0.3508	0.3531	0.3554	0.3577	0.3599	0.3621
1.1	0.3643	0.3665	0.3686	0.3708	0.3729	0.3749	0.3770	0.3790	0.3810	0.3830
1.2	0.3849	0.3869	0.3888	0.3907	0.3925	0.3944	0.3962	0.3980	0.3997	0.4015
1.3	0.4032	0.4049	0.4066	0.4082	0.4099	0.4115	0.4131	0.4147	0.4162	0.4177
1.4	0.4192	0.4207	0.4222	0.4236	0.4251	0.4265	0.4279	0.4292	0.4306	0.4319
1.5	0.4332	0.4345	0.4357	0.4370	0.4382	0.4394	0.4406	0.4418	0.4429	0.4441
1.6	0.4452	0.4463	0.4474	0.4484	0.4495	0.4505	0.4515	0.4525	0.4535	0.4545
1.7	0.4554	0.4564	0.4573	0.4582	0.4591	0.4599	0.4608	0.4616	0.4625	0.4633
1.8	0.4641	0.4649	0.4656	0.4664	0.4671	0.4678	0.4686	0.4693	0.4699	0.4706
1.9	0.4713	0.4719	0.4726	0.4732	0.4738	0.4744	0.4750	0.4756	0.4761	0.4767
2.0	0.4772	0.4778	0.4783	0.4788	0.4793	0.4798	0.4803	0.4808	0.4812	0.4817
2.1	0.4821	0.4826	0.4830	0.4834	0.4838	0.4842	0.4846	0.4850	0.4854	0.4857
2.2	0.4861	0.4864	0.4868	0.4871	0.4875	0.4878	0.4881	0.4884	0.4887	0.4890
2.3	0.4893	0.4896	0.4898	0.4901	0.4904	0.4906	0.4909	0.4911	0.4913	0.4916
2.4	0.4918	0.4920	0.4922	0.4925	0.4927	0.4929	0.4931	0.4932	0.4934	0.4936
2.5	0.4938	0.4940	0.4941	0.4943	0.4945	0.4946	0.4948	0.4949	0.4951	0.4952
2.6	0.4953	0.4955	0.4956	0.4957	0.4959	0.4960	0.4961	0.4962	0.4963	0.4964
2.7	0.4965	0.4966	0.4967	0.4968	0.4969	0.4970	0.4971	0.4972	0.4973	0.4974
2.8	0.4974	0.4975	0.4976	0.4977	0.4977	0.4978	0.4979	0.4979	0.4980	0.4981
2.9	0.4981	0.4982	0.4982	0.4983	0.4984	0.4984	0.4985	0.4985	0.4986	0.4986
3.0	0.4987	0.4987	0.4987	0.4988	0.4988	0.4989	0.4989	0.4989	0.4990	0.4990

表 A.3-1 α 为 0.10 的 F 分布表

df2/df1	1	2	3	4	5	6	7	8	9	10	12	15	20	24	30	40	60	120	INF
1	39.86346	49.50000	53.59324	55.83296	57.24008	58.20442	58.90595	59.43898	59.85759	60.19498	60.70521	61.22034	61.74029	62.00205	62.26497	62.52905	62.79428	63.06064	63.32812
2	8.52632	9.00000	9.16179	9.24342	9.29263	9.32553	9.34908	9.36677	9.38054	9.39157	9.40813	9.42471	9.44131	9.44962	9.45793	9.46624	9.47456	9.48289	9.49122
3	5.53832	5.46238	5.39077	5.34264	5.30916	5.28473	5.26619	5.25167	5.24000	5.23041	5.21562	5.20031	5.18448	5.17636	5.16811	5.15972	5.15119	5.14251	5.13370
4	4.54477	4.32456	4.19086	4.10725	4.05058	4.00975	3.97897	3.95494	3.93567	3.91988	3.89553	3.87036	3.84434	3.83099	3.81742	3.80361	3.78957	3.77527	3.76073
5	4.06042	3.77972	3.61948	3.52020	3.45298	3.40451	3.36790	3.33928	3.31628	3.29740	3.26824	3.23801	3.20665	3.19052	3.17408	3.15732	3.14023	3.12279	3.10500
6	3.77595	3.46330	3.28876	3.18076	3.10751	3.05455	3.01446	2.98304	2.95774	2.93693	2.90472	2.87122	2.83634	2.81834	2.79996	2.78117	2.76195	2.74229	2.72216
7	3.58943	3.25744	3.07407	2.96053	2.88334	2.82739	2.78493	2.75158	2.72468	2.70251	2.66811	2.63223	2.59473	2.57533	2.55546	2.53510	2.51422	2.49279	2.47079
8	3.45792	3.11312	2.92380	2.80643	2.72645	2.66833	2.62413	2.58935	2.56124	2.53804	2.50196	2.46422	2.42464	2.40410	2.38302	2.36136	2.33910	2.31618	2.29257
9	3.36030	3.00645	2.81286	2.69268	2.61061	2.55086	2.50531	2.46941	2.44034	2.41632	2.37888	2.33962	2.29832	2.27683	2.25472	2.23196	2.20849	2.18427	2.15923
10	3.28502	2.92447	2.72767	2.60534	2.52164	2.46058	2.41397	2.37715	2.34731	2.32260	2.28405	2.24351	2.20074	2.17843	2.15543	2.13169	2.10716	2.08176	2.05542
11	3.22520	2.85951	2.66023	2.53619	2.45118	2.38907	2.34157	2.30400	2.27350	2.24823	2.20873	2.16709	2.12305	2.10001	2.07621	2.05161	2.02612	1.99965	1.97211
12	3.17655	2.80680	2.60552	2.48010	2.39402	2.33102	2.28278	2.24457	2.21352	2.18776	2.14744	2.10485	2.05968	2.03599	2.01149	1.98610	1.95973	1.93228	1.90361
13	3.13621	2.76317	2.56027	2.43371	2.34672	2.28298	2.23410	2.19535	2.16382	2.13763	2.09659	2.05316	2.00698	1.98272	1.95757	1.93147	1.90429	1.87591	1.84620
14	3.10221	2.72647	2.52222	2.39469	2.30694	2.24256	2.19313	2.15390	2.12195	2.09540	2.05371	2.00953	1.96245	1.93766	1.91193	1.88516	1.85723	1.82800	1.79728
15	3.07319	2.69517	2.48979	2.36143	2.27302	2.20808	2.15818	2.11853	2.08621	2.05932	2.01707	1.97222	1.92431	1.89904	1.87277	1.84539	1.81676	1.78672	1.75505
16	3.04811	2.66817	2.46181	2.33274	2.24376	2.17833	2.12800	2.08798	2.05533	2.02815	1.98539	1.93992	1.89127	1.86556	1.83879	1.81084	1.78156	1.75075	1.71817
17	3.02623	2.64464	2.43743	2.30775	2.21825	2.15239	2.10169	2.06134	2.02839	2.00094	1.95772	1.91169	1.86236	1.83624	1.80901	1.78053	1.75063	1.71909	1.68564
18	3.00698	2.62395	2.41601	2.28577	2.19583	2.12958	2.07854	2.03789	2.00467	1.97698	1.93334	1.88681	1.83685	1.81035	1.78269	1.75371	1.72322	1.69099	1.65671
19	2.98990	2.60561	2.39702	2.26630	2.17596	2.10936	2.05802	2.01710	1.98364	1.95573	1.91170	1.86471	1.81416	1.78731	1.75924	1.72979	1.69876	1.66587	1.63077
20	2.97465	2.58925	2.38009	2.24893	2.15823	2.09132	2.03970	1.99853	1.96485	1.93674	1.89236	1.84494	1.79384	1.76667	1.73822	1.70833	1.67678	1.64326	1.60738
21	2.96096	2.57457	2.36489	2.23334	2.14231	2.07512	2.02325	1.98186	1.94797	1.91967	1.87497	1.82715	1.77555	1.74807	1.71927	1.68896	1.65691	1.62278	1.58615
22	2.94858	2.56131	2.35117	2.21927	2.12794	2.06050	2.00840	1.96680	1.93273	1.90425	1.85925	1.81106	1.75899	1.73122	1.70208	1.67138	1.63885	1.60415	1.56678
23	2.93736	2.54929	2.33873	2.20651	2.11491	2.04723	1.99492	1.95312	1.91888	1.89025	1.84497	1.79643	1.74392	1.71588	1.68643	1.65535	1.62237	1.58711	1.54903
24	2.92712	2.53833	2.32739	2.19488	2.10303	2.03513	1.98263	1.94066	1.90625	1.87748	1.83194	1.78308	1.73015	1.70185	1.67210	1.64067	1.60726	1.57146	1.53270
25	2.91774	2.52831	2.31702	2.18424	2.09216	2.02406	1.97138	1.92925	1.89469	1.86578	1.82000	1.77083	1.71752	1.68898	1.65895	1.62718	1.59335	1.55703	1.51760
26	2.90913	2.51910	2.30749	2.17447	2.08218	2.01389	1.96104	1.91876	1.88407	1.85503	1.80902	1.75957	1.70589	1.67712	1.64682	1.61472	1.58050	1.54368	1.50360
27	2.90119	2.51061	2.29871	2.16546	2.07298	2.00452	1.95151	1.90909	1.87427	1.84511	1.79889	1.74917	1.69514	1.66616	1.63560	1.60320	1.56859	1.53129	1.49057
28	2.89385	2.50276	2.29060	2.15714	2.06447	1.99585	1.94270	1.90014	1.86520	1.83593	1.78951	1.73954	1.68519	1.65600	1.62519	1.59250	1.55753	1.51976	1.47841
29	2.88703	2.49548	2.28307	2.14941	2.05658	1.98781	1.93452	1.89184	1.85679	1.82741	1.78081	1.73060	1.67593	1.64655	1.61551	1.58253	1.54721	1.50899	1.46704
30	2.88069	2.48872	2.27607	2.14223	2.04925	1.98033	1.92692	1.88412	1.84896	1.81949	1.77270	1.72227	1.66731	1.63774	1.60648	1.57323	1.53757	1.49891	1.45636
40	2.83535	2.44037	2.22609	2.09095	1.99682	1.92688	1.87252	1.82886	1.79290	1.76269	1.71456	1.66241	1.60515	1.57411	1.54108	1.50562	1.46716	1.42476	1.37691
60	2.79107	2.39325	2.17741	2.04095	1.94571	1.87472	1.81939	1.77483	1.73802	1.70701	1.65743	1.60300	1.54349	1.51072	1.47554	1.43734	1.39520	1.34757	1.29146
120	2.74781	2.34734	2.12999	1.99230	1.89587	1.82381	1.76748	1.72196	1.68425	1.65238	1.60120	1.54500	1.48207	1.44723	1.40938	1.36760	1.32034	1.26457	1.19256
inf	2.70554	2.30259	2.08380	1.94486	1.84727	1.77411	1.71672	1.67020	1.63152	1.59872	1.54578	1.48714	1.42060	1.38318	1.34187	1.29513	1.23995	1.16860	1.00000

表 A.3-2 α 为 0.05 的 F 分布表

df2/df1	1	2	3	4	5	6	7	8	9	10	12	15	20	24	30	40	60	120	INF
1	161.4476	199.5000	215.7073	224.5832	230.1619	233.9860	236.7684	238.8827	240.5433	241.8817	243.9060	245.9499	248.0131	249.0518	250.0951	251.1432	252.1957	253.2529	254.3144
2	18.5128	19.0000	19.1643	19.2468	19.2964	19.3295	19.3532	19.3710	19.3848	19.3959	19.4125	19.4291	19.4458	19.4541	19.4624	19.4707	19.4791	19.4874	19.4957
3	10.1280	9.5521	9.2766	9.1172	9.0135	8.9406	8.8867	8.8452	8.8123	8.7855	8.7446	8.7029	8.6602	8.6385	8.6166	8.5944	8.5720	8.5494	8.5264
4	7.7086	6.9443	6.5914	6.3882	6.2561	6.1631	6.0942	6.0410	5.9988	5.9644	5.9117	5.8578	5.8025	5.7744	5.7459	5.7170	5.6877	5.6581	5.6281
5	6.6079	5.7861	5.4095	5.1922	5.0503	4.9503	4.8759	4.8183	4.7725	4.7351	4.6777	4.6188	4.5581	4.5272	4.4957	4.4638	4.4314	4.3985	4.3650
6	5.9874	5.1433	4.7571	4.5337	4.3874	4.2839	4.2067	4.1468	4.0990	4.0600	3.9999	3.9381	3.8742	3.8415	3.8082	3.7743	3.7398	3.7047	3.6689
7	5.5914	4.7374	4.3468	4.1203	3.9715	3.8660	3.7870	3.7257	3.6767	3.6365	3.5747	3.5107	3.4445	3.4105	3.3758	3.3404	3.3043	3.2674	3.2298
8	5.3177	4.4590	4.0662	3.8379	3.6875	3.5806	3.5005	3.4381	3.3881	3.3472	3.2839	3.2184	3.1503	3.1152	3.0794	3.0428	3.0053	2.9669	2.9276
9	5.1174	4.2565	3.8625	3.6331	3.4817	3.3738	3.2927	3.2296	3.1789	3.1373	3.0729	3.0061	2.9365	2.9005	2.8637	2.8259	2.7872	2.7475	2.7067
10	4.9646	4.1028	3.7083	3.4780	3.3258	3.2172	3.1355	3.0717	3.0204	2.9782	2.9130	2.8450	2.7740	2.7372	2.6996	2.6609	2.6211	2.5801	2.5379
11	4.8443	3.9823	3.5874	3.3567	3.2039	3.0946	3.0123	2.9480	2.8962	2.8536	2.7876	2.7186	2.6464	2.6090	2.5705	2.5309	2.4901	2.4480	2.4045
12	4.7472	3.8853	3.4903	3.2592	3.1059	2.9961	2.9134	2.8486	2.7964	2.7534	2.6866	2.6169	2.5436	2.5055	2.4663	2.4259	2.3842	2.3410	2.2962
13	4.6672	3.8056	3.4105	3.1791	3.0254	2.9153	2.8321	2.7669	2.7144	2.6710	2.6037	2.5331	2.4589	2.4202	2.3803	2.3392	2.2966	2.2524	2.2064
14	4.6001	3.7389	3.3439	3.1122	2.9582	2.8477	2.7642	2.6987	2.6458	2.6022	2.5342	2.4630	2.3879	2.3487	2.3082	2.2664	2.2229	2.1778	2.1307
15	4.5431	3.6823	3.2874	3.0556	2.9013	2.7905	2.7066	2.6408	2.5876	2.5437	2.4753	2.4034	2.3275	2.2878	2.2468	2.2043	2.1601	2.1141	2.0658
16	4.4940	3.6337	3.2389	3.0069	2.8524	2.7413	2.6572	2.5911	2.5377	2.4935	2.4247	2.3522	2.2756	2.2354	2.1938	2.1507	2.1058	2.0589	2.0096
17	4.4513	3.5915	3.1968	2.9647	2.8100	2.6987	2.6143	2.5480	2.4943	2.4499	2.3807	2.3077	2.2304	2.1898	2.1477	2.1040	2.0584	2.0107	1.9604
18	4.4139	3.5546	3.1599	2.9277	2.7729	2.6613	2.5767	2.5102	2.4563	2.4117	2.3421	2.2686	2.1906	2.1497	2.1071	2.0629	2.0166	1.9681	1.9168
19	4.3807	3.5219	3.1274	2.8951	2.7401	2.6283	2.5435	2.4768	2.4227	2.3779	2.3080	2.2341	2.1555	2.1141	2.0712	2.0264	1.9795	1.9302	1.8780
20	4.3512	3.4928	3.0984	2.8661	2.7109	2.5990	2.5140	2.4471	2.3928	2.3479	2.2776	2.2033	2.1242	2.0825	2.0391	1.9938	1.9464	1.8963	1.8432
21	4.3248	3.4668	3.0725	2.8401	2.6848	2.5727	2.4876	2.4205	2.3660	2.3210	2.2504	2.1757	2.0960	2.0540	2.0102	1.9645	1.9165	1.8657	1.8117
22	4.3009	3.4434	3.0491	2.8167	2.6613	2.5491	2.4638	2.3965	2.3419	2.2967	2.2258	2.1508	2.0707	2.0283	1.9842	1.9380	1.8894	1.8380	1.7831
23	4.2793	3.4221	3.0280	2.7955	2.6400	2.5277	2.4422	2.3748	2.3201	2.2747	2.2036	2.1282	2.0476	2.0050	1.9605	1.9139	1.8648	1.8128	1.7570
24	4.2597	3.4028	3.0088	2.7763	2.6207	2.5082	2.4226	2.3551	2.3002	2.2547	2.1834	2.1077	2.0267	1.9838	1.9390	1.8920	1.8424	1.7896	1.7330
25	4.2417	3.3852	2.9912	2.7587	2.6030	2.4904	2.4047	2.3371	2.2821	2.2365	2.1649	2.0889	2.0075	1.9643	1.9192	1.8718	1.8217	1.7684	1.7110
26	4.2252	3.3690	2.9752	2.7426	2.5868	2.4741	2.3883	2.3205	2.2655	2.2197	2.1479	2.0716	1.9898	1.9464	1.9010	1.8533	1.8027	1.7488	1.6906
27	4.2100	3.3541	2.9604	2.7278	2.5719	2.4591	2.3732	2.3053	2.2501	2.2043	2.1323	2.0558	1.9736	1.9299	1.8842	1.8361	1.7851	1.7306	1.6717
28	4.1960	3.3404	2.9467	2.7141	2.5581	2.4453	2.3593	2.2913	2.2360	2.1900	2.1179	2.0411	1.9586	1.9147	1.8687	1.8203	1.7689	1.7138	1.6541
29	4.1830	3.3277	2.9340	2.7014	2.5454	2.4324	2.3463	2.2783	2.2229	2.1768	2.1045	2.0275	1.9446	1.9005	1.8543	1.8055	1.7537	1.6981	1.6376
30	4.1709	3.3158	2.9223	2.6896	2.5336	2.4205	2.3343	2.2662	2.2107	2.1646	2.0921	2.0148	1.9317	1.8874	1.8409	1.7918	1.7396	1.6835	1.6223
40	4.0847	3.2317	2.8387	2.6060	2.4495	2.3359	2.2490	2.1802	2.1240	2.0772	2.0035	1.9245	1.8389	1.7929	1.7444	1.6928	1.6373	1.5766	1.5089
60	4.0012	3.1504	2.7581	2.5252	2.3683	2.2541	2.1665	2.0970	2.0401	1.9926	1.9174	1.8364	1.7480	1.7001	1.6491	1.5943	1.5343	1.4673	1.3893
120	3.9201	3.0718	2.6802	2.4472	2.2899	2.1750	2.0868	2.0164	1.9588	1.9105	1.8337	1.7505	1.6587	1.6084	1.5543	1.4952	1.4290	1.3519	1.2539
inf	3.8415	2.9957	2.6049	2.3719	2.2141	2.0986	2.0096	1.9384	1.8799	1.8307	1.7522	1.6664	1.5705	1.5173	1.4591	1.3940	1.3180	1.2214	1.0000

表 A.3-3 α 为 0.025 的 F 分布表

df2/df1	1	2	3	4	5	6	7	8	9	10	12	15	20	24	30	40	60	120	INF
1	647.7890	799.5000	864.1630	899.5833	921.8479	937.1111	948.2169	956.6562	963.2846	968.6274	976.7079	984.8668	993.1028	997.2492	1001.414	1005.598	1009.800	1014.020	1018.258
2	38.5063	39.0000	39.1655	39.2484	39.2982	39.3315	39.3552	39.3730	39.3869	39.3980	39.4146	39.4313	39.4479	39.4562	39.465	39.473	39.481	39.490	39.498
3	17.4434	16.0441	15.4392	15.1010	14.8848	14.7347	14.6244	14.5399	14.4731	14.4189	14.3366	14.2527	14.1674	14.1241	14.081	14.037	13.992	13.947	13.902
4	12.2179	10.6491	9.9792	9.6045	9.3645	9.1973	9.0741	8.9796	8.9047	8.8439	8.7512	8.6565	8.5599	8.5109	8.461	8.411	8.360	8.309	8.257
5	10.0070	8.4336	7.7636	7.3879	7.1464	6.9777	6.8531	6.7572	6.6811	6.6192	6.5245	6.4277	6.3286	6.2780	6.227	6.175	6.123	6.069	6.015
6	8.8131	7.2599	6.5988	6.2272	5.9876	5.8198	5.6955	5.5996	5.5234	5.4613	5.3662	5.2687	5.1684	5.1172	5.065	5.012	4.959	4.904	4.849
7	8.0727	6.5415	5.8898	5.5226	5.2852	5.1186	4.9949	4.8993	4.8232	4.7611	4.6658	4.5678	4.4667	4.4150	4.362	4.309	4.254	4.199	4.142
8	7.5709	6.0595	5.4160	5.0526	4.8173	4.6517	4.5286	4.4333	4.3572	4.2951	4.1997	4.1012	3.9995	3.9472	3.894	3.840	3.784	3.728	3.670
9	7.2093	5.7147	5.0781	4.7181	4.4844	4.3197	4.1970	4.1020	4.0260	3.9639	3.8682	3.7694	3.6669	3.6142	3.560	3.505	3.449	3.392	3.333
10	6.9367	5.4564	4.8256	4.4683	4.2361	4.0721	3.9498	3.8549	3.7790	3.7168	3.6209	3.5217	3.4185	3.3654	3.311	3.255	3.198	3.140	3.080
11	6.7241	5.2559	4.6300	4.2751	4.0440	3.8807	3.7586	3.6638	3.5879	3.5257	3.4296	3.3299	3.2261	3.1725	3.118	3.061	3.004	2.944	2.883
12	6.5538	5.0959	4.4742	4.1212	3.8911	3.7283	3.6065	3.5118	3.4358	3.3736	3.2773	3.1772	3.0728	3.0187	2.963	2.906	2.848	2.787	2.725
13	6.4143	4.9653	4.3472	3.9959	3.7667	3.6043	3.4827	3.3880	3.3120	3.2497	3.1532	3.0527	2.9477	2.8932	2.837	2.780	2.720	2.659	2.595
14	6.2979	4.8567	4.2417	3.8919	3.6634	3.5014	3.3799	3.2853	3.2093	3.1469	3.0502	2.9493	2.8437	2.7888	2.732	2.674	2.614	2.552	2.487
15	6.1995	4.7650	4.1528	3.8043	3.5764	3.4147	3.2934	3.1987	3.1227	3.0602	2.9633	2.8621	2.7559	2.7006	2.644	2.585	2.524	2.461	2.395
16	6.1151	4.6867	4.0768	3.7294	3.5021	3.3406	3.2194	3.1248	3.0488	2.9862	2.8890	2.7875	2.6808	2.6252	2.568	2.509	2.447	2.383	2.316
17	6.0420	4.6189	4.0112	3.6648	3.4379	3.2767	3.1556	3.0610	2.9849	2.9222	2.8249	2.7230	2.6158	2.5598	2.502	2.442	2.380	2.315	2.247
18	5.9781	4.5597	3.9539	3.6083	3.3820	3.2209	3.0999	3.0053	2.9291	2.8664	2.7689	2.6667	2.5590	2.5027	2.445	2.384	2.321	2.256	2.187
19	5.9216	4.5075	3.9034	3.5587	3.3327	3.1718	3.0509	2.9563	2.8801	2.8172	2.7196	2.6171	2.5089	2.4523	2.394	2.333	2.270	2.203	2.133
20	5.8715	4.4613	3.8587	3.5147	3.2891	3.1283	3.0074	2.9128	2.8365	2.7737	2.6758	2.5731	2.4645	2.4076	2.349	2.287	2.223	2.156	2.085
21	5.8266	4.4199	3.8188	3.4754	3.2501	3.0895	2.9686	2.8740	2.7977	2.7348	2.6368	2.5338	2.4247	2.3675	2.308	2.246	2.182	2.114	2.042
22	5.7863	4.3828	3.7829	3.4401	3.2151	3.0546	2.9338	2.8392	2.7628	2.6998	2.6017	2.4984	2.3890	2.3315	2.272	2.210	2.145	2.076	2.003
23	5.7498	4.3492	3.7505	3.4083	3.1835	3.0232	2.9023	2.8077	2.7313	2.6682	2.5699	2.4665	2.3567	2.2989	2.239	2.176	2.111	2.041	1.968
24	5.7166	4.3187	3.7211	3.3794	3.1548	2.9946	2.8738	2.7791	2.7027	2.6396	2.5411	2.4374	2.3273	2.2693	2.209	2.146	2.080	2.010	1.935
25	5.6864	4.2909	3.6943	3.3530	3.1287	2.9685	2.8478	2.7531	2.6766	2.6135	2.5149	2.4110	2.3005	2.2422	2.182	2.118	2.052	1.981	1.906
26	5.6586	4.2655	3.6697	3.3289	3.1048	2.9447	2.8240	2.7293	2.6528	2.5896	2.4908	2.3867	2.2759	2.2174	2.157	2.093	2.026	1.954	1.878
27	5.6331	4.2421	3.6472	3.3067	3.0828	2.9228	2.8021	2.7074	2.6309	2.5676	2.4688	2.3644	2.2533	2.1946	2.133	2.069	2.002	1.930	1.853
28	5.6096	4.2205	3.6264	3.2863	3.0626	2.9027	2.7820	2.6872	2.6106	2.5473	2.4484	2.3438	2.2324	2.1735	2.112	2.048	1.980	1.907	1.829
29	5.5878	4.2006	3.6072	3.2674	3.0438	2.8840	2.7633	2.6686	2.5919	2.5286	2.4295	2.3248	2.2131	2.1540	2.092	2.028	1.959	1.886	1.807
30	5.5675	4.1821	3.5894	3.2499	3.0265	2.8667	2.7460	2.6513	2.5746	2.5112	2.4120	2.3072	2.1952	2.1359	2.074	2.009	1.940	1.866	1.787
40	5.4239	4.0510	3.4633	3.1261	2.9037	2.7444	2.6238	2.5289	2.4519	2.3882	2.2882	2.1819	2.0677	2.0069	1.943	1.875	1.803	1.724	1.637
60	5.2856	3.9253	3.3425	3.0077	2.7863	2.6274	2.5068	2.4117	2.3344	2.2702	2.1692	2.0613	1.9445	1.8817	1.815	1.744	1.667	1.581	1.482
120	5.1523	3.8046	3.2269	2.8943	2.6740	2.5154	2.3948	2.2994	2.2217	2.1570	2.0548	1.9450	1.8249	1.7597	1.690	1.614	1.530	1.433	1.310
inf	5.0239	3.6889	3.1161	2.7858	2.5665	2.4082	2.2875	2.1918	2.1136	2.0483	1.9447	1.8326	1.7085	1.6402	1.566	1.484	1.388	1.268	1.000

表 A.4　卡方分布(chi-square)

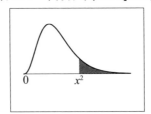

当 $\chi^2 = \chi_\alpha^2$ 时,阴影部分面积等于 α

df	$\chi^2_{.995}$	$\chi^2_{.990}$	$\chi^2_{.975}$	$\chi^2_{.950}$	$\chi^2_{.900}$	$\chi^2_{.100}$	$\chi^2_{.050}$	$\chi^2_{.025}$	$\chi^2_{.010}$	$\chi^2_{.005}$
1	0.000	0.000	0.001	0.004	0.016	2.706	3.841	5.024	6.635	7.879
2	0.010	0.020	0.051	0.103	0.211	4.605	5.991	7.378	9.210	10.597
3	0.072	0.115	0.216	0.352	0.584	6.251	7.815	9.348	11.345	12.838
4	0.207	0.297	0.484	0.711	1.064	7.779	9.488	11.143	13.277	14.860
5	0.412	0.554	0.831	1.145	1.610	9.236	11.070	12.833	15.086	16.750
6	0.676	0.872	1.237	1.635	2.204	10.645	12.592	14.449	16.812	18.548
7	0.989	1.239	1.690	2.167	2.833	12.017	14.067	16.013	18.475	20.278
8	1.344	1.646	2.180	2.733	3.490	13.362	15.507	17.535	20.090	21.955
9	1.735	2.088	2.700	3.325	4.168	14.684	16.919	19.023	21.666	23.589
10	2.156	2.558	3.247	3.940	4.865	15.987	18.307	20.483	23.209	25.188
11	2.603	3.053	3.816	4.575	5.578	17.275	19.675	21.920	24.725	26.757
12	3.074	3.571	4.404	5.226	6.304	18.549	21.026	23.337	26.217	28.300
13	3.565	4.107	5.009	5.892	7.042	19.812	22.362	24.736	27.688	29.819
14	4.075	4.660	5.629	6.571	7.790	21.064	23.685	26.119	29.141	31.319
15	4.601	5.229	6.262	7.261	8.547	22.307	24.996	27.488	30.578	32.801
16	5.142	5.812	6.908	7.962	9.312	23.542	26.296	28.845	32.000	34.267
17	5.697	6.408	7.564	8.672	10.085	24.769	27.587	30.191	33.409	35.718
18	6.265	7.015	8.231	9.390	10.865	25.989	28.869	31.526	34.805	37.156
19	6.844	7.633	8.907	10.117	11.651	27.204	30.144	32.852	36.191	38.582
20	7.434	8.260	9.591	10.851	12.443	28.412	31.410	34.170	37.566	39.997
21	8.034	8.897	10.283	11.591	13.240	29.615	32.671	35.479	38.932	41.401
22	8.643	9.542	10.982	12.338	14.041	30.813	33.924	36.781	40.289	42.796
23	9.260	10.196	11.689	13.091	14.848	32.007	35.172	38.076	41.638	44.181
24	9.886	10.856	12.401	13.848	15.659	33.196	36.415	39.364	42.980	45.559
25	10.520	11.524	13.120	14.611	16.473	34.382	37.652	40.646	44.314	46.928
26	11.160	12.198	13.844	15.379	17.292	35.563	38.885	41.923	45.642	48.290
27	11.808	12.879	14.573	16.151	18.114	36.741	40.113	43.195	46.963	49.645
28	12.461	13.565	15.308	16.928	18.939	37.916	41.337	44.461	48.278	50.993
29	13.121	14.256	16.047	17.708	19.768	39.087	42.557	45.722	49.588	52.336
30	13.787	14.953	16.791	18.493	20.599	40.256	43.773	46.979	50.892	53.672
40	20.707	22.164	24.433	26.509	29.051	51.805	55.758	59.342	63.691	66.766
50	27.991	29.707	32.357	34.764	37.689	63.167	67.505	71.420	76.154	79.490
60	35.534	37.485	40.482	43.188	46.459	74.397	79.082	83.298	88.379	91.952
70	43.275	45.442	48.758	51.739	55.329	85.527	90.531	95.023	100.425	104.215
80	51.172	53.540	57.153	60.391	64.278	96.578	101.879	106.629	112.329	116.321
90	59.196	61.754	65.647	69.126	73.291	107.565	113.145	118.136	124.116	128.299
100	67.328	70.065	74.222	77.929	82.358	118.498	124.342	129.561	135.807	140.169

表 A.5 Durbin-watson 显著性
表 A-1 带有截距的模型(来自 Savin 和 White)

Durbin-Watson 统计量:1% 显著性水平的 dL 和 dU

n	k'=1 dL	k'=1 dU	k'=2 dL	k'=2 dU	k'=3 dL	k'=3 dU	k'=4 dL	k'=4 dU	k'=5 dL	k'=5 dU	k'=6 dL	k'=6 dU	k'=7 dL	k'=7 dU	k'=8 dL	k'=8 dU	k'=9 dL	k'=9 dU	k'=10 dL	k'=10 dU
6	0.390	1.142	—	—	—	—	—	—	—	—	—	—	—	—	—	—	—	—	—	—
7	0.435	1.036	0.294	1.676	—	—	—	—	—	—	—	—	—	—	—	—	—	—	—	—
8	0.497	1.003	0.345	1.489	0.229	2.102	—	—	—	—	—	—	—	—	—	—	—	—	—	—
9	0.554	0.998	0.408	1.389	0.279	1.875	0.183	2.433	—	—	—	—	—	—	—	—	—	—	—	—
10	0.604	1.001	0.466	1.333	0.340	1.733	0.230	2.193	0.150	2.690	—	—	—	—	—	—	—	—	—	—
11	0.653	1.010	0.519	1.297	0.396	1.640	0.286	2.030	0.193	2.453	0.124	2.892	—	—	—	—	—	—	—	—
12	0.697	1.023	0.569	1.274	0.449	1.575	0.339	1.913	0.244	2.280	0.164	2.665	0.105	3.053	—	—	—	—	—	—
13	0.738	1.038	0.616	1.261	0.499	1.526	0.391	1.826	0.294	2.150	0.211	2.490	0.140	2.838	0.090	3.182	—	—	—	—
14	0.776	1.054	0.660	1.254	0.547	1.490	0.441	1.757	0.343	2.049	0.257	2.354	0.183	2.667	0.122	2.981	0.078	3.287	—	—
15	0.811	1.070	0.700	1.252	0.591	1.465	0.487	1.705	0.390	1.967	0.303	2.244	0.226	2.530	0.161	2.817	0.107	3.101	0.068	3.374
16	0.844	1.086	0.738	1.253	0.633	1.447	0.532	1.664	0.437	1.901	0.349	2.153	0.269	2.416	0.200	2.681	0.142	2.944	0.094	3.201
17	0.873	1.102	0.773	1.255	0.672	1.432	0.574	1.631	0.481	1.847	0.393	2.078	0.313	2.319	0.241	2.566	0.179	2.811	0.127	3.053
18	0.902	1.118	0.805	1.259	0.708	1.422	0.614	1.604	0.522	1.803	0.435	2.015	0.355	2.238	0.282	2.467	0.216	2.697	0.160	2.925
19	0.928	1.133	0.835	1.264	0.742	1.416	0.650	1.583	0.561	1.767	0.476	1.963	0.396	2.169	0.322	2.381	0.255	2.597	0.196	2.813
20	0.952	1.147	0.862	1.270	0.774	1.410	0.684	1.567	0.598	1.736	0.515	1.918	0.436	2.110	0.362	2.308	0.294	2.510	0.232	2.174
21	0.975	1.161	0.889	1.276	0.803	1.408	0.718	1.554	0.634	1.712	0.552	1.881	0.474	2.059	0.400	2.244	0.331	2.434	0.268	2.625
22	0.997	1.174	0.915	1.284	0.832	1.407	0.748	1.543	0.666	1.691	0.587	1.849	0.510	2.015	0.437	2.188	0.368	2.367	0.304	2.548
23	1.017	1.186	0.938	1.290	0.858	1.407	0.777	1.535	0.699	1.674	0.620	1.821	0.545	1.977	0.473	2.140	0.404	2.308	0.340	2.479
24	1.037	1.199	0.959	1.298	0.881	1.407	0.805	1.527	0.728	1.659	0.652	1.797	0.578	1.944	0.507	2.097	0.439	2.255	0.375	2.417
25	1.055	1.210	0.981	1.305	0.906	1.408	0.832	1.521	0.756	1.645	0.682	1.776	0.610	1.915	0.540	2.059	0.473	2.209	0.409	2.362
26	1.072	1.222	1.000	1.311	0.928	1.410	0.855	1.517	0.782	1.635	0.711	1.759	0.640	1.889	0.572	2.026	0.505	2.168	0.441	2.313
27	1.088	1.232	1.019	1.318	0.948	1.413	0.878	1.514	0.808	1.625	0.738	1.743	0.669	1.867	0.602	1.997	0.536	2.131	0.473	2.269
28	1.104	1.244	1.036	1.325	0.969	1.414	0.901	1.512	0.832	1.618	0.764	1.729	0.696	1.847	0.630	1.970	0.566	2.098	0.504	2.229
29	1.119	1.254	1.053	1.332	0.988	1.418	0.921	1.511	0.855	1.611	0.788	1.718	0.723	1.830	0.658	1.947	0.595	2.068	0.533	2.193
30	1.134	1.264	1.070	1.339	1.006	1.421	0.941	1.510	0.877	1.606	0.812	1.707	0.748	1.814	0.684	1.925	0.622	2.041	0.562	2.160
31	1.147	1.274	1.085	1.345	1.022	1.425	0.960	1.509	0.897	1.601	0.834	1.698	0.772	1.800	0.710	1.906	0.649	2.017	0.589	2.131
32	1.160	1.283	1.100	1.351	1.039	1.428	0.978	1.509	0.917	1.597	0.856	1.690	0.794	1.788	0.734	1.889	0.674	1.995	0.615	2.104
33	1.171	1.291	1.114	1.358	1.055	1.432	0.995	1.510	0.935	1.594	0.876	1.683	0.816	1.776	0.757	1.R74	0.698	1.975	0.641	2.080
34	1.184	1.298	1.128	1.364	1.070	1.436	1.012	1.511	0.954	1.591	0.896	1.677	0.837	1.766	0.779	1.860	0.722	1.957	0.665	2.057
35	1.195	1.307	1.141	1.370	1.085	1.439	1.028	1.512	0.971	1.589	0.914	1.671	0.857	1.757	0.800	1.847	0.744	1.940	0.689	2.037
36	1.205	1.315	1.153	1.376	1.098	1.442	1.043	1.513	0.987	1.587	0.932	1.666	0.877	I.749	0.821	1.836	0.766	1.925	0.711	2.018
37	1.217	1.322	1.164	1.383	1.112	1.446	1.058	1.514	1.004	1.585	0.950	1.662	0.895	1.742	0.841	1.825	0.787	1.911	0.733	2.001
38	1.227	1.330	1.176	1.388	1.124	1.449	1.072	1.515	1.019	1.584	0.966	1.658	0.913	1.735	0.860	1.816	0.807	1.899	0.754	1.985
39	1.237	1.337	1.187	1.392	1.137	1.452	1.085	1.517	1.033	1.583	0.982	1.655	0.930	1.729	0.878	1.878	0.826	1.887	0.774	1.970
40	1.246	1.344	1.197	1.398	1.149	1.456	1.098	1.518	1.047	1.583	0.997	1.652	0.946	1.724	0.895	1.799	0.844	1.876	0.749	1.956
45	1.288	1.376	1.245	1.424	1.201	1.474	1.156	1.528	1.111	1.583	1.065	1.643	1.019	1.704	0.974	1.768	0.927	1.834	0.881	1.902
50	1.324	1.403	1.285	1.445	1.245	1.491	1.206	1.537	1.164	1.587	1.123	1.639	1.081	1.692	1.039	1.748	0.997	1.805	0.955	1.864
55	1.356	1.428	1.320	1.466	1.284	1.505	1.246	1.548	1.209	1.592	1.172	1.638	1.134	1.685	1.095	1.734	1.057	1.785	1.018	1.837
60	1.382	1.449	1.351	1.484	1.317	1.520	1.283	1.559	1.248	1.598	1.214	1.639	1.179	1.682	1.144	1.726	1.108	1.771	1.072	1.817
65	1.407	1.467	1.377	1.500	1.346	1.534	1.314	1.568	1.283	1.604	1.251	1.642	1.218	1.680	1.186	1.720	1.153	1.761	1.120	1.802
70	1.429	1.485	1.400	1.514	1.372	1.546	1.343	1.577	1.313	1.611	1.283	1.645	1.253	1.680	1.223	1.716	1.192	1.754	1.162	1.792
75	1.448	1.501	1.422	1.529	1.395	1.557	1.368	1.586	1.340	1.617	1.313	1.649	1.284	1.682	1.256	1.714	1.227	1.748	1.199	1.783
80	1.465	1.514	1.440	1.1541	1.416	1.568	1.390	1.595	1.364	1.624	1.338	1.653	1.312	1.683	1.285	1.714	1.259	1.745	1.232	1.777
85	1.481	1.529	1.458	1.553	1.434	1.577	1.411	1.603	1.386	1.630	1.362	1.657	1.337	1.685	1.312	1.714	1.287	1.743	1.262	1.773
90	1.496	1.541	1.474	1.563	1.452	1.587	1.429	1.611	1.406	1.636	1.383	1.661	1.360	1.687	1.336	1.714	1.312	1.741	1.288	1.769
95	1.510	1.552	.489	1.573	1.468	1.596	1.446	1.618	1.425	1.641	1.403	1.666	1.381	1.690	1.358	1.715	1.336	1.741	1.313	1.767
100	1.522	1.562	1.502	1.582	1.482	1.604	1.461	1.625	1.441	1.647	1.421	1.670	1.400	1.693	1.378	1.717	1.357	1.741	1.335	1.765
150	1.611	1.637	1.598	1.651	1.584	1.665	1.571	1.679	1.557	1.693	1.543	1.708	1.530	1.722	1.515	1.737	1.501	1.752	1.486	1.767
200	1.664	1.684	1.653	1.693	1.643	1.704	1.633	1.715	1.623	1.725	1.613	1.735	1.603	1.746	1.592	1.757	1.582	1.768	1.571	1.779

（续表）

n	$k'=11$ dL	dU	$k'=12$ dL	dU	$k'=13$ dL	dU	$k'=14$ dL	dU	$k'=15$ dL	dU	$k'=16$ dL	dU	$k'=17$ dL	dU	$k'=18$ dL	dU	$k'=19$ dL	dU	$k'=20$ dL	dU
16	0.060	3.446	—	—	—	—	—	—	—	—	—	—	—	—	—	—	—	—	—	—
17	0.084	3.286	0.053	3.506	—	—	—	—	—	—	—	—	—	—	—	—	—	—	—	—
18	0.113	3.146	0.075	3.358	0.047	3.557	—	—	—	—	—	—	—	—	—	—	—	—	—	—
19	0.145	3.023	0.102	3.227	0.067	3.420	0.043	3.601	—	—	—	—	—	—	—	—	—	—	—	—
20	0.178	2.914	0.131	3.109	0.092	3.297	0.061	3.474	0.038	3.639	—	—	—	—	—	—	—	—	—	—
21	0.212	2.817	0.162	3.004	0.119	3.185	0.084	3.358	0.055	3.521	0.035	3.671	—	—	—	—	—	—	—	—
22	0.246	2.729	0.194	2.909	0.148	3.084	0.109	3.252	0.077	3.412	0.050	3.562	0.032	3.700	—	—	—	—	—	—
23	0.281	2.651	0.227	2.822	0.178	2.991	0.136	3.155	0.100	3.311	0.070	3.459	0.046	3.597	0.029	3.725	—	—	—	—
24	0.315	2.580	0.260	2.744	0.209	2.906	0.165	3.065	0.125	3.218	0.092	3.363	0.065	3.501	0.043	3.629	0.027	3.747	—	—
25	0.348	2.517	0.292	2.674	0.240	2.829	0.194	2.982	0.152	3.131	0.116	3.274	0.085	3.410	0.060	3.538	0.039	3.657	0.025	3.766
26	0.381	2.460	0.324	2.610	0.272	2.758	0.224	2.906	0.180	3.050	0.141	3.191	0.107	3.325	0.079	3.452	0.055	3.572	0.036	3.682
27	0.413	2.409	0.356	2.552	0.303	2.694	0.253	2.836	0.208	2.976	0.167	3.113	0.131	3.245	0.100	3.371	0.073	3.490	0.051	3.602
28	0.444	2.363	0.387	2.499	0.333	2.635	0.283	2.772	0.237	2.907	0.194	3.040	0.156	3.169	0.122	3.294	0.093	3.412	0.068	3.524
29	0.474	2.321	0.417	2.451	0.363	2.582	0.313	2.713	0.266	2.843	0.222	2.972	0.182	3.098	0.146	3.220	0.114	3.338	0.087	3.450
30	0.503	2.283	0.447	2.407	0.393	2.533	0.342	2.659	0.294	2.785	0.249	2.909	0.208	3.032	0.171	3.152	0.137	3.267	0.107	3.379
31	0.531	2.248	0.475	2.367	0.422	2.487	0.371	2.609	0.322	2.730	0.277	2.851	0.234	2.970	0.193	3.087	0.160	3.201	0.128	3.311
32	0.558	2.216	0.503	2.330	0.450	2.446	0.399	2.563	0.350	2.680	0.304	2.797	0.261	2.912	0.221	3.026	0.184	3.137	0.151	3.246
33	0.585	2.187	0.530	2.296	0.477	2.408	0.426	2.520	0.377	2.633	0.331	2.746	0.287	2.858	0.246	2.969	0.209	3.078	0.174	3.184
34	0.610	2.160	0.556	2.266	0.503	2.373	0.452	2.481	0.404	2.590	0.357	2.699	0.313	2.808	0.272	2.915	0.233	3.022	0.197	3.126
35	0.634	2.136	0.581	2.237	0.529	2.340	0.478	2.444	0.430	2.550	0.383	2.655	0.339	2.761	0.297	2.865	0.257	2.969	0.221	3.071
36	0.658	2.113	0.605	2.210	0.554	2.310	0.504	2.410	0.455	2.512	0.409	2.614	0.364	2.717	0.322	2.818	0.282	2.919	0.244	3.019
37	0.680	2.092	0.628	2.186	0.578	2.282	0.528	2.379	0.480	2.477	0.434	2.576	0.389	2.675	0.347	2.774	0.306	2.872	0.268	2.969
38	0.702	2.073	0.651	2.164	0.601	2.256	0.552	2.350	0.504	2.445	0.458	2.540	0.414	2.637	0.371	2.733	0.330	2.828	0.291	2.923
39	0.723	2.055	0.673	2.143	0.623	2.232	0.575	2.323	0.528	2.414	0.482	2.507	0.438	2.600	0.395	2.694	0.354	2.787	0.315	2.879
40	0.744	2.039	0.694	2.123	0.645	2.210	0.597	2.297	0.551	2.386	0.505	2.476	0.461	2.566	0.418	2.657	0.377	2.748	0.338	2.838
45	0.835	1.972	0.790	2.044	0.744	2.118	0.700	2.193	0.655	2.269	0.612	2.346	0.570	2.424	0.528	2.503	0.488	2.582	0.448	2.661
50	0.913	1.925	0.871	1.987	0.829	2.051	0.787	2.116	0.746	2.182	0.705	2.250	0.665	2.318	0.625	2.387	0.586	2.456	0.548	2.526
55	0.979	1.891	0.940	1.945	0.902	2.002	0.863	2.059	0.825	2.117	0.786	2.176	0.748	2.237	0.711	2.298	0.674	2.359	0.637	2.421
60	1.037	1.865	1.001	1.914	0.965	1.964	0.929	2.015	0.893	2.067	0.857	2.120	0.822	2.173	0.786	2.227	0.751	2.283	0.716	2.338
65	1.087	1.845	1.053	1.889	1.020	1.934	0.986	1.980	0.953	2.027	0.919	2.075	0.886	2.123	0.852	2.172	0.819	2.221	0.789	2.272
70	1.131	1.831	1.099	1.870	1.068	1.911	1.037	1.953	1.005	1.995	0.974	2.038	0.943	2.082	0.911	2.127	0.880	2.172	0.849	2.217
75	1.170	1.819	1.141	1.856	1.111	1.893	1.082	1.931	1.052	1.970	1.023	2.009	0.993	2.049	0.964	2.090	0.934	2.131	0.905	2.172
80	1.205	1.810	1.177	1.844	1.150	1.878	1.122	1.913	1.094	1.949	1.066	1.984	1.039	2.022	1.011	2.059	0.983	2.097	0.955	2.135
85	1.236	1.803	1.210	1.834	1.184	1.866	1.158	1.898	1.132	1.931	1.106	1.965	1.080	1.999	1.053	2.033	1.027	2.068	1.000	2.104
90	1.264	1.798	1.240	1.827	1.215	1.856	1.191	1.886	1.166	1.917	1.141	1.948	1.116	1.979	1.091	2.012	1.066	2.044	1.041	2.077
95	1.290	1.793	1.267	1.821	1.244	1.848	1.221	1.876	1.197	1.905	1.174	1.943	1.150	1.963	1.126	1.993	1.102	2.023	1.079	2.054
100	1.314	1.790	1.292	1.816	1.270	1.841	1.248	1.868	1.225	1.895	1.203	1.922	1.181	1.949	1.158	1.977	1.136	2.006	1.113	2.034
150	1.473	1.783	1.458	1.799	1.444	1.814	1.429	1.830	1.414	1.847	1.400	1.863	1.385	1.880	1.37	1.897	1.355	1.913	1.340	1.931
200	1.561	1.791	1.550	1.801	1.539	1.813	1.528	1.824	1.518	1.836	1.507	1.847	1.495	1.860	1.484	1.1871	1.474	1.883	1.462	1.896

注：$^*k'$是除了截距的回归元的个数。

表 A-2 带有截距的模型（来自 Savin 和 White）

Durbin-watson 统计量：5%显著性水平的 dL 和 dU

n	$k'=1$ dL	dU	$k'=2$ dL	dU	$k'=3$ dL	dU	$k'=4$ dL	dU	$k'=5$ dL	dU	$k'=6$ dL	dU	$k'=7$ dL	dU	$k'=8$ dL	dU	$k'=9$ dL	dU	$k'=10$ dL	dU
6	0.610	1.400	—	—	—	—	—	—	—	—	—	—	—	—	—	—	—	—	—	—
7	0.700	1.356	0.467	1.896	—	—	—	—	—	—	—	—	—	—	—	—	—	—	—	—
8	0.763	1.332	0.559	1.777	0.367	2.287	—	—	—	—	—	—	—	—	—	—	—	—	—	—
9	0.824	1.320	0.629	1.699	0.455	2.128	0.296	2.588	—	—	—	—	—	—	—	—	—	—	—	—
10	0.879	1.320	0.697	1.641	0.525	2.016	0.376	2.414	0.243	2.822	—	—	—	—	—	—	—	—	—	—
11	0.927	1.324	0.758	1.604	0.595	1.928	0.444	2.283	0.315	2.645	0.203	3.004	—	—	—	—	—	—	—	—
12	0.971	1.331	0.812	1.579	0.658	1.864	0.512	2.177	0.380	2.506	0.268	2.832	0.171	3.149	—	—	—	—	—	—
13	1.010	1.340	0.861	1.562	0.715	1.816	0.574	2.094	0.444	2.390	0.328	2.692	0.230	2.985	0.147	3.266	—	—	—	—
14	1.045	1.350	0.905	1.551	0.767	1.779	0.632	2.030	0.505	2.296	0.389	2.572	0.286	2.848	0.200	3.111	0.127	3.360	—	—
15	1.077	1.361	0.946	1.543	0.814	1.750	0.685	1.977	0.562	2.220	0.447	2.471	0.343	2.727	0.251	2.979	0.175	3.216	0.111	3.438
16	1.106	1.371	0.982	1.539	0.857	1.728	0.734	1.935	0.615	2.157	0.502	2.388	0.398	2.624	0.304	2.860	0.222	3.090	0.155	3.304
17	1.133	1.381	1.015	1.536	0.897	1.710	0.779	1.900	0.664	2.104	0.554	2.318	0.451	2.537	0.356	2.757	0.272	2.975	0.198	3.184
18	1.158	1.391	1.046	1.535	0.933	1.696	0.820	1.872	0.710	2.060	0.603	2.258	0.502	2.461	0.407	2.668	0.321	2.873	0.244	3.073
19	1.180	1.401	1.074	1.536	0.967	1.685	0.859	1.848	0.752	2.023	0.649	2.206	0.549	2.396	0.456	2.589	0.369	2.783	0.290	2.974
20	1.201	1.411	1.100	1.537	0.998	1.676	0.894	1.828	0.792	1.991	0.691	2.162	0.595	2.339	0.502	2.521	0.416	2.704	0.336	2.885
21	1.221	1.420	1.125	1.538	1.026	1.669	0.927	1.812	0.829	1.964	0.731	2.124	0.637	2.290	0.546	2.461	0.461	2.633	0.380	2.806
22	1.239	1.429	1.147	1.541	1.053	1.664	0.958	1.797	0.863	1.940	0.769	2.090	0.677	2.246	0.588	2.407	0.504	2.571	0.424	2.735
23	1.257	1.437	1.168	1.543	1.078	1.660	0.986	1.785	0.895	1.920	0.804	2.061	0.715	2.208	0.628	2.360	0.545	2.514	0.465	2.670
24	1.273	1.446	1.188	1.546	1.101	1.656	1.013	1.775	0.925	1.902	0.837	2.035	0.750	2.174	0.666	2.318	0.584	2.464	0.506	2.613
25	1.288	1.454	1.206	1.550	1.123	1.654	1.038	1.767	0.953	1.886	0.868	2.013	0.784	2.144	0.702	2.280	0.621	2.419	0.544	2.560
26	1.302	1.461	1.224	1.553	1.143	1.652	1.062	1.759	0.979	1.873	0.897	1.992	0.816	2.117	0.735	2.246	0.657	2.379	0.581	2.513
27	1.316	1.469	1.240	1.556	1.162	1.651	1.084	1.753	1.004	1.861	0.925	1.974	0.845	2.093	0.767	2.216	0.691	2.342	0.616	2.470
28	1.328	1.476	1.255	1.560	1.181	1.650	1.104	1.747	1.028	1.850	0.951	1.959	0.874	2.071	0.798	2.188	0.723	2.309	0.649	2.431
29	1.341	1.483	1.270	1.563	1.198	1.650	1.124	1.743	1.050	1.841	0.975	1.944	0.900	2.052	0.826	2.164	0.753	2.278	0.681	2.396
30	1.352	1.489	1.284	1.567	1.214	1.650	1.143	1.739	1.071	1.833	0.998	1.931	0.926	2.034	0.854	2.141	0.782	2.251	0.712	2.363
31	1.363	1.496	1.297	1.570	1.229	1.650	1.160	1.735	1.090	1.825	1.020	1.920	0.950	2.018	0.879	2.120	0.810	2.226	0.741	2.333
32	1.373	1.502	1.309	1.574	1.244	1.650	1.177	1.732	1.109	1.819	1.041	1.909	0.972	2.004	0.904	2.102	0.836	2.203	0.769	2.306
33	1.383	1.508	1.321	1.577	1.258	1.651	1.193	1.730	1.127	1.813	1.061	1.900	0.994	1.991	0.927	2.085	0.861	2.181	0.796	2.281
34	1.393	1.514	1.333	1.580	1.271	1.652	1.208	1.728	1.144	1.808	1.079	1.891	1.015	1.978	0.950	2.069	0.885	2.162	0.821	2.257
35	1.402	1.519	1.343	1.584	1.283	1.653	1.222	1.726	1.160	1.803	1.097	1.884	1.034	1.967	0.971	2.054	0.908	2.144	0.845	2.236
36	1.411	1.525	1.354	1.587	1.295	1.654	1.236	1.724	1.175	1.799	1.114	1.876	1.053	1.957	0.991	2.041	0.930	2.127	0.868	2.216
37	1.419	1.530	1.364	1.590	1.307	1.655	1.249	1.723	1.190	1.795	1.131	1.870	1.071	1.948	1.011	2.029	0.951	2.112	0.891	2.197
38	1.427	1.535	1.373	1.594	1.318	1.656	1.261	1.722	1.204	1.792	1.146	1.864	1.088	1.939	1.029	2.017	0.970	2.098	0.912	2.180
39	1.435	1.540	1.382	1.597	1.328	1.658	1.273	1.722	1.218	1.789	1.161	1.859	1.104	1.932	1.047	2.007	0.990	2.085	0.932	2.164
40	1.442	1.544	1.391	1.600	1.338	1.659	1.285	1.721	1.230	1.786	1.175	1.854	1.120	1.924	1.064	1.997	1.008	2.072	0.952	2.149
45	1.475	1.566	1.430	1.615	1.383	1.666	1.336	1.720	1.287	1.776	1.238	1.835	1.189	1.895	1.139	1.958	1.089	2.022	1.038	2.088
50	1.503	1.585	1.462	1.628	1.421	1.674	1.378	1.721	1.335	1.771	1.291	1.822	1.246	1.875	1.201	1.930	1.156	1.986	1.110	2.044
55	1.528	1.601	1.490	1.641	1.452	1.681	1.414	1.724	1.374	1.768	1.334	1.814	1.294	1.861	1.253	1.909	1.212	1.959	1.170	2.010
60	1.549	1.616	1.514	1.652	1.480	1.689	1.444	1.727	1.408	1.767	1.372	1.808	1.335	1.850	1.298	1.894	1.260	1.939	1.222	1.984
65	1.567	1.629	1.536	1.662	1.503	1.696	1.471	1.731	1.438	1.767	1.404	1.805	1.370	1.843	1.336	1.882	1.301	1.923	1.266	1.964
70	1.583	1.641	1.554	1.672	1.525	1.703	1.494	1.735	1.464	1.768	1.433	1.802	1.401	1.838	1.369	1.874	1.337	1.910	1.305	1.948
75	1.598	1.652	1.571	1.680	1.543	1.709	1.515	1.739	1.487	1.770	1.458	1.801	1.428	1.834	1.399	1.867	1.369	1.901	1.339	1.935
80	1.611	1.662	1.586	1.688	1.560	1.715	1.534	1.743	1.507	1.772	1.480	1.801	1.453	1.831	1.425	1.861	1.397	1.893	1.369	1.925
85	1.624	1.671	1.600	1.696	1.575	1.721	1.550	1.747	1.525	1.774	1.500	1.801	1.474	1.829	1.448	1.857	1.422	1.886	1.396	1.916
90	1.635	1.679	1.612	1.703	1.589	1.726	1.566	1.751	1.542	1.776	1.518	1.801	1.494	1.827	1.469	1.854	1.445	1.881	1.420	1.909
95	1.645	1.687	1.623	1.709	1.602	1.732	1.579	1.755	1.557	1.778	1.535	1.802	1.512	1.827	1.489	1.852	1.465	1.877	1.442	1.903
100	1.654	1.694	1.634	1.715	1.613	1.736	1.592	1.758	1.571	1.780	1.550	1.803	1.528	1.826	1.506	1.850	1.484	1.874	1.462	1.898
150	1.720	1.747	1.706	1.760	1.693	1.774	1.679	1.788	1.665	1.802	1.651	1.817	1.637	1.832	1.622	1.846	1.608	1.862	1.593	1.877
200	1.758	1.779	1.748	1.789	1.738	1.799	1.728	1.809	1.718	1.820	1.707	1.831	1.697	1.841	1.686	1.852	1.675	1.863	1.665	1.874

(续表)

n	$k'=11$ dL	dU	$k'=12$ dL	dU	$k'=13$ dL	dU	$k'=14$ dL	dU	$k'=15$ dL	dU	$k'=16$ dL	dU	$k'=17$ dL	dU	$k'=18$ dL	dU	$k'=19$ dL	dU	$k'=20$ dL	dU
16	0.098	3.503	—	—	—	—	—	—	—	—	—	—	—	—	—	—	—	—	—	—
17	0.138	3.378	0.087	3.557	—	—	—	—	—	—	—	—	—	—	—	—	—	—	—	—
18	0.177	3.265	0.123	3.441	0.078	3.603	—	—	—	—	—	—	—	—	—	—	—	—	—	—
19	0.220	3.159	0.160	3.335	0.111	3.496	0.070	3.642	—	—	—	—	—	—	—	—	—	—	—	—
20	0.263	3.063	0.200	3.234	0.145	3.395	0.100	3.542	0.063	3.676	—	—	—	—	—	—	—	—	—	—
21	0.307	2.976	0.240	3.141	0.182	3.300	0.132	3.448	0.091	3.583	0.058	3.705	—	—	—	—	—	—	—	—
22	0.349	2.897	0.281	3.057	0.220	3.211	0.166	3.358	0.120	3.495	0.083	3.619	0.052	3.731	—	—	—	—	—	—
23	0.391	2.826	0.322	2.979	0.259	3.128	0.202	3.272	0.153	3.409	0.110	3.535	0.076	3.650	0.048	3.753	—	—	—	—
24	0.431	2.761	0.362	2.908	0.297	3.053	0.239	3.193	0.186	3.327	0.141	3.454	0.101	3.572	0.070	3.678	0.044	3.773	—	—
25	0.470	2.702	0.400	2.844	0.335	2.983	0.275	3.119	0.221	3.251	0.172	3.376	0.130	3.494	0.094	3.604	0.065	3.702	0.041	3.790
26	0.508	2.649	0.438	2.784	0.373	2.919	0.312	3.051	0.256	3.179	0.205	3.303	0.160	3.420	0.120	3.531	0.087	3.632	0.060	3.724
27	0.544	2.600	0.475	2.730	0.409	2.859	0.348	2.987	0.291	3.112	0.238	3.233	0.191	3.349	0.149	3.460	0.112	3.563	0.081	3.658
28	0.578	2.555	0.510	2.680	0.445	2.805	0.383	2.928	0.325	3.050	0.271	3.168	0.222	3.283	0.178	3.392	0.138	3.495	0.104	3.592
29	0.612	2.515	0.544	2.634	0.479	2.755	0.418	2.874	0.359	2.992	0.305	3.107	0.254	3.219	0.208	3.327	0.166	3.431	0.129	3.528
30	0.643	2.477	0.577	2.592	0.512	2.708	0.451	2.823	0.392	2.937	0.337	3.050	0.286	3.160	0.238	3.266	0.195	3.368	0.156	3.465
31	0.674	2.443	0.608	2.553	0.545	2.665	0.484	2.776	0.425	2.887	0.370	2.996	0.317	3.103	0.269	3.208	0.224	3.309	0.183	3.406
32	0.703	2.411	0.638	2.517	0.576	2.625	0.515	2.733	0.457	2.840	0.401	2.946	0.349	3.050	0.299	3.153	0.253	3.252	0.211	3.348
33	0.731	2.382	0.668	2.484	0.606	2.588	0.546	2.692	0.488	2.796	0.432	2.899	0.379	3.000	0.329	3.100	0.283	3.198	0.239	3.293
34	0.758	2.355	0.695	2.454	0.634	2.554	0.575	2.654	0.518	2.754	0.462	2.854	0.409	2.954	0.359	3.051	0.312	3.147	0.267	3.240
35	0.7R3	2.330	0.722	2.425	0.662	2.521	0.604	2.619	0.547	2.716	0.492	2.813	0.439	2.910	0.388	3.005	0.340	3.099	0.295	3.190
36	0.808	2.306	0.748	2.398	0.689	2.492	0.631	2.586	0.575	2.680	0.520	2.774	0.467	2.868	0.417	2.961	0.369	3.053	0.323	3.142
37	0.831	2.285	0.772	2.374	0.714	2.464	0.657	2.555	0.602	2.646	0.548	2.738	0.495	2.829	0.445	2.920	0.397	3.009	0.351	3.097
38	0.854	2.265	0.796	2.351	0.739	2.438	0.683	2.526	0.628	2.614	0.575	2.703	0.522	2.792	0.472	2.880	0.424	2.968	0.378	3.054
39	0.875	2.246	0.819	2.329	0.763	2.413	0.707	2.499	0.653	2.585	0.600	2.671	0.549	2.757	0.499	2.843	0.451	2.929	0.404	3.013
40	0.896	2.228	0.840	2.309	0.785	2.391	0.731	2.473	0.678	2.557	0.626	2.641	0.575	2.724	0.525	2.808	0.477	2.829	0.430	2.974
45	0.988	2.156	0.938	2.225	0.887	2.296	0.838	2.367	0.788	2.439	0.740	2.512	0.692	2.586	0.644	2.659	0.598	2.733	0.553	2.807
50	1.064	2.103	1.019	2.163	0.973	2.225	0.927	2.287	0.882	2.350	0.836	2.414	0.792	2.479	0.747	2.544	0.703	2.610	0.660	2.675
55	1.129	2.062	1.087	2.116	1.045	2.170	1.003	2.225	0.961	2.281	0.919	2.338	0.877	2.396	0.836	2.454	0.795	2.512	0.754	2.571
60	1.184	2.031	1.145	2.079	1.106	2.127	1.068	2.177	1.029	2.227	0.990	2.278	0.951	2.330	0.913	2.382	0.874	2.434	0.836	2.487
65	1.231	2.006	1.195	2.049	1.160	2.093	1.124	2.138	1.088	2.183	1.052	2.229	1.016	2.276	0.980	2.323	0.944	2.371	0.908	2.419
70	1.272	1.987	1.239	2.026	1.206	2.066	1.172	2.106	1.139	2.148	1.105	2.189	1.072	2.232	1.038	2.275	1.005	2.318	0.971	2.362
75	1.308	1.970	1.277	2.006	1.247	2.043	1.215	2.080	1.184	2.118	1.153	2.156	1.121	2.195	1.090	2.235	1.058	2.275	1.027	2.315
80	1.340	1.957	1.311	1.991	1.283	2.024	1.253	2.059	1.224	2.093	1.195	2.129	1.165	2.165	1.136	2.201	1.106	2.238	1.076	2.275
85	1.369	1.946	1.342	1.977	1.315	2.009	1.287	2.040	1.260	2.073	1.232	2.105	1.205	2.139	1.177	2.172	1.149	2.206	1.121	2.241
90	1.395	1.937	1.369	1.966	1.344	1.995	1.318	2.025	1.292	2.055	1.266	2.085	1.240	2.116	1.213	2.148	1.187	2.179	1.160	2.211
95	1.418	1.930	1.394	1.956	1.370	1.984	1.345	2.012	1.321	2.040	1.296	2.068	1.271	2.097	1.247	2.126	1.222	2.156	1.197	2.186
100	1.439	1.923	1.416	1.948	1.393	1.974	1.371	2.000	1.347	2.026	1.324	2.053	1.301	2.080	1.277	2.108	1.253	2.135	1.229	2.164
150	1.579	1.892	1.564	1.908	1.550	1.924	1.535	1.940	1.519	1.956	1.504	1.972	1.489	1.989	1.474	2.006	1.458	2.023	1.443	2.040
200	1.654	1.885	1.643	1.896	1.632	1.908	1.621	1.919	1.610	1.931	1.599	1.943	1.588	1.955	1.576	1.967	1.565	1.979	1.554	1.991

注：'k'是除了截距的回归元的个数。

参考文献

Ahn, S.C. and H.R. Moon (2001) 'Large-N and Large-T Properties of Panel Data Estimators and the Hausman Test, August 2001', USC CLEO Research Paper no. C01–20.

Akaike, H. (1970) 'Statistical Predictor Identification', *Annals of the Institute of Statistical Mathematics*, 22, pp. 203–17.

Akaike, H. (1974) 'A New Look at Statistical Model Identification', *IEEE Transactions on Automatic Control*, 19, pp. 716–23.

Almon, S. (1965) 'The Distributed Lag Between Capital Appropriations and Expenditures', *Econometrica*, 30, pp. 178–96.

Anderson, T.W. and C. Hsiao (1981) 'Estimation of Dynamic Models with Error Components', *Journal of the American Statistical Association*, 76, pp. 598–606.

Anderson, T.W. and C. Hsiao (1982) 'Formulation and Estimation of Dynamic Models Using Panel Data', *Journal of Econometrics*, 18, pp. 47–82.

Arellano, M. and S. Bond (1991) 'Some Tests of Specification for Panel Data: Monte Carlo Evidence and an Application to Employment Equations', *Review of Economic Studies*, 58, pp. 277–320.

Asteriou, D. and G. Kavetsos (2003) 'Testing for the Existence of the January Effect in Transition Economies', City University Working Paper No. 107.

Asteriou, D. and S. Price (2000a) 'Financial Development and Economic Growth: Time Series Evidence for the Case of UK', *Ekonomia*, 4(2), pp. 122–41.

Asteriou, D. and S. Price (2000b) 'Uncertainty, Investment and Economic Growth: Evidence from a Dynamic Panel', City University Working Paper No. 88.

Asteriou, D. and S. Price (2001) 'Political Uncertainty and Economic Growth: UK Time Series Evidence', *Scottish Journal of Political Economy*, 48(4), pp. 383–89.

Baltagi, B.H. (1995) *Econometric Analysis of Panel Data*. New York: John Wiley.

Baltagi, B.H. and J.M. Griffin (1997) 'Pooled Estimators vs their Heterogeneous Counterparts in the Context of Dynamic Demand for Gasoline', *Journal of Econometrics*, 77, pp. 303–27.

Banerjee, A., J.J. Dolado, J.W. Galbraith and D.F. Hendry (1993) *Cointegration, Error-Correction and the Econometric Analysis of Non-Stationary Data*. Oxford: Oxford University Press.

Bencivenga, V., B. Smith and R. Starr (1996) 'Equity Markets, Transactions Costs, and Capital Accumulation: An Illustration', *The World Bank Economic Review*, 10(2), pp. 241–65.

Berra, A.K. and M.L. Higgins (1993) 'ARCH Models: Properties, Estimation, and Testing', *Journal of Economic Surveys*, 7, pp. 305–62.

Bollerslev, T. (1986) 'Generalised Autoregressive Conditional Heteroskedasticity', *Journal of Econometrics*, 31, pp. 307–27.

Bollerslev, T., R.F. Engle and D.B. Nelson (1994) 'ARCH Models', in R.F. Engle and D. McFadden (eds), *Handbook of Econometrics*, Volume IV. Amsterdam: North-Holland, pp. 2959–3038.

Box, G.E.P. and D.R. Cox (1964) 'An Analysis of Transformations', *Journal of the Royal Statistical Society*, Series B.

Box, G.E.P. and G.M. Jenkins (1976) *Time Series Analysis: Forecasting and Control*, revd edn. San Francisco: Holden-Day.

Breusch, T. (1978) 'Testing for Autocorrelation in Dynamic Linear Models', *Australian Economic Papers*, 17, pp. 334–55.

Breusch, T. and A. Pagan (1979) 'A Simple Test for Heteroskedasticity and Random Coefficient Variation', *Econometrica*, 47, pp. 1278–94.

Cagan, P. (1956) 'The Monetary Dynamics of Hyper Inflations', in M. Friedman (ed), *Studies in the Quantity Theory of Money*. Chicago, IL: University of Chicago Press.

Campbell, H.Y., A.W. Lo and A.C. MacKinley (1997) *The Econometrics of Financial Markets*. Princeton, NJ: Princeton University Press.

Chow, G. (1960) 'Tests of Equality between Sets of Coefficients in Two Linear Regressions', *Econometrica*, 28, pp. 591–605.

Cochrane, D. and G. Orcutt (1949) 'Application of Least Squares Regression to Relationships Containing Autocorrelated Error Terms', *Journal of the American Statistical Association*, 44, pp. 32–61.

Craven, P. and G. Wahba (1979) 'Smoothing Noisy Data with Spline Functions', *Numerische Mathematik*, 31, pp. 377–403.

Cuthbertson, K., S.G. Hall and M.P. Taylor (1992) *Applied Econometric Techniques*. New York: Simon and Schuster.

Davidson, R. and J.G. MacKinnon (1993) *Estimation and Inference in Econometrics*. Oxford: Oxford University Press.

Demetriades, P.O. and K.A. Hussein (1996) 'Does Financial Development Cause Economic Growth? Time-Series Evidence from 16 Countries', *Journal of Development Economics*, 51, pp. 387–411.

Dickey, D.A. and W.A. Fuller (1979) 'Distribution of the Estimators for Autoregressive Time Series with a Unit Root', *Journal of the American Statistical Association*, 74, pp. 427–31.

Dickey, D.A. and W.A. Fuller (1981) 'Likelihood Ratio Statistics for Autoregressive Time Series with a Unit Root', *Econometrica*, 49, pp. 1057–72.

Doldado, J., T. Jenkinson and S. Sosvilla-Rivero (1990) 'Cointegration and Unit Roots', *Journal of Economic Surveys*, 4, pp. 249–73.

Durbin, J. (1970) 'Testing for Serial Correlation in Least Squares Regression – When Some of the Variables are Lagged Dependent Variables', *Econometrica*, 38, pp. 410–21.

Durbin, J. and G. Watson (1950) 'Testing for Serial Correlation in Least Squares Regression I', *Biometrica*, 37, pp. 409–28.

Enders, W. (1995) *Applied Econometric Time Series*. New York: John Wiley.

Engle, R.F. (1982) 'Autoregressive Conditional Heteroskedasticity with Estimates of the Variance of U.K. Inflation', *Econometrica*, 50, pp. 987–1008.

Engle, R.F. (1995) *ARCH Selected Readings (Advanced Texts in Econometrics)*. Oxford: Oxford University Press.

Engle, R.F. and C.W.J. Granger (1987) 'Co-integration and Error Correction: Representation, Estimation, and Testing', *Econometrica*, 55, pp. 251–76.

Engle, R.F., D.M. Lilien and R.P. Robins (1987) 'Estimating Time Varying Risk Premia in the Term Structure: The ARCH-M Model', *Econometrica*, 55, pp. 391–407.

Engle, R.F. and B. Yoo (1987) 'Forecasting and Testing in Cointegrated Systems', *Journal of Econometrics*, 35, pp. 143–59.

Fuller, W.A. (1976) *Introduction to Statistical Time Series*. New York: John Wiley.

Gilbert, C.L. (1986) 'Professor Hendry's Econometric Methodology', *Oxford Bulletin of Economics and Statistics*, 84, pp. 283–307.

Glesjer, H. (1961) 'A New Test for Multiplicative Heteroskedasticity', *Journal of the American Statistical Association*, 60, pp. 539–47.

Glosten, L., R. Jogannathan and D. Ruknle (1993) 'Relations between the Expected Nominal Stock Excess Return, the Volatility of the Nominal Excess Return and the Interest Rate', *Journal of Finance*, December, 48(5), pp. 1779–801.

Godfrey, L.G. (1978) 'Testing for Higher Order Serial Correlation in Regression Equations when the Regressions Contain Lagged Dependent Variables', *Econometrica*, 46, pp. 1303–10.

Goldfeld, S. and R. Quandt (1965) 'Some Tests for Homoscedasticity', *Journal of the American Statistical Association*, 60, pp. 539–47.

Goldsmith, R. (1969) *Financial Structure and Development*. New Haven, CT: Yale University Press.

Granger, C.W.J. (1969) 'Investigating Causal Relations by Econometric Models and Cross Spectral Methods', *Econometrica*, 35, pp. 424–38.

Granger, C.W.J. (1981) 'Some Properties of Time Series Data and their Use in Econometric Model Specification', *Journal of Econometrics*, 16, pp. 121–30.

Granger, C.W.J. (1988) 'Some Recent Developments in the Concept of Causality', *Journal of Econometrics*, 39, pp. 199–211.

Granger, C.W.J. and J. Lin (1995) 'Causality in the Long-run', *Econometric Theory*, 11, pp. 530–6.

Granger, C.W.J. and P. Newbold (1974) 'Economic Forecasting: The Atheist's Viewpoint', in G.A. Renton (ed.), *Modelling the Economy*. London: Heinemann.

Granger, C.W.J. and P. Newbold (1996) *Forecasting Economic Time Series*. New York: Academic Press.

Greenslade, J.V., S.G. Hall and S.G.B. Henry (1999) 'On the Identification of Cointegrated Systems in Small Samples: Practical Procedures with an Application to UK Wages and Prices', *Computing in Economics and Finance*, Society for Computational Economics, p. 643.

Gujarati, D. (1978) *Basic Econometrics*. New York: McGraw-Hill.

Gultekin, M.N. and N.B. Gultekin (1983) 'Stock Market Seasonality: International Evidence', *Journal of Financial Economics*, 12, pp. 469–81.

Gurley, J.G. and E.S. Shaw (1955) 'Financial Aspects of Economic Development', *American Economic Review*, 45, pp. 515–38.

Hall, S.G. (1985) 'On the Solution of Large Economic Models with Coherency in Expectations', *Bulletin of Economic Research*, 37(2), pp. 157–61.

Hall, S.G. (1988) 'Rationality and Siegels' Paradox, The Importance of Coherency in Expectations', *Applied Economics*, 20(11), pp. 1533–41.

Hall, S.G. and S.G.B. Henry (1988) 'Macroeconomic Modelling', Contributions to Economic Analysis, series. Amsterdam: North Holland.

Hall, S.G., D.K. Miles and M.P. Taylor (1990) 'A Multivariate GARCH in Mean Estimation of the Capital Asset Pricing Model', in K.D. Patterson and S.G.B. Henry (eds), *Issues in Economic and Financial Modelling*. London: Chapman & Hall.

Hannan, E.J. and B. Quin (1979) 'The Determination of the Order of an Autoregression', *Journal of the Royal Statistical Society*, Series B14, pp. 190–5.

Harris, R. (1995) *Using Cointegration Analysis in Econometric Modelling*. London: Prentice Hall.

Harvey, A. (1976) 'Estimating Regression Models with Multiplicative Heteroscedasticity', *Econometrica*, 44, pp. 461–5.

Hausman, J. (1978) 'Specification Tests in Econometrics', *Econometrica*, 46, pp. 1251–71.

Hendry, D.F., A.R. Pagan and J.D. Sargan (1984) 'Dynamic Specification', in Z. Griliches and M.D. Intriligator (eds), *Handbook of Econometrics*. Amsterdam: North-Holland.

Hendry, D.F. and J.F. Richard (1983) 'The Econometric Analysis of Economic Time Series', *International Statistics Review*, 51, pp. 3–33.

Hildreth, C. and J. Lu (1960) 'Demand Relations with Autocorrelated Disturbances', Technical Bulletin No. 276, Michigan State University Agricultural Experiment Station.

Holmstrom, B. and J. Tirole (1993) 'Market Liquidity and Performance Monitoring', *Journal of Political Economy*, 101(4), pp. 678–709.

Hsiao, C. (1986) *Analysis of Panel Data*, Econometric Society monographs no. 11. New York: Cambridge University Press.

Im, K.S., M.H. Pesaran and Y. Shin (1997) 'Testing for Unit Roots in Heterogeneous Panels', MS, Department of Applied Economics, University of Cambridge.

Jaffe, J.F. and R. Westerfield (1989) 'Is There a Monthly Effect in Stock Market Returns?', *Journal of Banking and Finance*, 13, pp. 237–44.

Jarque, C.M. and A.K. Berra (1990) 'Efficient Tests for Normality, Homoskedasticity and Serial Independence of Regression Residuals', *Economic Letters*, 6, pp. 255–9.

Johansen, S. (1988) 'Statistical Analysis of Cointegration Vectors', *Journal of Economics Dynamics and Control*, 12, pp. 231–54.

Johansen, S. (1991) 'Estimation and Hypothesis Testing of Cointegration Vectors in Gaussian Vector Autoregressive Models', *Econometrica*, 59, pp. 1551–80.

Johansen, S. (1992) 'Determination of Cointegration Rank in the Presence of a Linear Trend', *Oxford Bulletin of Economics and Statistics*, 54, pp. 383–97.

Johansen, S. (1995a) *Likelihood-based Inference in Cointegrated Vector Autoregressive Models*. Oxford: Oxford University Press.

Johansen, S. (1995b) 'A Statistical Analysis of I(2) Variables', *Econometric Theory*, 11, pp. 25–59.

Johansen, S. and K. Juselius (1990) 'The Maximum Likelihood Estimation and Inference on Cointegration – with Application to Demand for Money', *Oxford Bulletin of Economics and Statistics*, 52, pp. 169–210.

Kao, C. (1999) 'Spurious Regression and Residual-Based Tests for Cointegration in Panel Data', *Journal of Econometrics*, 90, pp. 1–44.

King, R. and R. Levine (1993a) 'Finance and Growth: Schumpeter Might Be Right', *Quarterly Journal of Economics*, 108(3), pp. 717–38.

King, R. and R. Levine (1993b) 'Finance, Enterpreneurship and Growth Theory and Evidence', *Journal of Monetary Economics*, 32(3), pp. 513–42.

Klein, L.R. and J.N. Morgan (1951) 'Results of Alternative Statistical Treatment of Sample Survey Data', *Journal of American Statistical Association*, 47, pp. 399–407.

Kmenta, J. (1986) *Elements of Econometrics*. New York: Macmillan.

Koyck, L.M. (1954) *Distributed Lags and Investment Analysis*. Amsterdam: North-Holland.

Larsson, R., J. Lyhagen and M. Lothgren (2001) 'Likelihood Based Cointegration Tests in Heterogeneous Panels', *Econometrics Journal*, 4, pp. 109–42.

Levin, A. and C.F. Lin (1992) 'Unit Root Tests in Panel Data: Asymptotic and Finite Sample Properties', University College of San Diego Working Paper No. 92-3.

Levin, A., C.F. Lin and C.S. Chu (2002) 'Unit Root Tests in Panel Data: Asymptotic and Finite Sample Properties', *Journal of Econometrics*, 108, pp. 1–24.

Ljung, G. and G. Box (1979) 'On a Measure of Lack of Fit in Time Series Models', *Biometrika*, 66, pp. 265–70.

MacKinnon, J.G. (1991) 'Critical Values for Cointegration Tests', in R.F. Engle and C.W.J. Granger (eds), *Long-run Economic Relationships: Readings in Cointegtion*. Oxford: Oxford University Press.

Maddala, G.S. (2001) *Introduction to Econometrics*, 3rd edn. London: John Wiley.

Maddala, G.S and S. Wu (1999) 'A Comparative Study of Unit Root Tests with Panel Data and a New Simple Test', *Oxford Bulletin of Economics and Statistics*, special issue, 61, pp. 631–52.

Mahmoud, E. (1984) 'Accuracy in Forecasting: A Survey', *Journal of Forecasting*, 3, pp. 139–59.

McCoskey, S. and C. Kao (1998) 'A Residual-Based Test for the Null of Cointegration in Panel Data', *Econometric Reviews*, 17, pp. 57–84.

McCulloch, J. Huston (1985) 'On Heteroskedasticity', *Econometrica*, p. 483.

McFadden, D. (1973) 'Conditional Logit Analysis of Qualitative Choice Behavior', in P. Zarembka (ed.), *Frontiers in Econometrics*. New York: Academic Press.

McNees, S. (1986) 'Forecasting Accuracy of Alternative Techniques: A Comparison of US Macroeconomic Forecasts', *Journal of Business and Economic Statistics*, 4, pp. 5–15.

Mitchell, B. (1998) *International Historical Statistics: Europe, 1750–1993*, 4th edn. London: Macmillan.

Mizon, G. and J. Richard (1986) 'The Encompassing Principle and Its Application to Testing Nonnested Models', *Econometrica*, 54, pp. 657–78.

Nehru, V. and A. Dhareshwar (1993) 'A New Database on Physical Capital Stock: Sources, Methodology and Results', *Rivista de Analisis Economico*, 8(1), pp. 37–59.

Nelson, D.B. (1991) 'Conditional Heteroskedasticity in Asset Returns: A New Approach', *Econometrica*, 59, pp. 347–70.

Newey, W. and K. West (1987) 'A Simple Positive Semi-Definite, Heteroskedasticity and Autocorrelation Consistent Covariance Matrix', *Econometrica*, p. 51.

Norman, M. (1967) 'Solving a Non-linear Econometric Model by the Gauss-Siedel Iterative Method', Paper presented at the Econometric Society Meeting, December.

Okun, A. (1962) 'Potential GNP: Its Measurement and Significance', *Proceedings of the Business and Economics Statistics Section of the American Statistical Association*, pp. 98–104.

Osterwald-Lenum, M. (1992) 'A Note with Fractiles of the Asymptotic Distribution of the Likelihood Rank Statistics: Four Cases', *Oxford Bulletin of Economics and Statistics*, 54, pp. 461–72.

Park, R. (1966) 'Estimating with Heteroscedastic Error Terms', *Econometrica*, 34, p. 888.

Pedroni, P. (1997) 'Panel Cointegration: Asymptotic and Finite Sample Properties of Pooled Time Series with an Application to the PPP Hypothesis: New Results', Working Paper, Indiana University.

Pedroni, P. (1999) 'Critical Values for Cointegration Tests in Heterogeneous Panels with Multiple Regressors', *Oxford Bulletin of Economics and Statistics*, special issue, 62, November, pp. 653–70.

Pedroni, P. (2000) 'Fully Modified OLS for Heterogeneous Cointegrated Panel', *Advances in Econometrics*, 15, pp. 93–130.

Pesaran, M.H. and Y. Shin (2002) 'Long-Run Structural Modelling', *Econometric Reviews*, 21, pp. 49-8.

Pesaran, M.H., Y. Shin and R. Smith (1999) 'Pooled Mean Group Estimation of Dynamic Heterogeneous Panels', *Journal of the American Statistical Association*, 94, pp. 621–34.

Pesaran, M.H. and R. Smith (1995) 'Estimation of Long-Run Relationships from Dynamic Heterogeneous Panels', *Journal of Econometrics*, 68, pp. 79–113.

Phillips, P.C.B. (1986) 'Understanding Spurious Regression', *Journal of Econometrics*, 33, pp. 311–40.

Phillips, P.C.B. (1987) 'Time Series Regressions with a Unit Root', *Econometrica*, 55, pp. 165–93.

Phillips, P.C.B. and H.R. Moon (2000) 'Linear Regression Theory for Non-Stationary Panel Data', *Econometrica*, 67, pp. 1057–111.

Phillips, P.C.B. and P. Perron (1988) 'Testing for a Unit Root in Time Series Regression', *Biometrika*, 75, pp. 335–46.

Phillips, P.C.B. and S. Ouliaris (1990) 'Asymptotic Properties of Residual Based Tests for Cointegration', *Econometrica*, 58, pp. 165–93.

Ramsey, J.B. (1969) 'Tests for Specification Error in Classical Least Squares Regression Analysis', *Journal of the Royal Statistical Society*, B31, pp. 250–71.

Rice, J. (1984) 'Bandwith Choice for Nonparametric Kernel Regression', *Annals of Statistics*, 12, pp. 1215–30.

Roubini, N. and X. Sala-i-Martin (1992) 'Financial Repression and Economic Growth', *Journal of Development Economics*, 39, pp. 5–30.

Runkle, D.E. (1987) 'Vector Autoregression and Reality', *Journal of Business and Economic Statistics*, 5, pp. 437–54.

Schwarz, G. (1978) 'Estimating the Dimension of a Model', *Annals of Statistics*, 6.

Shibata, R. (1981) 'An Optimal Selection of Regression Variables', *Biometrica*, 68, pp. 45–54.

Sims, C.A. (1972) 'Money, Income and Causality', *American Economic Review*, 62, pp. 540–52.

Sims, C.A. (1980) 'Macroeconomics and Reality', *Econometrica*, 48, pp. 1–48.

Stock, J. and M. Watson (1988) 'Testing for Common Trends', *Journal of the American Statistical Association*, 83, pp. 1097–107.

Studenmund, A.H. (2001) *Using Econometrics: A Practical Guide*. Reading, MA: Addison-Wesley Longman.

White, H. (1980) 'A Heteroscedasticity-Consistent Covariance Matrix Estimator and a Direct Test for Heteroscedasticity', *Econometrica*, 48, pp. 817–38.

Zakoian, J.-M. (1994) 'Threshold Heteroskedastic Models', *Journal of Economic Dynamics and Control*, 18, pp. 931–55.